高等学校心理学专业应用课程教材 / 管理心理学系列

员工激励

杨 东 编著

中国轻工业出版社

图书在版编目（CIP）数据

员工激励／杨东编著．—北京：中国轻工业出版社，2010.1（2021.8重印）

（管理心理学系列）

高等学校心理学专业应用课程教材

ISBN 978-7-5019-7367-5

Ⅰ．①员… Ⅱ．①杨… Ⅲ．①企业管理：人事管理－激励－高等学校－教材 Ⅳ．①F272.92

中国版本图书馆CIP数据核字（2009）第194471号

总 策 划：石 铁
策划编辑：徐 玥　　　　　　　责任终审：杜文勇
责任编辑：徐 玥 李晓夏　　　　责任监印：刘志颖

出版发行：中国轻工业出版社（北京东长安街6号，邮编：100740）

印　　刷：中国电影出版社印刷厂

经　　销：各地新华书店

版　　次：2021年8月第1版第4次印刷

开　　本：740×1050　1/16　印张：21.75

字　　数：278千字

书　　号：ISBN 978-7-5019-7367-5　定价：40.00元

读者热线：010-65181109，65262933

发行电话：010-85119832　传真：010-85113293

网　　址：http://www.chlip.com.cn　http://www.wqedu.com

电子信箱：1012305542@qq.com

如发现图书残缺请拨打读者热线联系调换

090785J6X101ZBW

前言

在外做企业项目和员工激励相关培训的时候，经常与一些老总、人力资源总监和做管理的朋友们进行交流，给我印象最深的则是他们的感慨："现在的员工不好管理，尤其是不能很好地进行有效激励"，"我们为他们做了那么多，客观上比很多企业要做得更人性化，可员工就是不领情，他们甚至觉得这是我们应该做的"，"现在的这些年轻员工真不知道他们到底需要什么？"，"真奇怪，我给他们发了在同行业内较高的薪资，可他们工作的积极性还是上不来"，"以前行之有效的激励措施对于现在的年轻人来说，怎么就起不了作用呢！"……

这一困惑不仅让我想起 20 世纪 90 年代之前的那段时间，当时企业只需要设置一定的物质奖励，少许的金钱甚至是毛巾、香皂这样的小奖品都能很好地激励员工，而现在别说这些小奖品了，就是一定量的金钱都未必能够起到应有的激励效果。这是为什么呢？那么现在的员工又需要什么样的激励呢？

随着我国经济的进一步发展，市场对员工的知识和技能要求也越来越高，这也对企业管理人员原有的管理知识和技能提出了更高的要求。尤其是随着高校扩招，大量的高校毕业生进入企业工作。他们年轻有知识，但同时他们对企业和工作的要求也与传统的员工有着较大的差异。很多企业的事实表明，对于这些员工的激励即使是较高的物质激励所起到的效果也是极其有限的，尤其是随着时间的推移，激励的效果便会打折。和这些员工相反,很多制造型的企业为了避免一线的员工太累,将原来的两班倒(每班12小时)改为三班倒(每班8小时),这一好心却遭到了员工的强烈反对,因为他们说出来就是为了挣钱,只要能够挣到钱,即使累一点也无所谓。

以上的问题归结到一点,就是激励是很个性化的东西,需要根据不同的员工采取不同的激励方法。因为员工的需要是复杂的,不同的时期、不同的情境和地方、不同的人有不同的需要。有些员工最需要的不是钱,他们内心更需要的是尊重、是公平,而有一些员工更需要的是物质上的激励,对他们而言,生存的压力可能更大。所以,我们必须针对不同的员工、在不同的时期和不同的情境下采取不同的激励方法。也就是说,激励方式上应该采取权变的观点。但权变不是乱变,权变也是有规律可循的。只要抓住员工内心本质的需要,遵循员工的心理特点,根据员工的"人性"实施"以人为本"的激励措施,就能起到最佳的激励效果。本书就是基于这样的理念而进行设计和写作的。

本书作为应用心理学专业本科生的教材,我们力求在写作的过程中突破以前只讲理论而显得实践性不足的瓶颈,真正地做到理论性和实践性的有效结合。除此之外,对于应用心理学和管理类专业的学生来说,帮助他们构建一个比较好的知识结构是非常重要的,本书在设计的时候,就希望对学生的知识结构能够起到比较好的完善和建构作用。总体来说,本书具有如下一些特点:

(1)理论性和实践性相结合。作为学生的教材,我们比较强调基本概念、基本规律和基本理论的学习,强调给学生打下一个扎实的知识基础。但是,管理毕竟是一门应用性很强的学科,这就要求我们在教材中还要讲一些具体的操作方法、步骤和实例等。为了解决好这个问题,我们在编写中十分注意理论性和实践性相结合,既教给学生基本的知识和理论,同时还要教给学生具体的操作方法和步骤,教给他们实践的技能和管理的经验。

(2)尽量体现最新的观念。由于科学技术的进步、经济的全球化、市场的不断变动、组织的不断革新以及知识的不断更新等因素的影响,在管理的知识、理论、方法和技术等各个方面也在发生着不断的变化,因此,为了让学生学习到最新、最前沿的理论知识和实践知识,我们查阅了国内外比较新的文献,并把它们吸收到本书中,尽量使本书体现出该领域的最新思想、理论、方法和技术。

(3)整体和部分相结合。为了让学生能够更好地构建良好的知识结构,依据建构主义的最新学习理论,我们在编写教材时,十分注意整体和部分相结合。具体体现在,既尽量使学生对员工激励有一个比较全面而宏观的整体把握,在知识方面有一个比较广博的涉及;又尽量使学生对员工激励的某些重要内容有一个比较深入的理解和掌握，在知识方面有一个比较纵深的涉足。如，全书通过四篇十三章，从不同的角度和层面对员工激励进行了系统介绍，同时，又对内部动机的激励、外部动机的激励等进行了深入分析，等等。

培养学生合理的知识结构，帮助他们掌握实际的企业管理经验、方法和技能是我们编写该教材的一个初衷和出发点，希望它能够达到我们预期的目的。

本书是集体智慧的结晶，全书由我担任主编，嵇东海和许学梅为副主编。具体写作章节是：杨东（第一章、第三章、第十章）、嵇东海（第二章、第九章、第十一章）、许学梅（第四章、第七章、第八章）、张丽（第十二章、第十三章）、关欣（第五章）、王艳辉（第六章），杨东负责全书的策划工作，杨东和嵇东海负责全书的统稿工作。

本书得以出版要感谢很多人。首先要感谢我的老师黄希庭教授、张庆林教授、张进辅教授和李红教授等，没有他们多年来的教导、关心、帮助和支持，我走不到今天；其次，要感谢我的导师赵曙明教授，感谢南京大学商学院的老师和同门师弟师妹们，该书作为我在南京大学商学院做企业管理博士后的学术成果之一，许多思路得到了他们的启发，很多方面也得到了他们的支持和帮助，在此表示忠心感谢；另外，还要感谢"万千心理"总策划石铁对我们团队的信任和支持，感谢编辑们辛勤而细致的工作；最后，还要感谢中国移动重庆公司的龚实总经理、曾岩、罗载礼等企业界朋友提供的帮助。

本书参考了大量国内外相关书籍、论文、网站上的研究成果和企业实践案例。由于篇幅有限，书后仅罗列出了大部分直接引用的参考书目和相关文献，间接引用的参考文献未能一一列出，谨此对这些文献的作者表示衷心感谢！

由于水平有限和时间仓促，书中的缺点和不足在所难免，欢迎广大读者批评指正。

杨 东

南京大学商学院

西南大学心理学院

目 录

第一章	激励的基本思想	1
第一节	激励的基本知识	3
第二节	激励的心理学基础	10
第三节	人性假设与激励	16
第二章	激励的理论	25
第一节	外在诱因激励理论	27
第二节	内驱力激励理论	34
第三节	自我调节激励理论	41
第三章	激励的内部组织环境	49
第一节	组织发展、变革与激励	51
第二节	组织文化与激励	58
第三节	激励的组织行为	63
第四章	外部动机与激励	73
第一节	外部赏罚与动机激发	75
第二节	外部赏罚与行为矫正	78
第三节	表扬和批评的艺术	86

第五章　社会性动机与激励 97
第一节　交往需要与动机激发 99
第二节　尊重的需要与动机激发 104
第三节　群体气氛与动机激发 110

第六章　内部动机与激励 119
第一节　认知需求与动机激发 121
第二节　自我实现与动机激发 127
第三节　主体性与动机激发 133

第七章　目标激励 141
第一节　目标激励概述 143
第二节　目标管理 150
第三节　目标激励管理的实施方法与技巧 156

第八章　发展激励 165
第一节　发展与职业发展概述 167
第二节　员工的职业生涯发展设计 175
第三节　员工的职业生涯管理 182

第九章　薪酬激励 193
第一节　薪酬激励概述 195
第二节　激励性薪酬的设计 203
第三节　薪酬管理的操作方法与技巧 212

第十章　组织文化激励 221
第一节　组织文化激励的作用机制 223
第二节　组织文化塑造 229
第三节　组织文化的建设实例与分析 238

第十一章　知识型员工的激励 249
第一节　知识型员工激励概述 251
第二节　知识型员工的需求特点与激励 257
第三节　知识型员工的激励方法与技巧 264

第十二章　销售员工的激励 271
第一节　销售员工激励概述 273
第二节　销售员工激励的方法 282
第三节　销售员工的激励性薪酬设计 290

第十三章　不同文化背景员工的激励 299
　　第一节　不同文化背景的管理特点 301
　　第二节　不同文化背景的员工激励 308
　　第三节　跨国公司在中国的跨文化激励 318

参考文献 329

第一章

激励的基本思想

学习目标

1. 掌握激励的相关基础知识（激励的定义、机制等）
2. 了解我国企业目前存在的激励误区
3. 掌握激励的心理学基础（需要、动机）
4. 掌握各种人性假设以及不同人性假设下的激励管理机制

　　管理的根本目的在于充分利用现有资源使企业得以高效运转，从而提高企业的整体绩效，进而达到企业既定的目标。企业的整体绩效是以员工的个人绩效为基础的。在现实工作中，我们会发现，员工的绩效在很大程度上取决于员工个人的"士气"和"能力"，而员工"士气"的提高主要是通过企业的激励机制来实现的。所以说，激励是关乎企业生存发展的关键措施之一，在企业的经营管理中有着不可替代的重要地位。首先我们来看一个案例。

　　36年前，美国的研究人员对艾瑞默航空公司（现在是联邦快递的一部分）的搬运工进行了一项经典的研究。公司的管理层希望搬运工将货物搬入集装箱内而不是随便地四处放置（因为使用集装箱可以节省开支）。当研究人员问搬运工的集装箱使用率是多少时，他们的回答为90%，然而根据研究人员的调查和分析，此时的集装箱使用率只有45%左右。那么该如何让搬运工提高集装箱的使用率呢？

　　在研究人员的建议下，管理部门建立了一个反馈和积极强化的方案，也就是每位搬运工将每天搬运的货物记录到一张货物搬运一览表上，包括放入集装箱和没有放入集装箱的。同时,让每位工人自己计算其集装箱的使用率。此外,每天管理部门都会向工人们反馈他们的工作情况。

惊人的结果发生了。在实施该方案的第一天,集装箱的使用率就从45%飙升到90%以上,并在之后的时间里一直保持这种水平。据艾瑞默公司报告显示,这一方法为公司节省了数百万美元的开支。

(资料来源:Organizational Dynamics,1973.)

这就是激励的作用。案例中,研究人员只是在管理过程中应用了"及时反馈",这一简单方法就为公司节省了巨大的开支。由此可见,在企业管理中,激励的作用是多么巨大。由于人性的复杂性,激励又是一个非常复杂的系统,不管在理论上还是实践上,前人都有非常多的思考和探索。本章我们先来系统地学习一些激励的基本知识。

第一节 激励的基本知识

激励是组织用以吸引、保留员工的重要手段,可以说它在员工的引进和绩效的提高方面有着不可替代的作用。但激励是一个界定比较宽泛、内容十分丰富的领域,许多专家在对激励的定义上存在较大的差异。本节将从心理学和管理学这两个学科的视角去认识和分析激励。

一、激励的内涵和定义

激励(motivation)这个词语来源于拉丁文字"movere",原意是采取行动的意思。在我国最早出现"激励"一词的文献是《史记·范雎·蔡泽列传》:"欲以激励应候",这里的意思是激发使其振作;司马光的《资治通鉴》一书中也有"贼众精悍,操兵寡弱,操抚循激励,明设赏罚,承间设奇,昼夜会战,战辄禽获,贼遂退走"、"将士皆激励请奋"之类的句子。在这里,"激励"是指激发、鼓动、鼓励之意。

在现代,国内外的学者对激励的定义进行了不同角度的描述。如,美国学者吉尔布勒斯(Gilbreth,1917)将激励看做工作动机的激发,认为"激励"是"促使员工努力工作的力量来源、心理状态与行为结果",并指出工作动机包含有三层意思:①一个人在做某件事背后的动机是什么;②一个人在做这件事情的动机有多强;③一个人做事的样子、行为、个人的努力程度如何。孔茨（Koontz,1993）认为激励是"一系列的连锁反应，即是从需要出发，由此引起要追求的目标，然后，个体出现了一种紧张感（即未满足的愿望），并引发为实现目标的行动，最后，满足了个体的要求"，主要是指人的行为过程。国内学者周三多（1997）认为，激励是"通过影响职工的需要达成来提高他们的工作积极性、引导他们在企业经营中的行为"。张晓芒等（2001）认为激励是指激发人的动机的过程，是针对人的行为、动机而进行的工作。苏东水（2002）则认为激励是"激发他人动机，使人有一股内在的动力，朝着所期望的目标前进的心理活动过程"，并认为"激励是调动积极性的过程"。俞文钊（2006）指出，激励是指持续激发人的动机的心理过程，是指引员工个体产生明确的目标并牵引行为的内在动力。他认为，激励可以使人们始终保持持续的兴奋状态，从而提高工作绩效。

综合国内外关于激励的定义，我们可以发现激励的内涵中有三个方面值得注意：①什么激励着人类的行为；②行为的方向或渠道是什么；③怎样保持或持续行为。在我们对工作中人类行为的解释里，这三个成分中的每一个都代表着一个重要因素。首先，激励的概念是指驱使个体以某种方式行动的内在积极力量和经常激发这些力量的环境因素；其次，部分个体存在目标导向，他们的行为指向某些事情；第三，这种看待激励的方式包含了一个系统倾向，即它考虑到了那些个体的力量和周围的环境力量。环境力量对个性的反馈既强化了他们的动力强度和能量方向，也阻止了他们的行动过程，使其重新调整了努力的方向。

根据前面的分析，在本书中，我们将激励定义为：在外界环境等诱因的作用下，个体根据自己的内在驱动力量，通过运用一定的自我调控的方式，从而达到激发、引导、维持和调节行为并朝向某一既定目标的过程。在该定义中，我们强调三个激发动机的因素，分别是内驱力、诱因和自我。

在现代企业管理中，激励的最简单心理过程模式可以表示为：源于需要，始于动机。引起行为和指向目标这几个程序（见图1-1），具体来说就是员工个体因为自身

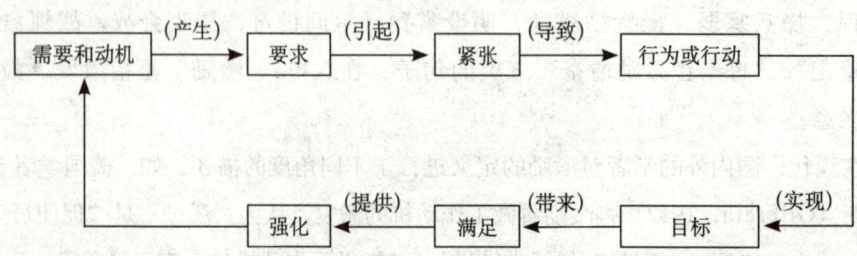

图1-1 动机激发的简单心理过程模式图（资料来源：俞文钊，现代激励理论与应用）

内在或外在的需要而产生了一系列的动机，随后又由动机支配引导自己的行为，而这些行为都是个体为了达到某个目标的活动，藉此满足自己的需要，最后，这一行动又刺激和强化了原来的动机，从而形成一个循环。

如果将上图稍微作一些调整和改动，即在需要的前面加上引起需要的刺激（包括内在的和外在的刺激），那么我们就可以得到比较全面的激励模式图（见图1-2）。

从心理学的角度来分析激励过程，实质上就是心理学研究中的刺激变量（S）、机体变量（O）和反应变量（R）这三种变量之间的关系。

- ✓ 刺激变量是指能够引起有机体反应的刺激特征。这些特征可以具有多种形式，主要包括可以变化与控制的自然和社会环境刺激。
- ✓ 机体变量是指个体自身的特征。主要包括物种特征（比如猴子与狗对同频率声波的感受性）和个体特征（比如性别、学历、动机、内驱力强度等）以及学习特征（如成功感、习得性无助感等）。
- ✓ 反应变量是指刺激引起在行为上发生变化的反应种类和特征。人的行为反应可分为言语行为反应和动作行为反应。

二、激励的机制

1. 激励机制简述

现代组织行为学理论认为，激励的本质是调动员工去做某件事的意愿，这种意愿是以满足员工的个人需要为条件的。因此，激励的关键在于正确地把握员工的内在需求，并以恰当的方式去满足他们。

刘正国（1998）认为激励机制是指通过一套理性化的制度来反映激励主体与激励客体相互作用的方式。一般来说，激励机制主要包括诱导因素、行为导向制度、行为幅度制度、行为时空制度和行为规划制度等五个方面的内容。

- 诱导因素是用于调动员工积极性的各种奖酬资源。对诱导因素的提取，必须建立在对员工个人需要进行调查、分析和预测的基础上，然后根据组织

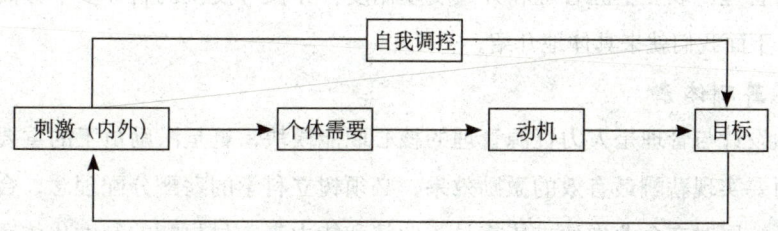

图1-2　激励模式图

所拥有的奖酬资源的实际情况设计各种奖酬形式，包括各种外在性奖酬和内在性奖酬。

- 行为导向制度是指组织对其成员所期望的努力方向、行为方式和应遵循的价值观的规定。在组织中，由诱导因素诱发的个体行为可能会朝向各个方向，不一定都是指向组织的目标方向。同时，个人的价值观也不一定与组织的价值观完全相一致，这就要求组织在员工中间培养一定的主导价值观。行为导向一般强调全局观念、长远观念和集体观念，这些观念都是为实现组织的各种目标服务的。

- 行为幅度制度是指对由诱导因素所激发的行为在强度方面的控制规则。根据弗鲁姆的期望理论公式（$M = V \times E$），对个人行为幅度的控制是通过改变奖酬与绩效之间的关联性以及奖酬本身的价值来实现的。根据斯金纳的强化理论，按固定的比率和变化的比率来确定奖酬与绩效之间的关联性，会对员工行为带来不同的影响。通过行为幅度制度可以将个人的努力水平调整在一定范围之内，以防止奖酬对员工的激励效率的快速下降。

- 行为时空制度是指奖酬制度在时间和空间方面的规定。这方面的规定包括：特定的外在性奖酬与特定的绩效相关联的时间限制、员工与一定工作相结合的时间限制以及有效行为的空间范围。这样的规定可以使企业所期望的行为具有一定的持续性，并在一定的时间和空间范围内发生。

- 行为归化制度是指对成员进行组织同化和对违反行为规范或达不到要求成员的处罚和教育。它包括对新成员在人生观、价值观、工作态度、合乎规范的行为方式、工作关系、特定的工作机能等方面的教育，使他们成为符合组织风格和习惯的成员，从而具有一个合格的成员身份。

2.激励机制的实现途径

在实践应用中，结合管理学、心理学的激励理论，激励机制可以通过薪酬体系的设计与管理、职业生涯管理和升迁变动制度、分权与授权机制等多个方面的处理来实现，下面我们就来具体地介绍。

（1）薪酬体系

薪酬设计与管理是人力资源管理的核心职能模块，更是激励员工的重要手段和方式。而要实现薪酬最有效的激励效果，必须树立科学的薪酬分配理念，合理拉开分配差距，同时在企业中建立依靠员工业绩和能力来支付报酬的制度化体系。要实现这些目标，企业应该做到如下几点：实现"职位分析-职位评价-职务工资设计—

体化";实现"能力分析－能力定价－能力工资设计一体化";实现"薪酬与绩效考核的有机衔接";实现"薪酬与外部劳动力市场价格的有机衔接";将"员工的短期激励与长期激励有机结合"(彭剑锋,2003)。

(2) 职业生涯管理和升迁变动制度

传统的职业生涯通道建立在职务等级体系的基础上,是一种官本位式的职业生涯管理制度。一般来说,等级是呈金字塔形状分布的,在这样的职业生涯制度下,如果员工职务升迁无望,也就意味着其发展的意愿破灭,这一切就会导致员工的工作积极性下降,甚至滋生腐败。在现代的企业中,我们主张建立多元的职业生涯通道,让员工在不同的职业通道内合理"分流",在各自的通道内发展,得到同样的工资、奖金、地位、尊重等,从而达到激励的效果。

(3) 分权与授权机制

分权与授权机制主要是针对知识型员工的,也就是具有一定知识、技能和能力的员工。这些员工除了看重薪酬、职务升迁等因素之外,对工作的自主性、工作的参与权以及决策权也有很大的需求。企业建立恰当科学的分权与授权机制(主要包括员工在财务、人事和业务工作方面的权限),不仅可以较大幅度的提高组织运行的效率,同时还可以对员工起到较高的激励效果。

三、激励的作用

对一个企业来说,科学有效的激励制度和方式、方法至少具有以下两方面的作用:

1. 实现企业的经营目标

企业有了好的绩效才能生存。企业要有较高的绩效水平就需要员工有较高的个人绩效水平。在企业中,我们常常可以看到有些才能卓越员工的绩效却低于一些才能明显不如他们的人,可见好的绩效水平不仅仅取决于员工的个人能力,还取决于员工的努力程度。为达到经营目标最大化,企业在管理上就需要对员工进行激励。具体来说,有效的激励对企业实现其经营目标有以下作用:

(1) 为企业吸引大批优秀的人才

在很多成熟型的企业中,激励措施有丰厚的薪酬福利待遇、优惠的各种政策、快捷的晋升途径和良好的发展前景等,这些都可以使企业在市场竞争中赢得大批优秀人才。

(2) 协调企业目标和个人目标

在实际工作中,企业组织目标与个人目标之间既有冲突矛盾的一面又有一致和

管理小故事

有七个人住在一起,每天共喝一桶粥,显然粥每天都不够。一开始,他们抓阄决定谁来分粥,每天抓一次。于是乎每周下来,他们只有一天是饱的,就是自己分粥的那一天。后来他们开始推选出一个道德高尚的人出来分粥。强权就会产生腐败,大家开始挖空心思去讨好他,贿赂他,搞得整个小团体乌烟瘴气。然后大家开始组成三人的分粥委员会及四人的评选委员会,互相攻击扯皮下来,粥吃到嘴里全是凉的。最后想出来一个方法:轮流分粥,但分粥的人要等其他人都挑完后拿剩下的最后一碗。为了不让自己吃到最少的,每人都尽量分得平均,就算不平,也只能认了。大家快快乐乐,和和气气,日子越过越好。

管理的真谛在"理"不在"管"。管理者的主要职责就是建立一个像"轮流分粥,分者后取"那样合理的游戏规则,让每个员工按照游戏规则自我管理。游戏规则要兼顾公司利益和个人利益,并且要让个人利益与公司整体利益统一起来。责任、权利和利益是管理平台的三根支柱,缺一不可。缺乏责任,公司就会产生腐败,进而衰退;缺乏权利,管理者的执行就变成废纸;缺乏利益,员工就会积极性下降,消极怠工。管理者只有把"责、权、利"的平台搭建好,员工才能"八仙过海,各显其能"。

谐的一面。很多时候,往往因为利益分配不均导致企业的组织目标与员工的个人目标产生不一致甚至是相悖的情况。这个时候就需要通过一些合适的激励措施把个人目标和组织目标合二为一。同时,对于与组织目标不一致的员工个人目标也应该区别对待。在不会对企业组织目标造成重大危害和负面影响的时候,企业应该承认其合理性,并在许可的范围内尽量地帮助和支持员工去实现,这样可以更好地激发员工的工作积极性,进而提高员工对组织的忠诚度和归属感。

(3) *形成良性竞争环境,保证员工完成个人绩效*

科学的激励制度包含着一种竞争精神,它的运行能够创造出一种良性的竞争环境,进而形成良性的竞争机制。在具有良性竞争机制的组织中,组织成员会受到环境的压力,在竞争机制的作用下,这种外在的环境压力将转变为促使其努力工作的动力。正如麦格雷戈所说:"个人与个人之间的竞争,才是激励的主要来源之一。"

2. 促进员工的个人成长

每个员工都有自己的梦想,也都渴望得到别人能够肯定甚至激励自己的工作。在日常工作中,我们经常看到这样的一种现象:某些企业尤其是品牌企业,或许它们的薪酬、福利不是最高的,但它们却往往比那些高薪的企业更能吸引和留住人才。

这是为什么呢？原因就在于企业的激励方式更有利于员工成长，很多员工在选择自己的雇主企业时，相比于普通的物质薪酬而言，更看重的就是个人成长这一点。所以说激励员工，挖掘员工潜力在生产和管理过程中有着极为重要的作用。

四、现阶段我国企业存在的激励误区

现阶段，我国在企业管理方面已经引进了大量西方管理中的激励理论和手段，促进了我国企业管理的发展，然而，在具体实施过程中，依然存在着很多的问题，总的来说有如下几点误区：

1.管理意识落后

首先，有的企业尤其是一些中小企业，表面上重视人才，但实质上对人才不是很重视，认为有无激励一个样。这些企业就需要革新自己的陈旧观点，把人才当作一种资本来看，注重挖掘人的潜力，重视激励机制的健全，否则，必然会遭市场淘汰。还有的一些企业，口头上表示重视人才，但行动上却还是以往的一套。这些企业管理思想落后，员工很难有高的积极性。

其次，许多企业认为激励就是奖励。这是企业中普遍存在的一个误区。管理者也要认识到仅仅有奖励是不够的，奖励的同时要与一定的约束机制相结合。因为被剥夺有时候也可以激起员工的紧张状态，使其产生较高的积极性。企业的一项奖励措施往往会使员工产生各种行为方式，但其中有的部分却并不是企业所希望的。因此，适当的束缚措施和惩罚措施就很必要。奖励正确的事、约束错误的行为才是正确的管理之道。

2.激励存在一定的盲目性

不少企业看到别的企业有激励措施，自己便"依葫芦画瓢"。合理的借鉴是必须的，但很多企业只是盲目地照搬。此外，有人认为激励的强度越大越好。其实，这也是一种错误的观点，凡事物极必反，激励也是这样。过度的激励就会给员工过度的压力，当压力超过员工承受力的时候，结果是可想而知的。所以说适当的激励才会有积极意义。激励的有效性在于员工的需要。只有立足本企业员工的需要，激励才会有积极意义。所以，要避免盲目激励，就必须对员工的需要做科学的调查分析，针对这些需要来制定本企业的激励措施。

3. 激励措施的无差别化

许多企业实施激励措施时，并没有对员工的需要进行分析，而是"一刀切"地对所有人采用同样的激励手段，结果适得其反。这也是因为没有认识到激励的基础是需要，同样的激励手段不可能满足所有的需要。此外，企业需要注重对核心员工的激励。在企业中，核心技术人员、高级管理者、营销骨干等都属于核心员工，他们有着高于一般员工的能力。加强对他们的激励，可以起到事半功倍的效果。当然对核心员工的激励可以使用长期激励的手段，如股票期权、目标激励等。

4. 激励过程中缺乏沟通

有这样一个有趣的例子：

人力资源经理告诉其秘书："你帮我查一查我们有多少人在北京工作，星期四的会议上董事长将会问到这一情况，我希望准备得详细一点。"于是，这位秘书打电话告诉北京分公司的秘书："董事长需要一份你们公司所有工作人员的名单和档案，请准备一下，我们在两天内需要。"分公司的秘书又告诉其经理："董事长需要一份我们公司所有工作人员的名单和档案，可能还有其他材料，需要尽快送到。"结果第二天早晨，四大箱航空邮件到了公司大楼。

为什么一个简单的员工人数统计几经传达最后变成了四大航空箱的邮件？

因为缺乏沟通。企业往往只重视命令的传达，而不注重沟通和反馈。松下幸之助曾经说过"在我所遇到的组织中，沟通不畅是其面临的一个基本问题。"从人际误解到财政、运营和生产问题，无不与低效沟通有关。在激励过程中也同样存在类似的误区，比如，在对员工进行奖励的时候，企业关注的只是奖励的对象和数目，而沟通这一环节往往忽略不计。其实，相对于激励的结果来说，激励的沟通过程同样重要。急员工之所急，注重沟通的激励更能起到激励的效果。

第二节 激励的心理学基础

激励实际上是持续激发人们行为动机的心理过程。即当个体产生了某种需要，却没有得到满足的时候，心理上会产生张力，于是便产生了行为的驱动力即动机。因此可以说，需要和动机是激励最基本的心理学基础。本节我们就来重点探讨一下需要和动机。

一、需要

1. 需要的概念

黄希庭（1990）认为，需要是指有机体内部的某种缺乏或不平衡状态，它表现出有机体的生存和发展对于客观条件的依赖性，是有机体活动的积极性源泉。

当人需要某种东西时，便会把缺乏的东西视为必需的东西。人既是生物有机体又是社会成员，为了个体和社会的生存发展，人对于外部环境必定有一定的需求。例如食物、衣服、婚配、育幼等，这是维持个体生存和延续种族发展所必需的；而从事劳动，在劳动中结成不同的社会关系以及人们之间的交往活动等是维持人类社会生存和发展所必需的。这种客观必要性反映在人的头脑中并引起他内部的某种缺乏或不平衡状态时就会产生需要。需要表现出有机体的生存和发展对客观条件的依赖性。它总是指向能满足该需要的对象或条件，并从中获得满足。没有对象的需要是不存在的。

需要也是有机体活动的积极性源泉，是人进行活动的基本活动力。人的各种活动，从饮食起居、学习劳动，到创造发明，都是在需要的推动下进行的。需要激发人去行动，使其朝着一定的方向，追求一定的对象，以求得自身满足。需要越强烈、越迫切，由它所引起的活动动机就越强烈。此外，人的需要也是在活动中不断产生和发展的。当人通过活动使原有的需要得到满足时，人和周围现实的关系就发生了变化，又会产生新的需要。这样，需要推动着人们去从事某种活动，在活动中不断地满足需要又不断地产生新的需要，从而使人的活动不断地向前发展。

2. 需要的分类

人的需要是多种多样的，可以按照不同的标准对它们进行分类。大多数学者采用二分法把各种不同的需要归属于两大类，即生物性需要与社会性需要。

（1）生物性需要

生物性需要是指保存和维持有机体生命和延续种族的需要，例如对饮食、运动、休息、睡眠、觉醒、排泄、避痛、配偶、嗣后等的需要。这类需要有一定的生理基础同时又是原发性的，所以我们也把这些需要称为生理性需要或原发性需要。

（2）社会性需要

社会性需要是指与人的社会生活相联系的一些需要。如对劳动、交往、成就、奉献的需要等。社会的需要表现为这样或那样的社会要求；当个人认识到这些社会要求的必要性时，社会的需要就可能转化为个人的社会性需要。社会性需要是后天习得的，源于人类的社会生活，属于人类社会历史的范畴，并随着社会生活条件的不同而有所不同。下面介绍两种社会性需要：

- 交往需要。从婴幼儿时期起，人就想与他人亲近和往来，希望得到别人的赞许、关心、友谊、爱护、接受、支持和合作等。交往需要就是个人想与他人交流思想感情、沟通信息的需要。依亲、交友、家人团聚，参加各种社会团体活动等都可以使个人的交往需要获得满足。
- 成就需要。成就需要是指个人对于自己认为重要的或有价值的事而力求达成的欲望。所谓成就是相对的，是人完成一件工作后与他人或自己的既定标准相比较所得出的结果。成就需要包含的内容很多，比如对于地位、名誉、声望等的需要，对于实力、绩效、优势等的需要。

二、动机

需要和动机是紧密相联的，但它们之间也有差异。模糊意识到的、未分化的需要叫意向。此时个体虽然意识到一定的活动方向，但却不明确活动所依据的具体需要，也不知道以什么途径和方式来满足需要。如果某种意向成为了活动的动因，即当该意向激起个体进行活动并维持这种活动时，需要便成为了动机。

1. 动机的概念及种类

（1）动机的概念

动机是激发和维持个体进行活动，并导致该活动朝向某一目标的心理倾向或动力。提到动机，首先来介绍两个与动机关系密切的术语：内驱力和诱因。

内驱力这个术语是伍德沃斯（Woodworth, 1918）首先提出的，指驱使有机体产生行为的内部动力。当机体缺乏某种东西而产生需要时，机体内环境的相对稳定状态（即内稳态）便遭到破坏。例如，需要水分或食物时，机体内细胞内外的水渗透压或血液中糖分的稳定水平便遭到了破坏。这种生理变化所产生的需要便对机体形成一种紧张的内驱力，从而导致求饮、求食行为，以恢复内稳态。

从日常学习生活中，我们可以看到有机体并不仅仅是由于内驱力的驱使才被迫活动的。外部刺激有时也能激起有机体的活动。凡能够引起个体动机的外部刺激，我们都称之为诱因。诱因按其性质可以分为两类，有机体因趋向或获得它而得到满足时，这种诱因称为正诱因。有机体因逃离或回避它而得到满足时，这种诱因称为负诱因。

总之,内驱力存在于有机体内部,诱因存在于有机体外部。内驱力是一种激活力,它释放的能量是无指向性的,可服务于任何具体的行为。与之相区别的是动机行为具有明确的指向性,是由内驱力和诱因相互作用所决定的。

(2) 动机的分类

根据动机的起源,我们可把动机分为生物性动机(也称为生理性动机或原发性动机)和社会性动机(也称为心理性动机或习得性动机)。前者与人的生理需要相联系,

小资料

测查员工的需要水平

对下面的陈述,请按以下标准选择与您最符合的分数

1= 不同意,2= 比较不同意,3= 比较同意,4= 同意

( ) 1. 我不为自己的情绪特征感到丢脸。
( ) 2. 我觉得我必须做别人期望我做的事情。
( ) 3 我相信人的本质是善良的、可信任的。
( ) 4. 我觉得可以对所爱的人发脾气。
( ) 5. 别人应该赞赏我做的事情。
( ) 6. 我不能接受自己的弱点。
( ) 7. 我能够赞许、喜欢别人。
( ) 8. 我害怕失败。
( ) 9. 我不愿意分析那些复杂问题并使之简单化。
( ) 10. 做一个你想做的人比做一个随大流的人要更好。
( ) 11. 在生活中,我没有明确的要为之献身的目标。
( ) 12. 我由着我的性子来表达我的情绪,不管后果如何。
( ) 13. 我没有帮助别人的责任。
( ) 14. 我总是害怕自己不够完美。
( ) 15. 我被别人爱是因为我对其付出了爱。

备注:计分时,对第 2、5、6、8、9、11、13、14 题进行反向计分,然后把各题所选分数相加得到一个总分,再将总分与常模进行比较。本表常模数值为:男性平均分:45.02;标准差:4.95;女性:平均分:46.07,标准差:4.79

资料来源:Jones&Crandall,1986

后者与人的社会需要相联系。根据动机内容的性质，可把动机区分为高尚的和卑劣的动机。这是从社会道德规范的内容上来看的。前者是符合社会道德规范的，后者是违背社会道德规范的。从人民的、民族的、国家的利益出发的动机是高尚的，而损人利己、损公肥私的动机是卑劣的。根据动机的影响范围和持续作用时间，可把动机区分为长远的、概括的动机和短暂的、具体的动机。前者影响范围广，持续作用时间久；后者只对个别具体行动一时起作用。例如，一位员工想成为优秀的员工，为企业的发展多作出贡献。这个动机促使他努力工作，这种动机是长远的、概括的动机。如果仅仅为了获得高绩效或者是得到企业的奖金，那么这种动机是短暂的、具体的。

另外，根据引起动机的原因，我们还可以把动机分为外部动机和内部动机。外部动机是指活动动机是由外在因素引起的、是追求活动之外的某种目标。例如，有的企业员工的工作动机是为了获得一笔绩效奖金，这种动机就是外部动机。内部动机是指活动动机出自于活动者本人并且活动本身就能使活动者的需要得到满足，例如，有的企业员工的工作动机是由其本人自行产生的，工作这一活动本身就是其所追求的目的，这种动机就是内部动机。这里需要强调的是，外部动机是可以转化为内部动机的。例如，企业最初运用的大都是外部动机的激励，比如对优秀绩效的员工进行奖励，然而当员工努力工作不久后便从工作中得到快乐，并把工作本身看做一种乐趣，此时外部动机便转化为内部动机了。

对动机进行各种不同的分类，目的是从不同的侧面来研究动机的性质、机制及其在活动中的作用。这里需要指出的是上述各种分类仅具有相对的意义，而不是绝对的。因为根据研究的需要还可以从别的标准对动机进行分类和研究。

2. 动机的强度与工作效率

有人认为，随着动机强度不断增强，有机体的活动就会不断高涨，活动的效率也就不断提高。但是，事实并非如此。当然，若个体动机很低，对工作持漠然态度，其工作效率当然是很低的。然而，当动机过强时，有机体则会处于高度的紧张状态，此时其注意和知觉的范围变得过于狭窄，反而限制了正常活动，从而使工作效率降低。例如，在企业举行的员工技能比赛中，有些员工对比赛太过重视，太渴望获奖了，此时即使他们平时表现良好但在比赛中往往也发挥得不正常。这就是因为动机过强，反而降低了效率的缘故。因此，为了使活动卓有成效，就应避免强度过低或过高。

在各种活动中都有一个动机最佳水平问题。在一般情况下，工作任务难度中等的时候，动机与效果之间呈倒 U 型的关系。也就是说动机过于微弱或过于强烈都不利于工作，只有当动机的强度适中时，才会取得最理想的效果。这种现象是叶克斯和多德森（Yerkes & Dodson, 1908）通过动物实验发现的，所以也被称为叶克斯－多德森定律。他们的研究表明，动机最佳水平会因工作任务的性质而不同：在比较容易的工作任务中，工作效率有随动机提高而上升的趋势；而在比较困难的工作任务中，动机最佳水平有逐渐下降的趋势。也就是说在工作任务难度比较大的情况下，要想取得满意的工作效率，就需要把动机适当降低。这就告诉我们，当工作难度很小的时候，工作动机必须十分强烈才能取得好的结果；反之，当工作难度很大的时候，适当降低工作动机的强度才能提高工作效率。

三、激励与需要、动机的关系

需要和动机密不可分，但并非一体。需要是内心体验到的某种事物的缺乏或不足；而动机是一种信念和期望，一种行动的意图和驱动力，它推动人们为满足一定的需要而采取行动，从而表现出某种行为。需要是动机的源泉、基础和出发点，动机才是驱动人们去行动的直接原因和动力。需要只有跟某种具体目标相结合，才能转化为动机，并在适当的条件下表现为外在的可见行为。

美国著名的学者斯蒂芬－罗宾斯提出，激励就是解决个体在实现目标过程中努力的强度、方向与持续期等问题的过程。强度是指人们的努力程度。但高水平的努力不一定能带来高的工作绩效，除非努力指向有利于组织的方向，即努力程度只有与组织方向一致才具有实际意义，才有利于提高组织绩效，因此，方向反映了努力的质量。持续期指的是积极性能够持续多久。所以，激励水平是要不要为此目标去努力（行为方向选择）、应为此目标花费多大努力（努力的强度）以及此努力应维持多久（行为的持续期）这三项因素的函数。

根据人本主义的观点，人们工作的动机是满足自己的需要，因此，激励的过程也是满足需要的过程（见图1-3）。从这个角度讲，激励就是管理者通过采取各种满足需要的措施，激发员工的工作动机，挖掘其潜力，调动其积极性与创造性，高效

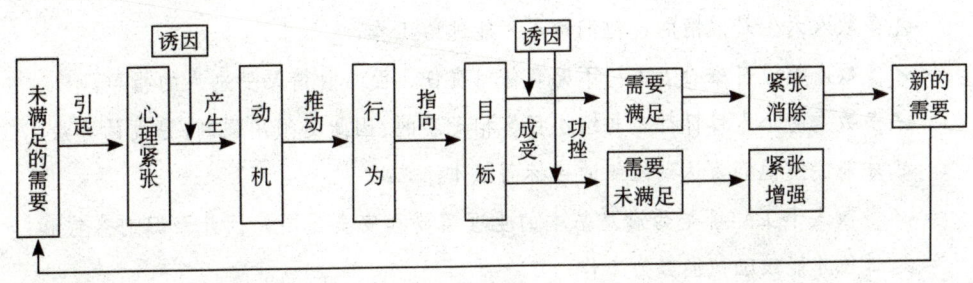

图1-3 激励过程示意图（资料来源：中国人力资源网）

地实现组织目标的过程。

在管理过程中，激励开始于管理者了解与把握员工的未满足需要，根据员工的需要创造满足需要的条件（也就是设置诱因）。当员工看到需要满足的可能性的时候，就会产生满足需要的念头，即产生工作动机。动机推动员工采取行动（行动的方向是组织既定的工作目标），进而实现既定目标。

第三节　人性假设与激励

人性是人们通过自己的活动所能够获得的全部属性的综合，是现实生活中的人所具有的全部规定性，即人的共同本性。在人类发展的几千年历史长河中，人性一直是管理上的重点所在，也是激励研究和实践的一个核心基础。如何更好地洞察人性并根据人性的不同来激励员工，就成了近代东西方管理科学讨论的关键性问题。

一、西方四种人性假设理论

西方管理科学界曾提出过各种不同的假设，后来这些不同的人性假设便构成了西方管理心理学的基石。美国心理学家沙因（Shchein，1965）把流行于西方的几种人性理论概括为"经济人"、"社会人"、"自我实现人"、"复杂人"这四种人性假设理论。这四种假设表明了西方管理界关于人性看法的发展历程。

1. "经济人"假设

"经济人"也叫理性经济人，也可称"实利人"。这是古典管理理论对人的看法，即把人当作"经济动物"来看待。该理论认为人的一切行为都是为了最大限度地满足自己的私利，工作目的只是为了获得经济报酬。

美国工业心理学家麦格雷戈对"经济人"假设（X理论）概括的基本观点如下：

- ✓ 多数人天生是懒惰的，他们都尽可能逃避工作；
- ✓ 多数人都没有雄心大志，不愿负任何责任，而心甘情愿受别人的指导；
- ✓ 多数人的个人目标都是与组织目标相矛盾的，因此必须用强制、惩罚的办法，才能促使他们为达到组织的目标而工作；
- ✓ 多数人干工作都是为满足基本的生理需要和安全需要，因此，只有金钱和地位才能鼓励他们努力工作；
- ✓ 人大致可分为两类，多数人都是符合于上述设想的人，另一类是能够自己鼓励自己，能够克制感情冲动的人，这些人应担负起管理的责任。

"经济人"假设及其相应的X理论曾风行于20世纪初期到20世纪30年代的欧美企业管理界。这种理论改变了当时放任自流的管理状态，加强了社会上对消除浪费和提高效率的关心，促进了科学管理体制的建立。这对我国目前的管理实践，有一定借鉴作用。但"经济人"假设也存在一定的局限：它以享乐主义哲学为基础，它把人看成是非理性的，认为人是天生懒惰而不喜欢工作的"自然人"；它否认了人的主人翁精神，否认了人的自觉性、主动性、创造性与责任心；它认为大多数人缺少雄心壮志，只有少数人起统治作用，因而把管理者与被管理者绝对对立起来，否认了工人在生产中的地位与作用。

2. "社会人"假设

"社会人"也称"社交人"。这种假设认为人们在工作中得到的物质利益对于调动生产积极性只有次要意义，人们最重视的是工作中与周围人的友好关系，良好的人际关系是调动职工生产积极性的决定因素。霍桑和梅奥将其主要观点概括如下：

- ✓ 生产效率的提高和降低主要取决于职工的"士气"，而士气取决于家庭和社会生活，以及企业中人与人之间的关系。
- ✓ 组织中存在着某种"非正式群体"。这种无形的组织有其特殊的规范，影响着群体成员的行为。
- ✓ 领导者在了解人们合乎逻辑的行为的同时，还需了解不合乎逻辑的行为，使正式组织的经济需要与非正式组织的社会需要之间取得平衡。

随着社会生产力的发展，企业之间竞争的加剧以及企业劳资关系的愈发紧张，使得管理者开始重新认识"人性"问题。从"经济人"假设到"社会人"假设的转变无疑是管理思想与管理方法上的进步。在管理中，西方企业引进了这一理念，资本家实行参与管理的方式，满足工人一些需要，在企业中确实起到了缓和劳资矛盾的效果。尽管如此，"社会人"假设也因为其自身理论的限制而存在一些不可避免的局限性。"社会人"的假设认为人与人之间的关系对于激发动机、调动职工积极性比物质奖励更为重要。这一点对于企业制定奖励制度有一定参考意义。但它过于偏重非正式组织的作用，对正式组织的研究有放松趋向，同时，该理论是一种依赖性的人性假设，对人的主动性及其动机研究还缺乏深度。

3. 自我实现人假设

自我实现人这一概念是马斯洛提出来的。马斯洛认为：人类需要的最高层次就是自我实现，每个人都必须成为自己所希望的那种人，"能力要求被运用，只有潜力发挥出来，才会停止吵闹"。这种自我实现的需要就是"人希望越变越完美的欲望，人要实现他所能实现的一切欲望"。具有这种强烈自我实现需要的人，就叫自我实现人，或者说最理想的人就是"自我实现人"。

麦格雷戈（Mc Gregor，1960）总结并归纳了马斯洛等人的观点，结合管理问题，提出了 Y 理论。其基本内容如下：

- ✓ 工作中的体力和脑力的消耗就像游戏休息一样自然。厌恶工作并不是普通人的本性。工作可能是一种满足（因而自愿去执行），也可能是一种处罚（因而只要可能就想逃避），到底怎样，要视可控制的条件而定。
- ✓ 外来的控制与处罚的威胁是促使人们努力达到组织目标的唯一手段。人们愿意实行自我管理和自我控制以完成应当完成的目标任务。
- ✓ 报酬是各种各样的，其中最大的报酬是通过实现组织目标而获得个人自我满足、自我实现的需求。
- ✓ 普通人在适当条件下，不仅学会了接受职责，而且还学会了谋求职责。逃避责任，缺乏抱负以及强调安全感，这些通常是经验的结果，而不是人的本性。
- ✓ 大多数人在解决组织的困难问题时都能发挥较高想象力、聪明才智和创造性。
- ✓ 在现代工业化社会的条件下，普通人的智能潜力只得到了部分的发挥。

"自我实现人"假设是资本主义高度发展的产物。它和 Y 理论在实践中都在一定程度上提高了员工的工作效率，促进了生产力的发展。但同时，其理论也具有一些局限性。从理论上来看，"自我实现人"的理论基础是不正确的。人既不是天生懒惰的，也不是天生勤奋的，此外，人的发展也不是自然成熟的过程。"自我实现人"的假设认为人的自我实现是一个自然发展过程，该理论认为，人之所以不能充分地自我实现（马斯洛自己也承认，现实社会中真正达到自我实现的人是极少数），是由于受到环境的束缚和限制。实际上，人的发展主要是社会影响，特别是社会关系影响的结果。

4."复杂人"假设

"复杂人"的含义有以下两个方面：其一，就个体而言，其需要和潜力会随着年龄的增长和知识的增加以及地位和环境的改变而各不相同；其二，就群体而言，人与人是有差异的，这些差异导致个体之间的需求各不相同。

"复杂人"假设是20世纪60年代末至70年代初提出的。根据这一假设，我们可以归纳出企业职工需要的复杂性有如下几点：

- ✓ 人的需要是多种多样的，而且这些需要随着人的发展和生活条件的变化而发生变化。每个人的需要都各不相同，需要的层次也因人而异。
- ✓ 人在同一时间内有各种需要和动机，它们会发生相互作用并结合为统一整体，形成错综复杂的动机模式。
- ✓ 人在组织中的工作和生活条件是不断变化的，因此会不断产生新的需要和动机。这就是说，在人生活的某一特定时期，动机模式的形式是内部需要与外界环境相互作用的结果。
- ✓ 一个人在不同单位或同一单位的不同部门工作，会产生不同的需要。例如，一个人在工作单位可能落落寡合，但在业余活动或非正式群体中却可使交往的需要得以满足。
- ✓ 由于人的需要不同，能力各异，对于不同的管理方式会有不同的反应。因此，没有一套适合于任何时代、任何组织和任何个人的普遍行之有效的管理方法。

"复杂人"假设及其相应的管理理论强调，对员工的激励应该采取权变的思想，应该因人而异灵活多变。这一理论假设包含着辩证法思想，对改善我们企业的管理是有启示作用的。但这种人性假设及其相应的激励理论同其他人性假设和管理理论一样，也有其局限性。一方面，这种人性假设过分强调个性差异，在某种程度上忽视了职工的共性。另一方面，该理论往往过分强调管理措施的应变性、灵活性，不利于组织和制度的稳定。

二、中国的传统人性观——"中庸人"假设

春秋时期的孔子提出了"性相近，习相远"这一对我国传统文化影响很深的理论思想，他认为，人刚出生的时候就像一张白纸，至于性格方面的差异多是由于后天的不同环境塑造而成的。战国时期，儒家的另一集大成者孟子系统地阐述人性理论，他认为：仁义礼智是人所固有的本性，但人性是善于变化的，所以他主张统治者实行仁政来教化百姓。孟子之后，荀子又提出了性恶论与礼治学说，他认为人一生下来不可能一切行为都符合社会道德规范和礼仪制度的要求，相反，他认为人生来的本

性是恶的，人生来就好利、嫉妒、喜声色，如不加以规制，发展下去就会犯上、淫乱。因此，需要圣人、君主对百姓进行教化，需要有道德规范和礼仪制度对人的行为加以约束。

由于历史原因，儒家的人性观在中国思想史上一直占据着统治地位，成为我国传统文化中的核心。

依照西方的四种人性假设和我国的儒家人性观，反观我们中国人的行为特征时，我们发现，用西方的四种假设都无法全面、客观、准确地描述中国人的行为特征。在此介绍一种现在比较流行的新型人性假设——"中庸人"假设，以供参考。这里所说的"中庸人"只是一种称谓，与四书五经中的《中庸》无关。

"中庸人"认为人的本性是一种"非善非恶"的中性体，不具有"经济"或"社会"的特征。需要也并不直接产生动机，而是经过大脑处理后作用于动机的。一般来说，动机的产生受两个因素影响，一是人的价值理念，即价值观。这是在相同的客观环境下人们的行为却不相同的原因。二是客观条件的制约，这里的客观条件不仅仅指我们所提到的物理环境，而是一个广义上的客观条件，包括社会环境、道德规范等因素。

与西方四种人性假设相比，"中庸人"假设理论的不同点主要体现在以下几个方面：

- 追求目标方面。"经济人"、"社会人"、"自我实现人"与"复杂人"四种假设，产生于西方市场经济条件下，因而追求个人经济最大化，成为其共同的目的。当然，这也与西方的个人至上主义价值观密不可分；而"中庸人"产生于我国大的传统文化背景之下。"中庸人"追求的不仅仅是个人利益的满足，更包括与家庭、社会、自然关系的和谐。甚至在个人利益与群体利益相冲突时，会主张舍弃个人利益来服从组织的利益。这一点是上面四种人性假设所没有涉及的。

- 动机驱动方面。"经济人"、"社会人"、"自我实现人"与"复杂人"四种假设中，无论是单一人性论还是复杂人性论都认为动机是由需要直接驱动的，而"中庸人"则认为需要不直接构成动机，而是受到人的价值理念和客观环境的影响。

- 人性与价值取向方面。"经济人"、"社会人"、"自我实现人"认为人性是不变的，价值取向也是不变的。这样就很难解释为什么一个人在不同的时期，在相同的环境下会做出不同的选择，而"复杂人"则认为人性是易变的，价值取向也会随之改变。这虽然能够解释关于一个人在不同的时期，在相同的环境下做出不同选择的问题，但却解释不了为什么不同的甚至是本性完全对立的两个人在相同的环境下会做出相同的选择。"中庸人"假设认为人性是恒久不变的，是内因，变化的只是随着时间、社会经验的增加而变化的价值取向，这是外因。同时，从中国人的本性来看，"中庸人"假设认为一个经常消极怠工的人，只要善加诱导，也是可以变成一个优秀员工的，因为他的本性与其他人是没有区别的。

三、人性假设的新发展——"文化人"假设

审视人类管理理论发展历史，借鉴传统管理科学的研究成果和材料，根据人类管理实践的发展要求，很多管理学家认为，现在已到了以"文化人"来标识劳动者的阶段。

1. "文化人"假设产生的历史背景

20世纪60年代日本"企业文化"管理模式的出现，开始了对管理理论中"经济人"、"社会人"等假设的扬弃和超越。这一管理模式越过对人的经济和心理等层面的关注，直接逼近对人的行为影响更深远、更有力的文化价值层面。日本人成功地把民族传统文化和现代工业精神有机结合，建设和张扬了"企业共同价值观"等企业文化管理的核心内涵，使企业凝结起强大的团队精神，极大激发了企业员工的创造精神。但是，由于种种弊端，最终也导致管理实践中产生严重问题。

美国学者总结了日本的企业文化的优点与不足，创造了更新的适合其文化背景的文化管理模式。这些模式的特征就是在知识经济条件下依靠劳动者的高度主体性和自觉精神，不断学习、持续进步、自我超越，从而保持企业蓬勃发展的生命力。

除此之外，社会经济的发展也为"文化人"假设的出现提供了必要的条件：第一，从消费价值取向看，人类正不断从"经济消费"走向"文化消费"；第二，从产业构成看，很多发达国家的第三产业占国民经济的比重已经大大超越第一、二产业，同时第一、二产业也具有越来越浓厚的文化因素；第三，企业文化越来越成为现代企业竞争的核心力量。

2. "文化人"假设的基本思想

"文化人"假设的相关文献十分有限，经过整理总结出其假设的基本思想有如下几点：

- 人在本能上确有多种需要，也希望自己的需要不断得到满足。然而，作为一个人，更重要的是有自己的信仰和价值观，个人的人生追求。
- 在管理上，要求管理者关注社会文化这一更深层次的东西；要求管理者对

企业个体的研究转变为对企业员工整体的研究,要求管理者对企业管理本质的认识从硬性的方法制度转变为软硬兼备的艺术技巧。

- 从具体的管理措施来看,企业对员工应该实行长期或终身雇用制,使员工与企业同甘共苦,并对员工实行定期考核和逐步提级晋升制度。这一切使得员工把自己的价值观和企业的价值观统一起来,把自己的发展目标和企业的发展愿景结合起来,于是,员工个人与企业的命运紧密地联系在一起,目标一致,追求一致,因而积极关心企业的利益和企业的发展。

- 在企业的经营管理中应该注意员工的培训,而且,培训还不只是简单的技能培训,最重要的是思想的教化,企业家和管理者要像传教士一样不断地强化员工的思想和价值观念,使他们与企业文化倡导的方向一致。从而为企业储备更多的、忠诚企业并认同企业文化的忠实"教徒"。为企业在激烈的市场竞争中保持人才优势。

- 在管理的过程中既要注意西方科学工具的使用,同时,也要注意对人做思想工作,注意传授人生经验并开发员工的潜在能力,让员工发挥其更大的效能。

- 最后,"文化人"假设还鼓励信任,鼓励志同道合员工的加入,对于那些对本企业的文化价值观高度认同,同时具有高创造性的人才,即使没有足够的经验也应该大力引进。

四、不同人性假设下的人才激励管理机制分析

1. "经济人"假设下的人才激励管理方法

"经济人"假设是管理实践中最早出现的人性假设,在此假设的基础上形成了所谓的古典管理理论。在古典管理模式下,组织通常采用经济性奖酬来获取人才的劳动与服从,比如员工工作效率低下、情绪低落,解决的办法就是重新审查组织的奖酬刺激方案,并加以改变。

根据"经济人"的假设而采取相应的管理策略,可以归纳为以下三点:

- 管理工作重点在于提高生产率、完成生产任务,而忽略人的感情和道义上应负的责任,不考虑人的情感、需要、动机、人际交往等社会心理因素。从这种观点来看,管理就是计划、组织、经营、指导、监督。这种管理方式叫做任务管理。

- 管理工作只是少数人的事,与广大工人群众无关。工人的主要任务是听从管理者的指挥,拼命干活。

- 在奖励制度方面。主要是用金钱来刺激工人生产积极性，同时对消极怠工者采用严厉的惩罚措施，即"胡萝卜加大棒"的政策。

2."社会人"假设与"自我实现人"假设的人才激励管理方法

"社会人"假设和"自我实现人"假设与梅奥的霍桑实验和马斯洛的需要层次理论有密切的关系，前者强调了个体的社交需要和尊重需要，后者强调了个体自我实现的需要。基于这两种人性假设，西方的管理理论进入到了人权关系理论阶段，与之相对应的管理方式是民主管理与民主参与。一般认为，"社会人"假设的提出标志着西方管理的重心从"关心物"向"关心人"转变。

在参与管理模式下，管理者更加重视人才的心理需求，重视集体的作用，强调要保证人才充分地表露自己的意见和才能，要给予人才一定的自主权，参与组织决策的实施。与此模式相对应的常见激励方式有尊重激励、参与激励、工作激励和目标激励等。具体来说，和经济人假设的观点不同，自我实现人假设的管理方法有如下几点的改变：

- 注意重点的改变。管理人员不应只注意完成生产任务，而应把注意的重点放在关心人和满足人的需要上，重视员工之间的关系，要倾听职工的意见和了解职工的思想感情，培养和形成职工的归属感和整体感。
- 管理重点的改变。把注意的重点从人的身上转移到工作环境上，创造一种适宜的工作环境、工作条件，使人们能在这种环境下充分挖掘自己的潜力，充分发挥自己的才能，也就是说能够充分地自我实现。
- 管理人员职能的改变。从"自我实现人"的假设出发，管理者的主要职能在于如何为发挥人的智力创造适宜的条件，减少和消除职工自我实现过程中所遇到的障碍。
- 奖励方式的改变。对人的奖励可划分为两大类：一类是外在奖励，如工资、提升、良好的人际关系；另一类是内在的奖励，指人们在工作中能获得知识，增长才干，充分发挥自己的潜力等。只有内在奖励才能满足人们的自尊和自我实现的需要，从而极大地调动起职工的积极性。

3."复杂人"假设的人才激励管理方法

"复杂人"假设发现了前面几种人性假设并不普遍适用于一切人，于是它提出了权变理论。该理论认为，在企业管理中要根据企业所处的内外部条件来随机应变，具体问题具体分析。

在权变管理模式下，管理者要根据组织的目标、人才的实际需要和动机采取更为灵活的管理措施，也就是说，管理应因人而异、因事而异，避免千篇一律。这种激励机制在具体激励方式的选择上应该更加灵活和实用。

4. 基于儒家人性假设的人才激励管理方法

儒家把管理视为适应人性的过程，更视为塑造人性的过程，并由此导出了"修己安人"的根本目标，儒家强调激励应以道德教化为基本手段，强调管理的目标是人文价值目标，价值观念的引导是管理的基本手段，也就是说管理者人格榜样的力量重于制度规范的建设，组织中和谐的原则高于一切，与此管理模式相适应的激励机制则是成贤成圣的精神激励与一定的物质激励相结合。

总之，人性是复杂多样的，它具有历史性、现实性、差异性，我们应该把人看成创造者而不是劳动力，更不能把人当作挣钱的工具甚至"摇钱树"。所以，未来管理的趋势必将是人性化的管理。人性化管理包括管理目的、机制和手段的人性化以及管理差异化、自主化和规范化等，而其核心内容则是激励机制的人性化。

人性化激励机制的最大特点是以人为核心，以重视人的情绪、情感和需要为基础，让员工在工作中保持愉悦的心情，以充分发挥人的积极性、主动性、创造性。人性化激励机制的基本点就是尊重人的个性，满足人的个性需求。显然，以往的激励机制都不符合人性化管理的要求，为适应人性化管理的需求，势必改变以往那些单方面控制式的、一视同仁的激励机制，应该有与之适应的人性化激励机制。

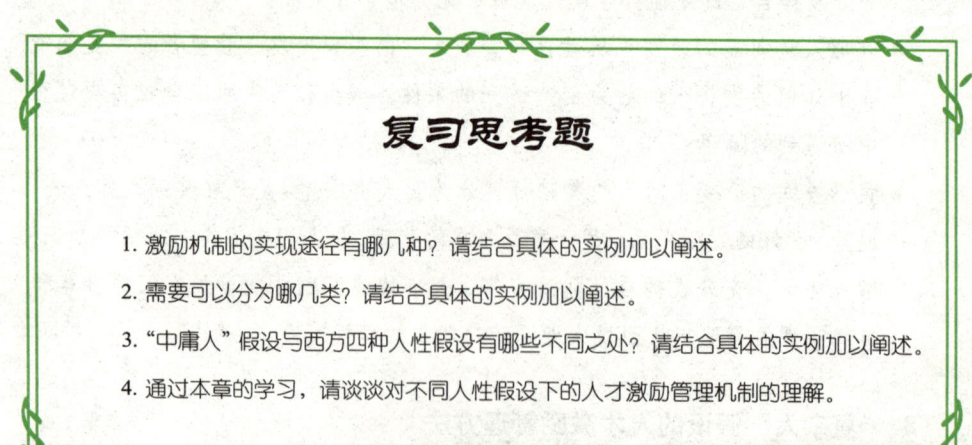

复习思考题

1. 激励机制的实现途径有哪几种？请结合具体的实例加以阐述。
2. 需要可以分为哪几类？请结合具体的实例加以阐述。
3. "中庸人"假设与西方四种人性假设有哪些不同之处？请结合具体的实例加以阐述。
4. 通过本章的学习，请谈谈对不同人性假设下的人才激励管理机制的理解。

第二章

激励的理论

学习目标

1. 掌握四种外在的激励理论,并能应用于实践
2. 掌握四种内驱力的激励理论,并能应用于实践
3. 掌握三种自我调节的激励理论,并能应用于实践

首先我们来看一个真实的案例：

1992年7月，我国南方一家颇具影响力的晚报报道了深圳一家刚刚建厂一年的制衣厂的故事。这家名为星宇制衣有限公司的企业在建厂之初，该厂的领导为了给工人创造一个良好的工作环境，把厂区设计得像花园一样美丽，并且工人的住宿条件也非常好，薪水也比同类工厂高20%。但与此同时，该厂的领导也制定了严格的工作制度：如，不允许同乡的工人在工休时间互相交流；不允许异性交往；不允许对工作谈个人意见，等等。这位领导制定这些制度可能是害怕工人之间的交往会影响工作，但该厂仅仅运转不到半年时间就厄运不断：一女工入厂三个月后精神失常；某省的9个打工同乡集体逃跑；工人熟练程度迅速提高了而产量一直却提高幅度不大，并且老是出质量问题。这位领导对此深感迷惑不解，甚为恼火：为什么远远优于其他同类工厂的工作环境和高于其他工厂的薪水，却不能创造出高于其他工厂的效率、并且还麻烦事不断呢？

该案例中的制衣厂之所以会出现如此情况，关键在于工厂领导不了解人的需要是多层次和多元的，将人的需要视为唯一的"经济"需要。因此，在激励方面也是采用单一的激励方法。实际上，激励的方法多种多样，单就激励理论而言就有几十种，我们只有对每种激励理论进行深入把握，才能针对现实管理中的不同情况采取不同的激励方法。

在学术界，激励理论一般有如下两种分法：一种是将激励理论分为行为激励理论、认知激励理论和综合型激励理论，另外一种分类是将其分为内容型激励理论、过程型激励理论和强化型激励理论。本章我们尝试着从心理学的角度对原有的激励理论进行重新整合和划分。在此，我们将激励理论分为外在诱因激励理论、内驱力激励理论和自我调节激励理论三大类。

第一节　外在诱因激励理论

外在诱因激励理论是指在激励的过程中，着重强调外在诱因起关键性作用的激励理论。这些激励理论主张，当个体表现出适当或正确行为后给予奖赏和强化，而在表现不当或错误行为时施以惩罚，个体行为就会随之受到影响。这种强化和惩罚不仅是针对事后的结果，也包括了事前的引导和诱发，通过事前的引导和诱发，也可以使个体表现出相应的动机和行为。外在诱因激励理论主要包括强化激励理论、目标激励理论和双因素理论这三种常见的激励理论。

一、强化激励理论

强化激励理论的代表人物是斯金纳（B.F.Skinner），他也是行为主义学派极赋盛名的代表人物，也是世界心理学史上最为著名的心理学家之一。在哈佛大学攻读心理学硕士的时候，他受到了行为主义心理学的吸引，从此开始了他一生的心理学家生涯。他在华生等人的基础上向前迈进了一大步，提出了有别于华生和巴甫洛夫理论的另一种行为主义理论，即操作性条件反射理论。在此基础上，他提出了强化的激励理论。

1.强化激励理论的内容

斯金纳在对动物学习进行了大量研究的基础上提出了强化理论，该理论十分强调强化在学习中的重要性。斯金纳认为，强化就是通过"强化物"增强某种行为的过程，而强化物就是增加反应可能性的任何刺激。该理论认为人的行为是其所受刺激的函数。如果这种刺激对他有利，那么这种行为就会重复出现；若对他不利，则这种行为就会减弱直至消失。因此，管理者要采取各种强化方式使人们的行为符合组织的目标。根据强化的性质和目的，强化可以分为正强化和负强化两大类型。

(1) 正强化

所谓正强化，就是奖励那些符合组织目标的行为，以使这些行为得到进一步加强，从而有利于组织目标的实现。正强化的刺激物不仅包含奖金等物质奖励，还包含表扬、提升、改善工作关系等精神奖励。

为了使强化达到预期的效果，还必须注意实施不同的强化方式。有的正强化是连续的、固定的正强化，譬如对每一次符合组织目标的行为都给予强化，或每隔一段固定的时间给予一定数量的强化。尽管这种强化有及时刺激、立竿见影的效果，但久而久之，人们就会对这种正强化有越来越高的期望，或者认为这种正强化是理所应当的。管理者需要不断加强这种正强化，否则其作用会减弱甚至不再起到刺激行为的作用。

另一种正强化的方式是间断的、时间和数量都不固定的，管理者根据组织的需要和个人行为在工作中的反映，不定期、不定量实施强化，使每次强化都能起到较大的效果。实践证明，后一种正强化更有利于组织目标的实现。

(2) 负强化

所谓负强化，就是惩罚那些不符合组织目标的行为，以使这些行为削弱甚至消失，从而保证组织目标的实现不受干扰。实际上，不进行正强化也是一种负强化，譬如，过去对某种行为进行正强化，现在组织不再需要这种行为，但基于这种行为并不妨碍组织目标的实现，这时就可以取消正强化，使行为减少或者不再重复出现。同样，负强化也包含着减少奖酬或罚款、批评、降级等。实施负强化的方式与正强化有所差异，应以连续负强化为主，即对每一次不符合组织要求的行为都应及时予以负强化，消除人们的侥幸心理，减少直至消除这种行为重复出现的可能性。

2. 强化激励理论对管理的启示

在激励的实际应用中，强化理论给我们的启发在于，如何使强化机制协调运转并产生整体效应，为此，在运用该理论时应注意以下五个方面：

(1) 应以正强化方式为主

在企业中设置鼓舞人心的安全生产目标，是一种正强化方法，但要注意将企业的整体目标和员工个人目标、最终目标和阶段目标等相结合，并对在完成个人目标或阶段目标中做出明显绩效或贡献者，给予及时的物质和精神奖励（强化物），以充分发挥强化作用。

（2）采用负强化（尤其是惩罚）手段时要慎重

负强化应用得当会促进安全生产，应用不当则会带来一些消极影响，它们可能使人由于不愉快的感受而出现悲观、恐惧等心理反应，以至于产生对抗性消极行为。因此，在运用负强化时，应尊重事实，讲究方式方法，处罚依据准确公正，尽量消除其副作用。实践证明将负强化与正强化结合应用一般能取得更好的效果。

（3）注意强化的时效性

注意强化的时间对强化的效果有较大的影响。一般来说，及时强化可提高行为的强化反应程度，但需注意及时强化并不意味着随时都要进行强化。不定期的非预料的间断性强化，往往可以取得更好的效果。

（4）因人制宜，采用不同的强化方式

由于人的个性特征及其需要层次不尽相同，同时，不同的强化机制和强化物所产生的效果会因人而异。因此，在运用强化手段时，应采用有效的强化方式，并随对象和环境的变化而作出相应调整。

（5）利用信息反馈增强强化的效果

信息反馈是强化人们行为的一种重要手段，尤其是在应用安全目标进行强化时，定期反馈可使员工了解自己参加安全生产活动的绩效及结果，既可使员工得到鼓励、增强信心，又有利于及时发现问题、分析原因、修正所为。

二、目标激励理论

目标激励理论也称作目标管理法（management by objectives），是由美国管理心理学家彼得·德鲁克（Peter.F.Ducker）根据目标设置理论而提出的目标激励方案。综合来说，目标管理理论认为组织群体共同参与并制定具体可行的、能够客观衡量的目标是激励的关键所在。

1.目标激励理论的内容

目标管理是在泰勒的科学管理和行为科学管理理论的基础上形成的。它强调"凡是在工作状况和成果直接严重地影响公司生存和繁荣发展的地方，目标管理就是必要的，而且希望各位经理所能取得的成就必须来自企业目标的完成，同时他的成果必须用他对企业的成就有多大贡献来衡量"。

德鲁克认为，企业的目的和任务必须转化为目标，目标的实现者同时也应该是目标的制定者。首先，他们必须一起确定企业的航标，即总目标，然后对总目标进行分解，使目标流程分明。其次，在总目标的指导下，各级职能部门制定自己的目标。再次，为了实现各层目标必须把权力下放，培养一线职员的主人翁意识，以唤起他们的创造性、积极性和主动性。除此之外，绝对的自由必须有一个绳索——强调成果第一，否则总目标只是一种形式，而没有实质内容。企业管理人员必须通过目标对下级进行领导并以此来保证企业总目标的完成，如果没有方向一致的分目标来指导每个人的工作，则企业的规模越大，人员越多时，发生冲突和浪费的可能性就越大。只有每个管理人员和工人都完成了自己的分目标，整个企业的总目标才有完成的希望。企业管理人员对下级进行的考核和奖励也需要依据这些分目标。

此外，德鲁克还主张，在目标实施阶段，应充分信任下级员工，实行权力下放和民主协商，使下级员工进行自我控制，独立自主地完成各自的任务。成果评价和奖励也必须严格按照每个管理人员和工人的目标任务完成情况和实际成果大小来进行。这样有利于激励其工作热情，发挥其主动性和创造性。

2. 目标激励理论的主要观点

总体来说，目标激励理论有如下几个观点：

- 明确的、具体的目标能提高员工的工作绩效。设置具体明确的目标要比笼统的模糊不清的目标效果更好，具体的目标规定了员工努力的方向和强度。如，一个销售人员在一个月内要销售5000件产品，要比只有笼统目标"尽最大努力"的销售员做得更好。也就是说，目标的具体性本身就是一种内部激励因素。
- 目标越具挑战性，绩效水平越高。该理论认为，如果能力和目标的可接受性这样的因素不变，目标越困难，绩效水平就越高，即困难、压力越大，则动力越强。
- 绩效反馈能带来更高的绩效。如果人们在朝向目标努力的过程中能得到及时的反馈，人们会做得更好，因为反馈能帮助人们了解他们已做的和要做的之间的差距，也就是说，反馈引导行为。
- 通过参与设置目标可以提高目标的可接受性。目标设置理论认为在某些情况下，参与式的目标设置能带来更高的绩效，而在另一些情况下，上级指定目标时绩效更高，也就是参与目标不一定比指定目标更有效。但是，参与的一个主要优势在于提高了目标本身作为工作努力方向的可接受性。这是由于人们一般更为看重自己劳动成果的心理趋向使然。如果人们参与目标设置，即使是一个困难的目标，相对来说也更容易被员工接受。因此，尽管参与目标不一定比指定目标更有效，但参与可以使困难的目标更容易被接受。

3. 影响目标与绩效关系的主要因素

目标设置理论表明，除了明确性、挑战性和绩效反馈以外，还有三个因素影响目标和绩效的关系。

（1）**目标承诺**

目标设置理论的前提假设是每个人都忠于目标，即个人作出承诺不降低或不放弃这个目标。因此，当目标是当众确定的、自己参与设置而不是指定的时，可能会产生出较高的工作绩效。

（2）**自我效能感**

自我效能感是指一个人对他能胜任的工作的信心。自我效能感越高，对自己获得成功的能力就越有信心。研究表明：在困难情况下，具有高自我效能感的人会努力把握挑战，而自我效能感低的人则降低努力或放弃目标；同时，高自我效能感的人对消极反馈的反应是更加努力，而自我效能感低的人面对消极的反馈则可能降低努力程度，甚至偃旗息鼓，萎靡不振。

（3）**个体差异**

目标设置理论假设的条件是：下级有相当的独立性，管理者和下属都努力寻求挑战性的工作，管理者和下属都认为绩效是非常重要的。如果这些前提条件不存在（事实上也不一定存在），则有一定难度的具体目标不一定能带来员工的高绩效。

三、双因素理论

双因素理论是非常重要的激励理论之一，但理解起来比较困难，为了理解，我们先来看下面的几个小案例，并请读者比较一下：

案例一：这是发生在一个企业饮水房里的事情。以前企业都会在饮水房里放置一些纸杯，供那些没有带杯子的员工免费使用。然而某一天企业开会决定节省各项开支，于是就把免费提供纸杯这一项目取消了。企业的这一行为激起了员工的很大的不满，认为企业不关心他们。

案例二：某企业发现员工的生产效率和积极性不高，于是便在年底的工作满意度调查上加大了投入力度，想借此找到原因。然而统计结果发现：该企业员工对企业各项制度和配置均没有明显的不满意，此时企业的高层困惑了……

案例三：20世纪90年代初期的沿海某企业，夏季的生产车间里很是闷热，经过工会的调查发现，大部分员工都认为不安装风扇是无法进行生产工作的。该企业的领导人觉得要想体现对员工的关心，就应该比同行企业做得更好，于是该企业投资给各个车间安装了当时还很昂贵的空调，员工深受感动。

上述的事件或多或少地在我们身边不断地发生着。尤其是案例二中的该企业高层的困惑也是现实中很多企业管理者的困惑。既然员工"没有明显的不满意"，那么为何他们的工作没有积极性呢？

案例一中的"不满意"与案例三中的"满意"，这两个概念是否是同一连续体的两端？还是"满意"和"不满意"拥有各自的不同的前因和变量？带着这些问题，我们来介绍一下赫茨伯格的双因素理论。

1. 双因素理论的内容

20世纪50年代末期，赫茨伯格和他的助手们在美国匹兹堡地区对9个企业中的203名工程师、会计师进行了调查访谈。结果他发现了两种性质不同的因素：使员工感到满意的都是属于工作本身或工作内容方面的；使职工感到不满的，都是属于工作环境或工作关系方面的。他把前者叫做激励因素，后者叫做保健因素。具体如图2-1所示。

保健因素的满足对职工产生的效果类似于卫生保健对身体健康所起的作用。保健从人的环境中消除有害于健康的事物，它不能直接提高健康水平，但有预防疾病的效果。因此，它不是治疗性的，而是预防性的。保健因素包括公司政策、管理措施、监督、人际关系、物质条件、工资、福利等。当这些因素恶化到人们认为可以接受的水平以下时，就会产生对工作的不满意。但是，当人们认为这些因素很好时，它只是消除了不满意，并不会导致满意。因此，赫茨伯格认为，传统的满意与不满意是相反概念的观点是不正确的。满意的对立面应当是没有满意，不满意的对立面应该是没有不满意。在图2-2中，（a）图为传统观点；（b）图为赫茨伯格的观点。

在满意和不满意中，那些能带来积极态度、满意和激励作

激励因素	保健因素
工作本身	环境
成就 业绩的承认 责任的增长 成长与发展	政策与环境 监督 作业条件 人际关系 金钱、地位、安全

图2-1 双因素理论两种因素分类图示

```
         激励因素              保健因素
满意|←——→|不满意   满意|←——→|没有满意   没有不满意|←——→|不满意
       (a)                        (b)
```

图2-2 传统观点与赫茨伯格观点的比较

用的因素就叫做"激励因素",这是那些能满足个人自我实现需要的因素,包括成就、赏识、挑战性的工作、增加的工作责任,以及成长和发展的机会。如果这些因素具备了,就能对人们产生更大的激励。从这个意义出发,赫茨伯格认为传统的激励假设,如工资刺激、人际关系的改善、提供良好的工作条件等,都不会产生更大的激励。虽然它们能消除不满意,防止产生问题,但这些传统的"激励因素"即使达到最佳程度,也不会产生积极的激励。按照赫茨伯格的意见,管理当局应该认识到保健因素是必需的,不过它一旦使不满意中和以后,就不能产生更积极的效果,只有"激励因素"才能使人们有更好的工作成绩。

2.对双因素理论的分析

(1) 赫茨伯格双因素理论的贡献

突破了传统两分法的局限,赫茨伯格的贡献是显而易见的。

第一,他告诉我们一个事实,采取了某项激励的措施以后并不一定就能带来满意,更不等于劳动生产率就一定能够提高。

第二,满足各种需要所引起的激励深度和效果是不一样的。物质需要的满足是必要的,没有它会导致不满,但是即使获得满足,它的作用也往往是很有限的、不能持久的。

第三,要调动人的积极性,不仅要注意物质利益和工作条件等外部因素,重要的是要注意工作的安排,适才适用,各得其所,注意对人进行精神鼓励,给予表扬和认可,注意给人以成长、发展、晋升的机会。用这些内在因素调动人的积极性,才能起到更大的激励作用并维持更长的时间。

(2) 对赫茨伯格双因素理论的批评

赫茨伯格的双因素理论虽然在国内外有很大影响,但也有人对它提出了各种各样的批评意见,归结起来,主要有以下四个方面:

第一,赫茨伯格调查取样的数量和对象缺乏代表性。样本数量较少,而且对象是工程师、会计师,他们在工资、安全、工作条件等方面都比较好。因此,这些因素对他们自然不会起激励作用,但这显然不能代表一般员工的情况。

第二,赫茨伯格在调查时,设计问卷的方法和题目有缺陷。首先,根据归因理论,把好的结果归因于自己的努力,而把不好的结果归罪于客观的条件或他人身上是人们一般的心理状态,人们的这种心理特征在他的问题上无法反映出来。其次,赫茨伯格没有使用满意尺度的概念。人们对任何事物总不是那样绝对,要么满意,要么不满意,一个人很可能对工作一部分满意,部分不满意,或者比较满意,这在他的问卷中也是无法反映的。

第三,赫茨伯格认为,满意和生产率的提高有必然的联系,而实际上满意并不等于劳动生产率的提高,这两者并没有必然的联系。

第四,赫茨伯格将保健因素和激励因素截然分开是不妥的。实际上保健因素和激励因素、外部因素和内部因素都不是绝对的,它们相互联系并可以互相转化。保健因素也能够产生满意,激励因素也能够产生不满意,例如奖金既可以成为保健因素,也可以成为激励因素,工作成绩得不到承认也可以使人闹情绪,以致消极怠工。

第二节 内驱力激励理论

相比于外在诱因激励理论来说,内驱力激励理论更强调在激励过程中个体内在意向所起的关键作用。内驱力激励理论主要包括马斯洛的"需要层次理论"、奥尔德弗的"ERG 理论"、麦克利兰的"成就需要理论"、佛隆的"期望理论"等。下面详细地介绍这些理论。

一、需要层次理论

需要层次理论是由马斯洛(Abraham H Maslow, 1908—1970)提出来的,马斯洛是美国心理学家,早期曾从事动物社会心理学的研究。1940 年在美国社会心理学杂志上发表《灵长类优势品质和社会行为》一文,之后又转向研究人类社会心理学,提出了融合精神分析心理学和行为主义心理学的人本主义心理学。

1.需要层次理论的内容

在《人类动机的理论》(1943 年)一书中,马斯洛提出了需要层次理论,他将人类的需要分为 5 个层次,即生理需要、安全需要、归属与爱的需要、自尊的需要和自我实现的需要,如图 2-3 所示。

(1) 生理需要

凡是属于基本生理需要的大都可以归纳在这一栏目内,包括食物、睡眠、性等,

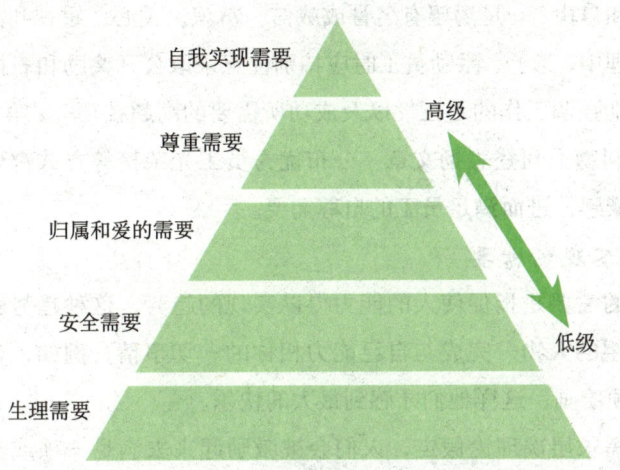

图2-3 马斯洛需要层次理论图（图片来源：http://www.bijifenxi.com/bbs/archiver/tid-2494.html）

这些需要在所有需要中占绝对优势。如果这些需要没有得到满足，此时有机体将全力投入到满足这些需要的活动之中。如果员工还在为生理需求而忙碌，那么他们所真正关心的问题就会与他们所做的工作无关。此时，企业在激励员工时就应该重点考虑增加工资、改善劳动条件、给予更多的业余时间和工间休息、提高福利待遇等。

(2) 安全需要

人们趋向于喜欢一个安全、有秩序、可预测、有组织的生活环境。一般来说，如果个体的生理需要相对充分地得到了满足，就会出现安全需要。对许多员工而言，安全需求表现为生命健康以及是否有医疗保险、失业保险和退休福利制度等。如果管理人员认为对员工来说安全需求最重要，那么就应该在管理中着重满足这种需要，强调规章制度、职业保障、福利待遇，并保护员工不致失业。

(3) 归属和爱的需要

归属和爱的需要指个人对爱、情感和归属的需要。比如人们需要朋友、渴望在团体中与同事间有深厚的关系等。如果生理需要和安全需要都很好地得到了满足，归属和爱的需要就会产生。如果这些需要得不到满足，就会影响员工的精神状态，导致高缺勤率、低生产率、对工作不满以及情绪低落等状况的产生。当管理者意识到下属在努力追求满足这类需求时，通常需要采取支持与赞许的态度，并积极地开展诸如有组织的体育比赛和集体聚会等业务活动，满足员工的这些需要。

(4) 自尊需要

社会上的所有人都希望自己有稳定而牢固的地位，希望得到别人的认可和高度评价。一般来说，自尊需要可分为两类：一是希望有实力、有成就、能胜任、有信心、以及要求独立和自由；一是渴望有名誉或威信、赏识、关心、重视和高度评价等。

在企业管理中，第一，激励员工时应特别注意采取公开奖励和表扬的方式；其次，布置工作要特别强调工作的艰巨性以及成功所需要的高超技巧等；第三，颁发荣誉奖章、在公司的刊物上刊登表扬文章、公布优秀员工光荣榜等方式都可以提高人们对自己工作的自豪感，进而满足员工的自尊需要。

(5) 自我实现的需要

自我实现的需要是指促使人的能力得以实现的趋势，这种趋势就是希望自己越来越成为所期望的人物，完成与自己能力相称的一切事情。例如，音乐家必须演奏音乐，画家必须绘画，这样他们才感到最大的快乐。

马斯洛的需求层次理论假定，人们会被激励起来去满足一项或多项在他们一生中很重要的需求。更进一步地说，人们对特定需求的强烈程度取决于它在需求层次中的地位，以及它和其他更低层次需求的满足程度。此外，马斯洛认为，激励的过程是动态的、逐步的、有因果关系的。比如，自我实现需要的产生有赖于前述四种需要的满足。

2.需要层次理论对现代企业管理的启示

需要层次理论认为，这五种需要是以一种渐进的层次表达出来的，也就是说必须满足低层次的需要，然后个体才会关注更高层次的需要。这一理论对现代企业管理的启示有如下几点：

首先，依据马斯洛需要理论，人的生理需要和安全需要是较低层次的"匮乏性的基本需要"，也就是说只有满足这两种需要员工才能有更高层次的需要。这就要求企业必须为员工提供一份稳定和足够的薪酬，因为这些薪酬不仅满足了员工及其家庭生存基本需要，同时一份稳定的工作和收入也会有助于巩固员工的安全感。

其次，管理者不要总是固执地认为，员工所关心和追求的仅仅是金钱及物质待遇，只要给钱，他们就会卖力干活，钱给的越多他们干活越卖力。随着现代社会物质财富日益丰富，人类素质不断提高，人类的需要层次也逐渐从生理性的、安全的低级需要向高级的归属和爱的需要、尊重的需要和自我实现的需要演进；金钱和物质需要的比重不断下降，而团队、尊重、自我实现等精神性的需要比重则明显上升。同时随着社会的进步，人类需要层次的高端化和"空洞化"也越来越明显。

最后，实践表明，高层管理人员和基本管理人员相比，前者更能够满足他们较高层次的需求，因为高层管理人员面临着有挑战性的工作，在工作中他们能够自我实现；相反，基本管理人员更多地从事常规性工作，满足较高层需求就相对困难一些。

这些就需要在任务设置时要有意识地进行必要的内容调整。

二、"ERG"激励理论

ERG 理论是美国耶鲁大学教授克雷顿·奥尔德弗（Clayton. Alderfer）于 20 世纪 70 年代提出的一种新的人本主义需要理论，该理论是在马斯洛提出的需要层次理论和赫茨伯格的双因素理论的基础上形成的。

1."ERG理论"的内容

奥尔德弗把人类的需要层次整合为三种需要，即生存需要（Existence）、相互关系需要（Relatedness）和成长需要（Growth）。因为这三种需要的英文首写字母分别为"E"、"R"和"G"，所以该理论被称之为"ERG"理论（见图 2-4）。

奥尔德弗认为这三种需要之间是没有明显界限的，它们是一个连续体。ERG 理论的特点表现在它对各种需要之间内在联系的有力阐述上：

- ✓ 各个层次的需要得到的满足越少，则这种需要就越为人们所渴望。比如，满足生存需要的工资越低，人们就越希望得到更多的工资。
- ✓ 与马斯洛需要层次理论类似的是当个体的较低层次需要满足得越充分，则其对较高层次的需求则越强烈。比如，在 E、R 的需要到满足后，G 需要就会突出出来。
- ✓ 较高层次的需要满足得越少，则对较低层次的需要的渴求则越强烈。

此外，奥尔德弗还认为在任何一个时间内，人都可以有一个或一个以上的需要同时发生作用；并且这些需要由低到高的顺序也并不一定那样严格，可以越级上升。

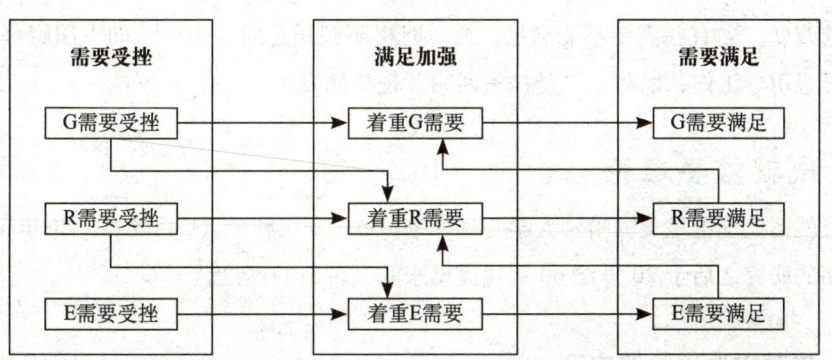

图2-4 **ERG理论示意图**（资料来源：http://www.beidabiz.com/bbdd/kmsjk/kmsjk_renli/73/732/7323/7303.htm）

2. ERG理论对现代企业管理的启示

阿尔德弗的 ERG 理论告诉我们，作为一个企业管理人员，应该了解员工的真实需要，这种需要和工作成果有着一定的关系，这种关系具体如图 2-5 所示。

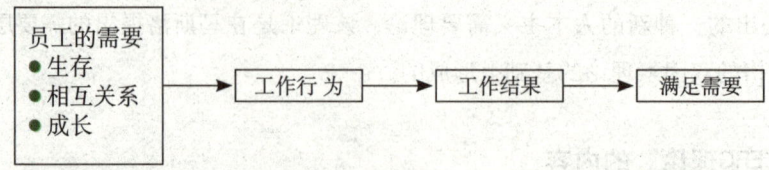

图2-5 阿尔德弗的需要与工作成功关系图（资料来源：俞文钊，现代激励理论与应用）

从图 2-5 我们可以知道，管理人员要想有效地掌控员工的工作行为或工作结果，首先需要从调查研究入手，了解员工的真实需要；其次，应该在调查研究的基础上，对员工的需要进行综合分析，同时考虑到下属的个性心理特点，逐步地、合理地解决其问题。通过对员工需要的满足来达到控制员工行为的目的。需要本身就是激发动机的原始驱动力，一个人如果没有什么需要，也就没有什么动力与活力。反之，一个人只要有需要，就表示存在着可激励的因素。由于每一层次包含了众多的需要内容，具有相当丰富的激励作用，因而这些需要就为管理者提供了设置目标、激发动机和引导行为的依据。此外，低层次需要满足后，又有上一层次需要继续激励，因而人的行为始终充满着内容丰富多彩、形式千变万化的激励方式。管理者要想对员工进行有效的激励，提高企业运作的有效性和高效性，就要将满足员工需要所设置的目标与企业的目标密切结合起来。

此外，"ERG"理论还提出了一种叫做"受挫－回归"的思想。"ERG"理论认为多种需要可以同时作为激励因素而起作用，并且较高层次需要的满足受挫会导致人们向较低层次需要的回归。因此，管理措施应该随着人们需要结构的变化而作出相应的改变。当有些需要不能满足，或一时得不到满足时，也应该向下属解释清楚，做好思想引导工作，以防止"受挫－回归"现象的发生。

三、成就需要理论

成就需要理论是美国哈佛大学心理学家戴维·麦克利兰（David·McClelland）经过长期的研究之后于 20 世纪 60 年代提出来的一种新的理论。

1. 成就需要理论的内容

成就需要理论认为，个体在较高层次上存在三种需要，即权力需要、亲和需要和成就需要。

（1）权力的需要

权力需要是指影响和控制别人的一种愿望或驱动力。不同的人对权力的渴望程度也有所不同。一般来说，具有较高权力欲的人，对施加影响和控制他人表现出很大的兴趣，也就是我们通常所说的喜欢对别人"发号施令"，注重争取地位和影响力；他们喜欢具有竞争性和能体现较高地位的场合和情境，追求出色的成绩，但他们这样做并不像高成就需要的人那样是为了个人的成就感，而是为了获得地位和权力。

（2）亲和需要

很多教材中将其翻译为归属需要，它是指寻求被他人喜爱和接纳的一种愿望和需要。具有这方面需要的人通常会从友爱、情谊、人际之间的社会交往中得到欢乐和满足，同时他们也在设法避免被某个组织或社会团体拒之门外而带来的痛苦。这种人喜欢保持一种融洽的社会关系，享受亲密无间和相互理解的乐趣，并随时准备去安慰和帮助处在困境之中的伙伴。可以说归属需要是保持社会交往和人际关系和谐的重要条件。

（3）成就需要

成就需要指个体追求成功的一种欲望。该理论认为具有强烈成就需要的人渴望将事情做得更为完美，提高工作效率，获得更大的成功，他们追求的是在争取成功的过程中克服困难、解决难题、努力奋斗的乐趣，以及成功之后的个人的成就感，而他们并不看重成功所带来的物质奖励。个体的成就需要与他们所处的经济、文化、社会、政府的发展程度有关；同时社会风气也制约着人们的成就需要。

2．"成就需要理论"的基本观点

麦克利兰认为，不同的人对成就、权力和友谊的需要程度不同，层次排列不同。个体行为主要取决于那些被环境激活起来的需要，经过大量广泛的研究，他得出如下结论：

（1）具有高成就需要的人更喜欢具有个人责任、能够获得工作反馈和适度冒险性的环境

如图2-6所示，当具备了这些特征，高成就者的工作积极性会很高。例如，不少证据表明，高成就需要者在创新性活动中更容易获得成功。如，开发新产品，管理一个大组织中的一个独立部门。

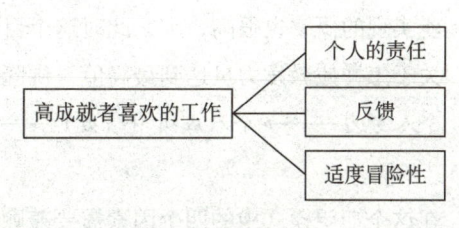

图2-6　高成就者与工作的匹配

(2) 高成就需要的人不一定就是一个优秀的管理者

尤其是在一个大组织中，高成就需要者感兴趣的是他个人如何做好，而不是如何影响其他人做好。高成就需要的销售人员不一定是优秀的销售管理者。

(3) 友谊和权力需要与管理者的成功有密切关系

高权力需要可能是有效管理的必要条件，这种观点认为，一个人在组织中的地位越高，权力动机就越强。因此，有权和较高的职位是高权力需要者的激励因素。

(4) 可以通过培训激发员工的成就需要

具有高成就需要的人才可以通过教育培训的方法加以培养。培训人员指导个人根据成就、胜利和成功来思考问题，并以高成就者的方式行动；设计具有个人责任、反馈和适度的冒险性的环境；提供取得成就的榜样，刺激人们取得成功的愿望和行为。

四、期望理论

期望理论（expectancy theory）是一种过程型的激励理论。它是由美国心理学家佛隆（V.H.Vroom）提出来的。佛隆出版了著作《工作与激励》，正式提出了期望理论这一经典的过程型激励理论。佛隆认为，人总是渴求满足一定的需要并设法达到一定的目标。这个目标在尚未实现时，表现为一种期望，此时目标反过来对个人的动机又是一种激发，而这个激发力量的大小，取决于目标价值（效价）和期望概率（期望值）的乘积。用公式表示如下：

$$M = \sum V \times E$$

其中，M 表示激发力量，是指调动一个人的积极性，激发人内部潜力的强度。V 表示目标价值（效价），这是一个心理学概念，是指达到目标对于满足他个人需要的价值。同一目标，由于各个人所处的环境和需求不同，其需要的目标价值也就不同。同一个目标对每一个人可能有三种效价：正、零和负。效价越高，激励力量就越大。E 是期望值，是人们根据过去经验判断自己达到某种目标的可能性是大还是小，即能够达到目标的概率。目标价值大小直接反映人需要动机的强弱，期望概率反映个体实现需要和动机的信心强弱。这个公式说明：假如一个人把某种目标的价值看得很大，估计能实现的概率也很高，那么此时这个目标激发动机的力量越强烈。

关于怎样使激发力量达到最高值，佛隆提出了人的期望模式：

个人努力 ——→ 个人成绩（绩效）——→ 组织奖励（报酬）——→ 个人需要

在这个期望模式中的四个因素需要兼顾如下三个方面的关系：

- **努力和绩效的关系**。这两者的关系取决于个体对目标的期望值。期望值又取决于目标是否合适个人的认识、态度、信仰等个性倾向以及个人的社会地位、别人对他的期望等社会因素。
- **绩效与奖励关系**。人们总是期望在达到预期成绩后，能够得到适当的合理奖励，如奖金、晋升、提级、表扬等。组织的目标，如果没有相应有效的物质和精神奖励来强化，时间一长，积极性就会消失。
- **奖励和个人需要关系**。奖励需要匹配各种人的不同需要，要充分考虑效价。要采取多种形式的奖励，满足各种需要，最大限度挖掘人的潜力，最有效地提高工作效率。

期望值也叫期望概率，在日常生活中，个体往往根据过去的经验来判定一定的行为能够导致某种结果或某种需要的概率。一个人对某个目标，如果他估计完全可能实现，这时概率为最大（P=1）；反之，如果他估计完全不能实现，那么此时概率则为最小（P=0）。由此可见，对于一个一心想升迁的公务员来说，升迁对他来说效价（V）很高，如果他觉得升迁的可能性比较大（期望值E比较高），那么用升迁对其进行激励，则能收到较好的激励效果。

由此可见，当一个人对某项结果的效价很高，并且判断自己获得这项结果的可能性也很大时，用这项结果来激励就会起到很好的作用。从此可见，要想使被激励对象的激励作用变得更大，效价和期望值也必须变高。

期望理论的出现推进了对组织个人行为和动机更深刻、更全面的理解，同时也为描述人类行为提供了新的有力工具。但其也有着一些本身固有的局限性，首先是期望理论的模式太过理想化；二是由于期望理论的模式过于复杂，所以很难进行全面的试验；三是人们在做努力之前，还可能存在按照模式的要求在内心进行复杂的计算。此外，期望理论中涉及到的效价和自我期望值，这些概念和变量中包含着动机的成分，而动机要受到个性和个人价值观的影响，这其实是很复杂的，有待进一步的研究。

第三节　自我调节激励理论

自我调节型激励理论是激励理论中的又一重要组成部分，该类激励理论侧重于研究人们从产生动机到实施行为的心理过程中个体的自我调节作用。这些激励理论主要包括亚当斯的公平理论、海特的归因理论和班杜拉的自我效能感理论等。下面我们来具体介绍这些理论。

一、亚当斯的公平理论

美国心理学家亚当斯（J.S.Adams）1963年发表了论文《对于公平的理解》，1965年他又发表了论文《在社会交换中的不公平》，从而正式提出了公平理论的观点。该理论侧重于研究工资报酬分配的合理性、公平性及其对职工生产积极性的影响。

1. 公平理论的内容

公平理论的基本要点是：人的工作积极性不仅与个人实际报酬多少有关，而且与人们对报酬的分配是否感到公平的关系更为密切。人们总会自觉或不自觉地将自己付出的劳动代价及其所得到的报酬与他人进行比较，并对公平与否做出判断。公平感直接影响职工的工作动机和行为。因此，从某种意义来讲，动机的激发过程实际上是人与人进行比较，作出公平与否的判断并据以指导行为的过程。

亚当斯的公平理论用公式可以表示为：

$Op/Ip = Oo/Io$

其中 Op 代表了一个人对他自己所获报酬的感觉；Ip 代表了一个人对自己所作贡献的感觉；Oo 一个人对他人所获报酬的感觉；Io 代表了一个人对他人所作贡献的感觉。组织中，员工对自己是否受到公平合理的对待是十分敏感的，他们有时更关注的不是他们所获得报酬的绝对值，而是与他人所获报酬进行比较后的相对值，当 $Op/Ip = Oo/Io$，也就是个人感觉自己所获得的结果与投入的比值与别人相等的时候，就产生了公平感。如果一方的比值大于另一方，另一方就会产生不公平感，反之亦然。具体来说，有以下几种情况：

- $Op/Ip = Oo/Io$ 报酬相当，双方感觉都公平（自己满意）；
- $Op/Ip > Oo/Io$ 自己的报酬过高，自己感觉多得（自己满意）；
- $Op/Ip < Oo/Io$ 自己的报酬过低，自己感觉不公平（自己不满意）；

同样，在上述三种情况之下，员工所表现出来的激励状态是不一样的。

第一种情况即双方比值相等的情况下，员工会觉得公平，此时应该说员工所处的是一个相对稳定的激励状态；第二种情况之下，员工自己感觉报酬过多，自己多得了，此时员工会觉得很满意，并且受到了激励；第三种情况之下，员工感觉不公平，此时员工可能出现如下的情况：心理挫折和失衡、改变投入、要求改变产出、改变对自身的看法、改变对他人的看法、重新选择比较对象和离开现在的工作环境等。

调查和实验的结果表明，不公平感的产生，绝大多数是由于经过比较认为自己目前的报酬过低而产生的；但在少数情况下，也会由于经过比较认为自己的报酬过高而产生。我们看到，公平理论提出的基本观点是客观存在的，但公平本身却是一个相当复杂的问题，这主要是由于下面几个原因：

- **个人的主观判断**。上面公式中无论是自己的或他人的投入和报酬都是个人感觉，而一般人总是对自己的投入估计过高，对别人的投入估计过低。
- **个人所持的公平标准**。上面的公平标准是采取贡献率，也有采取需要率、平均率的。例如有人认为助学金应改为奖学金才合理，有人认为应平均分配才公平，也有人认为按经济困难程度分配才适当。
- **绩效的评定**。我们主张按绩效付报酬，并且各人之间应相对均衡。但如何评定绩效？是以工作成果的数量和质量，还是按工作中的努力程度和付出的劳动量？是按工作的复杂和困难程度，还是按工作能力、技能、资历和学历？不同的评定办法会得到不同的结果，最好是按工作成果的数量和质量，用明确、客观、易于核实的标准来度量，但这在实际工作中往往难以做到，有时不得不采用其他的方法。
- **它与评定人有关**。绩效由谁来评定？是领导者评定、群众评定还是自我评定？不同的评定人会得出不同的结果。由于同一组织内往往不是由同一个人评定，因此会出现松紧不一、回避矛盾、姑息迁就、抱有成见等现象。

2.公平理论对现代企业管理的启示

公平理论在实践应用中对现代企业管理有着很多的启示，具体来说有：

(1) 对赏罚制度的启示

无论在西方还是东方的文化背景下，公平都是企业管理中谈论比较多的一个话题。我国由于受多年的计划经济和"大锅饭"的影响，人们对公平的比较心理比较重。所以说公平理论给我国企业管理最重要的启发就是重视员工的公平感，管理者要真正认识到"不患寡而患不均"。

另外，员工的不公平感很大程度上来源于组织中不公平的制度。员工有功不奖，有过不罚，无功者受到表彰，这些随意的管理奖惩都是企业管理的大忌。尤其当组织中的不良现象和行为（比如拉帮结派、徇私舞弊）较多时，员工就容易产生不公平感。组织要想解决这些不良现象，就需要在制度上建立起一套明确的赏罚制度，使广大员工真正感受到公平的氛围。

(2) 对报酬分配的启示

- 按时间付酬时，收入超过应得报酬的员工的生产水平会高于收入公平的员工。按时间付酬能够使员工生产出高质量与高产量的产品。
- 按产量付酬，将使员工为实现公平感而加倍努力，这会促使产品的质量或数量得到提高。然而，数量上的提高只能导致更高的不公平，因为每增加一个单位的产品导致了未来的付酬更多，因此，理想的努力方向是指向提高质量而不是数量。
- 按时间付酬对于收入低于应得报酬的员工来说，将降低他们生产的数量或质量。他们的工作努力程度也将降低，而且相比收入公平的员工来说，他们将减少产出数量或降低产出质量。
- 按产量付酬时，收入低于应得报酬的员工与收入公平的员工相比，他们的产量高而质量低。在计件付酬时，应对那些只讲产品数量而不管质量好坏的员工，不实施任何奖励，这种方式能够产生公平性。

二、归因理论

1. 归因理论的内容

归因（Attribution）是指寻找已经产生的某种行为的原因，也就是通过分析来寻找可能归属的某一原因。归因有广义和狭义之分。广义的归因指人们对自然现象、社会现象、精神文化现象等做出解释和说明的过程，从这个意义上说，人的一切认识过程都是归因过程；狭义的归因过程是特指心理学意义上的归因，即根据行为或事件的结果，通过感知、思维、推理等内部信息加工的过程而确定造成该结果的原因的认知活动。归因理论（Attribution theory）就是指由行为的结果来推断行为原因的过程，然后通过已成定局的成功或失败的结果来寻求最佳激励途径的一种理论。

1958年，奥地利社会心理学家海德主张从行为结果入手探索行为的原因，从而倡导了归因理论。他将个人行为产生的原因分为内部和外部两大类，其中能力和努力属内部的，任务难度和运气属外部的，这就是单维度归因理论。维纳（Weiner）认为单维度归因是片面的，不能表征事件原因的所有属性。1972年，他在海德研究的基础上，提出了自己的归因理论，该理论说明的是归因的维度及归因对成功与失败行为的影响。维纳认为内外因和稳定性是人们在进行归因时所考虑的两个维度，这两个维度互相独立。

此外，维纳还论述了人们如何归因对其今后成就行为的影响。例如，把成功归于内部的稳定因素（如能力），会使个体感到自豪，觉得自己的聪明导致了成功；相反把成功归于外部的不稳定因素（如运气）则会对未来类似活动上的成功不敢肯定，产生担心的情绪情感体验；而把自己的失败归于内部稳定因素，会使个体产生羞耻感，引起无助忧郁的情绪情感体验；相反把自己的失败归因于外部的不稳定因素，则会对未来类似活动的成功期望不至于过低，会继续努力，这将有助于保持乐观的情绪情感体验。

维纳（Weiner）于 1982 年又提出了归因的第三个维度即可控制性，即事件的原因是处于个人能力控制之内还是之外。在他看来，归因的这三个维度经常并存，可控制性这一维度有时本身也可以发生变化。该理论认为，当归因对象是自己时，把成功的结果归因于可控制的原因，如努力，会使个体充满自信；把成功归因于不可控的原因，如能力、任务难度、运气等，则产生惊异的感觉。若把失败的原因归因于可控制的原因，会感到内疚；反之，如果将失败的原因归因于不可控的原因，个体则会感到无奈。

维纳的归因理论把归因过程与成就动机紧密结合起来，从而构建了完整的动机和情绪归因理论。归因会引起期望的改变，这主要与原因的稳定性有关。如果某一行为结果被归因于稳定性原因，那么这种结果就会被预期或期望再度出现。因此，个体将成功结果归因于稳定性原因，则在未来的类似活动上对成功抱有高期望，预期成功会重复出现，对未来充满希望；反之，如果将失败结果归因于稳定性原因，则对未来类似活动上成功的期望值低，失败会重复出现。如果某一行为结果被归因于不稳定性的原因，那么这种行为结果是否再度出现就很难确定。在这种情况下，先前的成功并不一定导致随后还会成功的期望，先前的失败也不一定引起随后还会失败的预期。总之，将行为结果归因于稳定性的原因而非归因于不稳定性的原因，行为有更大的重复可能性。

归因影响了期望的改变，因而也必然影响到成就动机。如果个体将成功归因于稳定的原因，那么他就会预期以后在类似活动上还会成功，这将增强他继续从事该活动的动机。归因还通过影响人们的情绪情感而作用于人们的成就动机。从以上两点，可以引申出成就动机随归因的不同而变化的两条规律：第一，将失败归因于稳定的、内部的、不可控的原因，会弱化进一步活动的动机，而将失败归因于不稳定的、外部的、可控的原因，则不会弱化甚至还会强化进一步活动的动机。第二，将成功归因于稳定的、内部的、可控的原因，会强化进一步活动的动机，而将成功归因于不稳定的、外部的、不可控的原因，则不会强化甚至还会弱化进一步活动的动机。这两条规律，也用于区分积极归因与消极归因，能够增强成就动机的归因就是积极归因，削弱成就动机的归因就是消极归因。总之，通过对维纳关于个体归因的了解，就可以很好地解释、预测和控制个体的成就行为。

2.归因理论对现代企业管理的启示

归因理论在实践应用中对现代企业管理有着很多的启示，具体来说，有如下几点：

(1) 招聘选拔过程中注意归因的个体差异

个体对事件的归因存在着个体差异。简单说来，个体对结果的解释分为两种，即内因和外因，他们所对应的个体归因风格即为内控型和外控型。联系具体工作，不难发现个体的内控程度越强，就越倾向相信自己可以采取措施，如提高自身能力或增加努力程度来完成任务以达到较高的绩效水平；而外控者往往会消极地认为是外界的控制导致低的绩效水平。因此，组织在招聘过程中，可以挑选在归因风格上表现出内控倾向的员工来从事那些对员工素质要求较高、工作环境较差、需要挑战性和创造性的工作。

(2) 培训开发过程中加强归因风格的训练

不同的归因方式对个体的情绪、动机、行为以及结果有不同的影响。因此，在人力资源管理过程中，如何趋利避害，使员工形成正确的归因风格以利于工作的开展就变得尤为重要。通过归因训练（即通过一定的训练程序，使个体掌握某种归因技能，形成比较积极的归因风格）可以帮助员工形成正确的归因风格，以提高工作积极性和取得高绩效。

(3) 绩效评估过程中防范各种归因偏差

前面已经阐述了较为理性和科学的归因理论和原则，但在现实的人力资源管理实践中，特别是在对员工的绩效考评过程中，由于受到管理者主客观条件的限制，在归因过程中难免会出现诸多偏差。因此，防范这些偏差以及消除因此而来的消极后果就成为了管理实践中的一个重要课题。下面介绍两种经常出现的归因偏差：

- 基本归因谬误。人们在解释他人消极的行为和后果时，往往会夸大行动者的个人因素，低估环境的因素，这是一种基本归因谬误。同样，在解释他人积极的行为和后果时，低估行动者的个人因素，高估环境因素的归因方式在本质上也属于基本归因谬误。
- 自我服务偏差。对自己的不良绩效进行归因时，人们往往高估外部环境的影响。在人力资源管理实践中，管理者应及时纠正员工的这种自我服务偏差，进行积极的引导，使员工意识到导致工作失败的真实因素到底是出于自身原因还是外部环境影响，从而有针对地进行改正提高，以有利于以后工作的开展。

三、自我效能感理论

自我效能感是由美国著名心理学家班杜拉（Bandura，1977）在《思想和行为的社会基础》一书中提出来的概念，其在以后的著作中逐步形成了自我效能感理论的框架体系。从 20 世纪 80 年代开始，西方工业和组织行为学家逐渐开始关注自我效能感在组织行为领域中的应用研究。近年来，有关研究还呈现出逐年增多、研究范围逐渐细化的趋势。下面我们就来具体地介绍自我效能感理论的内容。

1. 自我效能感理论的内容

（1）自我效能感的定义

班杜拉（1997）认为自我效能是指"个体对其组织和实施达成特定目标所需行为过程的能力的信念"。他认为自我效能并非一个人的真实能力，而是个体对自己行为能力的评估和信心。班杜拉认为个体的行为是受行为的结果因素与先行因素双重影响的。行为的结果因素就是通常所认为的强化，行为主义观点认为强化是形成新行为的关键原因，但班杜拉认为预期是认知和行为的中介，是行为出现概率的决定性因素。该理论认为，在学习中即使没有强化也能获得有关的信息并形成新的行为，而强化只是可以激发和维持行为的动机以控制和调节人的行为。因此，班杜拉认为行为出现的概率是强化的函数这一种观点是不确切的，因为行为的出现不是由于随后的强化，而是由于人们认识了行为与强化之间的依赖关系后产生了对下一步强化的期望。正是这种期望对行为出现的概率起到了关键性的作用。

在研究中，班杜拉进一步把预期分为结果预期和效能预期，结果预期是对某种行为导致某种结果的个人预测；效能预期是个人对自己能否顺利进行某种行为以产生一定结果的预期。班杜拉认为结果期望是指个体对自己的某种行为会导致某一结果的推测，如果个体预测到某一特定行为将会导致特定的结果，那么这一行为就可能被激活和被选择。例如，企业员工感到如果自己本月认真工作就可能得到公司规定的绩效奖金，因此他就会在本月里努力工作。而效能期望是指个体对自己能否进行某种行为的实施能力的评价，也就是指个体是否确信自己能够成功地完成带来某一结果的行为。当个体确信自己有能力进行某一活动，他就会产生高度的自我效能，并会去努力地进行那一活动。例如，企业员工不仅知道本月度通过努力工作可以得到高绩效，而且他还需要对自己能否完成相应的工作要求，获得这份奖金的能力进行评估，如果这份奖金与所要求的绩效是相当高的，而自己确信不能达到这个要求，那么他也很难去努力工作。因此，自我效能感是比较重要的行为决定因素之一。

（2）影响自我效能感的因素

以班杜拉为代表的西方学者研究指出影响自我效能感形成的因素主要有以下四点：

- 个人自身以往的成败经验。该效能信息源对自我效能感的影响最大。以往的成功经验是自我效能感形成的重要前提，它为个体提供判断并构成自我效能感的行为信息。一般来说，成功经验会提高效能期望，反复的失败会降低效能期望。但有研究表明，事情并非如此简单。因为成功经验对效能期望的影响还要受个体归因方式的左右，如果个体把成功的经验归因于外部的不可控的因素，那么这种成功的经验就不会增强效能感；同样，如果个体把失败归因于内部的可控的因素也不一定会降低个体的自我效能感。

- 模范或替代。学习和工作中的很多知识和经验并不是都需要通过亲身实践而形成，也有很多是通过对别人行为的观察和模仿而获得。姚凯（2008）认为，榜样的成就和行为给观察榜样的人展示了达成成功所需要采取的策略，以及为观察者提供了比较和判断自己能力的标准。同时，观察和模仿也为个体提供了一种只要通过努力就能成功的信念。这些替代性的信息对观察者尤其是那些缺乏经验的新手而言具有更大的意义。

- 言语劝说。姚凯（2008）认为，言语劝说虽然不能直接提高个体的智力与技能水平，但可以通过别人的劝说，使得个体对已有的能力产生更加客观和积极的评价，从而对自己的行为进行改变。当然在进行言语劝说的时候需要遵循个体的心理特殊性，比如在企业中，当员工感觉到自己被主管所信任或者是得到主管认可的时候，主管的言语劝说更为有效。

- 个体生理与情绪的状态。个体对生理、心理的主观知觉都会影响自我效能感。比如员工在焦虑、害怕或紧张的时候容易降低个人的自我效能感，疲劳和疼痛也会导致工人自我效能感的降低。

复习思考题

1. 通过本章的学习，谈谈你对激励理论的分类思考。
2. 外在激励理论具体有哪几种？请结合具体的实例加以阐述。
3. 内驱力的激励理论具体有哪几种？请结合具体的实例加以阐述。
4. 自我调节的激励理论具体有哪几种？请结合具体的实例加以阐述。

第三章

激励的内部组织环境

学习目标

1. 理解组织发展与变革的基本概念

2. 掌握组织发展不同阶段的激励特点

3. 了解组织变革中员工的心理障碍,并掌握相应的解决办法

4. 掌握员工工作满意度、心理契约、归属感提升的方法

　　比尔·盖茨说过："我的工作就是要创造一种真正优越的环境，让公司员工在这种环境中真正能够舒心地工作。"微软不仅向全球提供软件和服务，提高人们的工作效率和生活质量，在公司内部也为全体员工创造了一个先进的数字化工作环境。同样，美国的考宁玻璃公司在工作环境设计方面进行得相当出色。该公司大楼除了一般应有的条件之外，在设计上有以下特点：①大楼的中心有一个玻璃大厅，其中有一个自助餐厅，员工到停车场去的时候必须经过该餐厅，这样，大部分员工在喝咖啡时就可能与同事见面了；②楼内有各种楼梯，自动手扶梯、弯道和电梯，这样可以使员工很容易到达想要去的地方；③22个咖啡亭分布在大楼的各个角度，其中有饮料自动售货机、高脚凳和一块很大的白板。目的是为了鼓励员工瞬间的非正式的头脑风暴产生时把作品记录下来。④除了实验室以外，所有的办公室都用150厘米的分隔板或者从天花板到地板的玻璃板围起来，这样几乎每个人都能见到阳光和风景。⑤在阳台上安装了许多镜子，工程师们可以看到其他各层和多层区域员工的活动。考宁玻璃公司是一种开放式的工作环境设计。有时，在某些企业封闭式的工作环境设计更有利于完成工作任务，因为在一个安静的私人办公室中可以排除干扰,集中精力干好工作。

以上例子说明的是组织的物理环境对人的工作积极性有影响,组织的物理环境是组织内部环境的重要变量之一。组织的物理环境属于组织的内部环境之一,组织内部环境是潜在影响组织运行和组织绩效的因素或力量,合适的组织环境设计对人具有非常好的激励作用。

组织环境是指潜在影响组织运行和组织绩效的因素或力量。组织环境分为内部环境和外部环境。由于篇幅有限,本章将重点讲述组织的内部环境。

第一节 组织发展、变革与激励

组织内部环境主要包括:物理环境、心理环境、制度环境和文化环境。组织的这四种内部环境因素是激励的重要环境,影响着员工的工作积极性。同时,这四种组织内部环境由于受组织发展与变革的动态过程的影响而产生不同的特点,因此,组织发展与组织变革也是影响员工激励的重要组织环境。

一、组织发展与变革概述

壳牌石油公司在1983年进行的一项调查表明,1970年进入美国《财富》(Fortune)杂志"世界500家大企业"排行榜的公司到20世纪80年代初已有三分之一销声匿迹。他们据此估计:大型企业的平均寿命不到40年,约为人类寿命的一半!在"适者生存"、"优胜劣汰"的法则下,在变化日益迅速和难以预料的环境中,企业如何延长寿命,保持稳定、持久的发展?

针对上面的调查和估计,为了避免企业的衰败,保持和延长企业的寿命,荷兰壳牌石油公司(Royal Dutch/Shell)采取了一系列的方法和措施。壳牌石油公司是一个拥有一百多个遍及全球的分公司的大型石油企业。但在1970年时,它还位居世界七大石油公司之末,被讥为七姐妹中的"丑小妹"。20世纪70年代初,欧佩克组织(OPEC)采取石油禁运政策,导致了能源危机的发生。但在这之前,壳牌公司已经围绕石油产销长期走势和战略对策问题进行分析研究,统一了全公司上下的脑力模型,得出一些重要的看法和结论,并采取了相应的措施。因此而经受住了这次危机,之后,"丑小妹"壳牌石油公司一跃成为世界上实力最强的石油公司之一。

壳牌石油公司的成功正是由于其在20世纪70年代初就逐渐自觉运用系统思考、统一脑力模型和共同前景等修炼方法与工具，不断地促进组织变革和发展的结果。这些正是当前最时髦的管理话题"学习型组织"给我们的启示，学习型组织促进了组织的良好发展和变革。因此，从根本上说，是组织的不断发展和变革导致了壳牌石油保持了优势的竞争力。为了更好地理解组织变革和发展，我们先来了解组织发展和变革的基本问题。

组织是为了达到某一特定的目标而设计的人们的集合体，是成员在其中进行各种活动的构架系统。或者说，组织是一群人为了达到某一共同目标，实行人力分工和职能分化，使用不同层次的权力和职责，以充分发挥其人力和智力资源而形成的集合体。组织在社会中随处可见，工厂、学校、机关、军队等都是不同形式的组织。

组织发展是国外近二三十年来发展起来的新领域，许多人简称它为OD，OD是组织发展（Organization development）的英文缩写。组织发展是指通过长期的努力来改进和更新企业组织的过程，目的是实现更有效、协调的管理。组织发展是提高员工积极性和自觉性的重要手段，也是增进组织效率的有效途径。因此，探讨组织发展的特点和规律，形成促进组织发展的策略，构建学习型组织等在人力资源管理中均具有重要的意义。

组织变革是组织为适应内外环境及条件的变化，对组织的目标、结构及组成要素等适时而有效地进行各种调整和修正。组织变革是组织保持活力的一种重要手段。在组织为开放有机体的前提下，组织必须随着内在和外在的环境变化，进行调适与改变，对内调整的目标是改善组织成员态度与行为、提升组织文化；对外调整的目标则是使内部组织优势更加有利地作用于外部环境，达成组织稳定成长，使组织绩效提升，此种适应环境与组织调整策略，称为组织变革。根据上述组织变革定义，组织发生变革的原因可分为内部力量与外部力量，前者包括组织内部所有权或经营权变化、组织过度僵滞等；后者包括产业竞争环境变化（关键资源变化、市场变化、竞争者变化、科技技术变化等）和一般社会经济环境变迁（政治、经济、法律变化等）。

二、组织发展与激励

社会中存在着各种各样的组织，大的如国家政府、学校、医院和公司，小的如生产班组、球队、乐队、兴趣小组等。这些组织也像我们个体一样，是一个有生命的机体，它自诞生之日起就有一个不断成长、成熟的发展过程。

1.组织的发展阶段

组织的发展是一个连续历程，组织在成长发展过程中，通常都要经过以不同的管理作风为标志的五个明显的阶段：创业管理、个人管理、职业管理、官僚式管理和矩阵式管理。

(1) 创业管理阶段

创业管理阶段是组织的诞生和初步发展阶段，可以说这是组织生命周期中的幼年期。在这一阶段，求得生存是压倒一切的重要目标。为了生存，创业者根据自己的实际需要、感情和判断去开辟可能的市场，寻找一切生存的机会。因此，本阶段的基本特征是一人控制，求得生存。

(2) 个人管理阶段

组织安全度过了创业管理阶段的领导危机，在竞争中站稳脚跟之后，就进入一个以新组织形式为标志的继续发展阶段——个人管理阶段。在这一阶段，管理者与员工的关系基本上是忠诚和安全的关系，员工希望有可靠的职业养家糊口，而管理者则鼓励培养员工家庭式的一致情感。因此，本阶段组织的基本特征是班子管理，扩大发展。

(3) 职业管理阶段

个人管理阶段管理者的自主危机解决后，就使得组织过渡到职业管理阶段，这是组织生命中的成年期。在这一阶段，在总经理之下设置了若干部门经理，实行权力下放，同时管理者对组织中的人员进行调整、裁减，精简机构，压缩开支。管理者与员工的关系是工作与报酬的关系，"人情味"大为冲淡，人与人之间的关系是以才干、效率为尺度的单纯工作关系。因此，本阶段的基本特征是利润中心、继续前进。

(4) 官僚式管理阶段

官僚式管理是对组织顺利发展的一种适应性反应。在这一阶段，为了分析情况，制定计划，管理组织的行政班子需要大量的资料，而行政管理班子为了推行种种工作程序，也要制定各种明细表下发，结果就造成了"文牍管理"。组织内人际关系也是一种顺应——稳定关系，管理者要求员工顺应组织环境，员工则希望过没有风险的稳定生活。因此，本阶段的基本特征是权力集中，办事效率低下。

(5) 矩阵式管理阶段

矩阵式管理阶段是官僚式管理发展的结果，它实行参与式集体领导，在组织内形成了两套系统：职能管理和业务管理系统。于是，每一个业务部门的管理人员同时受到两方面的领导，既向业务主管汇报，又向职能主管汇报。而职能和业务领导同时又是通过双方主管的协调和互相支援完成的。组织内的人际关系较为随便，员工若能适应组织里的工作，就会得到最大的灵活性和最少的直接监督。这一阶段的基本特征是多面协作，责任容易模糊。

在组织的发展过程中，上述诸阶段是相互交错的，并没有明确的界线。但组织生命周期中的每一个阶段都有其独特的职能管理特色、人与人之间的关系和遇到的管理问题。在出现复杂问题时，管理者能否有敏锐的意识，及时采取应变措施，克服重重困难，推动组织从一个阶段进入新的发展阶段，这是组织生存的关键。

3.组织发展阶段与激励

以上介绍了组织发展的各个阶段，以及每个阶段发展的特点。下面，我们就如何根据组织发展各个阶段的特征实施不同的激励政策，以激发员工的热情进行探讨。

（1）创业管理阶段

在这一阶段，组织还处于发展阶段，它所处的市场地位和经济实力不够强，没有足够的金钱来激励员工，所以，在这一阶段，激励的手段主要不是靠薪酬来体现，而是情感激励来实现。根据马斯洛的需求理论，在这一阶段主要是通过满足员工的归属需求来实现的。组织通过营造一种"企业和我是一体"的氛围，调动员工的积极性。由于是在创业初期，如果企业发展顺利、创业成功，员工们也就有了稳定的工作和收入来源。反之，如果企业发展不好，可能就会是自己失业。在这个时候，员工很少计较个人付出和回报的多少，他们关心的是企业的发展，他们秉承的理念是：只有企业发展成功了，才可能有个人的发展。当然，在这个阶段采用企业愿景来进行激励也是非常有效的。企业通过为员工树立一个愿景，让他们知道一旦企业达成这个愿景，自己将会是怎样的。企业的的愿景像一座灯塔一样，指引着员工不断前进。

（2）个人管理阶段

管理者由于过去的习惯和传统，家长制作风严重，什么事情都要管，使那些能干的下层管理人员无权解决自己的问题，束缚了他们的手脚，挫伤他们的积极性和创造性。这个时候最好的激励方法就是：授予员工恰当的权力，让他们放手大胆干。现代人力资源的实践证明，现代员工都有参与管理的要求和愿望。任何员工都不想只是一个执行者，都有参与决策的需要。满足员工的这种需要，不仅可以激励员工，还有利于企业的长期发展。个人管理阶段存在很多仅凭个人感觉进行决策和管理的情况，要解决这一问题，必须进行制度化管理。第一，奖惩制度：表彰和奖励是员工努力或积极性最重要的基础。奖励可以促成员工取得高绩效，取得高绩效后又有奖励，两者是相辅相成，互为促进的关系。奖惩制度不光要奖，而且要惩，惩罚也是一种激励，是一种负激励。负激励措施主要有淘汰激励、罚款、降职和开除等。第二，竞争机制：真正实现在企业中实现能者上弱者下的局面。末位淘汰制是竞争机制的一个具体形式，建立严格的员工竞争机制，实行末位淘汰制，能给员工以压力，能在员工之间产生竞争气氛，有利于调动员工积极性，使公司更富有朝气和活力，更好地促进企业成长。

(3) 职业管理阶段

在这一阶段，管理者与员工的关系是工作与报酬的关系，"人情味"大为冲淡，人与人之间的关系是以才干、效率为尺度的单纯工作关系。企业组织对于工作成效不高的员工，可以随时解雇；员工若觉得自己没有得到应有的报酬，也可以拂袖而去。正因为上面这些特点，企业应该采用以下的激励措施：第一，薪酬激励。物质需要始终是人类的第一需要，是人们从事一切社会活动的基本动因。所以，物质激励仍是激励的主要形式。就目前而言，能否提供优厚的薪水（即货币报酬）仍然是影响员工积极性的直接因素。第二，员工持股激励。这样不但可以激励员工努力工作，吸引人才，提高企业的核心竞争力，还能够获得资金来源。第三，还要从组织文化方面加强员工对组织的归属感。第四，由于此时的组织处于发展的上升期，需要很多人才。此时员工可以通过晋升获得更好的发展机会，所以，组织可以通过晋升渠道来激励员工。

(5) 官僚式管理阶段

组织发展到这个阶段，组织机构越来越庞杂，员工人数也大量增加，员工可能觉得自己在这个企业里就像一颗小的螺丝钉，看不到努力的方向，感觉自己的工作没有什么意义。这个时候组织就应该采用工作激励：工作本身具有激励力量。为了更好地发挥员工工作积极性，需要考虑如何才能使工作本身更有内在意义和挑战性，给员工一种自我实现感。这要求管理者对员工工作进行设计，使工作内容丰富化和扩大化，给员工提供一些有挑战性的工作目标，让他们感觉到工作并不是他们想象的那么没有意义。还有就是给予员工足够的尊重和认可。每个人都希望得到他人的认可，特别是上司对自己的认可。企业的管理者要重视员工的价值和地位。如果管理者不重视员工感受，不尊重员工，就会大大打击员工的积极性，使他们的工作仅仅为了获取报酬，激励从此大大削弱。

(6) 矩阵式管理阶段

这一阶段，因为责任由集体承担，所以责任不清的情况很多。参与式集体领导与分权导致多头领导的出现，使得组织上层管理者集权的愿望受到挫折，可能出现管理上无力的局面；上层管理者既不能明确规定组织的任务，又不能迅速有效地沟通信息。这个时候最好采用目标激励法。目标激励是指通过设置恰当的目标，激发人的动机，达到调动积极性的目的。目标之所以能够起到激励的作用，因为目标是组织和个人的奋斗方向，完成目标是员工工作结果的一种体现，是员工成就感的体现。由于采用矩阵式管理,组织成员之间的地位相对比较平等,没有很多的上下级之分,因此,职位升迁激励相对较少,这个时候可以利用培训发展激励来代替。因为,通过获得培训机会,员工可以提升自己的专业能力,也就可以获得更多负责专业项目的机会。一是可以得到更多的报酬,二是可以有更多的机会表现自己,获得自我实现。

三、组织变革与激励

日新月异的现代社会,变革与创新成为我们这个时代的一个特征,也成为组织生存和发展的必要条件。管理学家西斯克(H. H. Sick)认为,当一个组织出现了组织功能低效,决策形成过于缓慢,内部有不良意见沟通以及组织缺少创新等症状时,就应考虑及时对组织进行变革,否则,该组织将无法适应市场的激烈竞争和社会的快节奏变化。因此,从根本上说,组织变革本身就是一种重要的激励手段,是员工激励的变革性手段。

1.组织变革

组织是一个多变量的系统,同时各变量间又是相互作用的。组织变革的变量分析有以下几种主要理论:三变量说、四变量说和七变量说。下面主要介绍一下四变量说。

20世纪60年代中期,美国学者莱维特(H. J. Leavitt)提出,组织变革主要包括四个相互作用的变量:任务、人员、结构和技术,它们之间的关系如图3-1所示。他还指出,四个变量中任何一个变量的变化,都会引起其他三个变量发生相应的变化,从而达到新的平衡,使组织得到新的发展。因而,进行组织变革的最基本的方面就是这四个相互作用的主要变量。

2.变革中员工激励的措施与方法

人员的变革是组织变革的一个最基本、最活跃的变量。由于人员变革对员工激励有非常重要的影响,因此,本部分我们重点从人员变革的对策与方法来探讨组织变革与员工激励问题。

(1) **组织变革中员工的心理障碍**

组织变革的障碍主要有两方面的因素:员工个人心理因素导致的障碍和来自于组织的障碍。其中,

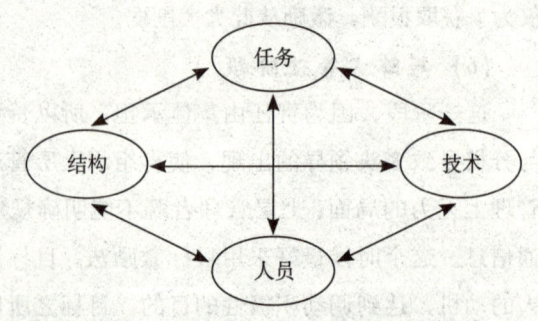

图3-1 组织变革的四因素及其相互关系

前者起着更为重要的作用。因为组织的障碍也是要作用于人,被人所认知,才能发生影响。员工的心理障碍主要表现在以下几方面:职业定势、对利益损失的担忧、对变革的后果及变革者的信心不足、保守心理、嫉妒心理、求全责备心理、对变革不足的指责等,这些障碍都会导致人们对变革的抗拒。人们会通过外显的或含蓄的,即时的或延后的,言语的或行动上的方式来抗拒组织的变革。外显或即时的抗拒很容易被管理者所发现,并采取相应的对策,而隐含或延后的恐惧则因为很难发现而被延误,最终使组织丧失士气和效率。因此,组织必须采取相应的对策来消除这种障碍,从而使组织变革得以顺利实施。

(2) 消除员工心理障碍的对策与方法

为了消除员工在变革中的心理障碍,激励员工参与到变革中,在管理上可以采取如下方法:

第一,增强员工摆脱现实压力的驱动力。为了使员工支持变革,组织可以给员工提供一些正面的诱因,如通过增加薪水、提高福利等方式减少人们对经济状况的担忧,让员工看到变革给自己带来的好处,从而接受组织的变革。

第二,利用群体动力来改变组织成员对变革的态度。由于群体对成员具有引导作用,因此,可以利用群体的力量改变成员对组织变革的态度。比如,可以利用员工对群体的归属感、团体威望,或者利用团体主要成员的威信等因素改变成员的态度。也可以采取各种手段,改变原有的群体规范,引导群体形成新群体规范,用群体规范改变成员的态度与行为。

第三,邀请卓有见解的专家充当顾问。邀请外界专家充当组织变革的顾问有两大好处:其一是可以利用专家的声望和影响力,增强员工对变革本身和变革后果的信任度和信心;其二是专家的介入可以使我们更容易跳出思维定势,发现组织存在的问题,用他们的新思想给变革以新的启迪。

(3) 减少组织变革阻力的措施与方法

阻力是客观存在的,为了将阻力尽可能地减小,管理者应倾听员工的意见,了解他们的愿望,消除他们的误解和担忧,并尽量征得人们的参与。具体说来,减少和抗拒阻力的方法有以下几种:

第一,教育与沟通。员工之所以会产生抗拒,可能是因为未能充分地理解变革的意义,所以,要加强与员工的沟通,树立员工的变革意识。组织可以通过在变革前进行会议动员、舆论宣传的方式,让人们对变革的目的、内容、过程、方法等有所了解,营造变革必要的舆论氛围,向人们说明变革给其自身带来的好处,减少人们对变革的阻力。如,某公司在采取自主工作小组方式之前,用了三个月的时间对员工进行宣传教育，解释变革的目的和步骤，以及不变革的危害。最终，虽然该公司彻底改变了自身的组织结构和权力体系，但由于有良好的事先沟通，变革进行得相当顺利。为了增强说服的效果，可以使说服与奖励制度挂钩，辅以加薪、提职等激励措施，使员工为了自己的切身利益而支持变革。教育和沟通的方式有多种，可以采用个别会谈、备忘录、小组讨论或报告会等形式进行。对于个别抗拒激烈的员工，可以通过一对一的谈话，或者书信沟通的方式，与他们进行探讨。

第二，参与。一般说来，人们对于自己所制定的计划和方案有着强烈的认同感，因此，要减少员工对变革的阻力，就应该积极支持和鼓励员工参与组织目标的制定、组织计划的编定、变革方案的选择等工作，使变革的各内容得到他们的认同、理解、支持和维护。其中，特别要让那些有可能成为反对者的人参与决策，这不仅可以减少来自于他们的阻力，如果他们能够提出有建设性的建议，还可以提高变革决策的品质。当然，由于有反对者的参与，也可能会出现管理者为了折衷意见而降低决策品质的现象。

第三，润滑与支持。通过心理治疗、度假、培训进修等方式消除员工的恐惧和不安，帮助他们适应组织的变革。

第四，谈判与吸收。就是与变革的反对者谈判，以某种有价值的东西来换取阻力的降低。如，某公司就曾以"特别利润分享制"换取自动线工人对工艺变革的支持。吸收是授予反对派领袖重要角色，使他们参与决策，从而取得他们对变革的支持。

第五，更换领导者。当原来的领导者抱残守缺，或者在组织情境发生变化时仍然拒绝变革，就可以采用更换领导者的办法。但如果某些问题是由领导者无法控制的原因而造成的，更换领导者就不合适。因此，在更换领导者时要慎重。

第六，强制执行。当变革势在必行，而以上方法又都难以奏效时，可以通过惩罚的方式来强令员工进行变革。如，通过换岗、开除、降职等方式强迫员工接受变革。强制执行的好处是简单、见效快。但往往也难以被员工所接受，可能导致受到威胁的员工以各种形式破坏变革。因此，不到迫不得已的时候不要使用该方法。

第二节　组织文化与激励

20世纪80年代以来，组织理论发展的一个显著特点，是对组织中的人有了更为深刻的认识，把人在组织和管理中的作用，提高到了前所未有的重要地位，组织文化的兴起就是其明显的标志。组织文化在充分发挥人的作用上越来越显得不可替代。

另外，它作为一种"软性"的协调力和凝合剂，和"硬性"的规章制度相比，更能够以无形的"软约束"力量构成组织有效运行的内在驱动力，在对组织中的各种要素进行有机整合上起到积极作用。

一、组织文化概述

组织文化是组织在一定经济、社会、文化背景下，在长期生产经营过程中逐步形成和培育的，以组织经营哲学、组织价值观或组织精神、组织道德伦理等为精神内涵，以各种制度、机制、体系为物化的表现形式，以激发员工内在积极性和创造性为目的的一种特殊的文化类型和管理手段。组织文化依赖于组织而存在，是组织在长期实践过程中所形成的具有本组织特色的价值观念、团体意识、行为规范和思维模式的总和。

可以说，一个组织的文化影响的不仅仅是组织的精神面貌，它还会影响到组织的运行效率，影响任务的完成和目标的实现。正如 Furnham 和 Gunter（1993）所说：文化是"社会黏合剂"，会使人产生"同一感"（we-feeling）。因此，它会消除组织生活中不可避免的分歧。这就正如管理中的磁石原理所说的一样：磁石内部是由无数个小的带有磁性的小磁极组成的，自然情况下，这些小磁极的方向是混乱无序的，所以总体上并不显磁性。但是，当把这种磁石放到一个强磁场中时，所有的小磁极的方向就会在一定程度上指向同一个方向，当外界磁场消失后，这些小磁极的方向依然有指向那个同一方向的性能，于是，这个磁石就产生了磁性，磁极方向大致朝向当时外界磁场的方向。每个员工都有自己的思想和方向。当员工思想的方向呈现混乱无序状态时，组织整体上就没有形成真正的文化。而当组织有自己的文化的时候，员工的思想就会大致朝向同一个方向。

二、组织文化的激励形式

组织文化基本的构成要素可以分为三类：组织精神文化和组织制度文化。从两个基本构成要素入手，组织文化激励的形式有以下两种：

1.精神文化激励

组织的精神文化是组织文化的核心和灵魂，是形成制度文化和物化文化的思想基础。精神文化激励主要包括组织价值观激励、组织精神激励、组织风气激励、组织伦理道德激励和组织人际关系激励五个部分。

（1）组织价值观激励

价值观是关于事物是否有价值和价值大小的看法和观点，是人们对客观事物的总体评价。组织价值观就是一个组织在追求成功的过程中形成的对目标追求和自身行为的根本看法和评价，是为全体员工所推崇的基本信念和价值追求。组织价值观是一个体系，在这个体系中必有起主导作用的价值观，称之为核心价值观。从组织价值观形成过程来看，其规律是：由一元的价值观发展为多元的价值观，再由多元的价值观发展为核心价值观。组织核心价值观是组织价值观体系的核心，它决定组织存在的意义、组织的行为及结果。

组织价值观的激励作用主要体现在能把众多员工的不同价值观整合为组织的价值观。组织中的员工来自不同的背景，具有不同的价值观，但是，当员工进入组织以后，就会受到组织价值观尤其是核心价值观的强烈作用，并产生三种结果：第一，对认同组织价值观的员工，有巨大的激励作用；第二，对个人价值观与组织价值观不相同的员工，有巨大的同化作用，使其接受组织的价值观；第三，个人价值观与组织价值观不相同且拒不接受组织价值观的员工，则会被"边缘化"，与组织宏大的事业无缘。把不同的个人目标整合为组织整体目标，变个人行动为组织的行为，就能将个人的利益与组织的整体利益统一起来。

(2) 组织精神激励

组织精神是组织有意识提倡的群体优良精神风貌，是对组织现有的观念、意识、传统习惯、行为方式中的积极因素进行总结、提炼和倡导的结果，是全体员工有意识地实践所体现出来的，是组织文化发展到一定阶段的产物。

组织精神是组织文化的高度浓缩，是组织文化的灵魂。组织精神是一种团体精神，将组织使命、宗旨、目标凝结成一种信念、一种感情、一种意志的表达，它贯穿了对组织使命、宗旨、目标的坚信和实现的决心，是组织成功的精神支柱。组织精神有催人奋进的作用。其激励作用包括：第一，信仰激励。组织精神能使员工产生对组织使命、宗旨、目标的执著追求和坚定信心，不达目的"誓不罢休"。第二，使命感激励。组织使命、宗旨、目标就是组织的责任，就是员工的责任。组织精神就是强化这种使命感，鼓励员工为此付出努力。第三，意志力激励。组织精神就是意志力的凝结，没有意志力就没有组织精神。在完成使命、履行宗旨、达到目标过程中，必然会遇到来自内部和外部的各种阻力。通过不断地培育、教化，组织精神能使员工产生一种意志力，鼓舞员工不遗余力地去排除万难，争取最后的胜利。信仰激励、使命感激励和意志力激励最后协同整合成组织精神激励。

(3) 组织风气激励

组织风气是指组织及其员工在生产经营活动中逐步形成的一种带有普遍性的、重复出现且相对稳定的行为心理状态，是影响整个组织生活的重要因素。组织风气是组织文化的直观表现，组织文化是组织风气的本质内涵，人们总是通过组织全体员工的言行举止感受到组织风气的存在，并透过它体会出组织全体员工所共同遵守的价值观念，从而深刻地感受到该组织的组织文化。组织风气一般包括两层含义：一是指许多组织共有的良好风气，如团结友爱之风、开拓进取之风、艰苦创业之风等；二是指一个组织区别于其他组织的独特风气，即在一个组织的诸多风气中最具特色、最突出和最典型的某些作风。它体现在组织活动的方方面面，形成全体员工特有的活动方式，构成该组织的个性特点。

组织风气是约定俗成的行为规范，是组织文化在员工的思想作风、传统习惯、工作方式、生活方式等方面的综合反映。组织风气一旦形成就会在组织中造成一定的气氛，并形成组织员工群体的心理定势，导致多数员工一致的态度和共同行为方式，从而成为影响全体员工的无形的巨大力量。组织风气所形成的文化氛围对一切外来的信息具有筛选作用，良好的社会风气在具有良好风气的组织里将引起共鸣、产生共振，不良的社会风气则会在组织里产生抵触、遭到抵制。同样，不良社会思潮在组织文化贫乏、组织风气差的组织很容易造成劳动积极性下降、人际关系紧张、凝聚力减弱、离心力加大等灾难性后果，而在组织文化完善、组织风气健康的组织中，则会比较容易激励全体员工与组织同呼吸、共命运、战胜困难、渡过难关。

（4）组织伦理道德激励

组织伦理道德是调整组织与社会、组织与组织、组织与员工以及组织内部员工与员工之间行为关系的总和。组织伦理是对组织道德现象的概括和总结。组织伦理道德的力量是巨大的，其激励主要是负激励，起着软约束的作用。组织伦理道德的约束作用是通过自律机制和他律机制来实现对员工行为规范的。自律机制与他律机制的区别在于员工是否自觉、自愿。员工自律是指员工在思想上已经认同了组织的伦理道德观念，在付诸行动之前就已经有了哪些该干哪些不该干、哪些可以干哪些不可干的标准，因而自觉自愿地践行这些伦理道德规范，并与组织的目标、传统习惯和整体利益保持一致。而他律则是员工被动地接受和遵守组织的伦理道德规范。

（5）组织人际关系激励

和谐、融洽的人际关系易于员工之间的交流与沟通，而沟通是达成共识的前提，是建立友谊、情感和组织价值观的基础，也是团队合作的必要条件。因此，和谐、融洽的人际关系鼓励员工相互沟通与理解，形成团队的凝聚力。组织成员间正面的、善意的人际关系有助于促进合作，而负面的、敌意的人际关系破坏着合作，甚至引导出极端不合作的行为。就一个组织的整体而言，如果组织成员间均具有良好、密切、相互信任的人际关系,则必然有利于增强组织整体的凝聚力和忠诚度,从而普遍地提高组织成员在合作中的积极性。并且,这些人际关系本身也是一种不必额外付出成本的约束力量,这种约束力量有助于提高为实现组织目标而做出贡献的积极性,促进合作,降低组织运行过程中的交易成本,提高组织的运行效率。而当人们之间具有敌意的、负面的关系时,有时会将对方的损失视为自己的"收益",这不仅会降低合作的意愿,甚至会产生故意不合作的行为,从而降低组织的运行效率,并在一个组织中形成一种分离的力量。

2.制度文化激励

所谓制度是指用来规范人类行为的规则,这些规则涉及社会、政治及经济行为。组织的制度文化激励包括一般制度、特殊制度和组织风俗激励三个方面。

(1) 一般制度激励

一般制度是指组织中存在的一些带有普遍意义的工作制度和管理制度,以及各种责任制度。这些成文的制度与约定及不成文的组织规范和习惯,对组织员工的行为起着约束的作用,保证整个组织能够分工协作、井然有序、高效地运转。

(2) 特殊制度激励

特殊制度主要是指组织的非程序化制度,如员工评议干部制度、总结表彰会制度、干部员工平等对话制度、干部"五必访"制度(员工生日、结婚、生病、退休、死亡时干部要访问员工家庭)、组织成立周年庆典制度等。与工作制度、管理制度及责任制度等一般制度相比,特殊制度更能够反映一个组织的管理特点和文化特色。有良好组织文化的组织,必然有多种多样的特殊制度;组织文化贫乏的组织,往往会忽视特殊制度的建设。

(3) 组织风俗激励

组织风俗是指组织长期相沿、约定俗成的典礼、仪式、行为习惯、节日、活动等,如歌咏比赛、体育比赛、集体婚礼等。组织风俗与一般制度、特殊制度不同,它不是表现为准确的文字条目形式,也不需要强制执行,完全依靠习惯、偏好的势力维持。组织风俗由精神文化所主导,又反作用于精神文化。组织风俗可以自然形成,又可以人为开发。一种活动、一种习俗,一旦被全体员工所共同接受并沿袭下来,就成为组织风俗中的一种。

3.各种激励形式的比较

从组织文化的激励效果来看,组织文化的不同构成要素,其激励的时效、强度和范围大小是不同的。

(1) 激励时效不同

从激励时效来看，由于精神文化保持相对稳定，而制度文化和物化文化随着组织外部环境和组织战略的变化而调整，尤其是物化文化变化较快，因此，精神文化的激励作用持续时间最长，是一种长效、持久的精神激励。物化文化所持续的时间最短，是一种短期的激励。而制度文化的激励时效介于二者之间。

(2) 激励强度不同

从激励强度来看，物化文化激励的是个体精神世界的浅层部分，其激励强度最弱。精神文化激励的是人的精神世界的深层部分，尤其是激发人的潜意识，使人能自觉、自愿地与组织的长远发展目标保持一致，诚心诚意地为组织的发展做贡献，因此，精神文化的激励强度最强。制度文化的激励介于二者之间，但更接近于浅层，其激励强度较弱，因为，制度文化更多是对人的具体行为产生约束作用。

(3) 激励范围不同

从激励范围来看，物化文化的激励范围是局部性的或者是对活动过程某一阶段的激励，有时是对很小的一部分人的激励，而精神文化的激励则是对整个组织的员工进行激励，并且是整体性的、全过程的激励。

总之，组织内所设计的激励契约，无论是货币性报酬激励，还是职务晋升的报酬激励都是不完备的，会导致组织成员行动的偏差。此时，加强组织文化建设十分重要。在组织内，有意识有计划地加强精神文化、制度文化和物化文化建设，使组织成员的行动在组织文化的熏陶下变成一种自觉自愿的行动，这是任何激励契约都无法媲美的激励效果。

第三节 激励的组织行为

激励的效果最终怎么样，是通过员工的具体行为体现出来的。那么，怎么样的行为表现才能表现出员工是受到良好激励的呢？一般来说，员工受到良好激励可以表现在以下几个方面：工作满意度、忠诚度和归属感都比较高；与组织之间建立了良好的心理契约关系；员工心理资本得到充分的发挥。同时，通过提高员工的工作满意度、忠诚度和归属感，与组织建立良好的心理契约，提升员工心理资本等，也可以起到激励员工积极工作的目的。因此，工作满意度、心理契约、忠诚度、归属感和心理资本等不仅是衡量激励效果的指标，也是激励的重要内容。

一、工作满意度

从组织的角度看，个人工作满意度的高低，不仅是影响组织业绩的重要因素，而且是影响人才是否流动的重要因素，也是影响个人职业生涯发展路径的重要因素。员工的流动与工作满意度之间存在着紧密的反向联系。即员工的工作满意度越高，人员越稳定；反之，员工工作满意度越低，人员流动性越大。

1. 工作满意度的概念

工作满意度，通常是指某个人在组织中进行工作时，对工作本身及其有关方面（包括工作环境、工作状态、工作方式、工作压力、挑战性、工作中的人际关系等等）有良性感受的心理状态。根据研究意图的不同，对工作满意度的定义有不同，大体可归纳成下列三种：

- 综合性的定义。一般认为工作满意度是一个单一的概念，是对工作本身及有关环境所持的一种态度或看法，是对其工作角色的整体情感反应，不涉及工作满意度的面向、形成的原因与过程。
- 差距性的定义。指工作满意的程度视个人实得报酬与其认为应得报酬之差距而定。也就是"他们所得到"与"他们期望得到"之间的差距。差距愈小，满意的程度愈大，因此这种定义又被称为"需求缺陷性定义"。
- 参考框架的定义。影响人的态度及行为最重要因素是人们对于客观特征的主观知觉及解释，这种知觉与解释则受个人自我参考框架的影响。因此，这类的定义认为工作满意度在很大程度上受个人的特殊框架的影响，其特征是工作者对特殊框架的情感反应。

2. 工作满意度的影响因素

影响工作满意度的因素有很多，不同的工作性质，其影响因素也不同。但总的说来，工作满意度受以下几个方面的影响。

（1）价值观

决定着一个人工作满意度的根本因素，是人们的各种需要和价值观——价值评判标准。一个人的需求不同，他对周围事物的要求也就不同，当一个管理者缺失的是尊重的需要，而企业只给他提供一个好的薪酬。这样，这个管理者的工作满意度是不高的，因为他的要求没有达到。一个人的价值观不同，他对工作的看法也不一样，对工作所能得到的满足感也不一样。

(2) 工作本身的因素

理查德·哈克曼、爱德华·劳勒等学者提出了工作由"技能多样性、任务完整性、任务重要性、工作自主性和工作结果反馈五个核心"因素构成的学说。工作本身的这五样特性极大地影响了员工的工作满意度。具体来说，是指能够为他们提供机会使用自己的技术和能力；能够为他们提供具有适当挑战性的工作；使自己的才能和能力与自己的个性特征相匹配；能够适应工作的要求，即个人能够胜任的工作；能够使个人在工作中获得成功，带来成就感并提供了较大的工作发展空间。

(3) 工作物理环境因素

工作物理环境对任何一个人来说都是衡量工作舒适度的重要指标之一。工作环境主要是指工作场所中的物理安全性；湿度、亮度、噪音、气味等环境要素；员工使用的工具和工作必需的设施的充足和可取得的程度；工作场所的舒适性和便利性以及后勤保障支持等。

(4) 影响员工满意度的个体因素

影响员工满意度的个体因素有很多，比如性别、年龄、教育程度、婚姻状况、工作年限、职务、性格等。有研究发现员工的性别、年龄、文化程度、职务级别、任职年限等人口和职业变量对工作满意度有显著的影响。比如，处于职业探索期的青年对工作满意度明显要低于处于职业稳定期的中年。

3. 提高员工工作满意度的措施

来自哈佛大学的一项研究发现：员工满意度提高5%，会连带提升11.9%的外部客户满意度，同时也使企业效益提升2.5%。可见，提高员工的满意度是企业起死回生、延年益寿的灵丹妙药。有了这副灵药，企业就能提高效率和质量，留住人才，使员工敬业，使顾客满意，增强企业的核心竞争力。那么，企业该如何提高员工的工作满意度呢？

(1) 创造公平竞争的企业环境

公平是每个员工都希望企业具备的特点之一。公平可以使员工踏实地工作，使员工相信付出多少就会有多少公平的回报在等着他。公平的企业使员工满意，使员工能够心无杂念地专心工作。在工作中，员工最需要的就是能够公平竞争。公平体现在企业管理的各个方面，不仅要体现企业的对外公平，还要体现企业对内的公平。如招聘时的公平、绩效考评时的公平、报酬系统的公平、晋升机会的公平、辞退时的公平以及离职时的公平等。

(2) 营造自由开放的企业氛围

现代社会中人们对自由的渴望越来越强烈。员工普遍希望企业是一个自由开放的系统，能给予员工足够的支持与信任，给予员工丰富的工作内容，员工能在企业里自由平等地沟通。

　　自由开放的企业应当拥有一个开放的沟通系统，以促进员工间的关系，增强员工的参与意识，促进上下级之间的意见交流，促进工作任务更有效地传达。没有沟通就没有统一的意志、观念和行动。《孙子兵法》说：上下同欲者胜。沟通可以达到领导和员工的相互了解，使正确的决策和领导很快被人理解和接受，变成执行决策和服从领导的实际行动。

　　(3) 让工作富有柔性

　　工作柔性化是相对于刚性工作提出来的概念。柔性是"以人为中心"，依据共同的价值观、文化和精神氛围进行的人性化工作。其主要形式有工作轮换、工作丰富化，在家办公以及自我团队管理等。工作柔性化的运用摒弃了员工对单一工作的终日厮守，增强了员工的工作能力，提高了他们的工作热情，提升了他们的工作满意度。上海通用汽车公司是成功应用这一模式的典范。在其生产车间有一个柔性工作的重要平台——大转盘，通过它可以换到任意一个位置，可以随意组合员工的工作，员工的工作丰富多了。公司的中高层领导实行轮岗制，工作一段时间后，就从一个岗位调到另一个岗位，通过这种轮岗，能产生创新的火花，使中高层管理人员跳出原有思维思考问题，进行决策。

　　(4) 重视培训和选拔

　　对员工来说，员工在公司工作不仅仅是为了自身的生存需要，还是寻求人生价值发展的需要。社会发展速度越来越快，工作中所需的技能和知识不断更新，学习能力强的员工，得到提升的机会远胜于不学习的员工。因此，培训已成为企业提高员工工作效率，员工实现晋升的必然选择。除了特殊人才需要引进之外，企业内部培训，不拘一格选拔优秀人才是稳定员工队伍、提高员工满意度的捷径。日本松下公司从公司课长到主任以上的干部，多数是公司自己培养出来的。凡是新招收的员工，都要进行8个月的实习培训才能分配到工作岗位上。为了适应事业的发展，松下公司还制定了配套的实施办法，如调动和升迁个人申请制度、职位空缺内部招聘优先制度、公司内部培训申请制度和海外留学进修制度。

　　当然，使员工满意的方法还有很多，例如：完善的薪酬福利制度、健全的规章制度、满意度定期调查制度等，而这些方法的一个核心思想是"以人为本"。只有企业真正把员工当作自己人看待，关心他们，爱护他们，员工自然会把企业当作自己的家，对企业满意，对企业忠诚。

二、心理契约

以心理契约为纽带的雇佣关系能够对组织内个体的态度产生影响，合适的雇佣关系能够改善个体的工作态度，从而有利于组织的发展。如果能够了解到哪种类型的心理契约对哪类个体的态度影响更大，那么就有利于企业采取相应的雇佣策略来提升组织整体的士气，从而更好地完成组织目标。

1.什么是心理契约

"心理契约"是美国著名管理心理学家施恩（E.H.Schein）提出的一个名词，是指个体关于他们自己与他人和组织之间的承诺、接受和依靠等方面的信念。本质上，心理契约是信念的联合，这些信念是个体和雇主对对方的期望，可以将它描述为存在于雇员和雇主之间的一系列互惠而含蓄的期望。心理契约虽然不是一种有形的契约，但它确实又是发挥着一种有形契约的影响，可以描述为这样一种状态：企业的成长与员工的发展的满足条件虽然没有通过一纸契约载明，而且，因为是动态变动的也不可能加以载明，但企业与员工却依然能找到决策的各自"焦点"，如同一纸契约加以规范。即企业能清楚每个员工的发展期望，并满足之；每一位员工也为企业的发展做出全力奉献，因为他们相信企业能实现他们的愿望。

心理契约的概念强调了雇员或雇主的期望，采取的是一种含蓄假设的形式，因此管理者和雇员的失望都不可避免。但如果管理者意识到他们的一个重要角色是管理期望，即要通过与个体和小组的讨论弄清雇员能够获得什么成就，他们应具备的能力，以及雇员需持有的价值观，就能够减少这些失望。下面是一个具体的例子。

某建筑公司每年收益的半数以上来自地下管道安装工程，所以公司的经营有明显的季节性，员工流动率也非常高。陈军是一名大学生，每年夏天都到公司兼职做打孔机的操作员，已经有四年了。公司考虑，陈军已有了九个月的工作经验，属于高级技术师，决定安排他去操作公司里最新的机器。但是，现在那台新机器归小王操作，公司的安排使小王不得不去操作一台旧机器，小王对此颇为不满。虽然他只在公司工作了七个月，但是他觉得，自己是公司的正式员工，没有理由将机器让给一个兼职的临时工。冲突的出现使公司里的其他员工很快就分成了两派，一派支持陈军，一派支持小王，双方都把为对方制造工作上的麻烦作为乐趣。而这极大影响了工作效率。

陈军与小王之间发生冲突的表面现象是陈军拥有了原属于小王的新机器使用权，理由是陈军已经有了九个月的工作经验，属于高级技师，而小王只有七个月的工作经验，非高级技师。其实不然，陈军与小王之间发生冲突的根源是：公司只注意经济契约，而忽视了心理契约。小王以及支持小王的员工更多地是从情感的层次出发，体会到的是较低的满意度，他们感到工作缺乏安全感及公平合理的待遇，以及组织没有支持他们继续发展的愿望，他们的期望并没有得到全部满足。

在员工加入某个组织时，员工本人不仅与组织签订了一份书面的经济契约，而且还与组织签订了一份非书面的心理契约。经济契约是指以时间、才智和体力换取工薪、休息和适当的工作条件。心理契约界定了每一个员工对组织的投入，包括贡献和期望的条件，员工同意给予一定的忠诚、创造力及额外的心理努力，作为交换，他们对社会系统也有经济报偿以外的期望。在企业的人力资源管理过程中，企业要重视有形的经济契约，同时也要关注无形的心理契约的存在，在实际工作中兼顾员工的经济需要和心理需要的满足。这样才能使员工努力工作，不断提高工作质量，忠于组织，友好地服务客户。

2. 心理契约的管理

在对违背心理契约所带来的影响的研究中，罗宾逊（Robinson）纵向考察了一些毕业生的第一次工作经历和与之相伴的心理契约的发展情况。研究表明，关系型取向的心理契约被违背后，契约中的交易型成分加强，关系型成分减弱。另外，有人（Sherwood & Glidewell，2002）曾经提出了一个在日常工作情境中持续不断地对心理契约进行管理的框架（见图3-2）。在该框架中，共同沟通协商是组织与个体之间建立心理契约的第一个阶段，就如一个组织管理者在对一个应聘的员工进行面试。第二个阶段是澄清角色与建立承诺，指双方都认清自己的角色所应当承担的责任和拥有的权利，并且相互理解和接纳对方。第三个阶段是稳定期，是双方都履行既定的心理契约的阶段。第四个阶段是关键选择点，指当各种因素变化引起心理契约一致性的差异，差异积累到一定程度，就会面临选择的问题。可能自动回到稳定期（员工主动适应），有计划的重新协商（双方进行交流）或共同期望破裂。协商成功则进入新一轮循环，否则就有计划终止（例如离开企业）。第五阶段是期望破裂后产生模糊与不确定感，焦虑怨恨。第六个阶段是至关重要抉择点，例如：员工结婚后一直在克服个人困难坚持加班，管理者不了解。一次这个员工确实家里有很要紧的事情，提出不加班，此时就是至关重要的抉择点。根据处理结果的不同，可能会"带有怨恨的终止"，也可能"被迫重新协商"或是"摒弃前嫌"重新澄清角色，建立承诺。

按照这个模型，员工与企业之间心理契约的确立是需要双方共同商讨的，它的

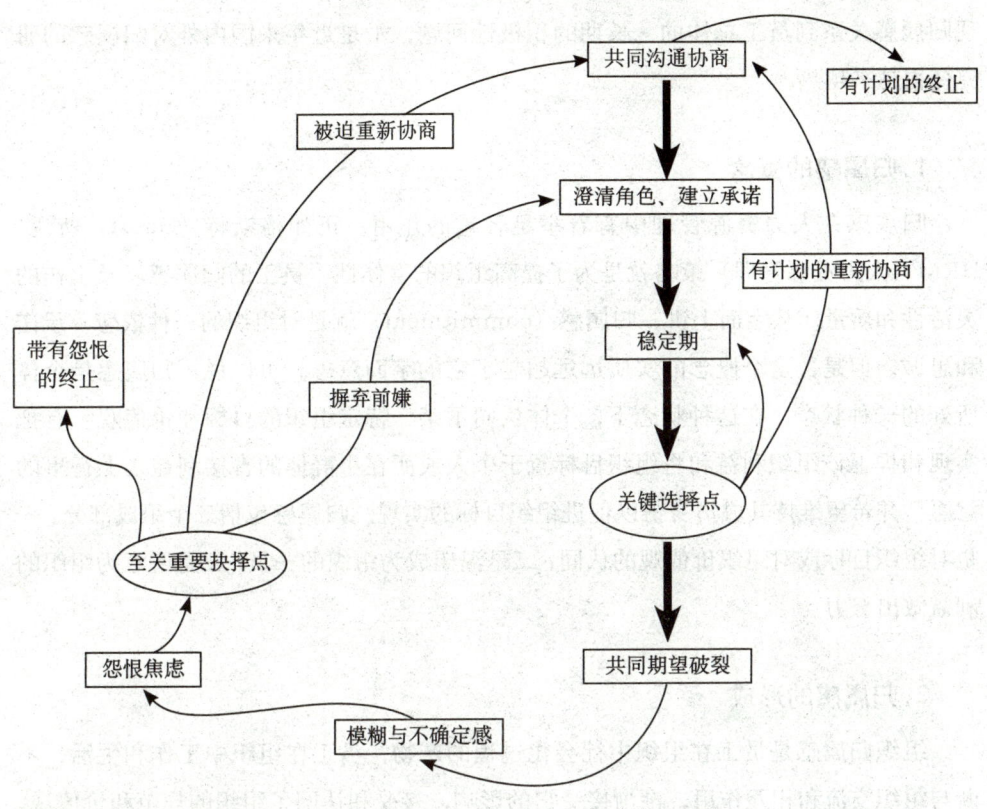

图3-2 心理契约的管理模型

维护需要双方履行隐性的约定。如果一方违背了这些约定，就会导致双方对这些约定的模糊和不确定感，从而产生怨恨焦虑，一旦双方产生了这种不确定感之后，如果不及时进行沟通，将会导致这个隐性的约定关系有裂痕，双方不再信任对方。甚至完全破裂。所以，为了维护好双方的这种契约关系，企业一定要建立好沟通机制。因为周围的环境是不断变化的，契约的一致性也是会不断改变的。

具体来说，以下一些方法有助于形成积极的心理契约：

- ✓ 在吸收新雇员和就职过程中明确雇员的期望；
- ✓ 把沟通和雇员的期望达成作为绩效管理实践中的重要工作来对待；
- ✓ 在公司政策、管理程序以及管理部门的决策上采取一种透明和让员工高度参与的方式；
- ✓ 将员工作为投资者来对待，管理上要依赖员工的团结一致和合作。

三、归属感

对员工的组织归属感的研究，最初是针对企业的人才流失问题。后来学者们发现归属感关系到员工总体的、长期的积极性问题，于是近年来国内外对归属感的研究变得越来越热。

1.归属感的概念

归属感在人力资源管理中有着举足轻重的作用。正如格斯特（Guest）所说，HRM（人力资源管理）策略就是为了提高组织的整体性、员工的归属感以及工作的灵活性和质量。从字面上讲，归属感（commitment）就是对组织的一种依恋、承诺和忠诚。但是，这个概念的实质远远超越了它的字面意思。可以说，归属感是个体所处的一种状态，在这种状态下，个体认同了某一特定组织的目标和价值观，有把实现和捍卫该组织利益和将组织目标置于个人或所在小群体的直接利益之上行事的意愿，并希望维持其成员身份以促进组织目标的实现。归属感包括三个组成部分：一是对组织目标或对组织价值观的认同；二是渴望成为组织的一员；三是愿意为组织的利益做出努力。

2.归属感的形成

组织归属感是员工在组织中社会化过程的产物，员工在组织中工作和生活，不断与组织交流和相互作用，渐渐接受它的影响，接受和认同了组织的规范和价值观，学会了它的行为方式，形成了归属感。人们接受组织的影响，形成组织归属感，要经历由浅到深的三个阶段：

- 顺从或交换阶段。这个阶段，员工虽然顺从了组织要求的态度和行为，但不过是为了得到组织掌握的报酬，本质上是与组织的一种交换。
- 敬重和仰慕阶段。这个阶段，员工是为了保持与组织的亲密关系而参与和接受组织的影响。他们可能为自己是组织的一员感到骄傲，尊重它的价值观，但却不把组织的价值观视作是自己的。
- 内化或一致化阶段。这个阶段，员工接受了组织的价值观，并把它们转化为自己的价值观，这时候，个人与组织在心理上已融为一体，不分彼此。

3.归属感的形成策略与方法

（1）发展员工归属感要注意的问题

发展归属感，首先要承认组织与其成员的利益并不总是一致的。管理层可以宣称每个人都会从公司的成功中获得包括保障、报酬、晋升机会等方面的好处。但如果员工和他们的工会认为这种成功是通过采取对薪水和就业产生影响的措施（如，减少投资、减小规模、降低开支等）以及更严格的绩效标准或更严厉的管理来取得，就很难发展员工的归属感。另外，在确定价值观时，不要把它们强加给员工，应该让员工参与决定如何表述这些价值观，与管理层讨论如何去维护它们。员工明白了这些价值观的意义，才更有可能内化和实践这些价值观。

其次，管理部门不能以抑制灵活性、创造性和应变能力的方式来定义和传递价值观。一旦情况发生变化就要及时改变策略，所以组织中的价值观除了要强调绩效和质量，还必须强调灵活、创新和团队工作的必要性。

第三，不要对通过活动提高归属感抱太高期望。管理部门可以减少对员工的更换，提高组织的整体性，在员工中形成忠诚感；他们可以增加工作满足度，但并无证据证明较高的工作满足度会提高工作绩效；他们还可以创造激励情境提高动机和工作绩效，但这一切都不是一定会奏效。

（2）形成归属感的具体方法

创造一个高归属感的组织的方法有：

- 在组织的各个阶层，都应该把职务提升、员工的可塑性以及对组织的归属感视为有价值的工作来抓；
- 对工作进行高度灵活的描述；
- 减少特权和消除等级差别；
- 对团队结构进行调整以利于团队内部传播信息（团队简报）、团队工作和解决团队的实际问题（质量问题）。
- 管理部门有意识地通过工作设计等，提供有较高内在满足度的工作；
- 雇用临时工来减少对劳动力需求的波动，实行无强制下岗人员政策，做出长期雇用的保证；
- 采用新型的评估方法和薪酬制度，以及对才能的奖励和分红；
- 员工更多地参与管理。

下面我们来看一个具体的例子：

1929年，全球性的金融危机影响着各个国家。对我国影响最重的要数出口型的加工行业。这些企业主要是对外的加工贸易，例如，纺织品出口，A公司就是以出口服装到西欧的一家企业，由于经济危机的影响，西欧的消费缩减，使得A公司的出口量大大缩减、导致业务量大不如从前。在这种情况下，A企业可以通过裁减员工来应对这个危机，也可以通过开发国内市场等其他方法来解决这个问题。更多的可能是，企业"多管齐下"，因为这样能更好地度过眼前的危机。但是A公司并没有只顾眼前的利益,没有裁掉一个员工,而是象征性地给员工"减薪"。企业暂时不发放给员工一部分奖金、津贴,只发放基本工资,而没有发放的一部分并不是不发放,只是要等企业的状况稳定,经济形势转好后再发放。这样就使得员工感觉到企业并没有在危机的情况下丢下他们,而是把他们看做是企业里的一分子,大家共同渡过难关。正因为企业的这一举动,使得员工的归属感大大加强。最后,在大家的努力下,圆满地度过了经济困难时期。

复习思考题

1. 组织在不同的发展阶段有什么样的特征?
2. 在组织不同的发展阶段上,激励措施的实施需要注意哪些?
3. 组织变革中员工的心理障碍是什么?如何克服?
4. 论述工作满意度、心理契约、归属感的提升方法。

第四章

外部动机与激励

学习目标

1. 理解外部奖赏是如何影响内部和外部动机的
2. 掌握强化理论在企业管理中的优缺点,以及注意事项
3. 掌握如何平衡表扬和批评
4. 了解在表扬和批评时应该注意哪些方面

事物都是在某种动力的推动下发生和发展的。没有动力,事物就不会运动、变化和发展,人也不会从事认识和改造客观世界的活动。员工进行工作的动力就是工作动机,在实践中,我们一般把工作动机分为四大类,分别是外部动机、社会动机、成就动机和内部动机。内部动机是员工对工作本身感兴趣,是推动工作绩效的最直接的一类动机。而外部动机是为了得到外在的报酬、奖励等而表现出来的动机。下面看一个案例:

某企业最早对自己的销售员工,包括新老员工实施的薪酬方案是"基薪+奖励"的模式。具体而言,基薪约为1500~2000元,员工每月招商数指标为30家客户;超过指标,按每家客户奖励50元的标准发放奖励;如果达不到30家,则无奖励也不扣基薪。通过这种方式进行激励后发现,对于员工的积极性,特别是对于那些有经验、有能力的老员工的积极性没有激励作用。为激发员工的积极性,该公司管理层又推出了新的绩效薪酬方案,即"低基薪+高提成"。具体而言,基薪一律降为500元,而员工每招商一家客户,奖励100元,上不封顶。通过这种措施后,员工的积极性，特别是有能力、有经验的老员工的积极性提高很大，但新员工的压力同时也很大，离职率比较高。

上述的案例说明，外部的奖励和薪酬只要用的好，也能够提高员工的积极性，提高员工的外部动机。因此，外部赏罚对于员工的外部动机有直接的影响作用。这一章主要讲述了外部奖赏与工作动机的关系。通过外部奖赏引导和激发员工的工作动机，以提高企业的整体绩效。另外，组织整体绩效受到影响，在很大程度上是因为一些员工的问题行为导致的。采用何种手段来纠正员工的问题行为，从而改变这些问题员工呢？批评和表扬就是方法之一。批评和表扬是一项艺术，如何运用好这门艺术也是管理者们不断探寻的问题。

第一节　外部赏罚与动机激发

外部奖赏作为提高动机的一个手段是有价值的。例如，通过竞赛使员工更深地体会到自己是有能力完成好任务的，从而产生更大的兴趣，提高了其工作的动机。当然，必须注意的是外部奖赏的使用是为了提高或激发内部动机，而不仅仅是为了控制人们的行为。还有，我们提供外部奖赏本身应该是那些能够引起人们的兴趣和关注的东西，或者是那些采取适当的方法就会吸引人们的东西。我们确信：只要用法适当，外部奖赏会作为一个积极的手段去促进员工的工作。

一、外部赏罚

关于外部奖赏作用的研究源于桑代克的效果律。效果律包括赏和罚两种作用。桑代克曾用小鸡做条件来进行实验，结果发现奖的作用大于罚的作用，故更强调奖赏的作用。下面让我们具体看看赏和罚是怎样影响员工工作行为的。

1.外部赏罚的积极作用

桑代克的动机理论认为，工作就是"联结"，即在外部的刺激和机体的反应之间建立起一种"心的联结"。根据他的效果律，一个联结形成时，若伴随着一个令机体满意的结果，该联结就得到增强（赏的作用）；反之，若伴随着一个令机体不愉快的结果，该联结就受到削弱。因此，外部的赏罚直接影响联结的形成（即工作）。

外部的奖罚对企业中的员工也有这样的效果。月底、年终的奖金可以说是奖赏，这种奖赏能让员工更积极努力工作。上班迟到或工作定额没有完成的扣分、扣钱，则是一种惩罚，它可以减少上班迟到等不良行为再次发生的概率。并且，对越简单的工作任务，对越基本的行为习惯，外部奖赏的作用越大。因为对于简单的工作，其本身对人的吸引力要小很多，人们做这样的事情很大程度上是为了工作的需要或者说是不得已而为之，本身对它没有什么兴趣，基本靠外部动机来维持；所以，对于简单的工作任务外部奖赏的作用要大一些。

外部奖赏一个很重要的作用就是塑造希望看到的行为，让被奖赏者按照你的要求来做事。因为只有他达到你的要求，才给予奖赏。这种外部奖赏很明确，员工知道自己什么样的行为能够得到奖赏，什么样的行为不能得到。这在一定程度上就可以掩盖内部动机的作用，例如，重赏之下必有勇夫。当然，外部奖赏还可以促进内部动机，从而使整个工作动机增强，使员工更好地完成工作。在此，外部奖赏起到了一个指引的作用，例如：

员工以前没有接触过纳米技术，某公司突然要引进纳米技术，之前大家都不知道这个东西，知道也只是只言片语的谣传——纳米技术是多么深奥、乏味。这个时候技术开发人员对此都不感兴趣。公司因此出台一项政策：凡是愿意加入纳米技术研发团队的成员都有机会参加公司的年度旅行。这样就有很多年轻人因为公司的旅行参加了研发团队。当他们真正开始研究纳米技术时，就被纳米技术的魅力所吸引，从而喜欢上了纳米技术的研发工作，最终没日没夜钻研纳米技术，并为之而疯狂。

2. 外部赏罚的负作用

惩罚的负作用或许不用多说，大家都能理解。惩罚会使机体产生恐惧、焦虑、紧张等消极情绪与心理障碍，甚至会带来逆反心理与行为对抗，负作用是明显的。大量实验证明，即使是奖赏，处理得不好，也会带来负作用——降低对工作本身的兴趣。一位公司领导说过："对工作结果给予奖赏，似乎告诉你的员工，工作结果本身的价值还不够大！"。这句话就是对外部奖赏降低了员工内部动机的很好例证。

在教育上曾经有这样一个实验，费斯廷格在一项实验中让学生完成一项十分枯燥乏味的任务。给予一部分学生较高的报酬，而另一些则没有给予报酬。结果有报酬的学生认为这项任务十分乏味，而无报酬的学生反而认为这项任务更有趣一些。奖赏或报酬影响内在兴趣的现象被称为"过当效应"（overjustification effect）。在另一项研究中，格林和斯腾伯格（1987）让学生从事一项已经喜欢的数学活动（如设计几何图形），依据他们活动的时间长短进行奖励。奖励结束后，学生可以自愿再活动下去，但没有了奖励。此时，和无奖励的对比组相比，受奖励的学生再持续活动下去的时间明显更少。

因此，我们在提高员工单调工作的效率时，不能仅仅从外部奖赏来考虑问题，而是要从根本上改变工作的一些特性，使工作本身变得更有吸引力。外部奖赏更多的是一种促进对任务本身产生兴趣的手段（张庆林，杨东，2002）。

3.发挥外部奖赏的积极作用

有人认为，如果任务本身带有按劳计酬的性质，那么奖赏会增加内部动机，但对于工作任务这种本身不按劳计酬性质的任务来说，外部奖赏会降低内在兴趣。因此，一个十分重要的问题就出现了，即外部奖赏在什么条件下才会不降低员工的内部动机呢？研究表明，不损害内部动机的奖励必须具备三个条件。

第一，内在兴趣与外部奖励谁更突出。如果外部奖励突出，内在兴趣就会受到影响。如果过分强调对工作成绩的奖励，奖励成了人的工作目标，那么会降低内在工作动机。

第二，奖励与效绩的挂钩。如果我们的奖励与效绩不挂钩，获取奖励仅仅是因为做了某件事，那么内在兴趣会受到影响。此时，人更可能选择较简单的任务，活动积极但质量低下，更多刻板定型而较少创造性和灵活性。

第三，外部奖励的意义是肯定成绩还是限制人的行为。因为能力强而给予奖励，会促进内在兴趣；如果为了控制别人的行为，或依据是不是"听话"来给予奖励，就会损害内部动机。比如，有的企业会月底奖励那些全勤或者一次都不迟到的员工，要求员工"听话"。这样的奖励可能会降低员工的内部动机，而且，还可能发生这样的情况，当大家习惯了这样的一种奖励之后，如果某一天取消这种奖励，大家都会认为全勤和按时上班是一种负担，而不是自己心甘情愿做的事情。

总之，关于过当效应的研究表明，奖励可以引发出积极的行为，但要注意它的一些局限。奖励的目标应该是最终不需要奖励，即通过外部激励的手段来促进对工作本身的兴趣，激发员工的内部动机，从而自发地积极努力工作，以实现自我为根本动机。所以要仔细考察被奖励的人是如何看待奖励的，在已具备内在兴趣的情况下，最好不要使用奖励手段。在外部的奖赏激发了内部动机的情况下，要逐步撤离外部奖赏。

二、组织回报与动机

作为外部奖赏的组织回报，它是组织对员工的贡献所付出的回报，包括财务回报和非财务回报两种方式。财务回报又以固定支付和绩效挂钩两种方式进行支付，非财务回报则主要在环境方面的回报以及一些功能性的回报，包括安全、社会交往、学习发展机会的方面的回报。

1. 财务回报和外部动机

从财务回报和外部动机的关系来看，固定的财务回报能够降低人们外在工作动机，绩效式财务回报则能够提高外部动机。人们对金钱的热情绝对是独一无二的，与其他报酬相比，金钱不会饱和。正如安德鲁和迈克尔所说的那样，金钱扮演着重要的角色，它能够满足绝大多数人对认同、地位和自尊的需要。无论是固定回报还是绩效式回报，都是为了迎合人们对金钱的热情而设计的。固定回报和绩效回报都能够显著影响人们追求回报的动机。对于固定回报来说，它能够使员工获得报酬的需要得到部分满足，因此会降低人们追求回报的动机。对于绩效式回报来说，回报数额的多少取决于人们的努力程度，即付出越多，回报越大。绩效式回报能够激发人们对于所得的自主控制热情，因此会激发其工作积极性。

2. 非财务回报与外部动机

从非财务回报与外在工作动机的关系来看，非财务回报能够满足人们安全、交往以及学习发展的需要，当非财务回报不是基于员工工作表现而支付时，它会降低员工的工作动机。员工因工作中的出色表现而获得的非财务回报具有激励作用。非财务回报往往是企业用于激励员工的重要方式，特别是那些对金钱已经相对饱和的员工来说，当然，即使有些金钱相对不满足，但是为了将来更大程度的满足，学习和发展机会也是一种很好的外在工作动机的激励方式。并且，学习和发展机会对刚工作的年轻人特别具有激励作用。安全和自尊的满足也是激发外在工作动机的重要方面。

第二节 外部赏罚与行为矫正

在市场状况极好的情况下，你买了一支认为具爆发性成长的股票；但不幸的是，该股票却是负向暴跌，而且可能近5年都没有机会回到当初的买点。更可怕的是，这支股票还需要付管理费。请问你会怎么处理？有点财务管理常识的人都会决意卖掉，因为留住它只会增加自己的负债。但同样的状况发生在公司的人力资产时，主管会怎么处理这些让他们伤透脑筋、绩效不佳的员工？"问题员工"就是这样的一支股票。当然，这支股票如何处理还要看具体情况，人的问题要比股票的问题复杂得多。其中非常重要的是,有可能"问题员工"让管理者"伤透脑筋",但绩效还不错,是有点能力的"刺头"员工,像《西游记》中刚出道的孙悟空。况且人无完人,每个人都或多或少有这样那样的"问题",不是所有员工都那么"听话"。因此,针对这样的员工,我们该怎么去处理?怎么去改变他们的行为并激励他们的动机?这就是本章所需要探讨的内容。

一、问题员工

"问题员工"也许是企业中经常缺勤,天天迟到的员工;也许是企业中工作业绩特别好,但居功自傲,经常跟领导唱反调的员工;也许是技能欠缺、不善沟通、绩效很差,但对企业忠诚,工作态度很好的员工;也许是企业中能力颇高,但还没有发挥出来的员工;也有可能是有着独特思维、创新能力强的员工;更有可能是阿谀逢迎、趋炎附势,在工作中经常有"小人"行为的员工等,这些员工经常因为一些让人无法接受的行为举止而在员工团队中引起混乱,从而导致整个团队工作效率下降。

1.问题员工的定义

问题员工是影响了组织的整体绩效,让管理者感到非常棘手并造成员工关系管理困难的员工。问题员工主要有:

- ✓ 懒惰、无动于衷和两面派的人。
- ✓ 浪费时间的人、"躲在厕所里偷懒的人"和贪吃的人。
- ✓ 背地里使坏的家伙、好管闲事和制造分裂的人。
- ✓ 有太多业余爱好的人。
- ✓ 一贯粗鲁的人和爱搞破坏的人。
- ✓ 贬低老板的人,市场不合作的员工老大和不忠诚的人。
- ✓ 桀骜不驯和野心勃勃的人。

其实,在每个企业里都有这样的员工,这些员工也是让经理们最头疼的员工,经理们往往不知道如何是好。若把他们都辞退,他们却业绩很好、能力很强,没有他们企业可能玩不转,或者利益会受到很大的损失;但任其发展,又会带来很多负面影响,让整个企业的管理陷于不利状况。

问题员工也并不全是很坏的员工。在一定的情况下,只要管理得当,他们也有一定的积极作用。某种程度上说,企业组织类似于马群。而那些个性鲜明、我行我素,同时又是能力超强、充满质疑和变革精神的员工,就是刺激马群保持活力的"马蝇"。

在一些组织中，他们被叫做"问题员工"，甚至上了"黑名单"，因为他们难于管理。当然，马蝇只是"问题员工"中的有利部分，其中，除了马蝇之外，还充斥着很多"老鼠屎"，如果不处理好这些"老鼠屎"，组织这锅汤可真的要被破坏掉了。

2.问题员工的类型

在了解什么是问题员工这个问题之后，我们来对问题员工进行分类，以便大家能够对问题员工有更确切的认识。问题员工可以分成以下4种类型：

- ✓ 技能欠缺、沟通能力差，工作绩效不佳。员工无法达到可接受的工作成果，例如效率不好、报告品质差、无法及时完成等。
- ✓ 工作陋习。不当的做事方法或个人行为，造成团队或工作结果负面的影响。例如缺乏团队合作、经常迟到、无故翘班、上班期间做工作无关的事等。
- ✓ 工作能力很强，居功自傲，不服从管理，桀骜不驯，经常贬损他人，影响团队合作。
- ✓ "小人"型的问题员工，善于阿谀逢迎，阳奉阴违，趋炎附势，落井下石。

3.问题员工对企业的不良影响

如果管理不善，问题员工将会成为企业的"定时炸弹"。问题员工就有如未烧化的木炭，表面上看起来挺好，但用它们来烤火时，它们就总是有烟冒出来，熏得人眼泪直流，弄得满屋子乌烟瘴气。问题员工会给企业带来很多的不良影响：

- ✓ 严重影响企业的管理规范化，对企业的制度文化的形成有很大的负面影响。
- ✓ 榜样的力量是无穷的，如果管理者对问题员工的管理显得苍白无力时，这些问题员工就成了员工的榜样，因为员工都知道法不责众的道理。这时，问题员工就起到了"坏苹果"的作用。
- ✓ 问题员工的存在会影响企业整体绩效的提升，进而影响企业目标的实现。问题员工如果未能管理好，会消耗企业内的资源，增大企业的内耗。

二、行为矫正的原理

问题有这么多的危害，那我们该如何改变问题员工，纠正他们的问题行为呢？斯金纳提出了一种"操作条件反射"理论，认为人或动物为了达到某种目的，会采取一定的行为作用于环境。当这种行为的后果对他有利时，这种行为就会在以后重复出现；对他不利时，这种行为就减弱或消失。人们可以利用这种正强化（奖励）或负强化（惩罚）的办法来影响行为的后果，从而修正其行为，这就是强化理论，也叫做行为修正理论。

1. 外部奖惩与强化

外部奖惩的作用主要是通过行为的强化作用来实现的。而强化的主要功能是按照人的心理过程和行为规律，对人的行为予以导向，并加以规范、修正、限制和改造。它对人的行为的影响，是通过将行为的后果反馈给行为主体这种间接方式来实现的。人们可根据反馈的信息，主动适应环境刺激，不断地调整自己的行为。问题员工的行为修正就是利用这个原理来进行的。

（1）积极强化、消极强化与自然消退

按照强化的性质可以分为积极强化（pasitive reinforcement）、消极强化（negative reinforcement）和自然消退。

当人们采取某种行为时，能从他人那里得到某种令其感到愉快的结果，这种结果反过来又成为推进人们趋向或重复此种行为的力量，伴随某种反应后的愉快事件，称为积极强化。例如：员工干得好，管理者表扬他，就是积极强化。再如，企业用某种具有吸引力的结果（如奖金、休假、晋级、认可、表扬等），以表示对职工努力进行安全生产的行为的肯定，从而增强职工进一步遵守安全规程进行安全生产的行为。

当一种反应后个体为中止或逃避不愉快而作出某种行为，称为消极强化。例如，企业安全管理人员告知工人不遵守安全规程，就要受到批评，甚至得不到安全奖励，于是工人们为了避免此种不期望的结果，而认真按操作规程进行安全作业。

惩罚是消极强化的一种典型方式，指设置了令人不快的条件，目的是为了减少不良行为。如员工迟到，被扣工资。即在消极行为发生后，以某种带有强制性、威慑性的手段（如批评、行政处分、经济处罚等）给人带来不愉快的结果，或者取消现有的令人愉快和满意的条件，以表示对某种不符合要求行为的否定。

自然消退，又称衰减。它是指对原先可接受行为的强化的撤消。由于在一定时间内不予强化，此行为将自然下降并逐渐消退。例如，企业曾对职工加班加点完成生产定额给予奖酬，后经研究认为这样不利于职工的身体健康和企业的长远利益，因此不再发给奖酬，从而使加班加点的职工逐渐减少。

（2）连续强化与间断强化

强化按照频次又可以分为连续强化和间断强化。

连续强化就是在一个行为发生之后，就给予一个反馈，这个反馈可能是积极的，也可能是消极的。例如，公司里期望鼓励满勤，只要一个人出现满勤的情况，都给予一定奖金的奖励，不管这个人是张三还是李四，谁满勤奖励谁；不管是这个月出现满勤还是下个月出现满勤都给予奖励。这种强化是连续的，而不是间断性的，不是偶尔奖励一下那些满勤的员工。

（3）固定（可变）比率强化与固定（可变）间距强化

间断强化的类型又分为固定比率强化和可变比率强化、固定间距强化和可变间距强化。

固定比率和可变比率强化中，强化物的提供是以发生反应的数量为基础的，换句话说，强化物是在一定数量的反应发生之后提供的，只有一直保持这种行为，才一定能得到强化物，否则前功尽弃。可变比率强化的一个例子是那些打电话向客户推销商品的推销员，在客户购买他的产品（强化物）之前，他需要打的电话数是不确定的。他打的电话越多，就越有可能发生交易。但是，到底哪个电话会导致交易是不可预见的。

固定间距强化和可变间距强化中，强化物的提供是以时间间隔为基础的，固定间距强化就是在固定的时间间隔过去之后就提供强化物，这种强化会导致在时间间隔快结束的时候反应率更高。也就是说，公司很多员工在要检查的时候才认真工作。所以，在使用这种强化方式的时候，一定要谨慎，不要等到客户反馈质量差的时候才去要求员工保证质量生产，这样就为时已晚了。可变间距强化就是在不定的时间间隔提供强化物，类似于企业的突击检查，这样企业里的员工担心突击检查时不合格，他们又不知道企业什么时候来检查，所以只有一直都做好自己的本职工作，以应对检查。这样的强化更有利于强化员工的行为。可变强化比固定程序强化导致更高的绩效水平。至于强化理论在薪酬方面实践，建议用可变的薪酬代替固定的薪酬，如计件或计时工资，以及按销售额提成等。

2．在应用中需注意的问题

强化理论认为人的行为都是由外部因素控制的，控制行为的因素称为强化物。强化物是在行为结果之后紧接着的一个反应，强化物提高了该行为重复的可能性。因此，强化理论者们认为行为是其结果的函数。

强化理论的致命弱点在于它忽视了诸如目标、期望、需要等个体要素，而仅仅注重当人们采取某种行动时会带来什么样的后果，这就是为什么出版商在与作者签订合同时，包括这样的条款：每当作者交付写完的章节时，公司便预先付给作者一定数额的钱，以激励作者继续努力完成后面的章节。但这样就没有注意到其实写书应该是一种由内部动机驱使的创造性活动，出版商交付的稿费也只能是促进外部动机的一种方式，没有从根本上激发作者做创造性的活动，当然，我们也不否认外部动能起到一定的效果,小船要在大海中顺利行驶,不仅需要顺风顺水,更需要自身配有发动机。其实外部激励和内部激励的作用如同向的风、水和小船的发动机,这就是强化理论的具体运用。

按照斯金纳的观点,当人们因采取某种思想行为而受到奖励时,他们最可能重复这种行为。当这种奖励紧跟在理想行为之后,则奖励最为有效;当某种行为没有受到奖励或者受到惩罚时,其重复的可能性则非常小。

根据强化激励技术,管理者可以通过强化他们认为有利的行为来影响员工的活动。但是,我们的重点应该在于积极强化而不是惩罚。也就是说,管理者应当忽视而不是惩罚他不赞同的行为。尽管惩罚措施对于消除不良行为的速度快于忽视手段,但是它的效果经常只是暂时性的,并且可能会在其后产生不愉快的消极影响,如功能失调的冲突行为、缺勤或辞职等。

强化理论的应用无疑对工作行为产生了重大影响,但强化并不是员工工作积极性存在差异的唯一解释,诸如工作目标、成就需要、工资的不同级别、目标期望因素都会对员工的工作积极性产生影响。

三、行为矫正的方法

根据行为主义动机理论关于赏罚作用的原理,心理学家提出了一系列矫正不良行为的操作技术,例如,系统脱敏法、生物反馈法。下面介绍在学校和家庭教育中比较有效的行为矫正技术——行为协议法,并把这种技术引入到员工问题行为的矫治中来。

行为协议法是专门用以调节问题较多的管理者与被管理者关系的一种有效手段。对于问题较多的员工,管理者往往爱用训斥的方法进行管理,结果往往事与愿违,他们的训斥使得这些员工形成一种逆反心理,产生严重的感情对立,不理解管理者,不接受管理者的批评帮助。在这种情况下,可尝试用签订协议的方法来解决这些问题。

签订协议法是指管理者与员工共同协商后,签订对双方都具有约束力的协议。例如,管理者不得随意指责、打骂、惩罚员工,必须做到……员工不得随便违反有关规定,必须做到……协议上还要明文规定对双方的奖惩办法,对符合协议和违反协议的行为分别给予奖惩。

下面我们要把员工的行为协议法变通灵活地运用到员工偷懒行为的矫治上来。只是这里的协议是以公司的规章制度出现,相对来说协商的精神没有完全体现,但是,使用起来原理差不多。

员工偷懒问题几乎是每一个企业都存在的问题,如何正确应对这一问题对于管理者来说的确不是一件很轻松的事情。如果为了防止个别员工的偷懒行为而一味严格管理制度，不断加大对偷懒行为的惩罚力度，很容易将所有员工都置于不信任的地位上去，从而使那些努力工作的员工产生心理上的压力和委屈。而如果对偷懒行为听之任之，不去处理，不仅会降低管理者的威信，而且容易使偷懒行为不断蔓延，直至真的无法收拾。既然加大惩罚力度，杀鸡给猴看不行；听之任之，不作处理也不行。那么到底如何应对员工的偷懒问题呢？问题员工的类型多种多样，不同类型的员工应该采取不同的方法。

对于那些技能欠缺、沟通能力差，工作绩效不佳的员工，他们无法达到可接受的工作成果，但是他们的态度很积极。这种情况下，员工不是不想把工作做好，而是本身能力不够。针对这种员工，不能一味指责，而是需要强化他们的良好态度，为管理奠定良好的群众基础。对于他们的低绩效，管理者就需要提高员工的基本素质，利用培训、发展来激励他们，使其能够胜任工作岗位的要求。

对于有工作陋习的员工，可以进行"行为塑造"。员工的工作陋习问题主要表现为不当的做事方法或个人行为，造成团队或工作结果负面的影响。例如，很多企业中的员工不按照安全生产规定作业，老是出现事故。为了塑造他们遵守安全生产规定的行为，首先，让这条线的员工阅读安全生产手册，熟悉机器的操作步骤。并对此正确操作知识进行考试，如果操作知识考试合格给予其本月产量增计10%的奖励，这样大家就积极地去学习正确操作知识。之后，需要大家现场的操作，整个操作分为几步，如果一步正确了，就给予加两分的奖励，如果操作中有一步不符合操作规定，就必须倒回去重新操作，否则不能进行下一步操作，只有正确进行每一步，才能最终完成这一过程，也才能做好整个工序。在完成过程挣得的分数可以换为当日的产量，拿到相应的工资，这样，员工正确操作机器的行为就得以塑造了。

四、除掉工作陋习的其他方法

除掉工作陋习的方法，除了行为塑造之外，还有很多方法，下面针对不同类型的员工介绍一下不同的方法。

1.劳动密集型员工

在劳动密集型企业中，员工懒散的现象非常严重。他们经常无故旷工、迟到，在工作时间闲聊，工作不认真等，由于他们经常迟到、旷工，特别是流水线作业的企业，因为缺少几个人，这条线就无法正常工作，这样就严重影响了生产的进度，产品的质量无法得到保证，最终影响了公司的交货，给公司带来极大的损失。

对于这类员工，制度要先行。设计好绩效管理和薪酬制度，在绩效考核时，把员工的平时表现纳入考核当中，适当的情况下，把个人的考核纳入到团队的考核中，这样就可以利用群体的压力让员工个人表现有所改善。一个人只要归入了一个群体，这个群体的潜在规则就约束着里面的每一个成员，个人作为群体中的一员，他必须考虑到全体的利益。这样一来，个人就会努力工作，以不影响整个集体的绩效。在绩效考核时，不仅以数量作为考核依据，还要以质量和员工的平时表现为考核依据。例如，每个月的出勤率、迟到和早退的次数，超过一定的次数为不合格，在一定次数之下为合格者，没有缺勤、迟到和早退的为优秀者，作为优秀者可以拿到全勤奖，并且整个年度都拿到10次以上全勤奖的，在年底有带家人参加公司年度聚会的机会，并且拿到一枚"最辛劳员工"的勋章。而对于那些不合格者，管理者不给予什么处罚，只是到了年底，考核7次以上都不合格者，也有奖——这个奖励也是有机会带家人参加公司年度聚餐，也可以拿到一枚奖章，只不过上面写的是"最具潜力进步奖"。大家都知道这个奖的意义，也没有谁真的想争取考核7次不合格。并且，每个组的考核又以合格者和不合格者的数量来排名，最后决定整个组的奖励情况。就这样公司的缺勤、迟到和早退明显减少了。其他出现的不良行为也可以类似解决。为了减少迟到和早退的现象，管理者可以在每天上班或下班的时候不定期地分发一些福利性的东西。这样可以达到同样的目的。

2.知识密集型员工

IT行业一般采用工作弹性制，因此，很容易造成员工的懒散，比如9点上班9点以后才来单位，当然，对于IT企业的员工来说，工作时间不是评价他们工作绩效的一个指标，但他们也必须保证一定的工作时间。他们的工作很难量化，因为，他们的工作不是说什么时候能完成就能完成的，特别是搞科研的。这样就给他们创造了一个懒散的机会。他们偷懒偷得光明正大。所以称他们这样的偷懒行为为隐性偷懒，"你看我没有认真干事吧，不是的，我整天都在忙。"看着整天忙，就是不出成果。到了月底才发现这个月真的什么成果都没有。

这个问题怎么解决呢？要解决知识密集型员工的隐性偷懒，就必须建立强大的企业文化，因为制度很难能够杜绝他们的隐性偷懒，当然，可以利用外在的物质或精神激励来激发他们努力工作，例如，根据所出成果给公司带来的收益给予其一定比例的奖金。强大的企业文化必须能够激发员工内在的动机，让他们自发地为实现自身价值而不断努力，同时这也实现着公司的目标。

一般来说，一个企业走上正轨，就必须有一定的规章制度，否则就会出现混乱的局面。当然也有例外,惠普能够令员工即使上班不打卡同样可以做出很出色的工作成绩,为什么其他企业的员工即使准时来上班了也不能做出可喜的成绩呢?这背后的奥秘就在于惠普有着强大的企业文化做后盾。惠普文化常常被人称为"HPWay"(惠普之道)。HPWay有五个核心价值观,它们像是五个连体的孪生兄弟,谁也离不开谁。员工对五个核心价值倒背如流:一是相信、尊重个人,尊重员工;二是追求最高的成就,追求最好;三是做事情一定要非常正直,不可以欺骗用户,也不可以欺骗员工,不能做不道德的事;四是公司的成功是靠大家的力量来完成,并不是靠某个个人的力量来完成;五是相信不断的创新,做事情要有一定的灵活性。有了这种宽容、积极、优秀的文化氛围,员工就会积极主动工作,因为他们的工作不仅仅是维持生活的一种手段,而是一种自我价值的实现过程。

第三节 表扬和批评的艺术

表扬和批评是外部赏罚的一种非常重要的表现形式,也是管理者在现实管理情景中经常使用的外部赏罚方法。批评和表扬看似是一个很平常普通的事情,很多人认为它不需要技巧,其实,表扬和批评大有学问,要真正用好表扬和批评的确是一门艺术,不仅要单方面用好表扬和批评,还要注意表扬和批评的平衡。只有两者得到了平衡,才能最大限度发挥它们的作用。

一、表扬的艺术

1.表扬的作用

马克·吐温说过:"一句好听的赞辞能使我不吃不喝活上三个月。"这句略带夸张的话体现了"表扬"的魅力之所在。下面的案例可以让我们看到表扬的巨大作用。

威尔逊在美国经营着多家超市,每个月都会和不同分店的管理者开会。在举行会议时,威尔逊通常会发表半个小时的讲话,让分店的管理者知道正在发生的事,以及企业对他们的期望。一年夏天,由于市场疲软,威尔逊的几家超市业绩持续低迷。某星期初,威尔逊收到了最近一期的业绩报告。从业绩报告上威尔逊发现,虽然业绩改善不是很显著,但的的确确已有了进步。于是威尔逊在会议开始,便极力表扬业绩有进步的超市管理者。

威尔逊表扬的话还未说完,受肯定的效应便产生了。每位管理者都显得神采奕奕,充满奋斗的激情。威尔逊的话音刚落，一位超市管理者便主动站起来发言。他向威尔逊表示，他也打算在超市实行一些新政策，力求让下一个季度获得更多利润。随后，其他的超市管理者也相继发言，表明自己的决心和解决方法。这在以前是从来没有的。以前开会，都是威尔逊在讲话，每个管理者安静得像一尊雕塑。而今天对工作成绩的小小肯定，使威尔逊不需要问问题，他们便主动让问题浮出水面，并想方设法去解决它。这一良好结果是威尔逊始料不及的。

通过上面的案例我们可以发现表扬的作用：

第一，表扬员工可以提高员工的自信心。一个人的成长、成功，离不开表扬，表扬就是给员工每一次小的成功和成长的肯定。在表扬的作用下，员工可以认识到自己的潜力，不断发展各种能力，成为生活中的成功者。

第二，表扬还可以唤起员工乐于工作的激情。表扬由于含有赞许，可以令人恢复信心、减少焦虑。

第三，表扬员工可以促进工作顺利完成。工作中难免会遇到困难，员工难免会灰心丧气，以至于觉得自己毫无能力、一无是处。在这个时候，领导者的一句表扬能够让员工重拾信心，看到希望，最后克服困难，顺利完成工作。

第四，表扬员工可以体现管理者的个人修养。管理的艺术不在于作指示、下命令，而在于如何激励、唤醒、鼓舞员工为组织的工作目标去奋斗。能够适时给予员工表扬的管理者是一个内心宽广的管理者，他能够时时看到员工的优点，而很少在意员工的缺点和失误。

第五，营造公平的竞争环境。表扬是对优秀的、企业所期望的行为给予的肯定和认可。表扬具有极强的社会赞许性，也就是说，大家认为，得到表扬都是可喜的。这样，就使大家为了得到表扬而相互竞争，形成你追我赶的良性竞争局面。

第六，表扬员工可以为企业创造良好的文化。管理者表扬和鼓励员工，可以在公司形成非常好的互助互励的氛围，这无疑是创造学习型组织的基础，同时也能体现企业管理"以人为本"的理念。

2.表扬的弊端

关于表扬的弊端主要存在着两种争议，有些人认为主要采取批评教育为好，更多的人认为采取表扬和激励教育更好。大多数人喜欢接受表扬和激励。作为一种适当的手段，它确能帮助大家增加自信，但它也会产生一些令人不快的效果。对员工来说，会产生以下不良效果。

(1) 依赖

它可能就像电视节目，能提供一时的、令人轻松的、肤浅的满足感，却有可能抑制自我激励和创造性，就像糖果，能增加一时热量，但很快就会使能量水平降低到比先前更低的水平。因为糖果减弱了我们的食欲，影响了我们食用更富有营养的食物。与其他嗜好一样，表扬和激励也能导致无止境的贪求欲望。

(2) 不公

有些员工受到热情的表扬和激励，而其他人少有此殊荣。反馈给其他员工的信息是，不是每个人都值得表扬。因此有人会得出结论：我们不值得重视，也不被重视。特别是一些领导者不善于平衡对所有员工的表扬，更容易造成不公的现象。

(3) 操纵和吹捧

领导对员工的表扬有可能被员工误解为：老板希望我们这样做，他想控制我们的行为表现，从而使员工感到被控制，反而产生逆反心理。这种状况往往出现在自我中心意识比较强的员工身上，因为他们希望能够自主，任何一点有可能影响他们自主的行为都让他们产生怀疑，甚至极力抵抗。

(4) 影响个人定位

过多的表扬会让员工觉得飘飘然，不知道自己是谁，使员工的个人定位过高，从而产生一些不切实际的想法，比如：自己是否没有得到和能力同等的待遇，这个公司给我的发展空间是不是太少，是否应该到更好的企业去，等等。

3. 表扬的方式方法

(1) 直接表扬和间接表扬

直接表扬，就是表扬者直接对被表扬者说出或做出具有表扬意义的言语或行动。直接表扬的一个重要特点就是表扬者和被表扬者之间直接进行，是表扬者对被表扬者某种言行的肯定。

间接表扬就是通过第三者的口说出表扬的话。间接表扬对员工作用很大。通过第三者的口说出表扬的话往往会增加其真实性、客观性，使员工更为信服。如说："班组里的人都认为你做得不错"、"你的同事说你做事很仔细"等，特别是重要他人对他的评价更为重要，更能够起到表扬的作用。

(2) 泛表扬与泛批评

这种形式一般是指针对所辖的群体，发生好的现象或错误的行为时，不针对具体的个体，而是针对全体而进行的表扬与批评。因为这样的表扬与批评，一般不点到具体名称的主体，需要被表扬人与被批评人自己去领会把握，具有相对的隐含性，因此这种方式有一定的好处。表扬能让群体感受到领导者的满意程度，并从中受到鼓励，领会到其所提倡的方向；批评者得到一定的尊重，不直接受到面子上的伤害。中国人在乎面子，而且多疑，因此能自动从中吸取一定的教训，这种方式比较符合我们的国情。

4.表扬的技巧

表扬是一种既不需花钱，又很省力的方法，而且在日常工作中也是司空见惯的事情，因而许多领导并没有对表扬引起太大的重视，认为它不像其他工作方法那样需要比较高超的艺术和运用技巧。实际上，这种看法是片面的。表扬作为一种工作方法，不是随便说几句好话，或是拍拍肩膀就能奏效的。我们要注意以下技巧，才能使表扬恰如其分，发挥极大的作用。

(1) 诚恳地表达对员工的赏识

对员工表达出发自内心的喜悦。比如，一个员工他对问题给予独特的解决，不单单对他说，"很好，你做得非常好"。或许这样说更有效，"很好，我欣赏你独特的解决方式，解决问题的思路非常的新颖"。表扬应该是一种诚恳的、个人的欣赏而不是陈词滥调或浮夸的表扬。任何人身上都能找到值得欣赏的地方，应该对工作做些回顾，想一想是否没有给过哪位员工赏识。然后在他们身上找到值得欣赏的地方，把它们记下来。表扬员工不是为了抬举他们，也不是让员工更听领导话的一种手段，它就是上级欣赏下属的自然流露，一种内心的欢乐和喜悦的自然表达。

(2) 对员工的关注要恰到好处

多关注，既不批评，也不表扬。这样支持和鼓励员工，但不会使他们过于依赖他人的赞许。当员工某件事完成得较好时，领导容易陷入表扬的套路当中。我们可以不表扬，只表示关心，表示已看到员工做的努力和成果，员工也会非常满足。从而受到极大的激励。

(3) 表扬要真诚

在表扬和赞许他人的时候一定要真诚。对表扬的事情一定要具体，而不是总是对人说，你真棒！你很厉害！你真行！这样空洞的话，你一定要就某件具体的事情进行表扬，比如说，"你今天处理这件事情很灵活，要是我处理的话就不能这样顺利地解决问题"。只有这样，被赞扬的人才不会认为你是在讨好他。虚情假意的话，使人感觉讨厌。

(4) 明确目的性

表扬是领导对下属取得成绩或某种正确行为的认可和肯定。领导表扬的原因是下属有所为或有所不为，表扬的目的是为了提倡所为或不为。领导传递的信息表明领导对下属的态度，这种态度表示会激发被表扬者的成就感和满足感。值得一提的是，有的表扬除了给人以激励外，还无声无息地批评了那些平庸者或对立面行为。因此，表扬不能无缘无故，不能毫无目的，不能为表扬而表扬。表扬的真正意义在于调动积极性，所以，在现实生活中，领导决不能让下属和群众听到莫名其妙的表扬，或听到表扬感觉"准没好事"。

(5) 把握准确性

表扬切忌笼统空洞地泛泛而谈，任意拔高，把平常说成"伟大"，把小事说成"丰碑"，更不能无中生有。同时，还要切忌大事化小，小事化了。对有目共睹的功劳，如果蜻蜓点水，甚至抹杀掉，就容易使下属思想麻痹、难辨是非，以至无所适从，失去责任感。表扬一定要实事求是，恰如其分，要客观、公正、全面。表扬的内容要真实具体，一是一，二是二，让受表扬者知道哪里做得好，哪里做得不好需要改正或改进。口气要严肃而不失亲切，让受表扬者感到领导没有敷衍，更感到表扬的来之不易。

(6) 注意适宜性

这是要求领导对表扬的理解不可过于狭隘。员工工作能力有强弱之别，基础有厚薄之差，如果只表扬那些各项工作都很出色、成绩突出的"全能者"，这个集体可能一时会做出突出成绩，但不会长久。每个人都有优点和缺点，表扬的对象不可能十全十美，刻意塑造"全"、"美"的偶像，即使"表"了也难"扬"，"完人"和"能人"可能就会被群众疏远。领导应对每一个下属施行表扬，任何人都会在某一方面或某个阶段把工作做好，领导一定要注意发现每个人的"闪光点"。世上不是缺少美，而是缺少善于发现美的眼光。

(7) 注意时机

哈利出差去旧金山发表演讲时，想给女儿海莉带一件礼物。他看到了一个芭比娃娃，一件不能不买的礼物，因为他的女儿非常喜欢芭比娃娃或者他当时是这么想的。回家后，他当着海莉一个朋友的面，把礼物递给了她。她撕开包装纸看了一眼，便重重地扔在地板上，生气地跑回自己的房间。几个小时之后，她解释说："我很喜欢那个娃娃，不过，我的朋友不喜欢。所以，我不想让她知道。"这说明，恰当的礼物送的时机不对也会出现差错。其实，表扬也跟送礼物差不多，在不恰当的时候送出表扬也同样收不到预想的效果。

(8) 讲究及时性

及时表扬与"延时"表扬产生的效果差别很大。及时表扬产生的渲染作用、鼓动作用、鼓励作用均有较强的行为激励功能。因为这时群众对事件的关切之情比较迫切,急需领导作出反应,当事人也希望立即能在公众场合得到领导的首肯,如果领导缄默不语或视而不见,对当事人和群众可以说是当场泼了一盆冷水,严重时会挫伤群众的积极性。领导只有及时地表扬下属,把握好时机,确确实实做到当众、当场进行表扬,才能起到事半功倍之效果。

(9) 注重表达技巧性

表扬时运用的语气、语调、方式、场合的不同,表扬的效果大不一样。一般情况下,批评时坚持"对事不对人"的原则,而在表扬时则不一样,既强调对人,又强调对事。如果表扬者表扬的是把工作做好了的人的话,被表扬者就会信心百倍,热情万分地投入到工作中去,比如"你完成任务很不错!"若表扬者表扬的是人所做的事的话,也就是领导对个体行为的肯定、表彰,被表扬者就会感觉自己的做法是理智的、正确的,就会使积极的行为得到巩固、保持和加强。比如"你完成工作的方式我很欣赏!"另外,在会上表扬过的同志,领导认为应在会下适当场合给个人予以感谢的话,也可以单独给予肯定。

表扬下属,不仅要符合表扬的基本要求,而且需要管理者掌握具体的表扬方法。只有表扬方法运用得当,才会起到事半功倍的效果。管理者表扬方法不当,就可能起到消极作用。比如,单独表扬一个人可能会造成同事对他采取孤立的态度,泛泛表扬不能真正发挥激励的作用,表扬一个人的同时指出另一个人的错误可能会让下属之间更难相处,等等。

二、批评的艺术

要进行有效的批评,在批评时要注意如下几点:

1. 批评前的准备

(1) 弄清事实的真相

很多情况下,领导总是一看到事情给搞砸了,就胡乱批评一通。或许,是领导比较心急。但是想想这样的一通不明就理的批评有效吗?答案肯定是没有效。这样的批评充其量能够发泄一下领导的个人情绪,除此之外,没有一点儿作用,员工甚至都不知道是为什么而受到批评,更别说改正错误。在批评下属的时候,一定要弄清事实的真相,避免错怪下属的现象发生。

(2) 把握员工的心态

在弄清楚事情的真相、发现是员工本身的原因之后,上司才可以针对事情对员工进行批评指正。当然，这个时候还是需要注意一些细节，比如注意员工的情绪状态。当员工自己已经认识到是由于自己的原因造成了工作的失误，并且已经感觉到内疚的时候，上级就没有必要再去批评他，而是可以这样提醒他，"我知道你已经认识到了错误，但是，事情已经发生了，你也没有必要自责，重要的是你以后要注意"。这样，员工不仅会自愿承认和改正错误，还会对领导的宽容感激涕零，愿意以更加努力的工作来报答领导对他的宽容。相反，如果领导在员工认识到错误之后仍严厉批评，员工就会觉得他已经为他的错误付出了代价——承受了领导的批评。这种批评永远得不到避免下次同类事件发生的效果。

2. 批评的方式

（1）注意批评的对象

批评的对象应该是员工的做事态度、不良的行为习惯，而不是员工的人格和工作能力。因为，工作的失误在很大程度上都是由于不认真的做事态度和不良的行为习惯造成的。并且，不良的做事态度和行为习惯是可以改变的，而员工的能力在短时间内却是无法有很大程度的改善。我们批评的目的是防止同样的错误再次发生，只有让他们认识到是他们不良的工作态度和行为习惯造成了工作的失误，他们才可能改善，避免不必要的损失。

（2）注意批评的手段

很多上司认为：只有批评或惩罚得越厉害，效果才更好。让下属感到难堪，让他引起极强的负面情绪，他们才能记住这次的教训。或许，强烈的情绪可能导致记忆的深刻，但是，记忆深刻并不表示员工就一定会汲取教训，充其量也只是让员工知道上次我就是因为这个受批评了。说不定，这样更容易再次激起员工的不良情绪，导致类似的错误再次发生。此外，员工有逆反的心理，会认为上次因为这件事你把我批评得很惨，我看你这次还有没有使我更难堪的话语。其实，越是让员工难堪的批评，员工越是抵触，即使领导说的确实正确，员工也会强烈抵制，因为这样的批评损害了员工的自尊、贬低了他们的自我价值。

3. 批评的技巧

批评往往会造成一种紧张状态，这种紧张状态又会引起一种刻板的问题解决方式，这种情形不但不利于适应新的工作，而且还有副作用：管理者频频施惩，员工习以为常；员工憎恨管理者，导致逆反心理，导致劳资关系的不和谐，甚至引起憎恨情绪泛化，变得憎恨社会与人生，玩世不恭；惩罚易导致说谎、隐瞒等虚假欺骗行为。

在不得不使用惩罚时，应注意下列事项：

- ✓ 使员工知道自己为何受惩，心服口服。
- ✓ 批评尽量私下进行。
- ✓ 不可以过多使用金钱惩罚的方式惩治员工。
- ✓ 批评应该针对行为或表现，把注意力集中在事件上，而不是指向员工的人格。

批评的最重要技巧或许要属培养员工逐步地做到自我批评。员工既能从成功中也能从失败中得到教益。如果员工懂得了他失败的过程和原因，那么这种经验就会起到教育作用。把工作安排得能使员工自己证明他的成功和失败，将有助于把对成功和失败的奖励和惩罚由外部迁移到任务本身和工作者自己身上。

有效的批评以不损伤员工的自信和预期（对未来的希望）为条件。员工对自己成功与失败的预期是动机系统的重要组成部分。它能在不需要外部奖赏的前提下推动员工的工作，而且能指向未来的目标，追求"需要的延迟满足"而不是即刻的满足。如果批评使员工感到自己没有再成功的希望，就会使他追求眼前的舒服与享乐。这是一种失败的批评。

有经验的管理者总是善于根据各种不同的情况灵活而恰当地进行批评，以促进员工进步为目的，并且是善意的、同情的、理智的、寄以热切希望的，而绝不是为了满足自己的情绪发泄。

三、表扬和批评的平衡

表扬和批评都是激励实施中不可缺少的手段，对人们成长和发展都有积极作用，但是，从理论和实践的意义上来说，表扬的效果要比批评的效果好。善于发现和强化员工的长处和优点、把员工的消极因素转变为积极因素，是我们科学掌握激励理论和方法的表现。那么，在实施中如何把握表扬与批评的平衡呢？

1.表扬和批评量的平衡

表扬和批评虽然是激励的两种不同手段，但在实施时常常是密切相连、不可分割的。虽然两者都很重要，但是在实践中，应该以奖为主、惩为辅，不可同等对待。因为表扬的效果优于批评的效果。研究表明，称赞和颂扬等阳性诱因总是比斥责和惩戒等阴性诱因效果好，斥责则比没有诱因好。经过长期连续地应用以后，斥责比颂扬的效果消失得快，而且消失的量也较多。而且，不管这种表扬的性质如何，总比忽视他的工作要好得多。因此，一般来说，表扬的次数宜多，批评的次数宜少；表扬的气氛宜浓，批评的气氛宜淡；表扬的场合宜大，批评的场合宜小；表扬宜公开进行，批评宜个别进行；可表扬可不表扬者，表扬，可批评可不批评者，不批评。

2. 不同员工的平衡

当然，不同的员工对表扬和批评的反应不同。例如，经常犯错的员工通常对于颂扬反应得较积极，而对于比较优秀的员工来说，斥责则比较有效。物以稀为贵，经常犯错的员工可能经常受到批评，偶尔的一次赞扬效果肯定更好，并且，对于经常犯错误的员工最好不要过多采取批评的方式，因为，人会产生免疫，经常的批评会使员工对批评无所谓，更有甚者可能导致员工破罐子破摔，使情况变得更加糟糕。对于这样的员工就是要善于发现他们的闪光点，然后帮助他们树立信心，从而改变那些不恰当行为。对于那些比较优秀的员工，偶尔一次批评可以使他们更好地反思自己，不至于被平日的夸奖弄得飘飘然，不知道自己在哪儿。这样可以更好地促进他们发展。研究发现，两性之间只有轻微的差别：男人易受斥责的影响，而表扬对女人作用更大。管理者与员工的关系也十分重要，融洽的关系中，赞扬和责备才是有效的，否则将成为不屑一顾和受鄙视的东西。员工过去受赞扬和责备的历史、员工者对工作的热衷程度、员工的自我概念（是否自卑、是否有安全感）等，都会影响员工对表扬和批评所持的态度，从而影响表扬和批评的效果。

3. 批评与表扬的顺序平衡

表扬和批评也是一种沟通，因此也要讲究一些沟通技巧。在评价一个员工的成绩时，先对员工进行积极的肯定，让他有一定的思想准备之后，再进行批评，这时的批评更有效果。因为不管是上下级之间还是平级之间，沟通刚开始时大家都有防御心理，害怕自己的自我价值遭到否定。但是，当上级对员工给予肯定和进行表扬之时，员工的防御心理有所减弱，对于别人的意见和建议也就更加容易接受。这个时候进行批评，员工更容易接受，取得的效果会更好，因为，此时的员工处于积极的情绪状态之中，即使批评的信息使他的积极情绪不是那么高，但至少不像突然面对批评这种消极信息时的情绪那么低落。员工突然面对上级反馈的消极信息，可能生气至极，对上级的批评意见极度反感，虽然他不能够在上级面前和上级进行直接的反驳，但是他至少在内心是非常反抗的。我们批评员工的目的不是把员工打倒，而是要让他们接受反馈的信息，并对存在的问题进行思考，最后对问题进行解决。

批评像一根锋利的针，扎得人痛不可忍，还可能留下一些伤痕。很少有人知道批评的要领，而艺术的批评可以说100个人之中约99人无法成功地做到，正因为如此，批评两个字给人留下了不好的印象。看到批评，员工很自然地会联想到那些令自己不快的往事，想到自己没有丝毫的辩解余地，被管理者压迫，毫不留情地暴露缺点。其实批评的真正目的并不在于批得下属体无完肤，彻底地打倒下属，而是纠正下属的错误。因此，艺术的批评不应伤害下属，而是通过艺术的批评激励他，使下属能做出更好的业绩。

复习思考题

1. 外部奖赏是如何影响内部动机的？
2. 强化理论在企业管理中的优缺点以及注意事项。
3. 如何平衡表扬和批评？
4. 在表扬和批评时应该注意哪些方面？

第五章

社会性动机与激励

学习目标

1. 理解交往需要的基本问题,掌握针对交往需要的激励方法
2. 理解尊重需要的基本问题,掌握针对尊重需要的激励方法
3. 理解群体气氛的基本问题,掌握针对群体气氛的激励方法

　　社会心理学家认为，人际关系会影响人的动机水平。企业中的领导与下属关系、同伴关系，家庭中的亲子关系，都会影响人的动机。1929年，美国哈佛大学的心理病理学教授梅奥进行了著名的"霍桑工厂实验"，得出一个结论：员工的生产效率与工作环境和福利待遇并没有明显的因果关系，但却受心理因素和社会因素的巨大影响。由此可见，企业领导人必须将物质激励与精神激励有机地结合起来，既要将员工看成是"自然人"，满足其物质需求，又要将员工看成是"社会人"，给予他权利、关怀、相互的认同、成长的空间和自我实现的机会等。下面这个例子就体现了社会性需要满足的重要性。

　　有一家IT公司，给员工的报酬十分诱人，但是人员流失仍然十分严重，老板与一些员工进行了谈话，发现他们离职的普遍原因，不是因为薪水不高，而是因为做的都是一些琐碎的工作，没有充分发挥他们掌握的知识与技能的机会，无法体现他们的自我价值，并且由于公司的某些政策，同事之间都是竞争关系，导致人际关系非常紧张，同事之间缺乏友好的人际交往氛围。

社会性需要是指与人的社会生活相联系的需要。如对劳动、交往、成就、奉献的需要等。社会的需要表现为这样或那样的社会要求,当个人认识到这些社会要求的必要性时,社会的需要就可能转化为个人的社会性需要。社会性需要是后天习得的,源于人类的社会生活,属于人类社会历史的范畴,并随着社会生活条件的不同而有所不同。社会性需要也是个人生活所必需的,如果这类需要得不到满足,就会使个人产生焦虑、痛苦等情绪。社会性需要的种类很多,如爱的需要、劳动的需要、交往的需要和尊重的需要等。由社会性需要产生的动机我们称为社会性动机,员工的社会性动机是工作动机的重要组成部分。激发了员工的社会性动机,可以达到良好的员工激励作用。

第一节 交往需要与动机激发

为什么"关禁闭"对人来说是一种惩罚?因为人都有与人交往的需要。为什么"被孤立"会使人感到难受,因为人有被别人接纳和爱的需要。人总是愿意和别人在一起,而不愿独处,而且,特别愿意和情趣相投、感情融洽、熟悉随和、令人喜爱尊敬的人相处。这些需要都可以转化成为工作动机。

一、交往需要与沟通

1. 交往需要的界定

人自出世之后便成为各种社会团体中的一分子。从婴幼儿时期起,人就想与他人亲近、与他人来往,希望得到别人的赞许、关心、爱护、接受、支持和合作。依亲、交友、家人团聚,参加各种社会团体的活动可以使个人的交往需要获得满足,而与他人绝对隔离实际上是剥夺了一个人的交往需要。

交往需要就是个人想与他人交流信息、沟通思想感情的需要,是人的重要需要之一。交往需要的满足可以使人的个性得到健康发展,交往还可以使团体成员之间、团体与团体之间更加相互了解、相互信任,增强观点与态度的一致性,有助于全社会的稳定与安全,有助于创造一个美好、和平和文明的社会生活环境。沙赫特(Schachter, S. 1959)的研究表明,人是很难忍受长时间与他人隔绝的。对绝对孤立状态下的人(如一些宗教团体成员、遇难船上的人、隔离实验的志愿参加者)的个案研究也表明,长时间的孤独隔离会产生突然的恐惧感和类似忧虑症发作的情感,并且隔离时间越长,产生恐惧和忧虑就越重。

在实际的管理工作中,我们不能剥夺员工交往的正当要求,相反,要给员工创造友好交往的环境和条件,满足员工的交往需要,并将交往需要的满足转化为员工的工作动机,提高员工工作的积极性。

2.沟通

人的交往需要是通过沟通来满足的。沟通(communication)一般是指人与人之间的信息交流过程。有些人将沟通等同于交往。其实,交往的含义比沟通广泛得多,它不仅是指人与人之间的非物质性的信息交流,也包括物质的交换,还包括人与人之间通过非物质的和物质的相互作用过程所建立起来的相对稳定的关系。

沟通是人与人之间发生相互联系的最主要形式。人醒着时大约有70%的时间都花在这样或那样的沟通过程中。我们与别人交谈、读书、看报、上课、听广播、看电视,都是在进行沟通。沟通的广度和深度,是生活质量的最重要方面。现代生活最重要的方面是交通的便利和通讯的发达,而它们所改善的,首先是人们沟通的状况。

沟通对于保持人的身心健康是必需的。作为信息加工和能量转化系统的人类有机体必须与外部环境保持相互作用,必须接受外界的各种刺激,才能维持正常的生命活动。心理学家赫伦(W.Heron,1957)曾经做过"感觉剥夺"试验,将自愿参加的被试关在一个隔绝光线、声音的实验室,身体的各部分也被包裹起来,以尽可能减少触觉。实验期间除了给被试必要的食物外,不允许其获得任何其他刺激。结果,仅仅三天,人的整个身心就出现严重障碍,甚至连大动作的准确性也受到严重损害。

更为重要的是,人与人之间的沟通所提供的信息具有社会性的信息,这种信息对于人类来说比一般物理性刺激更为重要。

3.员工交往需要的表现

员工交往的需要首先表现在和人的基本交往上。员工有着正常的交往需要,他们渴望与人沟通交流,但是这一点经常被管理者所忽略。当人的沟通需要强烈时,他会空前强烈地感觉到需要朋友、心爱的人、妻子或者孩子,渴望在团体中占有一席之地,和团体的成员和谐相处、共同分享,并为达到这个目标而努力。当沟通需要得不到满足时,他会强烈地感受到孤独和孤立,感受到在遭受拒绝。

员工的沟通交往需要还表现为被人关注与称赞,得到他人的承认。这在心理学中被称为"期望效应"。在管理的实践中,存在领导者对员工的期望效应。可惜的是,许多领导并未能形成面向全体员工、力争大面积激励员工的意识或决心。"偏心"是常常发生的事情。当然，领导的期望是影响员工工作动机的间接因素，影响作用必须以员工的自我认知为中介。有自卑感的员工，会不接受领导的高期望；有自强精神的员工，会鄙视领导的歧视，"说我不行，我非要证明给你看我行！"所以，领导对全体员工的高期望必须要有效地被员工"认同"或接受，成为大家的共识，才能真正起到激发工作动机的作用。

现代劳动心理学的研究表明，员工的交往需要除了在以上方面表现出来，还表现在如下一些方面：

- 要求参与决策的愿望大大加强。
- 要求工作富有变化，能在工作中找到乐趣，人们已越来越不安于单调呆板的工作。
- 要求对组织的目标有明确的了解，了解企业的真实经营情况，很少有人会继续忍受"蒙目拉磨"的状态。
- 要求被尊重、被关心、被理解、被倾听。日本工薪层的代言人甚至提出这样的口号："我们并不只是等同于公司的机器，我们所获得的也不应只是薪水。"
- 要求有双向沟通的机会。员工越来越不喜欢别人以简单的命令来支配自己，希望双方通过协商的方式来工作。

二、针对交往需要的动机激发

随着经济发展水平的提高，工作节奏也越来越快，我们相信，采用精神上的激励，并配合金钱的激励措施，就能更好地激发员工的工作动机。下面介绍几种如何针对员工的交往需要激发员工工作动机的方法。

1.增强"干群"之间的融洽关系

有的领导说："爱也是一种工作的动力！"这的确有道理，员工喜欢某个领导，爱屋及乌，也就喜欢这个领导分配的任务；不喜欢某个领导，这位领导所分配的任务也会受到株连。

员工对领导或同事是否接纳和喜爱自己都十分在意。他们需要领导的鼓励、关怀、帮助和理解，害怕也最痛恨领导的指责、讽刺和辱骂。可惜的是，一些领导并未意识到这一点。在对某企业员工离职原因的调查中发现，很多员工因为领导的"孤立"，同事之间矛盾重重，并且勾心斗角，导致员工的交往和爱的需要的满足被剥夺，最终离职。

如果领导能够和员工建立一种友好合作的关系，而且共同承担责任和解决问题，那么员工的行为就倾向于维护这种良好的合作关系，这样，相互间的交往就会促进工作。反之，如果这种情感关系不存在，而一些相互不信任、敌视、对立的态度存在于某些员工和领导之间，那么对抗行为和不合作态度必然会使"干群"关系受到损害。事实上，还可能产生相反的情况：对权威人物（领导）的藐视可以成为员工取得伙伴赞许的一种手段。出现这一情况不但不奇怪，而且可以说是正常的、必然的。婴幼儿哭闹就会引起家长的注意，一些员工在家庭教育环境中已经"学会"了通过发脾气、任性、捣蛋来引起大人们的注意、关心和妥协，大人们的"注意"成了强化物。所以，被领导厌弃的员工采取问题行为、对立，甚至恶作剧的方式"发泄"情绪或表示自己的存在，甚至故意用和领导对抗、破坏规章制度"表现自己"就是意料之中的事情。由此看来，领导应该理解、关心、同情在工作竞争中处于不利地位的员工，对他们的未来应该持一定的"期望"，而绝不能厌弃他们。

2. 给予员工"期望"

给予员工期望本身就是一种激励，而且是一种长时间的激励。这种激励效应就是心理学上的"皮革马利翁效应"。"皮革马利翁效应"是希腊神话中的一则故事，说的是塞浦路斯一位王子皮革马利翁用象牙雕刻了一位美女，雕刻时他倾注了自己的全部心血和感情，雕成后每天捧在手中，用深情的目光注视着她，时间久了，有一天这女子竟然有了生命。员工也是一样的，员工的成就和工作动机与领导者的期望有非常大的关系。领导者的期望是通过交往需要来激发员工工作动机的重要源泉。具体来说，可以通过两个方面来表达领导和企业对员工的期待，达到"期望效应"。

(1) 让员工做主人

人人都希望做自己的主人，自己决定事情的方向与做法。同样的，作为员工，他们也希望可以做自己工作的主人，让员工产生作为公司主人的意识，可以极大地调动员工的工作积极性，竭尽全力地为企业贡献自己的聪明才智。过去，国有企业一直把"增强员工主人翁意识"作为激励员工的口号。其实，这也同样适用于国外的企业和国内的私营企业，只不过方法和手段不同而已。让员工成为"主人"，说起来容易，做起来难。一旦真正做到这一点，员工就能最大限度地发挥自己的潜能。为了让员工成为"主人"，安捷伦公司尽量避免裁员。在公司最困难的时候，他们采取了压缩开支、全员降薪的办法。安捷伦的员工认为：自己的工作有贡献、自己的人生有价值，自己就是公司的"主人"。安捷伦教育员工，不要把工作看做一种责任，而应该看做一种动态行为。实践证明，这种吸引、保留人才的效果非常好，在职员工的离职率很低，招聘新人的成功率很高。安捷伦的具体经验有两点：一是不断更新留住人才的制度，及时把握员工的具体想法。二是鼓励和帮助员工学习第二技能，以应对各种变化。

（2）重视和信任员工

美国惠普公司不但以卓越的业绩跨入全球百家大公司行列，更以其对人的尊重与信任的企业精神而闻名于世。在惠普，存放电气和机械零件的实验室备品库是全面开放的，允许甚至鼓励工程师在企业或家中任意使用。惠普的观点是：不管他们拿这些零件做什么，反正只要他们摆弄这些玩意儿就总能学到东西。公司没有作息表，也不进行考勤，每个员工可以按照个人的习惯和情况灵活安排。惠普在员工培训上一向不惜血本，即便人员流失也在所不惜。

在日本松下电器公司，用人秘诀之一也是尊重和相信员工。松下幸之助常说："每个人都有工作的天性。如果你不让他工作，他最初也许会觉得轻松愉快，但时间一长，他也会百无聊赖。激发部下发奋图强的工作秘诀，就是信赖部下，让他们自主自发地去工作。当然，这并不意味着对部下不闻不问。作为管理者，该说的话还是要说，但必须注意说话方式，以免在批评时伤害部下的自尊心。这是我在长期的实践中感悟到的一点心得。"

3. 加强有效沟通

好的沟通技巧及说服力，可让你左右逢源，别人做不到的事，你也可以做到。因为沟通及说服能力，可让你建立良好的人际关系，让你获得更多的机会与资源，减少你犯错的几率和摸索的时间，得到更多人的支持协助与认可，增强你的影响力，自然你的成功时间也会大大地缩短。因此，可以说管理者生命的品质，取决于其沟通的品质。相反，许多人有明确的目标与计划，有好的观念与点子，有特殊的才华和能力，但就是因为缺乏良好的沟通能力和人际关系，而受到他人的排挤或误解，得不到需要的协助和资源，因而加倍延长了成功的时间或增加了在此过程中的种种不必要的挫折，甚而抱憾终身。

有效的沟通还能满足员工的交往需要，并激发员工的工作动机。沟通具有重要的激励作用。例如，商业企业通过让工人们相互交往和交谈满足交往的需要。在流水线上，工人们可以一边进行常规工作一边互动。在零售业和银行业，互动的机会更多，因为工人通过不同程度地与顾客交往完成工作。沟通交往能够使枯燥、常规的工作变得受人喜爱。只要这种互动存在，士气就会高些，生产率也会至少保持在可以忍受的范围内。然而，当社会交往受到抑制，工人们会通过限制劳动产出或者仅仅做到工作描述要求的程度来反抗体制。而允许人们在工作中满足沟通交流需要可以防止这些负面行为发生。那么，怎样进行有效沟通呢？

在沟通过程中，管理者应当掌握良好的沟通技能。一般来说，管理者首先要做到转变观念，接下来就是要培养沟通技能。管理者要提高沟通效率和效果，应该做到如下几点：诚信宽容的沟通心态、培养有效倾听技能、双向互动的交流信息、语言体态有效配合、因人而异进行沟通、上下前后左右都要进行沟通。其中，诚信宽容的沟通心态，是解决管理者的心态问题，后面的几点是帮管理者解决管理和生活中的沟通技能问题。

第二节　尊重的需要与动机激发

在需要层次理论中，比交往需要更高层次的需要是追求声誉或尊重的需要。在这种需要的推动下，我们不但希望和别人交往，而且希望获得他们的赞扬，期望得到同伴的喝彩、羡慕。

一、尊重的需要概述

人人都希望自己有稳定的社会地位，要求个人的能力和成就得到社会的承认，这些都是尊重的需要。尊重的需要又可分为内部尊重的需要和外部尊重的需要。内部尊重是指一个人希望在各种不同情境中有实力、能胜任、充满信心、能独立自主。内部尊重就是人的自尊。外部尊重是指一个人希望有地位、有威信、受到别人的尊重、信赖和高度评价。尊重的需要在员工的工作中主要表现为两个方面的动力，一个是竞争，一个是成就动机，下面来分别进行叙述。

1. 竞争

竞争的强化力量主要来自于跻身于金字塔之顶，就是说在公开竞争中击败对手。其目标主要不是获得物质奖励，任务本身是什么也不重要，任务可以是销售产品、取得选票、出版著作，什么都行。

现代社会和学校生活中，到处充满了竞争，竞争可以成为行为的动力，竞争有时也是有一些副作用的。竞争的副作用主要体现在：使能力比较差的人（认为自己没有成功希望的人）丧失信心；对于知道自己不需要任何努力就能成功的人缺乏激励；对于某些人有过分的压力；鼓励不合作，对别人的命运无动于衷（不惜任何代价要赢得胜利)。而在下述情况下,竞争似乎最为有效:所有员工都感到他们有一定的成功或失败的可能性,从而被激发起尝试的动机;有多种多样的竞争活动,或按能力进行分组竞争,使得每个员工至少都有成功的机会;重点在于使员工努力做得更好,而不是去看别人做得不如自己好。

在工作中,相互竞争是激烈的。研究发现,在竞争性与对金钱的观念上存在性别差异。男性倾向于更具竞争性,更关注于能够挣大钱的雄心壮志,对资本的获取具有较高渴望。总的看来,男性更看重薪水、个体成就、激励和指导他人;而女性则强调良好的人际关系、有兴趣的工作、成就的感觉以及职业成长。同样,成功的女性也会以与男性不同的方式实现对权利的需要。另外,竞争与成就动机的高低有关。高成就动机的人积极参与竞争,因为他们喜欢挑战和竞争;而低成就动机的人则会尽力回避竞争。

2.成就动机

成就动机主要是通过社会竞争来达到提高自我的目的,这是一种在社会竞争中追求成功的动机。具体来说,成就动机(achievement motivation)是人们希望从事对他有重要意义的、有一定困难的和具有挑战性的活动,在活动中能取得完满优异的结果和成绩,并能超过他人的一种动机。例如,一个幼儿园的孩子希望自己画的画最漂亮,超过别的孩子;一个中学生希望自己在考试中取得好成绩,能名列前茅;一位作家希望能创作出反映时代重大主题的作品,受到社会好评。成就动机强烈的人在活动中有高标准,他们愿意承担引起争议的工作,即使对它没有特别的兴趣,也能尽力把它做好。

成就动机对个体的活动有重要作用。许多研究发现,在两个人智商大体相同的情况下,成就动机高的人比成就动机低的人在活动中成功的可能性一般都要高一些。麦克利兰认为成就动机强的人对学习和工作都非常积极,能够控制和约束自己,不易受社会环境的影响并且善于利用时间。成就动机的高低还影响到人们对职业的选择。成就动机低的个体愿意选择风险较小、独立决策较少的职业;成就动机高的人愿意选择有开创性的工作,并愿意在工作中决策。一般来讲,成就动机高者具有以下特征:

- ✓ 喜欢中等难度、富于挑战性的任务,并且会全力以赴地去获取成功;
- ✓ 目标明确,并对之抱有成功的期望;
- ✓ 精力充沛,具有开拓精神;
- ✓ 选择工作伙伴以高能力为条件,而不是以交往的亲疏为前提。

二、针对尊重需要的动机激发策略

针对尊重的需要，我们可以从如下一些方面来考虑对员工工作动机的激发策略。

1.给员工尊重与信任

员工只有感觉到自己被尊重、被信任，才会竭尽全力地为企业贡献自己的聪明才智。因此，尊重与信任应当成为企业管理的第一宗旨。日本工薪层的代言人甚至提出这样的口号："我们付给公司的并不只同机器一样，我们所获得的也不应只是薪水，我们需要获得尊重和信任。"在给员工尊重与信任时，有几点值得关注：

（1）*肯定员工的人格尊严*

企业员工的人格尊严能否得到真正的肯定，往往反映出这个企业对人力资源管理的重视程度。哪个企业把员工的人格尊严放在首位，哪个企业就能得到快速的发展。道理很简单，尊重他人就是尊重自己。摩托罗拉公司始终以"肯定人格尊严"为管理理念，对人保持不变的尊重。在摩托罗拉，人格尊严主要包括：和谐的工作环境；明确的个人前途；开放的沟通渠道；足够的隐私空间；充分的培训机会；平和的离职安排。

在离职问题上，尤其能体现出摩托罗拉公司对员工的尊重。公司尽最大可能避免裁员，当必须裁员时，裁员人选将根据员工的业绩、技能和服务年限等作出抉择。例如，在公司服务满10年的员工未经董事长和总裁批准不得列入裁员的名单。当员工由于个人或公司业务的需要而离开时，公司还将提供诸如安排其他工作、帮助介绍外面的工作、发放补偿金和继续发给某些福利和工资的帮助等。摩托罗拉以人为本、尊重个人、发挥人的潜能、实现个人价值与企业共同发展的经营理念，形成了员工和企业相互尊重的文化氛围，创造了良好的工作环境。摩托罗拉公司认为，管理的基础是尊重。公司创办之初，就形成了一整套以尊重人为宗旨的企业制度和工作作风，并将这一思想渗透到企业文化的各个层面。摩托罗拉公司认为，尊重至少有四层含义：肯定个人价值；给予特殊信赖；创造和谐氛围；满足具体要求。

在摩托罗拉公司，一切规章制度、关键举措、重大活动都有着极高的透明度。公司设立了"畅所欲言"信箱，员工可以对各项事务提出意见、建议或投诉。公司经常召开总经理座谈会，员工可以与总经理面对面进行交流，探讨一切具体问题。公司还专门设计了"肯定人格尊严"的问卷。

（2）*多给予员工赞许和肯定*

多给予员工赞许和肯定，员工会觉得领导者非常尊重员工。当员工的尊重需要得到满足后，员工就有非常强大的工作动力。那么，怎样进行赞许和肯定呢？

简单的一句"谢谢"就可以让部属更加卖力，即使是再小的努力、再微不足道的成就，如果经理注意到部属的认真，就一定得给予适当的赞美。人类这种重视精神上荣耀的想法还是相当普遍的存在。就算是一句简单的"谢谢你了"，如果部属感受到来自上司的赞许和诚意，也许当天下班时他的心情会较平常快活些，脚步会轻快些，说不定还会开心地哼上一两段曲子呢！

一般而言，有些经理在审核一项提案时，往往会从下述五点去考虑该提案的价值：是否符合工作（公司）的营运目标？是否可以带来足够的利润？如果不做这项措施是否会造成严重损失？是否能把事情处理得非常完美？是否合乎情理？如果完全不符合这五项要求，就绝对不假以辞色。碰到这种经理，大概没有人能得到他的赞许吧！事实上如果一项提案能符合上述要点中任何一项的要求，就已经非常值得夸赞一番了。

有这样一个案例，电力公司分公司G经理到自己管辖内的山中工地去视察。当他发现其中有人工作非常卖力，即使那个人做出来的成绩微不足道，他还是会趁全员集合的时候大大加以褒扬一番。几年之后该分公司一位退休的老职员说："我也是被G经理夸赞过的人，而其实我所做的只是不要让工厂里的木墙腐朽掉罢了，G经理甚至在朝会时和公司里的刊物上特别嘉奖我，让我受宠若惊。当时我真的有种'死而无憾'的感觉。在公司里默默耕耘了这么久，终于有人认同我的成绩，我当时真是觉得没有任何遗憾了。而且，这次公司举办的退休典礼，G经理也以来宾的身份参加了。最不可思议的是他竟然还记得我，而且在大家面前提起当年那件事，我感动得一直掉眼泪，不知道该怎么做才好。"士为知己者死。G经理就是把这个信念发挥到最高境地，而且他也因此成为一个非常幸福的人，相信一定有不少他的部下会觉得"有这么了解我们的上司，我们真是很幸运呢"。

2.设计有效的竞争机制

在竞争机制的设立方面，可以在公司设立竞争奖励机制，每隔一段时间，例如一个季度或者一年，就评选出绩效最高或成就最高的员工，公开进行表扬与奖励。某些公司，特别是销售和营销部门，对于高绩效员工的奖励之一是独立的办公室，或者公司配备专属的用车等特权。而这就是应用了竞争的机制。

前面我们已经讲到，竞争既有好的一个方面，但同时，如果处理得不好，也会带来很大的负面作用。在实际操作中，建立怎样的竞争机制才能发挥竞争的成效，避免负作用呢？竞争有效的前提条件是所有员工都感到他们有一定的成功或失败的可能性,从而被激发起尝试的动机;有多种多样的竞争活动,或按能力进行分组竞争,使得每个员工至少都有成功的机会;重点在于使员工努力做得更好,而不是去看别人做得不如自己好。怎样才能达到上述三个条件呢?当竞争是在能力相当的各组之间进行,并既要求合作又要求竞争时,或者每个人都努力超过他自己以前的成绩时,那么就往往会满足上述三个条件。

因此,我们认为,通过团队或小组进行竞争,就可以达到上述三个条件,就能避免竞争所带来的负面作用。而且,如何促进员工的合作精神本身就是一个非常重要的管理问题。商品经济是以社会化大生产和高度分工为基础的,因此,也就高度强调合作精神。合作和团队精神是现代企业非常重要的管理要求。有研究也表明,运用小组竞争(而不是个人之间竞争)的方法,可以提高工作效率。具体表现在:员工在合作小组或团队中,会变得更加积极,较少像过去那样消极被动,员工之间相互提供了关于自己成绩好坏的及时反馈信息,有利于元认知能力的提高和工作方法的改进;有助于经验不足、技能不强的员工稳步前进,并在前进中提高自信心和工作的内部动机与兴趣。而且,研究还表明,员工互助合作,优秀员工对一般员工进行指导帮助,不仅对于一般员工有比较大的帮助和提高,对优秀的员工也有明显的促进作用,主要体现在:

- ✓ 当优秀员工指导一般员工时,有助于优秀员工理清自己的思路。要弄清自己的思想,最好的办法是自己讲一遍给别人听。讲不清楚,往往是想不清楚。要讲清楚,首先要自己想清楚。
- ✓ 当优秀员工指导一般员工时,有助于优秀员工增强自我意识,增强元认知调节能力。为了考虑自己是否讲得清楚,必须学会"审查"自己,这样,元认知能力才得以发展。
- ✓ 当优秀员工指导一般员工时,优秀员工也有助于自己在知识上查漏补缺。在教导别人时,别人会提出疑问,有助于优秀员工发现自己未考虑的疏忽或未准确理解的知识。
- ✓ 当优秀员工指导一般员工时,优秀员工还有助于形成积极的自我概念,产生自己对社会有用的感受,减少孤独感,增加效能感、自我价值感和自尊心。这样能减轻"怕别人超过自己"、"总想和自己的团队成员竞争"的心理压力,有助于降低焦虑情绪,使心理功能更充分发挥。

3. 提高员工的成就动机

前面已经述及,成就动机分为追求成功的动机和避免失败的动机。就工作动机而言，从表面上看，追求成功和逃避失败，都能促进员工积极地工作，但在心理上和工作效果上的影响却大不一样。追求成功使人振奋、乐观、积极、乐学好做，工作业绩也好；而避免失败使人感到忧心忡忡、心情压抑、消极被动、怕学怕做，工作业绩和工作效率也差。因此，我们应鼓励员工以追求成功和进步为奋斗目标，而不应以避免失败为工作目的。请看下面的案例：

约翰已50岁，是某大银行分行经理的助理，他已经当助理11年，表现平庸。分行经理都不愿意要他，可都没办法打发掉他。11年里他分别转到九个分行任助理。他的基本情况是：家里没有经济负担，衣食无忧，并继承了一大笔遗产，有几套公寓，太太在家打理家务，两个孩子都大学毕业，有很好的收入。

以前的经理认为该人没有积极性，不认真工作，担心他给集体造成损失（不能带来业绩），因此，处处盯着他，批评他。新经理了解约翰的情况，通过仔细分析发现他表现平庸最主要的是做什么事情都担心失败，并且，物质条件对于他来说已经没有激励作用了，于是，经理找出了新的解决办法：在分行周年的庆祝会上，经理订做了一个大蛋糕，上面写着分行最近一个财务记录，并说明是在约翰的努力下实现的，经理对他进行特别故意夸奖。约翰受到极大鼓舞。后来的很多事情，新经理都从这个方面不断去强化他。从此以后其行为彻底改变。两年以后成为另一个银行的杰出经理。

在上面的例子中，约翰对金钱的需要已经得到了充分满足，一个满足的需要会停止其相应的动机作用，金钱对于约翰已经失去了它的激励作用，而且，以前的经理的做法，就是担心他会带来问题，担心他的失败，因此，总是采取对立、防范和批评的方法。新经理所采用的激励方法，针对的是约翰的追求成功的成就动机。

麦克利兰基于他的理论研究，对发展一个积极的高水平成就需要提出了特别的建议。用麦克利兰的处方，管理者需要这样来进行管理：安排工作任务，要使员工能周期性地收到其业绩的反馈，提供的信息能够使他们做出改正或纠正；向员工宣传成功模范；与员工一起工作改善他们的自我形象；将提升、奖励、调动、发展和成为团队成员的机会引入与工作有关的所有话题，并帮助员工以现实的方式进行思维，辅导他们以积极的态度思考他们如何完成目标。

另外，在工作中，企业可以通过建立一种合适的环境，在员工工作中提供回馈，增强个人意识、为个人提供适当的风险，这样可以发展员工的高成就感。对于成就动机较强的员工，要抓住他们希望得到自主权、及时反馈与富有挑战性的任务等特点进行激励。由此，现代组织广泛应用诸如自主设定目标、自主管理、参与股权、反馈认可等手段，来建立和保持对员工的激励。

还有，在工作中，某些员工的成功是以另一些员工竞争上的失败为代价的，总会使一些人在失败面前变得退缩和害怕。因此，心理学家们建议把"常模参照测验"变换为"标准参照测验"，就是说，工作中的竞争，不是比名次或等级，而应该是和自己之前的工作标准比进步，或比达到某个事先确定的某种标准的程度。就是我们平常所说的，变横向比为纵向比。例如，对于员工来说，我们要对他们进行如下的鼓励："不怕慢，只怕站"，只要我不断进步，就不管现在如何，坚信自己总有一天会从"渐变"跃向"突变"的。

总之，员工在工作中的成功与失败，会产生所谓的"光环效应"。在早期的工作经验中，不断地遭受失败的经验，这对任何员工来说，都是不幸的。早期体验到失败的员工，摆脱不了失败的威胁，不敢大胆创立新的活动，这会妨碍员工以后在大胆创新方面的努力。因此，处理好员工的成就动机，是一件意义十分深远的事。

第三节　群体气氛与动机激发

群体气氛也是影响员工社会性动机的一个重要因素，这里所说的群体气氛，主要是指组织和部门的管理方式、家庭教育方式等因素所引起的动机氛围或工作的小环境。

一、群体气氛概述

1. 群体气氛的定义

群体气氛的概念主要用来研究环境对人行为的影响。自从该概念提出以来，存在大量的关于该概念的定义。概括起来，主要存在两类定义。一类是客观定义模式，即将群体气氛定义为组织特有的一组客观属性。例如，弗瑞汉德等（Forehand, Gilmer, 1988）将群体气氛定义为：用来描述组织的一组特征，这组特征可以①将该群体与其他群体相区别；②具有相对的时间历程；③影响组织内人们的行为。另一类是主观定义模式，将群体气氛定义为参与者（如雇员）对其工作组织不同方面的感知。最具代表性的定义是勒温等提出的，是指能够由组织成员感知的、影响其行为的、并能够依照组织一系列特征进行描述的、性质相对稳定的组织内部环境（Tafuiri & Litwin, 1968）。他们认为，群体气氛是工作环境之中可被其中生活或者工作的人们直接或间接感知的一组可测的属性，这组属性对人的行为具有重要影响。主观定义模式在群体气氛的研究中占有主流地位。

2.群体气氛的理论

群体气氛的理论首先要提到的是德国心理学家勒温（Litwin，1968）的群体动力论，他借用物理学中"磁场"的概念，提出了"场"理论，以说明群体中成员之间各种力量相互依存和相互作用的关系，说明群体中个人的行为。勒温认为，人们结成的群体不是静止不变的，而是一直处于不断相互作用和相互适应的过程。就像河流一样，表面上似乎平静，实际上却不断地在流动。他把这种现象称为"准停滞平衡"（quasi-stationary equilibrium）。因此，群体的行为不等于群体中各个成员个人行为简单的算术和，它包含有集体智慧，因而可能会产生出新的行为形态。群体与个体的关系是：总体不是部分的总和，因为各部分相互作用的结果，可能大于或小于总和。

另外一个提出群体气氛理论的是心理学家霍曼斯（Homanns，1955），他提出的是关于群体组成要素的霍曼斯模型。模型包括四部分：群体的背景因素、客观要求的群体行为、实际表现出的群体行为以及群体行为的最终结果。群体的背景因素主要包括各种群体的工作条件、自然条件、管理环境、正式组织的领导方式、规章制度、奖惩制度、群体在组织中的地位等。在这个模型中，除了活动、相互作用、思想情绪之外，他还列入了群体的规范，统称为群体系统的四个要素。他认为，这些要素有其外在性，即客观要求的群体活动、相互作用和思想情绪。群体行为正是由这四个要素相互影响和作用的结果。而群体的生产率、凝聚力、满足感和个人成长则是群体行为的最终结果，而它们又会反馈回去影响群体的背景因素。霍曼斯系统模型虽只是一般性的描述，但在一定程度上有助于人们较全面地了解构成群体行为的各种内外变量。

二、群体气氛对群体成员的影响

根据勒温的群体动力论，群体中各成员的行为是由其所处环境与其个性二者之间相互作用的结果。因此，为了使员工形成有利于组织目标的行为，达到激励的目的，管理者一方面要选拔合适的员工，了解员工的需要、能力和特长，通过安排合适的岗位、加强培训、建立各种内在和外在的奖励措施，这样来激发员工的积极性和创造性。另一方面，管理者还要在组织中创造良好的群体环境，这其中既包括物质和技术环境，还包括群体的精神环境即群体的气氛，良好的群体气氛对员工的行为有重要的影响。群体气氛主要包括群体的风气、群体的领导方式、群体成员间的相互作用关系等方面。

1. 群体的风气

群体的风气是群体在工作生活中逐步形成的、约定俗成的行为习惯和精神风貌，是一种非正式的、非强制性的行为标准。不同的群体有不同的风气。譬如，人们经常讨论大学的风气，某大学的学生学习风气好，某大学的学生考托福和 GRE 出国的风气盛，某大学的学生谈恋爱的多，等等。对于公司，有的是创新的风气盛，如惠普公司和 3M 公司，他们绝不扼杀员工的任何一个好主意；有的公司合作的风气好，不同部门、群体和员工之间很乐于互相合作，意在打破传统的部门和分工界限，倡导互相合作。组织的一些座右铭和口号就是这种气氛的反映。

群体的风气对成员行为有重要的影响。第一，成员置身于群体中，总会受到整个群体风气潜移默化的影响，长期耳濡目染就会形成与群体一致的行为方式，群体风气对行为有规范作用，也就是人们常说的"近朱者赤，近墨者黑"的道理。第二，人在不同风气的群体中会产生不同的行为，譬如，在一个互相合作帮助的群体中，成员所表现出的往往是友好、倾听、耐心，以及建设性的讨论、批评和建议。而在一个相互恶性竞争的群体中，群体成员之间所表现出来的则是互相争斗、缺乏耐心、攻击性的批评、互相拆台等。

2. 群体的领导方式

勒温等人发现，团体的任务领导并不是以同样的方式表现他们的领导角色，领导者们通常使用不同的领导风格，这些不同的领导风格对团体成员的工作绩效和工作满意度有着不同的影响。勒温等研究者力图科学地识别出最有效的领导行为，他们着眼于三种领导风格，即专制型、民主型和放任型的领导风格。勒温认为，这三种不同的领导风格，会造成三种不同的团体氛围和工作效率。

专制型的领导者只注重工作的目标，仅仅关心工作的任务和工作的效率。他们对团队的成员不够关心，被领导者与领导者之间的社会心理距离比较大，领导者对被领导者缺乏敏感性，被领导者对领导者存在戒心和敌意，容易使群体成员产生挫折感和机械化的行为倾向。在这种团队中，团队成员均处于一种无权参与决策的从属地位。团队的目标和工作方针都由领导者自行制定，具体的工作安排和人员调配也由领导者个人决定。团队成员对团队工作的意见不受领导者欢迎，也很少会被采纳。

民主型的领导者注重对团体成员的工作加以鼓励和协助、关心并满足团体成员的需要，营造一种民主与平等的氛围，领导者与被领导者之间的社会心理距离比较近。在民主型的领导风格下，团体成员自己决定工作的方式和进度，工作效率比较高。民主型的领导者注重对团队成员的工作加以鼓励和协助，关心并满足团队成员的需要，能够在组织中营造一种民主与平等的氛围。在这种领导风格下，被领导者与领导者之间的社会心理距离较近，团队成员的工作动机和自主完成任务的能力较强，责任心也比较强。

放任型的领导者采取的是无政府主义的领导方式，对工作和团体成员的需要都不重视，无规章、无要求、无评估、工作效率低、人际关系淡薄。放任型（laissez-faire, free-rein）团队的权力定位于每一个成员，领导者置身于团队工作之外，只起到一种被动服务的作用，其扮演的角色有点像一个情报传递员和后勤服务员。领导者缺乏关于团体目标和工作方针的指示，对具体工作安排和人员调配也不做明确指导。在这种团队中，非生产性的活动很多，工作的进展不稳定，效率不高，成员之间存在过多的与工作无关的争辩和讨论，人际关系淡薄，但很少发生冲突。

勒温等人的研究指出，要形成良好的群体气氛，领导者的行为应该具有以下一些特点：

- 沟通。向群体成员解释有关决策和政策，及时提供反馈，坦率承认自己的缺点和不足。
- 支持下属。对群体成员和蔼可亲，平易近人，鼓励和支持他们的意见建议。
- 尊重下属。真正授权给群体成员，认真倾听他们的想法。
- 公正无私。恪守信用，在绩效评估时能做到客观公正，应予以表扬的尽量表扬。
- 行为一贯。处理目标事务应有一贯性，明确承诺并能及时兑现。
- 展示能力。通过展示自己的工作技术、办事能力和良好的职业意识，培养下属对自己的钦佩与尊敬。

3. 群体间相互作用关系

群体中成员间相互作用关系主要体现于两种类型的行为：一类是群体成员对工作任务的行为，称为工作任务型；另一类是群体成员对个人的行为，称为人际关系型。这些行为有时会起正的、积极促进作用，而有时会起负的、消极的作用。

正的人际关系型行为包括有：

- 互相团结、帮助、鼓励；
- 相处轻松、和谐自然、没有紧张感；
- 相互谅解、真诚相待、赞同和遵从正确的意见；
- 耐心、宽容等。

负的人际关系型行为包括有：
- ✓ 太多的意见分歧、即使正确也不赞同、消极地拒绝对方；
- ✓ 情绪紧张，相处不自然；
- ✓ 喜欢对抗，为自己辩护；
- ✓ 烦躁，不能容忍对方的失误等。

正的工作任务型行为包括有：
- ✓ 乐于向别人提供信息以及利用他人的信息；
- ✓ 真诚地提供和接受有益的建议、感想和指导；
- ✓ 利用所有人的智慧、考虑所有人的意见进行决策；
- ✓ 细致耐心地交流和讨论、反复说明以澄清观点等。

负的工作任务型行为包括有：
- ✓ 对有关信息保密，也不乐于采用他人的信息；
- ✓ 批评、指责、挑毛病；
- ✓ 只从自己的意见出发考虑问题、争吵不休、群体很难达成决议；
- ✓ 缺乏耐心、粗枝大叶、草率做出决定等。

显然，在群体中这两种相互作用关系都是十分重要的，群体成员间如果形成一种相互尊重、团结合作、情谊深厚的人际关系，这对大家的工作成绩和心理健康都是十分有利的。在工作上，如果能形成相互间良好的信息共享和沟通、真诚提供看法和建议、平等民主型的工作关系，显然就能产生更好的工作绩效。在群体成员间的相互作用关系中，人际关系是工作关系的基础，而好的工作关系也会促进良好人际关系的形成。

三、针对群体气氛的激发方法

在前面我们介绍了许多群体氛围的理论和观点，它们从不同方面、角度尝试说明人的动机的本性以及如何激发动机。然而，从实务角度来说，大家更关心的是如何在具体管理中应用有关的理论达到更佳的管理效果，即如何在组织中激发员工的动机以提高绩效、提高生产率。这无疑是一个重要的问题。下面介绍几种方法：

1.平衡好不同的管理方式

有人指出（Biggs & Moose，1993年），企业对员工的管理方式可以按照麦克雷戈所描述的X理论和Y理论来加以区分。X理论主张，多数人天生懒惰，没有雄心大志，不愿负责任，他们的目标与组织的目标相矛盾，必须用强制、奖罚的办法鼓励他们努力工作，即所谓"胡萝卜加大棒"的政策。而Y理论则相反，认为人是勤奋的，人有自我控制、自我指导的能力，会主动寻求责任，人群中存在着高度的想象力、智谋、解决问题的创造力，有待充分发挥出来。采取的管理措施则更注重人际关系的和谐，强调用内在奖励的手段，以使员工在工作中能获得知识、增长才干、充分发挥潜力。

因此，平衡好不同的管理方式是导致群体气氛既紧张有序，又能让员工有积极性、主动完成工作任务的重要措施，更是调动员工社会性动机的重要方法。为了平衡好这种方法，一般建议管理者可以采用民主式的管理作风。民主作风的管理方式要求管理者在管理过程中尊重员工、重视集体作用、用民主方式讨论问题，管理者的主导作用与员工的主动性结合较好，管理者不以权威压制员工，不滥施惩罚，虚心听取员工的意见。在管理者的引导下，组织中充满了友好和谐、积极认真的气氛。

2.营造同舟共济的群体气氛

公司经营有困难时，坦然向员工说明，请他们助你共渡难关。员工如果在工作中表现出"知耻近勇"或"意气用事"的精神来，将是你的巨大成功。要营造同舟共济的群体气氛，首先要重视员工，在困难时不要抛弃员工，也要培养员工和企业共渡难关的决心。在这方面，美国惠普公司就做得比较好。

美国惠普公司创建于1939年，不但以其卓越的业绩跨入全球百家大公司行列，更以其对人的重视、尊重与信任的企业精神闻名于世。该公司的用人政策是：给你提供永久的工作。只要员工表现良好，公司就永远雇用你。早在20世纪40年代，公司的总裁就决定，该公司不能办成"要用人时就雇，不用时就辞"的企业。在那个时候，这可是一项颇具胆识的决策，因为当时电子业几乎是全靠政府订货的。后来，惠普集团的勇气又在1970年的经济衰退中经受到了一次严峻考验。他们一个人没裁，而是全体人员，包括公司领导在内，一律都减薪20%，每人的工作时数也减少了20%。结果，惠普保持了全员就业，顺利地熬过了衰退期。作为大公司，惠普的员工有着极强的凝聚力。正如公司目标的引言部分说："惠普不应采用严密之军事组织方式，而应赋以全体员工以充分的自由，使每个人按其本人认为最有利于完成本职工作的方式，使之为公司的目标做出各自的贡献。"

3.提高领导艺术

领导的领导艺术与员工的工作动机有密切的关系。对于不同的领导艺术，员工的行为反应是不同的。领导要提高自己的领导艺术，以创造一个比较好的群体气氛。为此，领导者要注意如下两点：

（1）营造不在背后批评的气氛

身为上司绝对不可以暗地说人坏话，这样做会被人轻视、批评，有百害无一益。有些部长在和其他的主管聊天时常会数落自己的部下"我的部下们真是不够机灵。A那家伙，同样的事情不跟他说上三次他是没办法做的"。特别是一到人事考核的时候，有些干部就会说遍自己所有部属的坏话。当然有时候某些部下的确是应该指正，所以就应该当面把事实指出来，作为该员工今后发展的指导。但是绝对不能在公事以外（例如酒席中）的场合宣扬部下的坏话，要说的话也只能和当事人一对一地说，不能让别人听到，否则的话，部下们就会一个一个地背弃你。

有些人不单说部属的闲话，还会说上司的闲话。特别是有些管理者在部属面前公然说上司的坏话。他本人很有正义感，但有点莽撞，不知是太单纯还是太没顾忌，总是把说话不好听当作招牌引人。不管对象，照自己想的说，坚信口无遮拦是美德。有些人不只对部属们说，还会趁到总公司时告诉上级阶层的人或向自己的朋友说上司的坏话。这样，不单会被轻视，别人的评价也会降低。尽管上司有再大的不是，也不应该说他的坏话。再怎么样穷凶恶极的上司，也最好是当面指正他的缺失，不应该透过第三者扯他的后腿。

（2）营造爱的氛围

身为管理者，就必须比部属有更多的爱来对待员工，而且，这种爱不要势必期待报酬和回馈，应该视为一种付出的爱。有些管理者总有这样的困惑，"我这么样地照顾他，他竟然一点回报都没有"。如果是存有这种心态的管理者，大概没有任何部下会心甘情愿地追随他。尤其是一些只身赴都市工作、住公寓的年轻人，几乎每个人都很渴望爱。管理者要关注、关心员工，没有钱，将自己的经验、爱心这些最大的财富分享给员工，这就是最有价值的爱的表现。

营造家的感觉也是爱的一种体现。欧莱雅中国分公司就是努力在公司内部营造一种浓厚的"家庭氛围"。中国分公司除了招收一流人才外，完全让年轻人融入整个公司的经营运作体系。欧莱雅的历任总裁均强调，要在公司内部营造一种"家庭氛围"，以便让新入门的年轻人尽快成为家的"主人"。欧莱雅不愿意用合同将自己的员工"捆绑"起来，而是想方设法去增强公司每一个岗位的吸引力。该公司负责人表示："如果一个有前途、有才干的年轻人要求辞职，那绝对是令人遗憾的事情。但是，应该进行检讨的实际上是我们自己，而不是他。"

4.提高员工的士气

毋庸讳言，人人都有惰性。要想让员工始终保持高昂的士气，必须坚持不懈地做工作。实践证明，以下这些方法可以有效地保持员工的士气：

- ✓ 问好。经常向员工寒暄问好，可极大地增加与员工之间的亲和力。
- ✓ 谈心。经常与员工交谈，既便于了解情况，又便于征求意见。
- ✓ 表扬。对业绩突出的员工给予表扬，对工作认真的员工也应适当鼓励。
- ✓ 培训。经常进行有针对性的新知识培训，提升每个业务员的专业技能。
- ✓ 考核。设立考核部门，评估所有员工的表现，作为奖赏和升迁的参考。
- ✓ 晋级。对于那些业务成熟的员工，应该及时地晋级。
- ✓ 换工。允许业务员在公司内部调换工作，以激发他们的新活力。
- ✓ 充电。提供各种轮岗机会，丰富员工的工作经验，消除他们的倦怠感。
- ✓ 定向。帮助员工根据企业目标来确立个人发展目标，将员工发展与企业发展联系起来。不断地给予他们以崭新的工作、创造的机会和竞争的环境，增强他们对自己的信心。总之，应和员工一起追求更高的业绩、攀登更高的目标。
- ✓ 统一。员工的年龄和学历往往不同，应避免因此造成态度和价值上的差异。应将员工的处事态度、专业知识、岗位技能、健康状况作为升迁的标准。同时，不要因为员工的适应性较差，就匆忙地对他的工作能力进行彻底否定。

微笑也是保持士气的特殊方法。有关专家经过研究发现，经常发自内心地微笑，可以明显地提高人的生理状态，极大地改善人的精神面貌，从而激发出工作热情，创造出更高的效益。在美国俄亥俄州，有一家钢铁和民用蒸馏公司的子公司一度经营不善。总公司派了丹尼尔担任子公司的总经理，企业面貌迅速发生了巨变。原来，丹尼尔在工厂里到处贴上标语："请把你的笑容分给周围的每一个人。"他还把工厂的厂徽改成一张笑脸。平时，丹尼尔总是春风满面，笑着同工人打招呼，笑着向工人征求意见。全厂2000名工人，他都能叫出名字来。在他的笑容的感染下，员工的工作热情大大提高。3年后，工厂没有增加任何投资，生产效率却提高了30%。

马克的"增加欢乐气氛"的管理思想与丹尼尔的"笑容管理"有着异曲同工之妙。马克是美国西雅图一家公关公司的老板。为给公司增加一些欢乐气氛，他采用了一些既简单又有效的方法：每个季度关闭公司一天，带着全体员工去看电影；员工每年四次关掉手机，将电话设置为语音信箱状态，去欣赏露天音乐会；在每周一次的全体员工参与的午餐会上，提供各种水果、饮料；允许员工平时随意着装，只是在接待客户时才有统一的着装要求。

总之，我们有理由相信，针对社会性需要的激励方法比单纯的物质利益更重要。过去，如果你习惯于用金钱收买人心的话，那么，建议你转而采用精神激励、情感激励的方法，效果会好得多。

复习思考题

1. 针对交往需要的激励方法有哪些？请结合现实生活中的具体例子进行详细论述。
2. 针对尊重需要的激励方法有哪些？请结合现实生活中的具体例子进行详细论述。
3. 针对群体气氛的激励方法有哪些？请结合现实生活中的具体例子进行详细论述。

第六章

内部动机与激励

学习目标

1. 理解员工内部动机的基本知识
2. 掌握提高员工认知需求、自我实现及主体性的方法和技巧
3. 理解主体性主要包括哪些方面
4. 掌握激发员工内部动机的方法及技巧

对于一个极度饥饿的人来说，给他第一碗饭吃就是救命；第二碗饭是满足；第三碗饭则是毒药。在企业管理中，同样如此，当员工的基本需要得到满足后，外在的诱因便不再能够像以前那样激发他的工作热情了，此时激发员工的内部动机就变得尤为需要。

有这样一则寓言故事：

很久以前，有一位猎人带着猎狗在树林里打猎。有一天，猎人发现了一只野兔，举枪射击，打中了兔子的一条腿，受伤的兔子慌忙而逃。猎人命令猎狗追击，并告诉猎狗，如果把兔子追回来，回去后会奖励一个大骨头，于是，猎狗就尽力地追，但猎狗追了很久却空手而归。猎人问猎狗："你怎么空手回来了呢？"猎狗说："我已经跑累了，和吃骨头相比，我还是先休息为好"。兔子拖着受伤的腿跑回家，全家欢欣鼓舞，问小兔子，你拖着受伤的腿，是怎么逃过猎狗追捕的呢？兔子回答："我为了逃命，必须全力以赴地跑；而猎狗为了骨头，就尽力地追。我是为自己，猎狗是为骨头，所以我赢了。"

这则寓言故事给我们的启发是：内部动机的满足会促使员工全力以赴投入工作，而外部动机的满足只能让员工尽力而为。这就是内部动机和外部动机在员工工作状态、业绩表现方面截然不同的体现。

内部动机一直是心理学和管理学的一个重要研究领域，对个人而言，工作本身的内在价值就是工作的内部动机。内部动机是以个体和工作任务本身作为关注对象，内部动机源于人们对自我决定和胜任感的内生、有机需要。当人们从事某种工作并不是出于外部原因，而仅仅是为了追求工作中的愉悦感、乐趣、自发的满意感、好奇心的满足以及挑战时，便受到了内部动机的激发。大量研究表明，员工的内部工作动机对他们积极的情感体验、高水平的工作绩效、创造性行为、工作持久性、工作满意度以及心理健康状况都有很好的预测作用。

内部动机这么重要，那么员工的内部动机具体包括哪些方面？又应该怎样去激励？又需要那些技巧呢？本章我们主要从认知需求、自我实现和主体性这三个方面来探讨这些问题。

第一节　认知需求与动机激发

行为主义的动机理论主要研究外部赏罚的作用，而认知心理学的动机理论则主要研究员工的认知因素对工作动机的影响，包括人的认知需要和自我认知的作用，本节主要介绍认知需要对工作动机的影响。

一、认知需求

认知需求（cognitive need）是人类的基本需要之一。它是指个体对事物的追寻、认知和了解的内在动力，如求知欲、好奇心等。很多心理学家对此做了研究，美国心理学家默里（Murray, H.A.）提出人的 28 种需求，其中认知需求就是其中之一。认知的需求（need for understanding）是指凡事好问，对新奇事物非常有兴趣，喜欢探讨问题，爱好钻研抽象理论知识的需要。美国人本主义心理学家马斯洛的需要模式中有一个是心理需要或成长需要的高级层次，指个体在基本需要满足后产生的认知需要，即人具有解决疑难和理解问题的欲望，探索各种事物的需求。认知需要对人满足低级需要，特别是高级的自我实现需要都是必须的。一旦需要受阻，人不但难以有所作为，而且会处于病态心理状态，失去健康幸福和人生价值。那么，认知需求的具体表现有哪些方面呢？

首先，认知需要的核心表现是好奇，是指促使个体对新奇的事物去观察、探索、操弄和询问，从而获得对环境中诸般事物了解的一种原始性的内在冲动。因此，好奇一向被视为人类求知的最原始的内在动力，而且一般认为好奇是与生俱来的，是不需要学习的，人类具有一种好奇求知的本性。好奇心是由遗传基因决定的一种先天倾向。动物的进化程度越高，脑越发达，好奇心就越强。哈洛（H.F.Harlow, 1950）在研究中发现，两只吃饱喝足了的猴子反复地拆卸一个六面装置的玩具，连续操作10小时以上，热情还没有减退的迹象。好奇心驱动我们去经历那些新的东西，这样不仅可以更多地发现和认识周围世界，而且促进了认知能力的发展。有很多科学家和伟人都具有超出常人的好奇心。好奇心引发了人们求知的欲望，推动了人们成功。

由好奇心激发的工作动机有一个特点，即有关行为活动本身能提供一种自我奖赏。例如，爱迪生在发明电灯泡时，经历了一次又一次的失败，终于在第N次的实验后发明了电灯泡。这些发明实验的行为本身就是一种奖励。整个实验过程，并不依靠外部的强化。这是一种对工作或学习活动本身或兴趣的内部动机。研究表明，内在的工作动机没有什么"负作用"，它比外部奖赏引发的工作动机更稳定、更有推动力、更持久。

其次，认知需求的表现还有求知欲。人在生活、学习和工作中面临问题或任务，感到自己缺乏相应的知识时，就产生了探究新知识或扩大、加深已有知识的认识倾向；这种情境多次反复，认识倾向就逐渐转化为个体内在的强烈的认知欲求，这就是求知欲。求知欲强的人自觉地、积极地追求知识，热情地探索知识，以满足其精神上的需要。可见，求知欲虽与好奇心同属对事物的探究倾向，但二者不尽相同。一般的好奇心表现为人追求认识事物的短暂探索行为；而求知欲则是一种比较稳定的认知欲求、认知需要，表现为人坚持不懈地探求知识的活动。

没有强烈的求知、探索欲望，工作就会变成一种负担、程序化的任务，员工也就不可能进行真正意义上的体会工作带来的乐趣。虽然，员工缺乏工作动机时，在上司的引导和监督以及压力下也能完成工作，但这种工作是被动的、低效的。这种情况下，员工一旦离开了领导的监督，工作也就没有绩效。而好奇心是一个人的心理品质，是所有科学的新发展或新发明的先决条件。科学的发展就是一个又一个新问题的提出和解决。爱因斯坦认为，提出问题比解决问题更重要，好奇心对激发人的内部动机起着重要的作用。

在管理工作中，管理者要善于激发员工的好奇心，满足员工的求知欲，为员工创造良好的环境。

二、认知需求的个体差异

虽然人都有好奇心和求知欲,但不一定都具有同样的强度,或都表现为同一个方面。在学前教育中,如果幼儿的发问经常被家长或幼儿园老师讥笑为"问傻话"或不给予完满的回答,就会挫败孩子的求知欲和好奇心。在学校教育中,如果学生学习新知识时产生的好奇和疑问得不到学习成功的内在强化,那么,就可能对科学文化知识失去好奇心和求知欲。而且,更为严重的是,有的学生的认知需要会因此削弱,会变得不爱动脑筋,不愿多深入思考问题。同样,在工作中,如果员工完成新任务时产生的好奇和疑问得不到绩效的内在强化,那么就可能对工作失去好奇心和求知欲。而且,更为严重的是,有的员工的认知需要会因此削弱,会变得不爱动脑筋,不愿多深入思考问题,对工作失去兴趣。

认知需要是指人们爱动脑筋的程度。它可以通过量表来测定。表6-1列出了认知需要测验量表的一些项目。从认知需要的角度看,人们在勤于思考上是存在很大个体差异的,有人勤于动脑,乐于探索,有人懒于思考,因循守旧。因此,在工作中激发员工的认知需要(认知性的内在工作动机)不仅仅是为了传授工作基本流程,更是为了发展员工爱动脑、爱思考、爱创新的心理素质。

表6-1 认知需要量表的一些项目(是否判断)

1. 我真的喜欢那些提出了新的解决办法的问题。
2. 我宁愿喜欢智力性的、困难的、重要的任务,而不愿选择比较重要却不需过多思考的任务。
3. 学习新的思维方法并不能使我们激动。
4. 依靠思考来使自己得到提高,这对我来说没有吸引力。
5. 我愿意努力思考的程度是所必需的最低程度。
6. 我喜欢那些学习过的、只需较少思考的作业题。
7. 我喜欢思考一些细小的日常生活问题,而不是长期性的问题。
8. 我愿选择不怎么需要思考的事情,不喜欢向我的思维能力挑战的事情。
9. 我发现长时间地仔细思考令人不愉快。
10. 我不喜欢承担责任去处理那些需要大量思考的问题。

注:3—10反向记分。

三、提高员工认知需求的方法

前面我们已经提及了员工的好奇心和求知欲是员工认知需求的表现。因此,我们要满足员工的认知需求,可以从激发员工的好奇心和满足他们的求知欲来进行。

兴趣和好奇心是紧密相连的,好奇心是一个人的心理品质,是新发明、新创造的先决条件。兴趣则是对具体活动好奇心的表现。

发展员工内在工作动机的最主要手段是让他们"付出有回报",帮助缺乏工作动力的员工的最好办法是帮助他们在工作上取得进步,并在进步中体验一种内部的自我奖励,从而激发他们的好奇心和求知欲。下面针对员工的认知需求,来探讨员工动机的具体激发方法。

1.激发员工的好奇心和求知欲

(1) 利用信息或问题的不确定性,激发员工的求知欲和探索愿望

心理学研究表明,不确定的信息是引起员工内部动机的一个重要原因,适度的信息不确定性有助于内部动机的形成。在管理中,管理者要根据员工的抱负水平来使信息的不确定性程度达到最佳水平。如果信息的确定度过高,员工往往不会产生一定的内在冲突和不平衡性,难以激发好奇心,内部动机就不能充分地得到激发。但是,如果信息的不确定度过高,他们一开始就会对这种信息感到深不可及,就易于弃之而不顾。因此,只有与员工的抱负水平相适应的适度的信息不确定性,即让员工通过一定的努力能够弄明白该信息,这种程度的信息或问题才有助于激发其探索欲望。

(2) 通过信息的反馈,使员工产生满足感和成就感

随着问题的解决,员工的内部动机也在消退。这就要求管理者通过有组织的活动,使员工自己探索问题的答案,从中获得一种信息的满足感,或解决问题的成就感,并为其行为表现提供及时反馈,进行鼓励和表扬。只有这样,才会使这些员工更加积极地投入到以后类似的工作中去。

(3) 设置情境,引发员工的惊奇感和疑虑

在管理工作中,管理者可以结合具体的工作情景,运用适当的问题激发员工的内部动机,也可以通过适当的概念冲突或惊奇感来引发内部动机。这里的惊奇感不是指穿一身奇装异服或开其他玩笑,而是指工作本身的特点引发的惊奇感。一种是增强个体与单调环境的接触,个体就会产生强烈的好奇心,能动地探索环境,收集信息,并试图将这些信息纳入自己的认知结构中;另一种是个体从千变万化的外界环境中得到的信息与自己已经形成的认知结构不一致时,就会意识到差异和矛盾,形成好奇心,并改正不和谐的活动,形成工作动机。

2.进行良好的工作设计

(1) 让员工快乐的工作

通过树立各种各样适当的目标可以使工作富有挑战性,从而让员工在工作中体验到成功的快乐。挑战性过低令人厌烦,挑战性太强会使人产生挫折和失败感,中等程度的挑战性应该比较合适。工作如果具有适度的挑战性,就会使员工对工作产生兴趣和求知欲。产生兴趣和求知欲以后,他就会以解决工作中的难题为乐而不是以此为苦。当员工觉得工作是快乐的时候,员工的积极性就已经被调动起来了。例如,员工可能上班时间心不在焉,下班时眼睛都睁不开,步履沉重,精疲力竭,回到家里感觉昏昏沉沉,但此时要是有人找他去KTV或其他喜欢的运动时,他可能会马上变得精神百倍,玩多久都不知道疲倦,这便是苦与乐的区别。如果员工喜欢他的工作,就像喜欢玩电脑游戏、购物一样,那么废寝忘食、通宵达旦地工作都不会是问题。对于这样的员工来说,加班已经不是苦差,而是一件乐事。一旦乐在其中,什么事都会被做好。

(2) 工作轮换

工作轮换是指员工觉得一项工作已不再具有挑战性时,把员工调换到水平层次相近的另一岗位上去。工作轮换可以使员工免受工作枯燥之苦,增强员工工作的积极性,满足员工的求知欲。对员工而言,他可以学到更多的技能,更深刻地理解各项工作之间的关系,对组织的整体活动安排也会有更深刻的了解与认识。对公司而言,可以挖掘员工的潜力,并在适应变革、填补职位空缺时,具有更大的灵活性。因为当员工一个人能够做多种工作时,工作团体的灵活性和适应性就会得到很大的提高。而且,工作轮换拓宽了员工的工作领域,给予他们更多的工作体验,这不仅仅有利于减少员工的单调感,而且也帮助他们对组织中的其他事务有更多的了解,使其产生求知欲想学更多的工作知识和技能,这就为员工担任更重大的任务、承担更重要的工作做好了准备。

例如,加拿大北电网络的做法是:决不让一个员工做一个职位一直做到退休。该公司认为,要想激发优秀人才的热情,单纯的物质奖励只是一时之策。随着时间的推移,员工的物质水平提高了,薪金的激励效用就会慢慢降低。因此,公司在激励员工方面更注重帮助员工设计他们的职业发展规划。北电的员工工作两年就能得到轮岗的机会,有效地激发了自身的潜能。

(3) 工作丰富化

员工每天八小时都在工作,工作是他们生活主旋律,所以,从工作类型本身打主意往往卓有成效。在过去的20年里，人们做了很多努力来使工作变得更有意义，这些努力比工作轮换要有用得多。工作丰富化（job enrichment）便是现代人本主义管理常用的方法。按照罗宾斯的说法，工作丰富化主要是指对于工作内容的纵向扩展。工作丰富化不只是简单增加了工作种类，它还试着通过帮助在职者满足发展、认同和承担责任的需求来进行工作设计，为很多管理者所推崇。

让员工能从事一件独立而又完整性的任务，增强员工的责任，把各项任务组织起来形成一个新的更完整的任务。让员工独自负责，不仅可以加强员工的"主人翁"意识，觉得自己很重要，让员工负有更多的责任，也可以让员工更好地理解管理人员、具有更多地了解自己工作绩效的机会。这样，他会自我评价，自我激励，自我改进，而无须上司加以提醒。

工作丰富化对一位本来从事单一工种的工人来说是一项很好的挑战。马斯洛昔日担任顾问的非线性系统公司的工人们，原本只负责流水线上的一项工作，他们由于看不到自己工作的成果显得无精打采。后来老板采取六人至八人一组的方法，让每一位工人有机会从头至尾完成一件成品，体会从毛坯到最后成品的成就感，工作效率因而提高了两到三倍。

工作丰富化，可以从以下几点入手：①促进技能多样化。技能多样化是指一项工作要求员工使用各种技术和才能从事多种不同活动的程度。因此，它不仅仅指扩大工作的横向数量（工作扩大化），而且指扩大工作的纵向水平（工作丰富化）。②保持任务完整性。这是指一项工作要求完成一项完整的和具有同一性任务的程度，也就是说，个人可以从头到尾完成一项任务的程度。③保持任务重要性。这是指该项工作对组织内外的其他人的工作和生活产生重大影响的程度。④增强自主性。这是指个人能够自主安排自己完成任务进程的程度。⑤提供反馈。这是指个人为从事职务所要求的工作活动所需获得的有关其绩效信息的直接和清晰程度，得到自己工作效果的明确信息的程度。

工作丰富化使员工有了更多的权力和责任感，同时也满足了员工的认知需求，对产品和服务的质量提高具有很好的促进作用。

3.建立培训机制来满足员工的认知需求

培训是人力资源管理工作的内在组成部分，不仅是提高组织绩效、获取竞争优势的重要手段，也能够满足员工自我发展的需要，满足员工的求知欲和好奇心。通过学习、训练等各种手段提高员工的知识水平、业务技能和工作能力，并最终实现整体绩效提高的一种有计划、有组织的培养训练活动，是对人的投资，也是组织吸引和留住人才的重要因素。例如，沃尔玛为员工建立了一套行之有效的培训机制，并投入了大量的资金予以保证。沃尔玛视教育和培训为理念，为员工提供了大量的培训课程，成就了他们许多实现自我价值的机会。企业通过培训，帮助每位员工更好地达到个人职业发展的目的。

随着经济和社会的发展，员工自我发展的需求也日益增强，他们求职时首先考虑的是个人发展、培训与晋升机会，而不是工资待遇，他们希望学习新的知识和技能，希望接受具有挑战性的任务。而培训可以帮助员工实现这些期望，员工的期望在某种情况下可以转化为自我实现诺言。期望越高，员工在企业工作岗位上的表现会越好；反之，期望越低，表现就越差。员工对未来发展的预期都要求企业增加培训投资。而沃尔玛的培训策略正好满足了员工的自我发展和自我提升的需求。

4.促使员工卷入工作任务

如果员工对工作没有兴趣，是不能有效地通过外部奖赏使他们变得富有内部动机的。只有设法使他们"卷入"任务之中，才能使他们体会到工作的快乐，才能达到提高他们求知欲和好奇心的目的。

"卷入"意味着什么？首先，它意味着要注意眼前的工作任务；其次，必须具备"卷入"之后的深入加工所需的必要工作经验；再次，员工有自己决定自己进度快慢的选择自由（而不是依照领导规定的步伐）。最后，有愿意更加"卷入"的动机。

随着卷入的持续，内部动机和兴趣在开始时不会有多么明显的提高，但是，经过一个较长时间的量变之后，会在某一时刻出现质的飞跃。最终员工感叹说："嗨！这比我过去认为的有趣多了。"

那么，如何才能促进员工卷入到工作任务之中去？首先，领导应设法使员工卷入工作任务的过程不但不会使员工受到失败的威胁，而且应使工作任务变得更加容易完成，工作也因此受到促进。此外，还有一种方法是抓住每一个机会向员工指出完成特定工作任务的社会价值，而许多领导往往忽视了这一点。要做到这一点，显然领导要完成许多"准备工作"，引发员工内在兴趣。

第二节 自我实现与动机激发

当员工的基本需要都得到相当程度的满足后，自我实现的需要就开始凸显，尤其是知识型员工（技术员、研究员及管理人员等）最为明显。对他们这些有较高报酬、生活富裕、喜欢自己工作的人来说，外在的物质不再吸引他们，挑战性的工作要比加薪更有吸引力，培训的机会要比升职更有诱惑力。挑战性的工作和专业培训而不再是外在的物质条件成为他们的兴趣所在。

一、自我实现概述

自我实现一词，源于早期精神医学家戈尔德施泰因（Kurt Goldstein, 1878-1965）的《有机体》一书。其原义指任何有机体均与生具有的特殊潜力。对有机体的生存与生活而言，这种潜力等于是一种内在需求，时时促使有机体去满足该需求，从而使其所具潜力得以展现。戈尔德施泰因称内在历程为自我实现（self-actualization）（Goldstein, 1934），并用此来解释人类的生活适应：认为一般正常人在其生活中，都是基于自己的潜力，尽力追求满足，从而使其自我得以实现。

马斯洛使用了戈尔德施泰因的自我实现为内在需求的观念，并对其概念做了修改，并在此基础上提出了自我实现的理论。马斯洛的自我实现理论有两个重要的概念：自我实现的需要和高峰体验。

自我实现的需要是马斯洛需要层次理论中的高级需要，是马斯洛动机理论的核心部分。自我实现的需要是指实现个人的理想、抱负，使个人的特有的潜能得到发挥的需要，是高峰体验的结果。自我实现的人往往希望自己越来越成为期望的人物，完成与自己能力相称的一切事情。比如说，学者必须做研究，画家必须绘画，诗人必须写诗，这样他们才会感到快乐，是什么样的角色就应该干什么样的事情。在现实社会中，根据马斯洛的需要层次理论，人的高层次需要应该是自我实现的需要。有自我实现需求的员工千方百计地通过工作实践，将自己的潜能现实化。他们不断的希望、向往、有所追求使自己成为了一个比较完善的自我实现的人。

高峰体验是马斯洛提出的很独特的一个概念，这个概念甚至在某种程度上超越了心理学的界限。他在《宗教价值和高峰体验》一书中，对许多人都曾有过的奇妙的神秘体验给出了他的看法，认为这种神秘体验是高峰体验的一种。马斯洛研究发现，当一个人处于高峰体验的状态时，他便是正处在他生命中最健康、最辉煌的时刻，这时候也是他达到自我实现的短暂时刻。

在这些短暂的时刻，人们沉浸在一片纯净的幸福之中，摆脱了一切怀疑、恐惧、压抑、紧张和怯懦，自我意识也悄然消逝。他们不再感到自己与世界之间存在着任何距离而相互隔绝，相反，他们觉得自己已经与世界紧紧相连融为一体。他们感到自己是真正属于这一世界，而不是站在世界之外的旁观者，此时他就处在高峰体验时刻。

经历高峰体验后的普遍后果是一种感恩之情油然而生，可以转化为一种敬仰、报答、崇拜、颂扬、奉献等反应。高峰体验并非可由策划安排而引发，它们往往不期而至，人们常因高峰体验而"喜出望外"。在高峰体验中，我们经常有惊讶和意外之感，以及那种"豁然开朗的震动"，而自我实现是高峰体验的结果。

为了更好地帮助人们理解自我实现的思想，马斯洛举了一个在他担任教师期间的典型例子来说明。该案例是他当时为自己的学生做业余心理治疗时碰到的。

一位毕业的女大学生来求助于马斯洛，她毕业于比较出名的布鲁克林大学。在校期间她曾是优秀的心理系大学生，渴望继续攻读研究生。她喜欢做学问，但她的家庭生活的拮据状况，迫使她放弃了学业。毕业后她找了一份报酬丰厚却枯燥乏味的工作，在一个口香糖工厂当人事部门的负责人。在当时的大萧条时期，这是一份美差，靠着这份工作，她供养着整个家庭，每个朋友都羡慕她的丰厚收入。但是，她说自己失眠，没有食欲，月经失调，没什么能够激起她的兴趣，她感到生活是如此缺少乐趣，无聊乏味。最初，她试图说服自己，应该感到自己是比较幸运和幸福的，应该对这份收入丰厚的工作心满意足。但是不行，随着这种生活的持续，一想到要毕生从事这种功能工作就使她感到压抑，现在她内心空虚极了。

从她的叙述中，马斯洛意识到，真正的问题在于这个女大学生认为生活没有意义，工作枯燥乏味，所以才会感到压抑和沮丧，从而导致其生理上的一些反应。这个女大学生也认同了他的分析。马斯洛建议她利用晚上的时间继续学习研究生课程，保持她在学术上的兴趣。这个女大学生听从了马斯洛的建议后，她安排了自己的学习课程，结果进展很顺利，她变得和之前见到的那个人判若两人，并且通过努力后她成为了一个研究者。

在该案例中，该女大学生找到了真正能自我实现的工作，满足了自我实现的需求，也在这个过程中有了高峰体验。而且，这种自我实现的需要和高峰体验的满足并不一定和物质、薪酬待遇等外在条件密切相关，相反和内在的自我奖赏密切相关，是一种内在的动机和高层次的需求。当个体基本需要满足后，自我实现的需要变得尤为强烈。自我实现需求得不到满足时，就会影响个体的发展，个体的精神也会受到很大的影响，严重时还会引起个体的生理反应。在人力资源管理中，管理者除了要满足员工的基本需求外，也要满足员工的自我实现需求。满足员工的自我实现需求，可以使员工的能力得到充分的发挥，这样给企业带来了效益，同时员工的自我价值也能得到体现。

二、自我实现员工的表现

在马斯洛看来,"自我实现的人"是人类中的杰出人物,他们可以说已经达到了人类生活的理想状态。自我实现者具有普通人梦寐以求的特点。根据马斯洛的研究,自我实现者主要表现在以下几个方面:

1.积极肯定自我,愿意接纳一切

在生活或工作中,有很多员工可能会因为自己本应该做好的事情没有做好或由于对自己要求太高而没有完成,而感到羞愧和内疚,产生罪恶感。而自我实现型员工他们对自己所犯的过失可以坦然接受,就像接受大自然一样。世间的万事万物都有两面,同样有自我实现需求的员工他们对待人性的善恶两面也是如此,他们不会对自己的同事或领导指手画脚,他们会尊重人的本性。他们能够接受在各个层次上的自己,他们倾向于接受自然和现实,而不会因为自然和现实不合己意而愤愤不平。

自我实现者在与他人的相处中,没有防御,没有伪装,他们所表现出来的是真实的自己,更不会为了达到某种目的而伪装自己。他们讨厌那些虚伪、弄虚作假、冠冕堂皇的伪君子,在他们身上是基本不会出现这些的。

2.独立思考问题和解决问题,以问题为中心

自我实现型员工对外界具有相对独立的能力,他们可以离群独处,他们所要求的满足并不需要依赖外界、依赖他人来实现。们能够自我决定,自我管理,可以根据自己的经验来分析问题、解决问题,而不受到别人的干扰。他们习惯于把注意力集中在他们自身以外的事情上,以问题为中心而不是以自我为中心。不同于一般人的是,普通人一般把精力花费在自己的身上来满足自己的基本需要,他们有很多任务要完成,他们没有时间去发展自身原发的创造性。自我实现者的任务可能不是他们喜欢的或是他们自己选择的,有可能是他们所感到完成这些任务或解决这些问题是他们的责任或义务。从这点出发,我们可以看出自我实现者的心胸比较宽广、超越现实、见多识广。他们的基本需要已经得到了满足,不再需要依赖外界,他们有独立的能力,可以不再受外界的影响。

3.良好的心境和富于哲理的、善意的幽默感

自我实现者,他们是以一种超脱的态度来看待生活的点点滴滴,不会拘泥于生活中的名利和得失,他们会取笑人类的狂妄自大,取笑人们矫揉造作。他们的幽默

引起的往往是会心的微笑而不是捧腹大笑，他们的这种幽默富于思想性与哲理性，脱胎于当时的具体情况而不是这个情况的附加物，它是自发的而不是事先策划的，并且往往不会重复。他们的幽默并不是以伤害人为手段，他们不会嘲笑他人的低能无知，不会恶意地嘲笑别人的缺点，他们的幽默不会让人感到难堪。对于生活的许多方面的冲突、斗争以及选择时自我实现者的犹豫和冲突已经减弱甚至是消失了。他们觉得这种斗争不再是斗争，而成了快乐的协作。

4.深邃的洞察力，具有首创性。

自我实现者在生活中的很多领域似乎比其他人更敏捷和更能正确地看出被隐藏和混淆的现实。他们比普通人较少受个人主观愿望、突如其来的欲望、难以控制的焦虑和恐惧的影响，他们也较少地受性格中乐观、悲观倾向的影响，他们似乎总是能更准确地把握隐藏在事物表面下的本来面目。他们相信事物有很强的生命力，于是不断探究新的事物，并往往能够创造新的东西。

5.自发性、坦率及缺陷

自我实现者具有相对自主的、独特的、不遵从惯例的道德准则，他们的行为中具有相对的自发性，并且在内在的生活、思想、冲动中更具有很强的自发性，他们坦率、自然，很少做作。自我实现者并非完美无缺，他们也会表现出许多人类的小缺点。他们有时候也可能显得愚蠢可笑、令人厌烦；在牵涉到自身的时候，他们也会表现出大多数人都会有的虚荣心；他们也会面红耳赤地跟别人争论，也会盲目地挥霍钱财；他们有时候所暴露出的暴躁脾气会让周围的人感到震惊。通常来说自我实现者在许多方面都堪为楷模，虽然他们也会有罪恶感，也会焦虑悲伤，内心也会有剧烈的矛盾与冲突，但是并不妨碍其人性的光辉。毕竟"金无足赤，人无完人"。

6.具有较高的成就动机

高成就动机指员工自己给自己定目标，而且比别人规定的高。只要团队能取得成绩，他们不在乎功劳归谁。他们对胜任和成功有强烈的要求，他们追求卓越、争取成功，热衷于接受挑战；常为自己设定有一定难度而又不是高不可攀的目标，并去努力实现；敢于冒风险，又能以现实的态度对待风险而不存侥幸心理，善于分析和估计问题；愿意承担责任；追求的不是报酬本身，而是个人成就；想把事情做得比以前更好、更有效率。

高成就动机者喜欢成功与失败的可能性各占50%的事情，这样可使他们的绩效最高。他们不喜欢偶然性高的工作，因为从偶然中获得的成功不能使他们感到任何的成就满足感。同样，他们也不喜欢成功率高的工作，因为那样不能充分显示出他们的能力。他们喜欢设置需要经过一定努力才能实现的目标。当成功与失败的机会均等时，才是高成就动机者从个人努力中获得成功感和满意感的最佳时机。高成就动机者追求的是个人的成就，而不是金钱。

因此，在企业中培养自我实现者是公司的一项很重要的任务，要根据员工的性格特点，满足他们的需求，激发他们工作的内部动机。

三、促进员工自我实现的方法

怎样通过满足员工的自我实现需要来激发员工的内部动机呢？如下一些方法供参考：

1. 为员工提供创造性的工作环境

为了生存和成功，公司必须创新。对于公司来说，创新的一个重要源泉是他们的员工。从员工的角度来说，自我实现倾向的员工都喜欢创造性的环境，喜欢更多给自己展现机会的平台。在这样的环境和平台下，员工可以发挥他们的创造力去开发新产品、提升技术或对公司产品或服务的过程进行改进。但是，这种创造力不会自动发生。公司必须为激发员工的创造力构造创造性的环境。只有通过在正确的地方培养正确的人，才能在组织中使创造力最大化。

管理实践已经认识到主管风格对员工行为的重要性。但是，员工自我实现的最大化可能要求管理者的特别支持和非控制性。当主管支持时，他们表现出关心员工的感情和需要，鼓励他们畅所欲言，提供正面的信息反馈，促使员工技能开发。这些行动可以提高员工在工作中的自我决定感和主动性，使他们思考、形成和最终贡献更多的创造性结果，从而满足员工的自我实现。同时管理者不应该是控制性的，他们不应该严密地监视员工的行为，不应该在员工不参与情况下做出决策，一般不应该强迫员工以某种方式去思考、感觉和行为。这些控制性管理行为把员工的注意力从他自己的思考转移到了外部关注点。因为对于高创造力的自我实现的员工，他们是自信的、知觉的和模糊的，他们倾向于通过从已有框架外部思考来解决问题，因此，特别重要的是管理者不要过分控制、压迫或甚至于监视这些员工，妨碍他们的创造潜力。通过关心这些员工的意见、需要和技能开发，管理者们实际上可以提高这些高潜力人群的创造力。

2. 提供具有挑战性的工作

自我实现者具有较高的成就动机，他们对胜任和成功有强烈的要求，他们追求卓越、争取成功，热衷于接受挑战；敢于冒风险，愿意承担责任，追求的不是报酬本身，而是个人成就；想把事情做得比以前更好、更有效率，他们喜欢富有挑战性的工作。

1985年春，微软没能在最后期限前研制出视窗软件时，盖茨曾气愤地说，如果视窗软件不能在年底前上柜台销售，他就要鲍尔默走人。这个挑战性的工作几乎是一个不可能完成的任务。尽管谁都认为盖茨只是一时气话，并不是真的要放弃鲍尔默。结果鲍尔默也不负盖茨所望，当年11月，WINDOWS在千呼万唤之后终于登台亮相。"微软觉得，有一套严格的制度，你就会做一个很规矩的人，但你的潜力发挥到70%就被限制住了，微软要每个人都做到100%。特别是做软件方面，需要人的创造力，所以微软有一种激励的文化，如果你现在的情况能做到70%，那公司给你资源，公司给你方向，公司给你鼓励让你去达到100%"。这正是微软对于员工的挑战：当公司给员工的资源也够了，给的待遇也够了，给的奖励也够了，那么员工还追求什么呢？在微软，这个答案是唯一的，那就是开展挑战性的工作，实现飞跃式的发展。"比赛就是如何有效地配置最好的运动员。谁能够最合理地配置运动员，谁就会成功。这一点对于商业来说没有任何不同。"微软的这套富有挑战色彩的制度让能者在宽阔的舞台上翩然起舞，其跃然的舞姿在微软的历史上镌刻下了浓墨重彩的动人篇章。

没有人愿意平庸和被人轻视，让员工特别是新员工承担一些具有挑战性的工作，还可以激起他们的信心和责任心，就会让他们努力地想方设法地完成任务。例如，在丰田公司中，即使是流水线上的工作也会立即被分配到由高技能和强大工作动力的同事所组成的自我管理工作小组之中。在这些自我管理小组之中，他们必须迅速地学会变成具有高效率的小组成员。当某个项目小组与客户会谈时，即使该小组负责人手下全是一帮刚刚新进公司的员工，新员工也要担负这种责任，整个小组全力相互支持接受挑战。

总之，公司为员工提供挑战性的工作，发挥了员工的最大潜力，不仅给公司带了巨大的效益，也满足了员工自我实现的需要，从根本上激发了员工工作的内部动机。

第三节 主体性与动机激发

员工的主体性是员工把自己作为认识、实践和自身发展的主体的一种本质属性，是全面发展的员工的根本特征。主体性活动是搜寻、研究、调查和检验的活动；是不受外部强迫与控制，独立自由地控制自己的思想、支配自己的行为，也是员工对工作主动进行选择和适应并实现对现实超越的一种能动活动。本节我们从自我意识、自我效能感及心理资本三个角度来介绍主体性与动机激发的问题。

一、主体性概述

主体性是持续人的一生的、人类自我发展的重要方式。主体性强的员工不仅表现出强烈的创新意识，而且具有创新思维能力和动手实践能力，具有比较高的内部工作动机。员工的主体性首先表现在员工应该具有比较强的主体意识；其次，员工应该具有比较好的自我效能感；然后，员工应该具有比较好的心理资本，具备乐观、自信、希望等特质。具备良好的主体意识、自我效能感以及心理资本的员工应该具有比较好的主体性。

1. 员工的主体意识

主体意识是指作为实践活动的主体对自己在实践活动中的地位、作用、责任和行为调节的能动意识。主体意识是积极性、主动性、自觉性、创造性的源泉，是从事任何工作的责任感的产生条件。主体意识高的员工把自己看成是自己行为的根源，是自主自觉的人，他们是内归因的人，他们认为自己是自己生活的主宰，自己拥有决定权，自己替自己的行为负责。而有的人则把自己看成是比自己更强的其他人所支配的人。这种人被称为"奴仆"。他们具有外控制点的归因倾向，缺乏自主自立意识。他们所做的事被认为是别人为他们决定好了的，很少具有拥有自己的感觉。

在员工管理中，要让员工树立主体意识，就需要从如下几个方面入手：

（1）让员工明确主体意识的重要性

在工作中，并不是所有员工都有明确的主体意识。有的员工没有把自己看成是工作的主体，总觉得工作是领导安排的任务。从主体意识的角度看，优秀的员工应该是积极主动地对自己的工作负责的员工，他们有主见、独立性强、自觉性高，重视对能力的培养超过了片面地追求工资。

（2）让员工认识到自己的主体地位

员工必须要认识到自己在工作中的地位应该是主动积极的，而不是被动消极的；自己是工作的主体，是演员而不是观众，员工要学会做自己工作的主人，工作并不只是用来赚钱的工具。认识到自己的主体地位后，员工才能积极主动地承担起搞好工作的责任和义务。如果带着被迫、无可奈何的态度去工作，那么，在工作上一定会显得消极、被动，工作动力不足，工作也必然会难以成功。

(3) 让员工认识到自己对任务具有主体性

对任务具有主体性主要是指员工在工作中认识到自己应完成的任务或应承担的责任。员工的主要任务就是工作，但是主体意识不同的员工在看待主体任务上，态度是完全不同的。没有明确的主体意识的员工，总是消极地对待工作，他们把工作看成是一种负担，草草完成了事。而主体意识高的员工，除了完成安排的任务外，他们还能主动为自己制定工作任务，并拟订出详细的工作计划以促成工作任务的顺利完成。

(4) 促使员工发挥主体的作用

员工在意识到自己在工作中的主体地位、主体任务之后，就要考虑怎样充分发挥自己的主体作用，积极、主动、高效地工作。在这一点上，需要具体的行为技巧上的指导，要帮助员工学会调节和控制自己的行为，充分发挥主体的积极性和能动性。

员工的主体意识也在潜移默化地影响内部动机，明确员工的主体意识、地位和任务可以激励他们的工作积极性。让员工参与到工作的管理中，使员工在公司中有主人翁的意识。

2．员工的自我效能感

班杜拉关于自我效能感的中心思想是个体的自我效能感决定他的成就动机，两者呈正相关。自我效能感高的人在有关活动中行为积极性高，乐于付出努力和采取策略来应付遇到的问题、解决面临的困难。相反，自我效能感低的人在有关的活动上行为积极性低，不愿付出过多的努力和采取相应的策略应付困难、解决问题，这必然导致活动结果不尽如人意，反过来又降低了他的效能感。

自我效能感对员工的内部动机产生一定的影响，它决定人们对工作的选择及对该工作的坚持性，影响他们在困难面前的态度、新行为的获得和习得行为的表现及工作时的情绪。在人力资源管理中，管理者要让员工了解工作的内容、性质，并且要根据员工的能力和特长安排他们的工作。做自己熟练的工作，员工的能力可以得到发挥，同时员工对自己所做的工作有信心，自我效能感也能得到提升，实现自我价值。

自我效能理论在实践应用中对现代企业管理有着很多的启示，具体来说，我们归纳如下几点：

(1) 与归因理论相关联，引导员工对事件进行正确归因

在影响自我效能感的因素中我们提及过归因的作用，因此在管理中，管理者应该引导员工进行归因训练，通过正确归因起到增强自我效能感的目的。相关的归因知识在归因理论的应用中有更多的介绍，这里我们就不做更多赘述。

（2）树立榜样来激励员工

这一方法对新员工尤其有效，因为新员工刚进入企业，其缺乏足够的经验，而此时企业可以通过对优秀员工的榜样作用来激励他们，同时也可以通过对这些优秀榜样人物的奖励来刺激新员工努力工作。

（3）指导员工制定合适的工作目标

个体的成功和失败经验是影响个体自我效能感的重要因素，而在员工能否取得成功与其制定的目标是否科学合理具有很大的关系。因此，管理者可以通过对员工制定目标进行指导，进而提高目标的实现率，从而提高员工的自我效能感。

（4）改善员工的工作环境

企业工作环境与员工的身心疲劳具有很大的关系。当员工尤其是基层员工在身心疲劳的时候自我效能感显著降低，此时会很大程度上影响其工作效率。因此，在组织情景中改善工作的物理环境被认为是促进自我效能感提高的有效途径。

3.心理资本

管理学家路桑斯教授敏锐地捕捉到心理学的进步，创造性地将积极心理学的思想延展到人力资源管理与组织行为学领域，并进一步提出"心理资本"这一概念，旨在从根本上打造人的竞争优势。所谓心理资本是指一个人的心理状态、心理素质。任何人，不论是管理者还是员工，都有心理资本。资本状况是优良还是糟糕，对工作业绩至关重要。人的潜能是无限的，而其根源在于人的心理资本。

具体来说，心理资本包括以下四个关键要素，即信心、希望、乐观和坚韧。这四个要素是员工努力工作的动因，也是激发员工主动性和创造力的核心因素。

- 信心。信心是人们激发自己的动机、认知到自己的资源并且采取必要行动来完成特定行为的能力。具有信心的人选择挑战性的任务，自我激励并且努力去实现自己的目标，当遇到障碍的时候锲而不舍。
- 希望。希望指基于目标、路径和意志力三者之间互动而形成的动机状态。希望不仅是指对个人目标可能达到的决心，还包括对目标实现途径的信念，当个体遭遇挫折时，能通过信念坚持解决问题的决心，使个体具备达成目标的勇气及信心。
- 乐观。乐观是对未来的一种因果归因或是一种预期。悲观者通常把成功事件看做是幸运的，并认为自己之所以成功是因为别人的帮助或者是环境的因素导致。乐观者则将坏事情看做是暂时的，并认为通过自我的努力一定能战胜困难，最后取得成功。

- **坚韧**。坚韧是指具有从逆境、不确定、失败以及某些无法抗拒的变革如责任的增加复原的能力，主要体现在各方面对事实的忍受力的坚定信念，并可以从坚定的价值观上获得力量，具有随时准备和适应重大改变的能力。

管理者要怎样做才能增加员工或者工作团队的心理资本？

首先，管理者要有自我意识。他们需要通过审视自己的行为来增强他们自己的效能、乐观、愿望和韧性。想一想处理一个特定局面时你的典型处理方式是什么，然后在必要时提前计划好不同的处理方式。

其次，要让员工体验成功。只是说"干得很棒"还不够，员工需要具体评价。然后通过赋予重要意义，用此次成功带来更多的成功。

再次，要设定目标以增加愿望和效能。如果员工在追求目标时遇到了困难，帮助他们发现替代资源和方法，这样做不但培养愿望，而且培养韧性。

三、提高员工主体性的方法

通过哪些措施可以提高员工的主体性呢？有如下几种方法供参考：

1. 让员工提建议并尽量采纳员工的建议

每个人都有潜在的才智，但究竟如何激发他们，则需要管理者动一番脑筋。实践证明，让员工提建议就是一个好点子。在这方面，做得最成功的首推丰田公司。

1951年，丰田英二担任丰田汽车公司总经理。他实施了"动脑筋创新"的建议制度，大大调动了员工的工作热情。他首先成立了"动脑筋创新委员会"，制订了具体规章。车间到处都设有建议箱和"建议商谈室"，建议的范围包括机械仪器的发明制造、作业程序的改进完善、材料消耗的评估节省等。领导既能听到工厂现场的意见，也能及时了解员工掌握技术能力的程度。员工们利用这个制度，找到了创新的乐趣，既充分发挥了自己的能力，又切实地感受到巨大的满足。

2. 让员工参与管理

参与管理就是让下属人员实际上分享上级的决策权。在具体运用上，参与管理有许多种形式，如共同设定目标，集体解决问题，直接参与工作决策，参与咨询委员会，参与政策制定小组，参与新员工的甄选等。

管理者把权力与员工分享的理由何在？其一，当工作变得十分复杂时，管理人员无法了解员工所有的情况和各个工作细节，若允许员工们参与决策，可以让了解更多情况的人有所贡献。其二，现代的工作任务相互依赖程度很高，有必要倾听其他部门的意见，而且彼此协商之后产生的决定，各方面都能致力推行。其三，参与决策可以使参与者对作出的决定有认同感，有利于决策的执行。其四，参与决策可以提供工作的内在奖赏，使工作显得更有趣、更有意义。由于这些特点，参与管理尤其受到年轻一代和高学历员工的重视。

参与管理的重要形式是质量监督小组，它是被人谈论最广泛的一种参与管理形式。这种形式最初起源于美国，20世纪50年代传到日本，被日本企业发扬光大，成了解释日本如何能提高质量、降低成本并击败美国公司的原因。在日本，每九个员工中就有一个人是质量监督小组的成员，可见这种形式在日本多么流行。所谓质量监督小组，是指8到10位员工及1名督导员组成1个小组，定期集会——通常每周1次，占用工作时间——讨论质量方面的难题，分析问题的原因，提出解决方案，监督实施修正计划。当然，对于小组提出的各种建议，管理层有最后决定权。而且，作为小组成员的前提条件是，必须具备分析和解决质量问题的能力，而且还要懂得如何与他人沟通，宣传各种策略。

从实践看，德国、法国、荷兰及北欧等长期实施工业化民主（industrialdemocracy）的国家，以及日本、以色列等实施传统的参与决策制的国家，参与管理都有很深的基础。在美国，参与管理却是落后一些时候的事，原因是遭到了各级管理人员的抵抗——与经理分享权力，在观念上与许多美国人的权威性格和阶级意识相冲突。不难理解，越是居于高位的经理，越不容易接受参与管理的领导风格。

3.引导员工正确归因

结果成败归因的重要作用在于通过产生一定的成功期望和情感而影响后继行为的动机，并且不同的归因方式产生不同的效果。在企业中，员工对成功或失败的归因影响到其对工作的热情，并对内部动机有很大的影响。归因还影响到人的自我效能信念。人们不期望的归因模式往往会通过影响或降低人的自我效能信念而影响到后继行为的动机水平。如果员工把失败归于缺乏能力，那么，他的自我效能感就降低。而从主体性的角度来看，要提高员工的主体性，最好让员工把原因归纳为自己的内部原因，这样才能让员工负起责任，自己的事情自己主动负责和承担，自己是自己命运的主宰者。因此，有必要对员工的归因进行训练。

所谓归因训练，是指通过一定的程序，使员工掌握归因技能，消除归因误差，形成比较恰当的归因方式。根据国内的研究发现及国外文献的介绍，可以采取以下三种有效的归因训练：

- **团体训练法**。以团体讨论的方式进行，团体成员一起讨论并分析工作成功和失败的原因，然后由领导者对个人的情况做出较为全面的分析，引导他们对较易控制的不稳定因素如个人努力等进行归因。然后由每个员工填写归因量表，并对几种主要原因所起作用的程度做出评定。最后，对自我评定和归因结果进行统计分析，并及时把结果反馈给每个员工，并指出归因误差，鼓励积极归因。
- **强化矫正法**。以强化作为训练手段，当员工做出积极归因时，要及时加以肯定，并立即给予刚性强化。如果做出消极归因，则要帮助员工及时加以纠正，以便使员工形成正确的归因倾向。这种归因训练方法比较简单易行，其关键是灵活运用适当的诱导和奖励措施。
- **观摩训练法**。训练时让员工看几分钟有关归因训练的录像片。片中表现的是与员工能力相似的职员在完成任务后进行归因的情况，完成任务成功和失败的顺序是预先确定的。每当员工完成任务时，就给予适当奖励和鼓励，片中的管理者告诉大家："他成功了，说明他努力了。"当失败时，不给予奖励，并说："他失败了，还应更加努力，这样才能取得成功。"训练时，让员工多次观察录像片，以加强观察学习的效果。在运用这种方法时，应注意使片中员工的特征与接受训练的员工尽可能相似，片中员工所从事的任务与受训练者的实际情况尽可能相同。

对于归因的训练，企业也可以邀请专业的人力资源师进行，一般来说，归因训练的基本操作步骤有三个：

第一步：先了解员工的归因倾向。

在一项工作任务完成后让员工做一份报告，分析自己成功或失败的原因，管理者记录员工的自我归因，并判断其归因是积极的还是消极的，然后根据员工的个性差异进行总结。

第二步：让员工进行某种活动，并取得成功体验。

管理者要针对员工的个性差异，使每个员工均获得成功的经验，以期待其在努力之后获得满足，从而肯定自己的价值。管理者在对员工绩效进行评价时不能只按照团体的标准，而应重视个人的进步作为成功的指标。

第三步：引导员工进行积极的归因。

管理者对员工的工作质量回馈，对员工今后的工作动机有很大的影响。根据管理者的回馈予以归因之后，员工就可能对自己以后的行为形成一种预期。预期自己会成功，他就会努力去追求成功；预期自己会失败，他就会稍遇困难立即退缩放弃。因此，管理者的回馈要有技巧，激励员工但又不会使员工骄傲，让员工做积极的归因。

此外，管理者自身也要避免对员工的成败做消极的归因，因为它会极大地影响员工的工作积极性并间接地引导员工形成消极的归因模式。积极的归因可以增强员工的主体意识和自我效能感以及心理资本。

总之，不同的归因方式，将影响员工的工作动机，进而影响到员工的工作效率，广大企业管理工作者在管理工作中应该加以重视。

复习思考题

1. 与外部动机相比，员工的内部动机具体表现在哪几个方面？
2. 员工的认知需求对内部动机有什么影响？如何通过员工的认知需求激励员工的内部动机？请结合具体的例子加以说明。
3. 如何提高员工自我实现的需要？如何促进员工的高峰体验？请结合具体的例子来进行说明。
4. 员工的主体性对内部动机有什么影响？如何通过员工的主体性激励员工的内部动机？请结合具体的例子加以说明。

第七章

目标激励

学习目标

1. 理解共同愿景与目标的意义及其关系
2. 理解目标激励的优缺点
3. 掌握目标管理的方法并能够应用
4. 掌握目标激励管理的操作技巧并能够应用

　　人的行为，一般说来，都是有目的的活动，都需要树立一定的目标。只有目的明确的行为才具有价值。因此，目标具有重要的激励作用。下面来看一个案例。

　　1984年，日本东京举行国际马拉松邀请赛，名不见经传的日本选手山田本一，出人意料地夺取了世界冠军。记者问他何以取得这么好的成绩，他回答说："凭智慧战胜对手。"许多人认为这个矮子是在故弄玄虚。参加马拉松赛凭的是体力和耐力，身体素质好而又有足够的耐力才有希望夺冠，这跟人的大脑有什么关系？两年后山田本一在意大利米兰国际马拉松邀请赛上再次夺冠。当记者再度询问他的成功经验时，他依然这么回答。几年以后，山田本一才解说了自己成功的"秘诀"：每次比赛之前，我都要乘车把比赛的路线仔细地看一遍，并把沿途比较醒目的标志画下来，比如第一个标志是银行，第二个标志是一棵大树，第三个标志是一座红房子……这样一直到赛程的终点。遥远的赛程就被分成了一个个小目标。于是，比赛开始后，我就以最快地速度冲向第一个目标。到达第一个目标后，我又以最快速度向第二个目标冲去。就在不断地达成小目标的过程中，在别人眼中'漫长'的马拉松比赛就被我轻松地跑完了。当然,最关键的是,我的心中一直有 40 多公里外终点线上的那面旗帜。我知道,每当我冲过一个目标,我就离那面旗帜更近一些。因此我总是越跑越有劲。

山田本一的成功也表明,当一个人有意识地明确自己的行动目标,并把自己的行动与目标不断加以对照,知道自己正不断缩小达到目的地的距离时,他的行动积极性就会持续高涨,使深埋的潜力爆发出来,从而把无形的精神信念转化成强大的自驱力,催人进取。

目标是最好的激励。员工工作的一个重要动力就是为实现一定的目标而奋斗。任何一个人都有自己所期望的目标,如何运用这种目标去激发员工的积极性,是一种管理艺术。正如柳传志所说:"目标是最大的激励,给员工一个值得为之努力的宏伟目标,比任何物质激励都来得实在,也比任何精神激励都来得坚挺"。

第一节　目标激励概述

目标激励就是利用目标作为诱因,驱使员工为了达到这个目标而努力奋斗的过程。它主要是利用目标的设置、目标完成情况的追踪、考核来进行激励的。目标激励是一种综合激励,它既是一种外在激励,也是一种内在激励。因为,目标之所以具有激励作用,是因为目标完成之后,能够得到一定的外部奖励,所以说它是一种外在激励。为什么说它又是一种内在激励呢?因为,在目标管理的过程中,以目标为导向,实行的是一种自主管理,所以,这使完成目标的过程也就成了自我实现的过程,是一种自主完成的活动,因此,能够激发员工对工作的本身兴趣,也就形成了一种内在的激励。

一、目标与共同愿景

要了解目标激励,我们先来探讨和目标联系比较紧密的一个概念——共同愿景,并对共同愿景和组织目标这两个概念进行区分。

1.共同愿景

在人类群体活动中,很少有像"共同愿景"一样,能激发出强大的力量。领导者必须通过设立一个能够激励人心的目标来让每个人都觉得企业有光明的前景,能够为社会创造独特的价值。并且,企业战略应该形成企业的共同愿景。

共同愿景最简单的说法是"我们想要创造什么？"。"共同愿景"是一种美好未来的生动描述，是一种对美好未来的向往，是在人们心中一股令人深受感召的力量。刚开始时，它可能只是一种想法，一种抽象的东西。然而，一旦它发展成感召一群人的信念时，它就不再是个抽象的东西，人们就开始把它看成是具体存在的东西。或许，共同愿景是不能完全实现的，我们只能无限接近，我们也有可能一生都在努力实现愿景的路上。因此，愿景不是我们要达到的彼岸，但它像一盏航灯，永远为我们导航。

个人愿景和共同愿景不同，个人愿景的力量源自个人对愿景的深度关切，而共同愿景的力量是源自共同的关切。个人愿景和共同愿景也有相同，正如个人愿景是人们心中或脑海中所持有的意象或景象一样，共同愿景也是组织中人们所共同持有的意象或景象。但共同愿景创造出的是众人一体的感觉，并遍布到组织的全面活动而使各种不同的活动融合起来，使每种活动的进行都是为了这个共同愿景的实现。人们寻求建立共同愿景的理由之一，就是他内心渴望能够归属于一项重要的任务、事业或使命。

作为管理者，应该知道员工在一种愿景目标的召唤下，会有一种积极向上的热情。员工在一个有伟大愿景目标的企业中工作会引以为豪。当然，企业实现了愿景中的具体目标，其利益应能与员工共享，使员工感到自己的命运与企业命运息息相关，这样才能是员工更积极地为企业创造价值。

2.目标

正式组织都有目标，组织目标是完成使命和组织宗旨的载体，是随着环境、时间以及条件变化不断调整的一张"列车时刻表"，是组织争取达到的一种未来状态，它是开展各项组织活动的依据和动力。目标的激励作用主要表现在三个方面：一是在目标确定后，由于它能使人明确方向，看到前景，因而能起到鼓舞人心、振奋精神、激发斗志的作用；二是在目标执行过程中，由于目标的制定都具有一定的先进性和挑战性，在实际工作中必须通过一定的努力才能达到，因而有利于激发人们的积极性和创造性；三是在目标实现以后，由于人们的愿望和追求得到了实现，同时也看到了自己的预期结果和工作成绩，因而在心理上会产生一种满足感和自豪感，这样就会激励人们以更大的热情和信心去承担新的任务，达到新的目标。

每一个社会组织，都有自己预期的目的或结果，它代表着一个组织的方向和未来。组织目标是指一个组织未来一段时间内要实现的目的，它是管理者和组织中一切成员的行动指南，是组织决策、效率评价、协调和考核的基本依据。任何一个组织都是为一定的目标而组织起来的，目标是组织的最重要条件。无论其成员各自的目标有何不同，但一定有一个为其成员所接受的共同目标。

组织目标为组织的前进指明了方向，从而也为组织的活动确定了发展路线。确定目标是组织的战略、计划和其他各项工作安排的基础，只有把笼统的目的化为具体的目标，组织实现预期的效益才有比较大的希望。对管理者来说，目标就好比路标，它指明了组织努力的方向，确定了组织应在哪些领域取得成就的标准，管理者在管理实践中要想得到满意的效益，就不能停留在目的性阶段，而应上升到自觉追求目标的阶段。

组织必须有一个明确的、贯穿于组织的各项活动的统一目标，而该统一目标通常有若干子目标支持，构成一个目标体系，组织的这种目标体系有着层次分明的结构。例如，一家企业的总体目标要包括：保持一定的利润率和投资回收率；保持开发专利产品的重点研究；使产品占有国外市场；保证高档产品的竞争价格；达到本行业中的竞争优势地位等。在组织的总目标之下常常有好几个层次的分目标，构成分层目标的体系。各个层次的目标相互联系、相互制约、共同反映组织的整体特征。例如，组织的目标可以层层分解。总目标可以分解为一级目标、二级目标等。相应地，目标在反映组织状态的特征方面也是不等同的，是有主有次的。

3.共同愿景与组织目标的关系

共同愿景与组织目标相比较，二者既有区别又有联系。

区别是指共同愿景是组织存在的目的，是"魂"，是基本不变的信仰；愿景就像北极星一样，能让企业有一个明确的方向，引导组织努力向前。没有明确的信仰和使命，企业是不可能走远的。而目标是血肉，是"活动"的血液，是实现愿景的过程中的一个个脚印。愿景是组织"最终、最高的目标"，是终极目标，所以短期之内一般很难实现，是个必须一直努力向前的方向，是永远的未完成式。而目标则不然，这个目标是可以实现的，是可以在一段时间内完成的。目标是愿景在某个阶段的具体化，也就是说，无数个具体目标组合成愿景，但是，愿景却不是目标之和。当然，旧的目标实现后，新的目标又确立了。

管理学大师德鲁克说："并不是有了工作才有目标，而是相反，有了目标才能确定每个人的工作。所以，管理者应该通过目标对下级进行管理。企业的愿景和使命必须转化为目标。"人类组织的产生，正是人类希望实现自身目标的结果。通过有效的管理，人们得以将自身的目标转化成具体的行动。所以，目标是如此重要，它是企业之舟在夜航中的灯塔。

二、影响组织目标实现的因素

影响组织目标实现的主要因素有：组织外部环境因素和组织内部因素。

1.组织外部环境因素

市场是变幻莫测的，每一个人或组织都不可能准确地预测市场的变化，虽然一个国家大的经济环境可以预测，但是对于一些具体的政策，特别是关系某个行业的一些政策却很难预测，如果企业在制定目标时没有充分的考虑到，就很有可能使企业的目标陷于不利，比如，2008年国家政府限制房地产的发展，而两年前，某个集团公司筹集了大量资金正准备大力开发房地产市场，从中赚取利润以投资自己核心产品的研发。因为那时房地产还是一个发展很好的行业。没有想到，时隔两年，由于国家政策的影响，目前的房地产很难快速赚取它所预期的利润，核心产品的研发工作搁浅，不能实现其先前设立的目标。当然，自然环境也是一个很难控制的、影响组织目标实现的因素之一。比如，2008年的汶川大地震是大家都不曾预料的，很多组织的目标在这场地震中毁于一旦。正因为组织目标受到这些市场变化、政府政策、自然环境等因素的影响，组织目标在实现的过程中遇到很多的困难，阻碍着组织目标的实现。

2.组织内部因素

组织目标的实现是受组织本身条件所影响的。组织的结构、人力、财力和物力是保证组织目标实现的基础。试想，一个组织的目标定得再好，要是它没有实现这个目标的资源，这个目标也只是空中楼阁，没有办法实现。

目标本身的影响，目标的合理设置是目标实现的一个基本要求。目标的设置一定要考虑其全局性和系统性，否则会导致目标冲突，即组织内各部门目标之间的不协调，一个部门目标的充分实现可能会影响其他部门目标的有效实现。

组织要有效地实现其目标，必须对目标实行协调和管理，控制目标冲突，避免目标转换。目标转换，即组织内的部门或个人忽视组织总体目标，将部门目标和个人目标或将实现总体目标的手段视为自身活动的基本目标，更多地关心自身目标的实现；目标转换的另一种形式，是组织成员将组织为实现目标而建立起来的程序和规则看成是工作的目的，使组织的活动变换成仅仅是遵守规则的活动，而不是实现目标的活动。

三、目标激励的流程

目标激励是一个系统的流程，它包括三个方面：目标的制定、目标实施和目标评估。

1.目标制定

企业的共同目标是在充分调动各成员的积极性，在充分讨论、消除争议、集思广益的基础上制定出来的。共同目标的达成也不是一蹴而就的，它需要一个过程，这个过程就是高效的沟通。共同目标不是一成不变的，它应该随着企业所面临的市场环境、企业各成员的实际情况及企业运营情况的变化而不断调整的。

2.目标实施

在企业的运行过程中，"目标→任务→成果"是目标实施的一般模式。"目标"是动力来源，"成果"是最终目的，"任务"是将动力来源和最终目标紧密联系在一起的一系列具体的步骤。要将目标转化成具体的任务必须进行周密的计划，计划越周密，工作进展就会越顺利，也就越容易产生令人满意的结果，同时完成任务的效率也大大提高。如果没有明确的目标就草拟工作计划，企业各成员原本可以完成的任务就有可能搁浅。目标在转化成相对具体的任务之后，每项任务将被分派给一个或几个部门或成员，任务分派依据的是企业各部门或成员各自核心能力的特点，这将有利于各部门或成员发挥自己的专业优势，也有利于共同目标的实现。任务是很多具体工作的集合，是目标到成果的路径。它是在实际工作中随着任务的不断完成而逐渐出现的，阶段性任务不断创造出的中间成果最终组合成了最终成果。

3.目标评估

在这一阶段，要把实现的成果与当初制定的目标进行比照，评价的标准在当初的目标中已经写明。分目标完成好的，依据相关的规定分得利益，获得奖励；做得不足的，也将依照契约规定获得相应的惩罚。当然惩罚时，更应该分析目标完成不好的原因，当原因为不可控因素造成时，应酌情考虑减轻其罚。还有总结经验教训，以便下一次改进。当然目标评估也是一个评估目标本身的一个过程，目标是否合理，为什么绝大数部门和个人都不能完成目标，是不是目标设立太高、目标没有具体化、目标没有处理好长短期利益的关系等。

四、目标激励的优缺点

1. 目标激励的优势

具体地说，目标激励具有如下优势：

- 与满足激励、压力激励等常用激励方式比较起来，目标激励能直接调动激励对象追求某一特定目标的内部动机和潜能，有望使激励对象的工作积极性和创造性得到最大限度的提高。因为目标是个不断推进的过程，所以能产生一种持续的力量。维持活动的完成。
- 人是一个"复杂的人"，他不仅有精神上的情感需要，还有物质上的需要，而目标激励就是把物质需要和精神需要很好结合在一起的一种激励方式。与情感激励方式比较起来，目标激励更加实在和理性，少受激励对象个人情绪的干扰，可操作性提高。
- 目标激励使激励对象实现自我激励，目标是激励对象工作的导向，是激励对象克服困难、追求成功的力量源泉。目标的管理实现的是以目标结果为导向的自主管理，在管理过程中强调员工的自主性。这种自主性的发挥实现了员工的自我激励。
- 目标激励有效地提高了激励对象的参与意识。因为目标激励重要的一方面就是：目标的制定是员工亲自参与的，而不是上级强加给员工的。这样有利营造民主氛围，进一步提高激励对象的积极性和创造性。
- 目标管理对组织内部易于度量和分解的目标能够促成非常明显的工作绩效，尤其是那些在责任、任务和技术上具有可分性的明确目标的工作。这样就能更有明确目的地激励到个人或部门，从而避免激励中存在不公平现象。

目标管理是需要以充分授权作为支撑的，并保证权责相等。充分的授权会使员工能够在自己的权限范围内解决问题，让他知道自己的工作出了问题，是自己家的事，一般不希望他人来干涉，在一定程度上保护了员工的"隐私权"使员工的自我价值不会因为某些失误而遭致否定。而在一般的管理中，员工出了问题立马要向上级汇报，自己没有先挽救的权力，报到领导那里，难免领导的批评。或许，批评在领导看来并没有什么，但是对员工却有伤害。所以，目标激励能使员工有一种主人翁意识，调动他们的积极性。

2. 目标激励的劣势

任何事物都有两面性，目标激励有它的优点的同时，也有以下一些缺点：

- 企业组织的变革与发展迅速，组织环境的变化导致组织目标的调整，快速的节奏造成组织内部目标的不可确定，最终导致目标管理失效、积极性集体受挫。
- 真正可考核的目标是很难确定的，尤其是要让各级管理人员的目标都具有正常的"紧张"和"费力"程度，即"不跳够不到"、"跳一跳够得到"的合理程度，是非常困难的。而这个问题恰恰是目标管理能否取得成效的关键。
- 由于目标激励会使组织成员都非常关注自身目标的完成，因此，彼此间对资源等的争夺很可能导致本位主义、临时观点和急功近利倾向的滋生。
- 目标激励容易产生道德风险。根据先进性、可行性、可量化、可考核等要求确定管理目标体系，会对各级管理人员产生一定的压力。为了达到目的，各级管理人员可能出现不择手段的现象。试设想，医院如果将大夫的目标考核和"卖药"相结合，那只有一个结果：更多的人吃了不该吃的药。当然目标激励的这个缺点是可以减少或避免的。
- 目标短期化。几乎在所有实行目标管理的组织中，确定的目标一般都是短期的，很少有超过一年的。其原因是组织外部环境的可能性变化，各级管理人员难以作出长期承诺所致。短期目标的弊端在管理活动中是显而易见的，短期目标会导致短期行为，以损害长期利益为代价，换取短期目标的实现。为防止这种现象的发生，高层管理人员必须从长远利益来设置各级管理目标，并对可能出现的短期行为作出某种限制性规定。
- 目标修正不灵活。目标管理要取得成效，就必须保持目标的明确性和肯定性，如果目标经常改变，说明计划没有深思熟虑，所确定的目标是没有意义的。但是，如果目标管理过程中，环境发生了重大变化，特别是上级部门的目标已经修改，计划的前提条件或政策已变化的情况下，还要求各级管理人员继续为原有的目标而奋斗，显然是愚蠢的。然而，由于目标是经过多方磋商确定，要改变它就不是轻而易举的事，常常修订一个目标体系与制定一个目标体系所花费的精力和时间是差不多的，结果很可能不得不中途停止目标管理的进程。

由沃顿商学院主持的一项研究显示，除了促进建设性行为的产生，目标激励，尤其是那些包含有物质奖励的目标激励，在人们经过努力仍未能达标的情况下，常常成为不道德行为的诱因，无论目标是由当事人设定的或是由他人设定的。人们在冲刺的跑道上距离目标越近，发生道德风险的可能性就越大。看看近来曝光的商业丑闻就很清楚了：为满足华尔街季度盈利目标的要求，经理们在账簿上作假；销售人员提供虚假报告，对业绩夸大其辞；生产商将未完成的产品装上船；售后服务人员进行毫无必要的检修……所有这些都是为了达到既定目标。目标激励——这一应用广泛的管理工具在为组织带来效益的同时又极易引发虚假陈述的弊病。

第二节　目标管理

目标激励是依托目标管理来施行的，目标激励的功能要在目标管理的基础之上才能够达到。而目标管理又是一个系统的工程。它包括目标的设定、目标的执行、目标的追踪、修正和评价。在目标管理中，目标激励贯穿其始终。

一、目标管理的基本问题

目标管理是一种参与式的、自我控制的管理，也是一种把个人发展与组织目标结合起来的管理方式。在这一制度下，上级与下级的关系是平等、尊重、依赖、支持，下级在承诺和被授权之后是自觉、自主和自治的。由于强调自我控制，自我调节，调动了职工的主动性、积极性、创造性。

1. 目标管理的含义

简言之，目标管理就是让组织的主管人员和员工亲自参加目标的制定，在工作中实行"自我控制"并努力完成工作目标的一种管理制度或方法。"目标管理"的概念是管理专家彼得·德鲁克1954年最先提出，其内容为：组织的最高领导层根据组织面临的形势和社会需要，制定出一定时期内组织经营活动所要达到的总目标。然后，再通过一种专门设计的过程使目标一级接一级地分解到组织的各个单位，即从整体组织目标到经营单位目标，再到部门目标，最后到个人目标。因为较低层的管理者参与设定他们自己的目标，因此，目标管理的目标转化过程既是"自上而下"的，又是"自下而上"的。最终的结果是一个目标的层级结构，在此结构中，每一层的目标与下一层的目标连接在一起，而且对每一位员工，目标管理都提供了具体的个人绩效目标，并把目标完成的情况作为各部门或个人考核的依据。因此，每个人对他所在单位成果的贡献都很明确,如果所有的人都实现了他们各自的目标,则他们所在单位的目标也会达成,而组织整体目标也将化为现实。

2.目标管理的指导思想

目标管理的指导思想是以道格拉斯·麦格雷戈关于人性假设的Y理论为基础的,即认为在目标明确的条件下,人们能够对自己负责。以马斯洛需要层次理论为基础,麦格雷戈指出,在人们的生活还不够丰裕的情况下,面包牛奶的管理方法是有效的;但是,当人们达到了丰裕的生活水平时,这种管理方法就无效了。因为,那时人们行动的动机主要是追求更高级的需要,而不是"面包"了。于是他提出了人性假设的Y理论。以此为指导思想,目标管理使经营哲学从"工作本位"转向了"员工本位",其具体的体现为:

- 目标管理创造了一个使人得以发挥才能的工作环境,能发挥员工的潜力,并使员工在为实现组织的目标贡献力量时,也能达到自己的目标。
- 对人的激励主要是给予来自工作本身的内在激励,让他担当具有挑战性的工作,担负更多的责任,促使其工作做出成绩,满足其自我实现的需要。
- 在管理制度上给予工人更多的自主权,实行自我控制,让员工参与管理和决策,充分发挥自己的想象力和聪明才智,并共同分享权力。

除道格拉斯·麦格雷戈的理论外,弗隆的期望理论也是目标管理的基础理论。弗隆认为,人总是渴求满足一定的需要和达到一定的目标,此目标又对激发人的动机有影响,这个激发力量的大小,取决于目标价值(效价)和期望概率(期望值)。用公式表达就是:

$MF = E \cdot V$

- ✓ MF是激发力量强度,即激励强度(Motive Force);
- ✓ E是期望率(Expectancy),即因采取某种行动可能导致实现所求目标的概率;
- ✓ V是效价(Valence),是指人对某一目标或成果的重视程度。

这一公式表明,一个人对他所追求的目标的价值看得越大,估计能实现这目标的概率越高,那么他的动机就越强烈,激励的水平也越高,内部潜力也能充分调动起来。期望理论揭示了这一规律:个人对目标的理解和重视程度直接影响到他的实现目标的动机和行为。可以说,个人的这种理解和重视程度要比管理者、设计者的理解和重视程度重要得多。

二、目标设置

1.总目标的设定

企业目标是企业经营思想的具体化。它也是企业组织愿景和使命的实现手段。企业的组织愿景和使命只有通过企业的目标才能实现。在市场经济条件下，企业是依法具有人和物的要素、以赢利为目的从事营业性活动的组织。所谓"以赢利为目的"是指企业营业活动以谋取超出资本的利益并分配于投资者为目的。获取利润可以说是绝大部分企业的总目标。当然，企业还有很多目标，但是这些目标只是表现形式不同而已，并且这些目标都必须通过利润的实现才能得以实现。所以说，"以赢利为目的"的目标是企业目标的根本。或者说其他表现形式的总目标都是间接目标，其最终目标还是要获取利润。比如说，一个公司的年度目标定为：产品次品率降低5%，这只是公司目标的一个表现形式，公司的最终目的还是通过降低次品率，节约成本，获得价格优势，从而具有市场竞争力，最终赢得更多的利润。

公司总目标的设定给员工一个蓝图，就是给他们一个希望。让他们充满激情，当然，只有这个激情还是不能完成目标的。在有这个激情的情况下，还应该给员工一个如何释放激情的方法、途径——就是给员工一个细分的、具体的奋斗目标。

2.分目标的建立

以整体目标为核心，以整体目标的最优化为准绳，在整体目标的指导和制约下，围绕生产和经营进行合理划分，确定各分系统的目标，这个过程称之为目标分解。在目标分解过程中，按系统论的观点，要建立集中管理体系，做到系统总抓，集中决策，分散管理。企业各级目标都是总目标的一个部分，企业按组织管理的层次进行分解，形成目标连锁体系，目标与目标之间相互关联，彼此呼应，融为一体，构成严密的目标网络体系。目标体系的建立最好是利用目标体系图来表示，这样既直观又清晰明了。这个目标体系图又可以根据组织结构图来完成。企业根据组织结构图为每一个部门设立子目标，每个部门又根据子目标把目标进一步细分，形成每个人的目标。这样就很具体，让每个人都准确知道自己的目标。在了解自己的目标之后，自己再根据目标订立完成目标的计划。在目标的制定过程中，上级根据总目标，然后把分目标分配给下级的时候，是经过和下级充分讨论协商，才最后形成目标的。员工在目标的制定中享有充分的参与权，管理者不对员工的工作计划进行过多干涉。

分目标的建立不仅使整个总目标责任到人，而且，员工感受到自己的重要性，因为他知道，公司整个目标的实现需要他的努力，他对公司来说是很重要的。让员工受人重视的需要得到了满足,这样就可以最大程度激发员工的积极性和创造性。

3.目标设立的原则

为了达成目标,目标的制定必须符合 SMART 原则:

- S 是指要具体明确,尽可能量化为具体数据,目标如果不能量化则需要尽可能细化,如,对文员工作态度的考核可以分为工作纪律、服从安排、服务态度、电话礼仪、员工投诉等。
- M 是指可测量的,要把目标转化为指标,指标可以按照一定标准进行评价,如完善人力资源制度可以描述成"1 月 30 日前完成初稿并组织讨论,2 月 15 日前讨论通过并颁布施行,无故推迟一星期扣 5 分"等。
- A 是指可达成的,要根据企业的资源、人员技能和管理流程配备程度来设计目标,保证目标是可以达成的。
- R 是指合理的,各项目标之间有关联,相互支持,符合实际。
- T 是指有完成时间期限,各项目标要订出明确的完成时间或日期,便于监控评价。

为发挥目标激励作用,目标设立时还应注意以下几点:

(1) 全局性

目标的制定一定要有全局性,在目标制定的同时,就应该考虑到目标的实施、监控和评价等过程。只有考虑了这些因素,整个目标激励的过程才可能会有效。比如说,在设立部门目标时,没有考虑到全局性,就会出现两个部门相互扯皮的现象。大家只为了自己目标的完成而不顾整个目标的实现。

(2) 协调性

个人目标与集体目标一致,要相互协调。如果不相互协调,会最终导致在实现目标时顾此失彼。组织的目标与个人的目标可能是平衡一致,也可能是发生偏向,只有使这种偏向趋于平衡,才能使个人的行为朝向组织的目标,在个人间产生较强的心理内聚力,共同为完成组织目标而奋斗。

(3) 适当性

目标的难度拟定上要适当,要做到树上的果子挂在"跳一跳够得着"的高度,宜于激发进取性。过高了力所不及,过低了不需努力,都不能收到良好的激励效果。

(4) 目标的时间上,既有近期目标,又要有远期目标

只有远期目标,使人觉得无从实现这个目标,易产生渺茫感;只有近期目标,缺乏对未来的期望，容易使人目光短浅，其激励作用也会减少或不能维持长久。

（5）目标的过程监控性

目标在订立时，一定要考虑到实施这个目标过程的一些监控措施以确保目标的实施进度。

4. 目标设立的过程

目标制定和分解可采取自上而下的目标制定法和自下而上的目标制定法。当然，很多时候是把两者结合起来使用，一方面，设立组织的总目标，并把目标细分给下面的部门和个人；另一方面，个人和部门结合公司的总目标，根据自己的岗位来设定自己的目标，并把自己的目标上报，最终形成组织的最终目标。

（1）组织目标的确定

现代管理是从确定目标开始的，而确定目标则是把主客观条件统一起来的决策或计划过程，是把主观需要、主观条件与客观环境结合起来形成组织努力方向的过程。因此，确定目标主要应考虑主观条件和客观环境两个方面的因素。在确定目标时必须遵循一定的原则。首先，要把关键性目标与目标的全面性结合起来。其次，要把灵活性与统一性结合起来。第三，要把目标的可行性与挑战性结合起来。确定目标的过程大致可以分为几个步骤：全面搜集情况，掌握内外信息；提出目标方案；评价目标方案。

（2）分解目标

在现代管理中，组织体系巨型化和组织运行方式的有计划性，决定了管理实践中更为常见的是目标展开的过程，即组织的目标从上到下层层分解落实的过程。这一步就是要将企业的总目标按照组织结构进行纵向、横向的分解，获得具体、明确的目标体系。这一步可以说是目标管理过程中，最关键、难度最大的一步。

如何分解和配置目标主要包括以下步骤：

- 将总目标按企业组织体系层次和部门逐步展开、分解，直至每一个员工。
- 企业的每个部门、每个员工根据自己部门、层级、岗位分工和职位要求对上级给予的初步目标进行思考、分析、讨论。然后提出自己的目标，并且将目标按层级上报。
- 各上级与下级就上报的目标进行讨论、修订，经过多次反复后，最终达成共识，从而将企业的总目标分解成一个目标体系。

目标的实施是需要一定监控的。如果市场情况有变，或者当初的假设不符合实际的话，目标就可能无法完成。这时就需要进行目标的调整和修订。

三、目标的执行、跟踪和调整

要经常检查和监控目标在实施过程的执行情况和完成情况。如果出现偏差，及时从资源配置、团队能力和管理系统等方面分析原因，及时补充或强化，确有必要前提下才调整目标。

目标制定好以后，下一步就是执行。很多情况下，企业都会把目标束之高阁，目标是目标，行动是行动。那员工到底该如何执行目标呢？

首先，员工要了解目标。员工了解目标有两个作用：第一，把握整体目标、部门目标和个人目标的关系。需要了解当整体目标在某一阶段时，部门目标和个人目标应该处于什么样的阶段，并适时地调整自己的进度，因为自己的进度会影响到本部门的目标完成进度，本部门的进度可能间接影响到其他部门的进度，从而影响到整个目标的进度。

其次，员工在了解目标之后，就应该进行自我管理。也就是说根据自己的目标，制定一系列的计划，也就是为完成这个目标提供一个可行的路线。把制定目标和达到目标之间的时间分成几个阶段，每个阶段应该做些什么，都用计划表列清楚，之后又把每个阶段分成若干小的阶段，甚至可以精确到每天需要干什么。这样就不会出现一般管理中容易出现的现象：每天上班不知道自己该干什么。

再次，就是要自由裁量。自由裁量是指员工在工作中遇到问题，自己根据当时的情景进行处理，而不是出了问题就找上级。当然，这个自由裁量是要在上级充分授权的条件下才实施的。试想，要是上级不授予一定的权限，员工如何自己去处理一件事情。当然授权是一种艺术，授予下级多大的权限，这是要看下级承担的责任而定的。

最后，员工要进行自我启发。也就是要自己总结经验教训，自己寻找出路。换言之，每经过一个阶段，就要把当初制定的目标和目前达到的状况进行对比。是否达到了预期目标，如果达到了这阶段的目标，就总结一下经验。如果没有达到目标，就分析一下原因，为什么没有达到目标，然后再寻求达到目标的方法，尽量弥补未能达成的目标，并在以后的阶段中进行改进。

当然，仅对员工进行目标管理还是不够的，还需要对其进行跟踪检查。为什么每个月都有汇报，还需要对员工目标的执行过程进行跟踪检查呢？主要是因为在管理实际中，每个人都有自尊的需要，从而导致了一些员工在目标执行过程中如果出了问题，他们不会及时上报，他们希望在自己解决了这个问题之后才上报。第一，这样能够使上级不至于怪罪。第二，即使怪罪，员工也把事情给予了补救，把危害降到最低。这样处理的结果是，如果事情得到解决还好，问题是事情没有解决就已经影响到整个部门或其他部门的目标进程。还有员工在上报的时候往往会缩小偏差。为了避免这两种情况，所以需要专门的人员进行跟踪检查，当然，这样的跟踪检查只是抓关键的部分进行检查，而不是对所有的都进行检查。

另外，目标在执行时经常会产生偏差。产生偏差的形式很多，例如，行动方向与目标方向不一致，执行者产生偏差；执行者生病、死亡或离职不能继续执行目标；目标本身发生了偏差。在目标执行时发生了偏差，就应该进行适时的调整，这样的适时调整就要求上级进行例外管理。

四、目标考核

最终目标的考核对员工激励具有非常重要的作用。目标激励不仅在与目标执行过程中给予员工的权力，对员工的信任。并且，目标结果的考核是直接关系到目标设立之前给予的奖惩承诺的，涉及目标达成后对员工的物质激励。

在目标考核的时候一定要先制定好标准，这样才能使考核比较客观，并且具有可比性。很多激励措施没有达到应有的效果，主要是由于下面三个原因造成的：第一，目标在制定之前对目标达成的标准没有说清楚，致使在目标考核时，员工不认可上级给予的评判；第二，目标达成之后不能兑现承诺，这样不仅使员工对目标管理失去信心，还使他们对公司的整个管理失去信心；第三，目标考核时，由于标准制定不明晰，导致内部员工对评价和考核的公平性产生怀疑，从而导致内心不满，严重挫伤了员工的积极性。在考核之前，还有一个很重要的问题，即在进行目标实施控制的过程中，会出现一些不可预测的问题。如：目标是年初制订的，年中全国爆发了非典事件，那么年初制订的目标就不能实现。因此在考核时，要根据实际情况对目标进行调整和反馈。

总之，通过目标来激励员工是通过目标管理的全过程来实现的，我们要想运用好目标激励，就要仔细研究目标管理。只有把目标管理做好了，才可能把目标激励应用好。

第三节 目标激励管理的实施方法与技巧

要对员工进行目标激励，实际上就是要做好目标激励的管理工作，而目标激励的管理工作就是以目标管理为核心的、注重员工激励的管理方式。目标激励的管理工作是一种技术性很强的激励手段，它要求管理人员能够灵活运用，以实现对不同员工的激励。因此，它需要各位管理者在管理实践中积极创新，仔细琢磨其中的奥秘，掌握比较好的方法和技巧。

一、理解目标激励管理的核心思想

要实施好目标激励管理，就必须要先深刻理解目标激励管理的核心思想，我们认为，目标激励管理的核心思想表现在如下两点：

1. 目标激励管理注重自我"动机控制"

目标激励管理的特点在于其管理过程中要实现"自我控制"。目标激励是建立在如下哲学基础上的，如果管理的对象是一个社会的"人"，那么，我们应控制和管理的是人的动机，而不应该是行为本身。也就是说，必须以对动机的控制达到对行为的控制，用自我控制管理代替压制性管理。

通常来说，动机是个体通过高水平的努力而实现组织目标的愿望，而这种努力又能满足个体的某些需要。在动机中有三个关键要素：努力、组织目标和需要。其中，努力要素是强度指标。当某人被激励时，他会更为勤奋工作。但是，如果这种努力不是指向有利于组织的方向，则高水平的努力并不一定就会产生令人满意的工作绩效。因此，我们在考虑努力强度的同时，还要考虑努力质量，指向组织目标并与其保持一致的努力才是我们所追求的，而要达到这样的效果，就要满足员工的需要。目标激励的优点正体现如此，员工不再只做所分配的工作，遵循指导，等待决策，实际上员工们已参与目标的制定，有机会将自己的想法加入到目标中去，并且明白自己的处置权限范围。当员工掌握自己的命运之后，他们就会充满热情，产生强烈的与组织目标一致的工作动机。这种动机可以看做是需要获得满足的过程，当需要未被满足时就会产生紧张，进而激发个体的内驱力，这种内驱力将导致寻求特定目标的行为。如果最终目标实现，则需要得到满足，紧张得以解除。我们可以这样说，被目标激励的员工处于紧张状态中。为了缓解这种紧张，他们努力工作，紧张程度越大，员工的努力程度越高。这种动机控制式管理与压制式管理相比，使员工有更强烈的进取心，从而推动他们尽自己最大的力量把工作做得更好。

2. 目标激励管理注重参与

目标激励使管理不再仅仅是上级管理者的分内事，通过管理者和个人一起制定工作目标，个人对达成目标过程的自我控制，间接的让个人参与到了管理中去，这样管理者也无需花费太多的精力去关注员工到底采取何种方式去达成目标，使管理者从繁杂的事务中走出来，知道有所不为，才能有所作为。同时，员工通过间接参与管理，相应也大大增强了自身的责任感，而责任感又是一个巨大的激励因素。前面关于人性假设的Y理论也谈到了，一般人在适当条件下，不仅学会了接受职责，而且还学会了谋求职责。这样通过实现目标过程中的自我控制和自我承担责任，员工许多行为的动力来自于被强烈的责任感所驱使。它能充分发挥员工实现目标过程中的积极性、主动性、创造性。

3. 目标管理是过程管理不是结果管理

目标管理是过程管理，不是结果管理。许多企业在做目标管理的过程中，往往把目标管理当成了结果管理，注重结果考核和管理。目标管理应该以目标为导向，但注重过程管理。下面我们看一个案例，并根据案例来分析过程管理和结果管理。

秦国商鞅有一个著名的"军功授爵制度"，这个制度是当时为了激励士兵的积极性和士气来制定的。该制度是按照杀敌数量，将爵位分为20级，分别与士兵的自由民身份、职位晋升、福利待遇作了明确、具体挂钩。该制度规定：秦军士兵斩获敌人两个首级，家人可获得自由民身份，获得田产。杀敌越多，爵位越高，享受的福利待遇就越高，并可以世世代代传下去。该制度实施后，秦军士兵的积极性得到极大的提高，最后累计杀敌160万，实现了中华民族统一。但是，同样的制度却在明万历年间成为了百姓的祸害。当时，明首辅张居正为抵御北部蒙古军队和东部沿海倭寇的袭扰，欲仿效秦的激励机制，实施了该制度。但政策实施后，明军官兵却大量捕杀边境的流民，同时花钱贿赂负责验证杀敌数量的官吏，该现象直到民族英雄戚继光治军为止。

这是真实的历史事件，现在我们要问，为什么同样的制度，在不同的时代所起到的效果完全不一样呢？最重要的原因是，在明万历年间，士兵已经有饭吃，不愿意玩命，因此，激励对象的需要发生了变化；其次，明军的评价机制有问题，评价注重结果，而不是注重过程。正如目标管理一样，他们提出了目标，但最后注重目标实现的结果，而不管目标实现的过程，评价的是结果而不是完成的过程。实质上，目标管理应该注重过程而不是结果，虽然结果（目标）都是一样的，但秦军队和明军队实施目标的过程已经完全不一样了，因此，产生了一系列的惨剧。

二、掌握目标激励管理的关键点

目标激励管理是一个系统的工程，它的推行和实施不仅需要得到企业高层管理者的支持，更是需要有一个完善的系统作为支持。不仅需要基层管理者的得力执行，还需要员工的积极参与，目标激励的管理要推行成功，建议实施过程中要注意以下方面。

1.取得企业最高管理层的高度支持

首先，目标激励管理是从最高管理阶层制定出的"总目标"开始的，这是目标管理体系的基础和起点。高层管理的决心、热情，以及理念和行为的改变是推动各级领导改变固有的管理模式的基础和榜样，否则"换汤不换药"，只做表面工作，授权和分权的自我领导和自我管理就很难实现。由此可见，推行目标管理一定要取得最高管理阶层的大力支持。灵活运用高层领导的绝对权威和说服力，可以比较容易获得中层和基层领导广泛的支持和配合。

2.做好推行规划和基础性工作

如果企业一旦决定引进和推行目标激励的管理，除了要最高管理阶层必须坚定给予支持，各负责的部门要加强与其他部门的配合外，推行部门则要做好规划和基础性工作。这些基础的管理工作和规划主要有：

(1) **目标激励的管理推行规划**

- 制定宣传教育计划。请咨询公司或者以观看音像教材等方式向企业的管理人员灌输目标激励的管理观念，了解其优点等。
- 通过一定的方式，对企业的管理人员进行调查，搜集管理人员的工作习惯、心态等信息，以便提前制定对策，沟通说服。
- 制定具体的推行规划，进行任务分工，并列出时间要求。以防止目标激励的管理推行到一半，受到阻力困扰而半途叫停。

(2) **目标激励管理的基础性工作**

由于目标激励管理与以往的管理方式不同，是一种新观念。所以推行部门本身必须先加以探讨、掌握其精髓。目标激励的管理涉及企业的各个层次，如果基础性工作不到位，势必影响推行的效果，因此应做好以下几个方面的工作：

✓ 指定各单位推行目标激励的管理负责人，如果没有中层干部的积极推动，目标管理很难取得成功。
- ✓ 确定目标的分类和制定目标的原则、程序。
- ✓ 规定目标激励管理跟踪使用的工具——目标卡及目标跟踪单的填写和使用办法。有了目标也要有跟踪，以便及时发现偏差，因此使用跟踪工具是必要的。
- ✓ 推行部门应指导各单位目标的制定并汇总形成目标体系图。
- ✓ 推行部门应时常进行巡回解说、调研，以掌握实际情况。
- ✓ 目标执行过程的控制。虽然目标激励的管理强调自我管理，但是也要防范自我控制失效的情况发生，因此主管应按照例外原则和关键因素原则等进行控制。
- ✓ 目标完成情况的考核。目标经过计划与执行后，应对结果进行考核。如果淡化考核，会造成平均主义的泛滥。

3. 制定适当的目标

任何企业要想在目标激励的管理上取得成功，就必须先要形成一个真正目标体系的整体。企业每个成员所做的贡献各不相同，但是，他们都必须为着一个共同的目标做贡献。因此，企业的运作要求各项工作都必须以整个企业的目标为导向。这时对企业来说就要制定一个具有指导性的总目标，来协调所有的活动并保证最后的实施效果。

选择目标时一定要遵循SMART原则。部门和员工制定目标时，还应注意检查自己的目标是否与上一级的目标相一致以及为达成目标所必要的技能、预算和授权等条件是否具备。在制定目标时最好能遵循目标管理的宗旨，即增加员工的参与度，通过上下双向沟通制定其愿意执行的目标。而不要像制定经济责任制那样，将层层分解下来的目标由上级硬性指定为下属必须完成的目标。

4. 进行适度的奖励

目标激励的管理施行的结果也要与奖惩、人事考核制度相结合。因为，第一，追求个人利益最大化，获得加薪和升迁是促使员工实现自我管理和提高业绩的主要动力；第二，目标激励管理的本意也是通过员工的个人利益融入企业目标，通过目标执行成果的奖惩及相应的升迁使员工得到不断的激励，在实现个人利益最大化的过程中实现企业利益的最大化。如果没有奖惩和相应的升迁，目标激励的管理就难以实施。

5. 宣传培训不可少

只有推行部门和高层主管了解了目标激励管理是远远不够的。中层管理干部是负责实际推动目标管理的人，而员工是执行目标管理的人，他们对此必须都要有充分的了解。因此反复宣传培训是不能少的。宣传就是要让企业员工理解"什么是目标激励的管理"，培训则是要让员工学会"如何执行目标激励的管理"。宣传的重点是让员工明白目标激励管理的优势。培训的重点帮助员工弄明白目标管理与传统管理在执行上的区别，从而转变管理观念、管理行为和管理方式。

6. 目标的追踪不可省略

德鲁克的目标管理在全球普及甚广，但实施中却有很多企业走形变样，其中一个因素就是工作追踪很差。目标管理不光是设定目标，而是要使整个组织把各种资源调动起来，围绕目标往前走，这就需要不断对工作进行追踪。追踪的目的一是及时发现偏差、及时修正偏差，避免更大的资源浪费；二是为上下沟通和上级实行例外管理提供机会和内容，因为受传统管理的影响，上级可能不知道什么时候实行例外管理；三是对员工的目标执行情况进行监督和鼓励。

7. 要重视绩效的考核

大卫·麦克利兰提出了三种需要理论，他认为个体在工作情境中有三种重要的需要，其中一种就是成就需要：争取成功、希望做得最好的需要。他认为，具有强烈的成就需要的人渴望将事情做得更为完美，提高工作效率，获得更大的成功，他们追求的是在争取成功的过程中克服困难、解决难题、努力奋斗的乐趣，以及成功之后的个人的成就感，他们并不看重成功所带来的物质奖励。而目标管理恰恰以制定目标为起点，以目标完成情况的考核为终结，并通过考核来确定员工工作的达成情况，反馈给员工以后能强化员工的自我成就感，满足员工的自我成就需要。所以，在目标管理制度下，监督的成分很少，而控制目标实现的能力却很强。要达到这样的效果，围绕目标的绩效考核是重要的手段。同时，考核结果的不断反馈和强化，又为喜欢独立负责、可以获得信息反馈和中度冒险的成就需要者提供了很好的刺激，他们会从这种环境中获得高度的激励。

三、在目标激励管理中进行约束和控制

激励与控制是一对孪生兄弟，密不可分，缺一不可。适当的激励可以激发员工

的积极性、主动性和创造性，从而减少因约束本身而带来的负面影响。而约束机制本身是一种激励，必要适当的约束可以促进激励机制的更好发挥。因此，对员工进行目标激励管理的同时，一定要对其进行必要的约束和控制。这样可以减少因单纯激励机制的发挥而带来的负面影响。那么，在进行目标管理的时候，如何对员工进行必要的约束和控制呢？在此，我们以销售员工的激励管理为例来分析如何在目标管理中对员工进行有效的约束和控制。

1.客户信息资源控制

所谓客户信息资源控制，就是将营销人员在营销活动中建立的所有客户关系信息全部纳入企业公共信息中心进行统管，而营销人员只享有属于自己的有限权利，从而既防止营销人员互相偷窃客户信息，又防止因营销人员的辞职或被解雇导致客户资源的丢失而给公司带来损失。这样，一旦某一个营销人员流失，其客户信息资源由其新任者接管，保证了客户资源的安全性和营销工作的连续性。可以避免资深销售人员以他的客户资源来威胁公司要求无休止的加薪或扬言离职。这是防止物质奖励的边际效益递减的一个有效约束机制。

2.授权或权限控制

目标管理都要求授权，但是授权还是需要一定的控制。上级委任授权于下级，是一种充分信任下级的表现，从而将产生巨大的激励效应，但授权是一把"双刃剑"。既可以让员工感到被信任，从而使其发挥出巨大的工作积极性、主动性和创造性，但也可能使员工利用上级授予的权力以权谋私。要避免这种状况的产生，就涉及到一个权限问题。企业上级主管在授权时一定要规定明晰的权限，该做什么不该做什么，让员工在行使权力时无机可乘，让各员工在被授权的同时在思想上明确自己的职责范围。

3.技术保密控制

很多员工为了完成他的目标，会不惜损害公司的利益，例如，利用公司的机密来拉拢客户，完成他的业绩。如果这样，公司不仅要承担他的泄密损失，还要为他的业绩"买单"——发给他因完成这单生意而承诺应给的奖励。技术创新是企业的生命之源和制胜法宝。然而现在许多企业却忽视了对其高新技术的保密控制。传统的观念认为，技术保密控制只限于企业技术研发部门，却不知道营销人员的不正当行为也可能造成技术泄密。因此，企业在对营销人员进行培训或讲授技术知识时就应采取防范措施，严防行为不轨的营销人员接触企业的核心技术。最有效的措施就是在招聘营销人员时与其签署严格的保密协议，员工必须严守公司的技术秘密，一旦泄露将受到公司和法律的制裁。这样使员工一踏入企业就从心理上受到一次洗礼。

4. 员工之间矛盾的控制

员工为了完成目标，在其内部很有可能产生抢夺资源的现象，从而产生矛盾。矛盾是普遍存在的，但矛盾也是可控的，矛盾的双方可以互相转化，可以控制某些关键因素让矛盾向好的一方发展。员工之间产生矛盾是不可避免的，但作为企业主管人员不能视而不见、放任自流。这样小则坏事，大则影响一个团队的建设。营销部门内的员工产生矛盾的危害性更大，容易造成内部抢单，损害企业经济利益，甚至败坏企业的良好形象。要避免员工之间造成矛盾，首先必须从组织上打造一个开放、自由、平等的团队。让员工互相增进感情交流，遇事平等协商，矛盾产生后进行客观的批评和自我批评。其次，营销主管必须充当一个员工相互沟通的桥梁，员工有什么抱怨，可以直接向主管倾诉，主管再找别人谈话，然后大家一起公平合理地讨论，在友好的气氛中消除磨擦。最后坚持员工一律平等原则，业绩好的员工不能在地位上高人一等，业绩差的员工应得到适当的帮助和提携。

总之，只有设立一定的约束机制，才可能使激励机制正常发挥作用。正所谓没有绝对的自由，只有相对的权力。同样，没有绝对的激励，只有在约束下的相对激励才能使目标激励起到最好的效果。

复习思考题

1. 与传统的其他激励方式相比，目标激励有什么特点？
2. 在目标管理的过程中，目标的设立需要注意哪些问题？
3. 在目标激励管理的实施过程中，我们应该注意哪些方法与技巧？

第八章

发展激励

学习目标

1. 了解职业生涯发展的相关理论
2. 理解职业锚和职业链的概念并能够结合自己的实际情况进行分析
3. 掌握职业生涯发展设计的具体操作流程和方法
4. 了解职业生涯管理的具体内容,掌握员工职业生涯管理的具体方法

　　最佳的管理是帮助员工实现职业梦想，企业如果在员工的成长与发展中，给予员工必要的指导和帮助，员工就会用业绩和忠诚回报企业，就会在工作中表现出强大的工作积极性和工作动力。因此，通过帮助员工职业上的发展，就可以达到很好的员工激励的效果。

　　小伟是一个刚毕业的大学生，心怀壮志来到A通讯公司，原以为在A通讯公司这样的一个大型国有企业，他可以大展拳脚。可是，让小伟意外的是，在一个月的入职培训之后，小伟等这一批新招的大学生被分配到农村锻炼。

　　在下乡后的一个月里，小伟他们像霜打的茄子，一个个蔫蔫的，干起工作来，一点激情都没有。专门负责管理他们这一批大学生的老李看着他们有点心焦了，经过与他们沟通才知道了缘由，原来，他们一个个都满怀激情来公司，没有想到公司一下子把他们"扔"到了农村，干的都是卖卡等毫无技术含量的工作，并且这些工作都与他们的专业无关。看起来一点前途都没有。

　　于是，老李把他们召集起来，告诉他们公司这样安排的目的，其实，公司派他们到农村来是希望他们能够了解基层的情况，为以后的工作打下基础，并不是把他们永远留在农村。并且公司规定，只要在农村干出成绩的，可以随时调回城市。并且，公司还给予员工轮岗的机会，在农村锻炼一段时间之后，回到城里，你可以申请本专业的基层岗位，也可以申请你感兴趣的岗位，公司都给予支持。在农村干得出色的可以调回分公司，在分公司干得出色的人，还有机会调回公司总部。就是这些令他们向往的职业发展让他们信心大增，再也不像之前那样无精打采。他们卖卡更积极了，对待农村的大叔大婶也格外客气。

从以上案例可以看出，帮助员工的职业发展具有非常重要的激励作用，是激励员工的关键之一。因为通过职业发展，员工能看到自己可预期的未来发展状况，为了实现未来的一个状况，他就会为工作而积极努力。打比方说，企业就像球队一样。球队可以高薪聘到大腕球星，但是，如果这些球星以后只能同乙级队打比赛，他们就会走人。因为他们看不到更美好的奋斗目标，他们的生长空间被缩小了。

第一节 发展与职业发展概述

发展是一个久远的话题，古代很多哲人都曾对人的发展作了一番讨论。比如，孔子主张"全人生的学习教育过程"。王国维的"完全之人物"，陈鹤琴的"健全之人格"，都体现了人的全面、和谐、整体发展的思想。苏格拉底盼望人像"一无所有"的神仙一样"接近于神性"，"接近于完善"。柏拉图理想的人是"使睿智和激情这两部分张弛得宜配合适当，达到和谐"。席勒认为"教育的目的在于，培养我们感性力量和精神力量的整体达到尽可能和谐"的人。

一、发展概述

1.发展的定义

人的发展，是在对立、转化、统一的相互作用过程中，优化人自身的素质结构及与相关事物之间关系的要素与结构，提高适应环境、认识事物、变革事物、驾驭事物、创造事物与创造和谐关系的智能，提高人生的价值与精神境界。每个人的发展，都是以他人和过去的社会发展为基础。并以为了他人和未来的社会发展创造与提供了多少有利的条件这一客观事实为标志的，而不是以拥有的权力、占有的财富、获得的荣誉为标志。人的发展最终是在实践上实现自身与他人、个体与群体的互助合作、互利互惠、互促互补、和谐发展，实现个人发展与社会发展的最高统一。

2.发展的表现、途径

生物学上，发展指自出生到死亡的一生期间，在个体遗传的限度内，其身心状况因年龄与习得经验的增加所产生的顺序性改变的历程。狭义言之，发展指自出生到青年期（或到成年期）的一段期间，个体在遗传的限度内，其身心状况因年龄与习得经验的增加所产生的顺序性改变的历程。

发展的途径有两种：自然成熟和学习。自然成熟是指人的身心状况因年龄的增加而产生的一些变化，例如，神经控制性更加精确，身高的增加等。学习是指人的身心状况由于习得经验的增加而产生的变化历程。

二、职业发展概述

1.职业发展的定义

职业发展就是在自己选定的领域里，在自己能力所及的范围内，成为最好的专家。所谓专家并不一定是研究开发人员或技术顾问。专家是在某一领域有深入和广泛的经验，对该领域有深刻而独到认知的人。至于行政管理能力、员工培养能力、团队建设能力、规划和沟通能力等，是个体在职业发展过程中必须培养的能力要素，它们是实现职业发展的重要工具，但不是职业发展的目标。职业发展可以通过不同职位的晋升和调换、工资薪酬和福利待遇的提高等来表现。

2.职业发展的相关理论

国外关于职业生涯发展的理论有很多，例如，加里·德斯勒职业生涯五阶段、金兹伯格的职业选择三阶段理论、霍兰德的个性与职业模型和迈尔斯-布瑞格斯的人格类型理论及其诊断量表等。例如，金兹伯格的职业选择三阶段理论把职业发展分为三个阶段，分别是幻想期、尝试期和现实期，该理论可以用表8-1来详细阐述。

还有美国著名职业指导专家霍兰德（Holland）的理论，该理论对个性与职业的吻合进行过研究，他把个性划分为六种类型：现实型、研究型、艺术型、社会型、企业型和常规型。相对的，他也把职业分成六种类型，它们分别是：主要与物打交道的现实型、既要与物又要与观念打交道的研究型、既要与人又要与观念打交道的艺术型、主要与人打交道的社会型、既要与人又要与资料打交道的企业型、既要与物又要与资料打交道的常规型。类型相同的劳动者与职业会互相吸引，某一类型的劳动者只有从事类型相同的职业，才能发挥所长，做好工作。他认为，绝大多数人都可以被归于六种类型之中。该理论认为，对组织和个人都适宜的职业是可以预测的。这需

表8-1　金兹伯格的职业选择阶段

阶段划分		各阶段任务或选择特征
幻想期（0—11岁）		想象将来会成为什么样的人，并且在游戏群体中扮演其喜欢的角色，职业期望由兴趣所决定，不会也不可能考虑能力和社会条件。
尝试期（11—18岁）	兴趣阶段	与幻想期想联系，兴趣是其职业选择的主要基础。
	能力阶段	开始将自己的能力和兴趣进行比较，以考察其一致性。
	价值观阶段	将职业选择与其价值观相匹配，进行尝试性职业选择。
	过渡阶段	关心焦点从个人兴趣、能力和价值观向现实机会与限制转移。
现实期（18岁—）	探索期	将兴趣、能力、社会价值与个人价值调和而规划职业。
	成型期	在探索期成败的基础上产生明显的职业模式。
	载明期	个人选择了一个职业和专业。

要对个性与组织环境的要求之间的关系进行分析，然后设计最佳的配置方式，从而推测出对双方都理想的职业生涯设计。由于职业满意度、稳定性和实际成就都取决于个体的个性与职业特点的匹配程度，因此，在对从事某种职业的人们所具有的共同特征进行研究后就会发现：人们各自有一组独特的特征可以表明他们适合从事何种职业，在什么样的工作和组织环境下能够取得最有效的成果，这也是职业生涯设计的理论基础。霍兰德的这一理论是目前职业指导中比较权威的理论和方法。

除了国外的理论外，在中国，也有一些职业生涯发展的理论，如，《论语·为政篇》中孔子曰："三十而立，四十而不惑，五十知天命，六十而耳顺，七十而从心所欲，不逾矩"。这也是一种职业生涯的发展理论。

了解职业生涯的各个阶段以及一些相关的理论，有助于我们清楚地认识自身在不同阶段存在的普遍性问题，产生的原因以及应对的方法。通过了解职业生涯的不同阶段，我们可以在不同阶段展开以前，做好功课，充分做好心理上和技能上的准备，把握好角色转换的关键，让自己先知先觉，在职业生涯的不同发展阶段步步领先。

三、职业发展的关键概念

说到职业生涯发展，就必然提及到两个非常重要的概念，一个是职业锚，一个是职业链。为什么这两个概念非常重要呢？实际上，所有的职业发展理论可以分为两种，一种是职业发展的阶段的理论，一种是职业发展的人与岗匹配的理论。而这两种职业发展的理论揭示的主要就是职业锚和职业链这两个最基本的问题。

1. 职业锚

(1) 职业锚的概念

所谓职业锚,又称职业系留点。锚,是使船只停泊定位用的铁制器具。职业锚,实际就是人们选择和发展自己的职业时所围绕的中心,是指当一个人不得不做出选择的时候,他无论如何都不会放弃的职业中的那种至关重要的东西或价值观,是自我意向的一个习得部分。个人进入早期工作情境后,由习得的实际工作经验所决定,与在经验中自省的动机、价值观、才干相符合,达到自我满足和补偿的一种稳定的职业定位。职业锚强调个人能力、动机和价值观三方面的相互作用与整合。职业锚是个人同工作环境互动作用的产物,在实际工作中是不断调整的。

了解职业锚的概念,要注意几个方面:

- 职业锚以员工习得的工作经验为基础。职业锚发生于早期职业阶段,新员工已经工作若干年,习得工作经验后,方能够选定自己稳定的长期贡献区。个人在面临各种各样的实际工作生活情境之前,不可能真切地了解自己的能力、动机和价值观以及在多大程度上适应可行的职业选择。因此,新员工的工作经验产生、演变和发展了职业锚。换句话说,职业锚在某种程度上由员工实际工作所决定,而不只是取决于潜在的才干和动机。
- 职业锚不是员工根据各种测试出来的能力、才干或者作业动机、价值观,而是在工作实践中,依据自省和已被证明的才干、动机、需要和价值观,现实地选择和准确地进行职业定位。
- 职业锚是员工自我发展过程中的动机、需要、价值观、能力相互作用和逐步整合的结果。
- 员工个人及其职业不是固定不变的。职业锚,是个人稳定的职业贡献区和成长区。但是,这并不是意味着个人将停止变化和发展。员工以职业锚为其稳定源,可以获得该职业的进一步发展,以及个人生物社会生命周期和家庭生命周期的成长、变化。此外,职业锚本身也可能变化,员工在职业生涯的中后期可能会根据变化了的情况,重新选定自己的职业锚。

(2) 职业锚的类型

职业锚以员工习得的工作经验为基础,产生于早期职业生涯。员工的工作经验进一步丰富发展了职业锚。1978年,美国施恩教授提出的职业锚理论包括五种类型:自主型职业锚、创业型职业锚、管理能力型职业锚、技术职能型职业锚、安全型职业锚。人们逐渐发现职业锚的研究价值，越来越多的人加入了研究的行列。在20世纪90年代，又发现了三种类型的职业锚，如下：安全稳定型，生活型，服务型职业锚。施恩先生将职业锚增加到八种类型，并推出了职业锚测试量表。下面简单介绍一下这八种类型的职业锚。

- 自主/独立型（Autonomy Independence）。自主/独立型的人希望随心所欲安排自己的工作方式、工作习惯和生活方式。追求能施展个人能力的工作环境，最大限度地摆脱组织的限制和制约。他们宁愿放弃提升或工作扩展机会，也不愿意放弃自由与独立。

- 创业型（Entrepreneurial Creativity）。创业型的人希望使用自己能力去创建属于自己的公司或创建完全属于自己的产品（或服务），而且愿意去冒风险，并克服面临的障碍。他们想向世界证明公司是他们靠自己的努力创建的。他们可能正在别人的公司工作，但同时他们在学习并评估将来的机会。一旦他们感觉时机到了，他们便会自己走出去创建自己的事业。

- 管理型（General Managerial Competence）。管理型的人追求并致力于工作晋升，倾心于全面管理，独自负责一个部门，可以跨部门整合其他人的努力成果，他们想去承担整个部门的责任，并将公司的成功与否看成自己的工作。具体的技术和职能性工作仅仅被看做是通向更高、更全面管理层的必经之路。这种类型的人并不想自己创业，因为创业需要承担很大的风险，他们不愿承担过大的风险。他们热衷于管理，因为他们能够从管理中获得很大的成就感。

- 技术/职能型（TechnicalFunctional competence）。技术/职能型的人，追求在技术/职能领域的成长和技能的不断提高，以及应用这种技术/职能的机会。他们对自己的认可来自他们的专业水平，他们喜欢面对来自专业领域的挑战。他们一般不喜欢从事一般的管理工作，因为这将意味着他们放弃在技术/职能领域的成就。并且，这类职业锚的人，不喜欢过多跟人打交道，自己更愿意和机器打交道，这样比较单纯。

- 安全/稳定型（SecurityStability）。安全/稳定型的人追求工作中的安全与稳定感。他们可以预测将来的成功从而感到放松。他们关心财务安全，例如：退休金和退休计划。稳定感包括诚言、忠诚以及完成老板交待的工作。尽管有时他们可以达到一个高的职位，但他们并不关心具体的职位和工作内容。这类人看重安全，他们不是很在乎怎么样的工作，只要这项工作他能做，并且能够给他提供安全可靠的环境就行，他们希望自己的收入是可知的，并且是具有保障的。

- **挑战型（Pure Challenge）**。挑战型的人喜欢解决看上去无法解决的问题，战胜强硬的对手，克服无法克服的困难障碍等。对他们而言，参加工作或职业的原因是工作允许他们去战胜各种不可能。新奇、变化和困难是他们的终极目标。如果事情非常容易，他马上变得非常令人厌烦。对于这类人，最好的激励方法是给他们很多具有挑战性的工作，并且给他们足够的权限去解决一些问题。

- **生活型（Lifestyle）**。生活型的人喜欢允许他们平衡个人的需要、家庭的需要和职业的需要的工作环境。他们希望将生活的各个主要方面整合为一个整体。正因为如此，他们需要一个能够提供足够的弹性让他们实现这一目标的职业环境。甚至可以牺牲他们职业的一些方面，如：提升带来的职业转换，他们将成功定义得比职业成功更广泛。他们认为自己如何生活、在哪里居住、如何处理家庭事情以及在组织中的发展道路是与众不同的。

- **服务型（Service Dedication to a Cause）**。服务型的人指那些一直追求他们认可的核心价值的人，例如：帮助他人，改善人们的安全，通过新的产品消除疾病。他们一直追寻这种机会，即使这意味着变换公司，他们也不会接受不允许他们实现这种价值的工作变换或工作提升。

2. 职业链

(1) 什么是职业链

所谓职业链，是指一个人在社会中因自愿或非自愿先后从事不同职业，但是不同职业之间有着内在的必然联系，这些内在的必然联系形成一条可以相互链接的链条，这条链条就是职业链。需要指出的是：这里的职业是广义的，包括职位、岗位等。理想的职业链具备以下条件：第一，每一职业均具有创造价值多、不容易被取代、可持续发展的特点。第二，链中的职业转换呈螺旋式上升。

(2) 有效建设职业链的注意点

第一，职业链建设的价值性。职业链建设的基础是每一职业活动都有价值，此价值是个人所服务的不同组织愿意支付的个人利益，也是自身利益的社会相关者对个人职业活动的认同。简单的说，就是组织或利益相关者给个人的价值回报。

第二，职业链建设的实践性。职业链建设的过程是个人职业活动实践和职业理想实现的过程，也是职业活动与职业理想之间偏差的不断修正的过程。因此职业链的建设过程不是空想就能完成的。别人没有办法替代你，完成你的职业链建设，只有自己亲自实践才能实现。

第三，职业链建设的整体性。个人职业链的建设体现在所服务的不同组织、自身利益社会相关者系统中。因此，获取并保持竞争优势不仅要理解个人自身的职业链，而且也要理解个人职业链所处的社会系统。只有注重个人职业链的整体性，才能在建设职业链的时候，选择合适的职业方向，并在这个方向上不断深入发展，这样才能取得职业成功。如果忽视了这一点，在职业道路上，东闯西撞，就很难取得成功。

第四，职业链建设的异质性。不同的人具有不同的职业链；同一个人，不同时期的个人职业链的趋向也有可能不同，这反映了每个人的历史、现实、理想以及社会影响的途径等不同，同时也代表着个人竞争优势的一种潜在拐点。建立与别人职业链不同的职业发展道路，是获取个人竞争优势的一种重要途径。但是，我们并不能一味追求异质性，而使得自己的职业链建设脱离了实际。我们一定要在客观分析自己的优势、劣势的基础上追求职业链的异质性，否则，我们追求职业链的意义——获得个人的竞争优势——也就失去了。

第五，职业链建设的自省性。人选择什么职业固然重要，但最重要的是完成职业链的穿越，达到自我的确认。也就是在职业发展的每一个阶段，每一个拐点，认真思考、反思，以实现对自己的人生经历的一次总结和回顾。在此基础之上，蓄积力量，向职业和人生的最高峰行进。其实，无论是仕途升迁、职换薪涨，还是敬业专注、一岗终身，它们都是个人内心职业链建设的不同路径。因此，我们在建设职业链的同时，应保持一种心灵的默契和快乐。孔子对职业链建设的最高境界的理解是"老者安之，朋友信之，少者怀之"。

四、职业发展的路径

绝大多数人，在工作的时候往往要预先考虑某种管理工作或技术工作的等级制度，以及将来进一步增加责任、提升职位、提高工资的可能情况。也就是说，他会考虑职业发展的途径问题。例如，某一位刚从工程技术专业毕业的大学生，开始到石油企业当技术员，后来当助理工程师，从助理工程师到地区工程师，再到高级工程师。这种逐步发展提高，是一种职业生涯的变动。

总的来说，在企业中，员工在职业锚的作用下，往往沿着四个方向的职业途径发展，即纵向职位的、纵向职称的、横向的和向核心方向的发展。

(1) 沿纵向职位发展

职业的纵向职位发展，就是个人在企业内部沿垂直层级的阶梯向上发展。在特定的企业中，总有一部分人沿着一定的等级阶梯往上爬，即表现为一系列的提升和发展。并且，只有极少数人可能被提升到企业金字塔的顶端。企业结构不同，可提供的晋升机会是不同的。在具有扁平型企业结构企业中，可提供的等级层次较少；而等级比较多的企业结构则意味着等级层次较多，可提供的高层职位数量也比较多。

（2）沿纵向职称发展

在具有扁平型企业结构企业中，可提供的等级层次较少，这时，企业更多鼓励沿纵向职称方向发展，例如，鼓励员工专研技术，争取职称方面的提高，争取从技术员上升到工程师。

（3）沿横向发展

事业的横向发展，就是个人在企业的各种平级职能部门之间发展和变动，其发展的领域是与个人的知识、技术和经验相关的。在企业中，常设的职能有生产、市场、财务、工程和人力资源等。一个人能否在各种部门都胜任，最终取决于他本人，有的员工的整个事业生涯局限在同一个职能或技术领域内，而另一些人则可能经常地变动。中层管理人员工作职位的轮换可以沿着生产、市场和人力资源等横向部门变动。各种企业往往把某些员工通过在各种职能部门轮换，最后提升到掌管全局的全面性管理职位。

（4）向核心方向发展

向核心方向发展，就是由企业外围逐步向企业内圈方向变动。当向核心方向发展时，员工对企业的全局和内情了解得会更多，担负的责任也就更大，并且会经常参加重大问题讨论和决策。某个人可能由于他尽责和富有经验而得到上级和同事的信任，虽然没有被提升到企业高层次管理行列中，但却成为企业的"核心"分子。同样，有的人虽然可能提升到一定的职位，但仍然没有被列入参加企业重要的核心活动和决策人员之列。那些具有专门信息或特长的人，易于向企业的核心部门发展，成为企业的专家队伍中的一员。

每个员工的职业发展途径都是不一样的。很多员工的职业发展规划并不是直接的上升，也就是说它们可能是曲线式上升，例如，一个人力资源专员的职业目标是总经理，他是这样规划他的职业道路的：经过工作经验的积累，在两年的时间做到人力资源部的主管，再用两年的时间做到人力资源部经理，再两年的时间做到人力资源总监，然后再到生产部门学习生产、营销部门学习营销、财务部门学习财务，就这样，经过几年到十几年的时间来完成他的职业目标。当然，同样是要达到总经理这个位置，不同的人有不同的规划，同样以人力资源专员为例，他规划在工作岗位上认真积累经验，在3～4年时间内做到部门经理，然后，根据公司的人才培养计划，申请两年的全职脱产研究生教育，集中学习生产、财务、营销知识。然后回到公司各部门进行轮流实习，做总经理助理，熟悉相关业务，然后经过两年的实践锻炼做到总经理。

第二节 员工的职业生涯发展设计

在企业中,企业为员工提供了一定的岗位或职位,但员工追求的是自己的事业,员工不仅仅是为了每天的生活而工作,他们更多追求的是一种发展,一种不断完善的生活。怎样在两者之间达成一致是企业激励工作要考虑的重要问题。对企业来说,帮助下属规划和发展他们的职业、帮助下属成长就是最具长期效应的激励。这就涉及到职业生涯设计的问题,帮助员工对自己的职业生涯发展进行设计,也是达到有效激励目的的重要措施。

一、职业生涯发展设计概述

1. 职业生涯发展设计的含义

职业生涯发展设计是通过管理者对员工的引导、鼓励和帮助来实现,职业生涯发展设计是职业生涯管理过程中的重要步骤。它是指管理者和组织成员在对组织进行需要评估、绩效和潜能评估、组织持续发展计划评估等认知评价的基础上,把组织目标转化为个人发展的程序、发展计划的过程,包括了职业咨询、管理培训、职业生涯设计等方面的内容。

职业生涯发展设计要能不断地促进学习,为人们提供能使其职业能力增加的知识和可转换运用的技术系列。职业生涯设计中需要学习的方面和需要发展的方面是有差别的。佩德勒(Pedler,1989)认为,学习是与知识的增加有关或者与达到现有技术的一个更高程度有关,而发展则是在本质上或功能上对现有状态的改变。要正确理解职业生涯发展设计的含义,要从如下四个方面入手。

(1) 职业生涯发展设计是就个人而非组织而言的

职业生涯设计的主体不是某个企业或组织,而是企业或组织中的员工个体。企业或组织可能对员工个人的职业生涯设计产生重要影响,但这是通过影响员工对自身、环境、目标的认知间接产生的,并非必然。而且,许多个人职业生涯设计的实现是在唯一组织内工作时无法实现的。这种情况下,个别组织对职业生涯设计的约束、影响力更小。

(2) 职业生涯发展设计包含确定和实施的整个过程

职业生涯设计是个体在职业生涯中有意识地确立目标并追求目标实现的过程。确立目标要基于对内外条件的认识分析之上。目标确立后要通过职业活动去实现。随着内外条件的不断变化和职业活动的成果出现,职业目标可能会更加明晰,或是需要在反馈后加以修正。职业目标的确定、实现、明晰和修正，都离不开组织，甚至需要组织的主动参与和帮助。

(3) 职业生涯发展设计中的职业目标同工作目标有很大差异，同时又密切联系

工作目标是个人在目前的岗位上想要完成的任务目标，可以是自设的，也可以是给定的。工作目标一般较具体，是同本职工作紧密相关，随时间而变化的短期目标。职业目标相对来说较为抽象、长期，而且不一定完全同现时工作有关。但是，职业目标的达成，尤其是在单一专业或组织内部提升的目标，同工作目标的选择及完成情况关系密切。可以说，选择适当的工作目标并很好地实现这些目标是最终达成职业目标的最佳途径。

(4) 职业生涯发展设计必须要把员工的职业生涯与组织的目标结合起来

组织应了解员工的职业生涯设计，并通过相应的人力资源政策使之有助于组织目标的达成。组织是员工个体职业生涯的重要场所。在对自身和环境进行分析、确定职业目标的过程中，许多员工需要来自外界的指导帮助。借助组织的聘用、培训、评估、晋升等有效手段，组织可对员工的职业生涯设计产生巨大影响。组织既有责任帮助员工发展和实现自己的职业生涯设计，又有必要加以引导，使员工职业生涯设计的发展同组织整体发展目标相协调。

2.职业生涯发展设计的内容

个体职业生涯设计的内容主要有个人因素分析、环境因素分析、职业的选择、正确路线的选择、职业生涯目标和完成短期、中期、长期目标的计划与措施等几项内容。

- 个人因素分析的目的主要是加深个体的自我了解，其结果可以指明个体职业发展方向的有利因素和条件并进行合理定位，环境因素分析的目的主要是帮助个体充分了解环境对自我职业生涯发展的有利和不利因素，其结果可以为个体提供多种职业发展机遇信息，并确定和调整自己以适应组织和社会环境的需要。
- 初次职业选择是根据个人因素和环境因素分析结果确定的，重新选择职业是根据对前一次职业的评估、核查后的重新抉择；职业流动是根据自我职业发展的意愿所进行的调整。
- 生涯线路选择是在生涯目标确定后，采取的向某一职业领域发展的路线。其目的是科学地安排好今后的学习工作，避免盲目性，促使其沿着职业生涯路线向预定的目标方向发展并获得成功。

- 短期职业生涯目标较为具体，但因个体认识的局限性，因而具有很多的试探性因素，中期目标现实可行、具体明确，因而常有许多激励性导向和价值导向因素，同时它也是实现长期目标的保证；长期目标较为宏大，具有方向性，但不要求具体详细。长短目标的结合更有利于达成职业生涯目标的实现。
- 计划与措施主要是个体职业生涯发展计划的执行系统和操作系统，一般都要根据自己的具体情况，针对不同的职业、岗位提出各种针对性强的具体要求。

二、职业生涯发展设计的过程

从职业生涯设计执行的程序和过程来看，职业生涯设计包括自我定位、目标设定、目标实现和反馈与修正四个方面。

(1) 自我定位

自我定位是指客观、全面、深入地了解自己。察明自己为人处世所遵循信奉的价值观念，明确为人的基本原则和追求的价值目标。其次要熟悉自己掌握的技能，此外还应剖析、了解自己的优势和弱点。在这几个层次完成自我观察之后，对自己形成一个客观、全面的定位。

(2) 目标设定

目标设定是基于正确的自我定位的基础上，设立更加具体明确的职业目标。就整个个人职业生涯来说，目标设定可以是多层次，分阶段的。越来越多的人为了追求挑战，愿意在职业生涯中从事不止一个行业。当然，有时环境迫使我们放弃原有的职业。一个多层次的目标设定可以使我们更快地摆脱窘境，保持开放、灵活的心境。一个远大雄伟的目标很少能够一气呵成，必须分解成若干易于达到的阶段性目标。由于职业生涯跨越个人的青年、中年和中老年，人在各时期的体能精力、技能经验、为人处世的特点有明显差别，所以针对性地制定阶段性目标将更为可行。

(3) 目标实现

目标实现是通过各种积极的具体行动去争取目标达成。撰写求职简历、面试应聘、商议工资待遇、制定和完成工作目标、参加公司培训和发展计划，构建人际关系网络、谋求晋升，参加业余时间的课程学习以及跳槽换工作等，都可以看成是目标实现的具体努力。目标实现的主要内容是个人在工作中的表现及业绩，同时仅有工作表现又是不完整的。目标实现还包括超出现时工作之外的一些前瞻性的准备，包括参加业余的自费进修班学习,掌握一些额外的技能或专业知识(如进修第二外语,攻读 MBA 学位等)。此外目标实现还包括为平衡职业目标和其他目标(如生活目标、家庭目标)而做出的种种努力。如果忽略了后两者的努力,要想长久保持工作中出色的表现几乎是不可能的,职业目标的实现也会遇到许多牵扯精力的障碍。

(4) 反馈与修正

反馈与修正是指在达成职业目标的过程中自觉地总结经验和教训,修正对自我的认知和最终的职业目标。对自我的认知想一下子达到客观、清晰、全面是很困难的。就算有较透彻的自我认知和定位,大多数人不能一下子就看清自己喜爱并适合于从事什么职业。因此,对于职业目标的描述界定,在刚开始时大多数是模糊、抽象的,有的甚至是错误的。在一段时间的工作努力之后,有意识地回顾自身的言行得失,可以检查验证自我定位的结论是否贴切,更可以证明自己对职业目标的设想方向对不对,是太高还是太低。调查表明,不少人是在一段时间的尝试和寻找之后,才了解自己到底适合于哪个领域哪个层面的工作,这段时间在缺乏反馈和修正的情况下可能长达十几年。在自我定位和目标设定正确时,反馈和修正同样可以纠正分阶段目标中出现的偏差,同时极大地增强实现目标的信心。

三、帮助员工进行职业生涯发展设计的操作流程

职业生涯发展设计的操作流程需要进行精心的设计,一般可以分为四步,分别是:职业发展诊断、确定职业发展周期和方向、选择职业发展策略以及制定职业发展的计划。帮助员工进行职业生涯发展的设计可以从这几个步骤来进行:

1. 帮助员工进行职业生涯发展诊断

职业生涯发展必须是理想与实际相结合,职业发展诊断能够帮助个人真正了解自己,并且进一步详估内外部环境的优劣势,在"衡外情,量己力"的情形下,设计出合理且可行的生涯发展方向。只有把自身因素和社会条件做最大程度的契合,才能在现实中趋利避害,使职业生涯设计更具实际意义。

一般来说,诊断可以通过如下一些较常使用的测评工具进行,分别是:

- **性格测试**。因为性格是人个性中具有核心意义的成分,几乎涉及到人的心理过程及个性特征的各个方面,对职业的选择和人的职业生涯发展有一定的影响。对具体职业而言,能力不足可以培训,而对于性格与这一职业要求不匹配,则难以获得好的工作业绩。如让一个内向型性格的人去做推销员、记者、律师、教师等就难以获得成功。

- 能力自测。主要有分析能力自测、行动能力自测、管理能力自测、经营能力自测和其他特殊能力自测等。其结果可以为人的职业选择提供一个基本的参考依据。
- 职业素质自测。主要有工作动机、职业适宜性、职业选择、职业方向等自测。其结果旨在了解自己的优势，并从事相应的工作，可能产生更大的作用。

除了以上的测评工具可供自己评估外，还可以通过各种内外部环境分析来进行，分析包括：自我分析、环境分析、关键成就因素分析，关键问题分析。

✓ 自我分析。自我分析可以通过表8-3的内容进行。

表8-3 自分析的内容表

1. 个人部分	健康情形	身体是否有病痛？是否有不良的生活习惯？是否有影响健康的活动？生活是否正常？有没有养生之道？
2. 事业部分	自我充实	是否有专长？经常阅读和收集资料吗？是否正在培养其他技能？
	休闲管理	是否有固定的休闲活动？有助于身心和工作吗？是否有休闲计划？
	财富所得	薪资多少？有储蓄吗？有动产、有价证券吗？有不动产吗？价值多少？有额外报酬吗？
	社会阶层	现在的职位是什么？还有升迁的机会吗？是否有升迁的准备呢？内外在的人际关系如何？
	自我实现	喜欢现在的工作吗？理由是什么？有完成人生理想的准备吗？
3. 家庭部分	生活品质	居家环境如何？有没有计划换房子？家庭的布置和设备如何？有心灵或精神文化的生活吗？小孩、夫妻、父母有学习计划吗？
	家庭关系	夫妻和谐吗？是否拥有共同的发展目标？是否有共同或个别的创业计划？与子女、与父母、与亲戚的关系如何？是否常与家人相处、沟通、活动、旅游？
	家人健康	家里有小孩吗？小孩多大？健康吗？需要托人照顾吗？配偶的健康如何？家里有老人吗？有需要你照顾的家人吗？

✓ 环境分析。环境分析的内容可以通过表8-4对照进行。

表8-4 环境分析内容表

1. 友伴条件	朋友是多量化、多样化且有能力
2. 行业条件	注意社会当前及未来需要的行业
3. 企业条件	公司有改革计划吗？公司需要什么人才？
4. 地区条件	视行业和企业而定
5. 社会	注意政治、法律、经济、社会与文化、教育等条件，该社会的特性潜伏的市场条件

✓ 关键成就因素分析。关键成就因素分析也可以通过表8-5对照进行。

表8-5 关键成就因素析表

1.人脉	家庭关系、姻亲关系、同事（同学）关系、社会关系	沟通与自我推销
2.金脉	薪资所得、有价证券、基金、外币、定期存款、财产（动产、不动产）、信用（与为人和职位有关）	储蓄、理财有方、夫妻合作、努力工作提高自己的能力条件及职位
3.知脉	知识力、技术力、资讯力、企划力、预测（洞察）力、敏锐力	做好时间管理、安排学习计划、上课、听讲座、进修、组织内轮调、多做事、反复练习、经常做笔记、做模拟计划

✓ 关键问题分析。关键问题分析可以通过表8-6对照进行。

表8-6 关键问题分析表

1.问题发生的领域	是家庭问题、自我问题还是工作问题，或是其中两者或三者的共同作用？
2.问题的难度	是否学习新技能？是否需要全神贯注？是否需要个人改变态度与价值观
3.自己与组织的相互配合情况	自己是否做出贡献，是否学会在组织内部适合自己的职业领域中发挥专长，和其他组织人员的团结协作怎样，组织对自己的职业生涯设计和自己制定的职业生涯规划是否冲突等

2.帮助员工确定职业生涯发展周期和方向

(1) 确定职业发展周期

每个人的职业发展都需要经过几个阶段，个人需要依据职业发展周期调整个人的知识水平和职业偏好。尽管从原则上可把个人的职业发展周期可以分为成长、探索、确立、维持和下降五个阶段，但是并不是每个人的职业发展周期都是一样的，每个人都会有自己的特点。在前面我们已经详细介绍了职业发展的阶段，在此不再赘述。

(2) 确定职业发展方向

根据职业心理学家霍兰德的观点，决定个人选择何种职业有六种基本的"人格性向"（实际上每个人不是只包含有一种职业性向，而是可能几种职业性向的混合），这种性向越相似，则一个人在选择职业时面临的内在冲突和犹豫就越少（见表8-7）。

表8-7 职性向的分类表

1.实际性向	具有这种性向的人会被吸引从事那些包含着体力活动并且需要一定技艺、力量和协调的职业，如森林工人、运动员
2.调研性向	具有这种性向的人会被吸引从事那些包含着较多认知活动的职业，而不是主要以感知活动为主的职业，如生物学家和大学教授
3.社会性向	具有这种性向的人会被吸引从事那些包含着大量人际交往活动的职业，而不是那些有大量智力活动或体力活动的职业，如心理医生和外交人员
4.常规性向	具有这种性向的人会被吸引从事那些包含着大量结构性和规则性的职业，如会计和银行职员
5.企业性向	具有这种性向的人会被吸引从事那些包含着大量以影响他人为目的的评议活动的职业，如管理人员、律师
6.艺术性向	具有这种性向的人会被吸引从事那些包含着大量自我表现、艺术创造、情感表达和个性化的职业，如艺术家、广告创意人员

3.帮助员工选择职业生涯发展的策略

选择职业发展的策略应把握四条原则：择己所爱、择己所能、择世所需和择己所利。职业发展策略一般考虑在三个方向上进行选择：第一，纵向发展，即员工职务等级由低级到高级的提升，也可以是员工的专业技术职称由低级到高级的提升；第二，横向发展，指在同一层次不同职务之间的调动，如由部门经理调到办公室任主任。此种横向发展可以发现员工的最佳发挥点，同时又可以使员工自己积累各个方面的经验，为以后的发展创造更加有利的条件；第三，向核心方向发展，虽然职务没有晋升，但是却担负了更多的责任，有了更多的机会参加单位的各种决策活动。以上这几种发展都意味着个人发展的机会，也会不同程度地满足员工的发展需求。

4.帮助员工制定职业生涯发展计划

确定了职业发展策略之后，行动成为关键。职业发展方案通过准备一套周密的行动计划，并辅以考核措施以确保预期实现。考虑到影响职业发展的因素很多，对职业发展设计的评估与修订也很必要。表8-8是一个具体的职业发展计划方案表。

表8-8　职业发展计划方案表

1.分析基准	1）我的人生价值是什么？ 2）环境是否有利于我的成长？ 3）成长最大的障碍在哪里？ 4）我现有的技能和条件有哪些？
2.目标与标准	1）我处于职业生涯哪一阶段，这一阶段特点是什么？ 2）可行的生涯方向是什么？为什么这个目标对我而言是最可能的目标？ 3）如何判断自己的成功？
3.生涯策略	1）职业生涯发展内部路线与外部路线是什么？ 2）如何进行相应的角色转换？ 3）如何进行相应的能力转换？ 4）对我们而言还有什么不能解决的问题呢？
4.生涯行动计划	1）执行计划是否做到从长期计划-年度计划-月计划-周计划-日计划的分解？ 2）我将分别在何时进行上述每一行动计划？ 3）有哪些人将会/应当加入此一行动计划？
5.生涯考核	1）什么你做得好？什么做得不好？ 2）你还需要什么？学习、扩大权力？还是增加经验？ 3）怎样应用你的培训成果？你拥有什么资源？ 4）你现在应该停止做什么？开始干什么？培训和准备的时间如何安排？
6.生涯修正	1）职业的重新选择 2）职业生涯路线的重新选择 3）人生目标的修正 4）实施措施与计划的变更等

职业发展的计划方案我们还可以通过 PPDF 的方式来进行设计。PPDF 是四个英文名字的缩写，即 Personal Performance Development File，就是个人职业发展档案，它是一种极为有效的职业发展匹配人力资源开发的方法。PPDF 的主要内容包括：个人情况、现在的行为、未来的发展。具体见表 8-9。

以上这些只是一般的职业生涯发展设计的操作流程，企业可以根据该流程并结合员工自己的实际情况，帮助员工本人来进行职业生涯发展的自我设计，以达到激励员工的目的。

表8-9 职生涯发展文件

1.个人情况	A.个人简历	包括个人的生日、出生地、部门、职务、现住址等
	B.文化教育	初中以上的校名、地点、入学时间、主修专题、课题等。所修课程是否拿到学历，在学校负责过何种社会活动等
	C.学历情况	填入所有的学历、取得时间、考试时间、课题以及分数等
	D.曾接受过的培训	曾受过何种与工作有关的培训（如在校、业余还是在职培训）、课题、形式、开始时间等
	E.工作经历	按顺序填写你以前工作过的单位名称、工种、工作地点等
	F.有成果的工作经历	写上你认为以前有成绩的工作是哪些，不要写现在的
	G.以前的行为管理论述	写你对工作进行的评价，以前关于行为管理的事情
	H.评估小结	对档案里所列的情况进行自我评估
2.现在的发展	A.现时工作情况	应填写你现在的工作岗位、岗位职责等
	B.现时行为管理文档	写上你现在的行为管理文档记录，可以在这里加一些注释
	C.现时目标行为计划	设计一个目标，同时列出和此目标有关的专业、经历等。这个目标是有时限的，要考虑到成本、时间、质量和数量的记录。如果有什么问题可以立刻同你的上司探讨解决
3.未来的发展	A.职业目标	在今后的3~5年，你准备在单位做到什么职位
	B.所需要的能力、知识	为了达到你的目标，你认为应该拥有哪些新的技术、技巧、能力和经验等
	C.发展行动计划	为了获得这些能力、知识等，你准备采用哪些方法和实际行动。其中哪一种是最好、最有效的，谁对执行这些行动负责，什么时间能完成
	D.发展行动日志	此处填写发展行动计划的具体活动安排，所选用的培训方法。如听课、自学、所需日期、开始的时间、取得成果等

第三节 员工的职业生涯管理

职业生涯管理是企业人力资源管理的重要内容之一。职业生涯管理同时涉及职业活动的各个方面。因此，建立一套系统的、有效的职业生涯管理相当重要，同时，要做好职业生涯管理，对企业来说也是有比较大难度的，需要进行精细的设计和实施。

一、职业生涯管理概述

1. 职业生涯管理的含义

职业生涯管理，是指组织提供的用于帮助组织内正从事某类职业员工的行为过程，是组织为其员工设计的职业发展、援助计划。

职业生涯管理与职业生涯设计有很大的区别。职业生涯设计是以个体的价值实现和增值为目的，个人价值的实现和增值并不局限在特定组织内部。职业生涯管理则是从组织角度出发，将员工视为可开发增值而非固定不变的资本。通过员工职业目标上的努力，谋求组织的持续发展。职业生涯管理带有一定的引导性和功利性。它帮助员工完成自我定位，克服完成工作目标中遇到的困难挫折，鼓励将职业目标同组织发展目标紧密相联的个人，尽可能多地给予他们机会。对于其他员工，职业生涯管理也同样给予必要的帮助。由于职业生涯管理是由组织发起的，通常由人力资源部门负责，所以具有较强的专业性、系统性。与之相比，职业生涯设计没有那么正规和系统。或者我们可以说，只有在科学的职业生涯管理之下，才可能形成规范的、系统的职业生涯设计。

2. 职业生涯管理的任务

职业生涯管理必须满足个人和组织的双重需要。与组织内部一般的奖惩制度不同，职业生涯管理着眼于帮助员工实现职业生涯设计，即力求满足职工的职业发展需要。因此，要实行有效的职业生涯管理，就必须了解员工。组织只有在充分了解员工后，才可能制定相应的政策和措施帮助员工找到自己的答案，向他们提供相应的机会。同样，只有满足了员工的职业需求，才可能满足组织自身人力资源内部增值的需要。一方面全体员工的职业技能的提高带动组织整体人力资源水平的提升；另一方面在职业生涯管理中的有意引导可使同组织目标方向一致的员工个人脱颖而出，为培养组织高层经营、管理或技术人员提供人才储备。

组织需要是职业生涯管理的动力源泉，无法满足组织需要将导致职业生涯管理失去动力源而中止。员工个体职业需要是职业生涯管理活动的基础，无法满足员工个体基本职业需要将导致职业生涯管理活动失败。

二、职业生涯管理的内容

职业生涯管理形式多样、涉及面广，凡是组织对员工职业活动的帮助，均可列入职业生涯管理之中。其中既包括针对员工个人的，如各类培训、咨询、讲座以及为员工自发的扩充技能；提高学历的学习给予便利等；同时也包括针对组织的诸多人事政策和措施，如规范职业评议制度，建立和执行有效的内部升迁制度等等。职业生涯管理的具体内容包括：职业路径；职业评议；员工培训和发展计划；知识技能更新方案；工作与家庭平衡；职业咨询；退休计划等。下面简单介绍主要的三种。

1.职业路径

职业路径是组织为内部员工设计的自我认知、成长和晋升的管理方案。职业路径在帮助员工了解自我的同时使组织掌握员工职业需要，以便排除障碍，帮助员工满足需要。另外，职业路径通过帮助员工胜任工作，确立组织内晋升的不同条件和程序对员工职业发展施加影响，使员工的职业目标和计划有利于满足组织的需要。职业路径的主要内容有三个：职业梯、职业策划和工作进展辅助。

(1) 职业梯

职业梯是决定组织内部人员晋升的不同条件、方式和程序的政策组合。职业梯可以显示出晋升机会的多少，如何去争取，从而为那些渴望获得内部晋升的员工指明努力方向，提供平等竞争的机制。

(2) 职业策划

职业策划是在员工进行个人评估和自我评估中给予他们有效的援助，帮助员工确认自身的能力、价值、目标和优劣势。

(3) 工作进展辅助

工作进展辅助是组织为帮助员工胜任现时工作，顺利完成各项工作任务而提供的各种辅助行为。工作进展辅助的方式灵活多样，视组织内工作性质、条件不同而不同。总体来说，工作进展辅助是以协助员工在工作中成功累积工作经验为目的的。

2.工作-家庭平衡计划

(1) 工作对家庭生活的影响

- 职业性质和家庭有相关性。有些职业，如种植、手工业等允许家庭同职业同步发展，而办公室工作管理工作等，家庭对工作参与很少。采矿、远洋作业等工作和家庭无法兼顾，家庭只能成为休养、恢复体力的场所。
- 一次工作占用的时间和时间如何分配对夫妻何时相聚，如何参与孩子抚养等具有明显影响。
- 工作地理位置和行程，或由此带来的迁居是工作-家庭紧张的第二个潜在源。从事职业，担任职务的职业声望、地位和收入的数量和种类对家庭会形成直接的影响。
- 工作中的压力、满意程度和对工作的感情气氛会直接影响家庭生活。

(2) 实施工作－家庭平衡计划

了解工作和家庭的相互作用，才可能制定出有效的工作－家庭平衡计划。家庭－工作平衡计划的主要措施包括：向员工提供家庭问题和压力排解的咨询服务、创造参观或联谊等机会促进家庭和工作的相互理解和认识、将部分福利扩展到员工家庭范围以分担员工家庭压力，把家庭因素列入考虑晋升或工作转换的制约条件之中，以及设计适应家庭需要的弹性工作制以供选择等。

非全日制工作制是最易行、最普遍的措施。在西方国家，针对才能出众，又要承担养育子女任务的女性员工采用弹性工作制越来越流行。装备电脑、传真等现代化设备使家庭办公成为现实，不过更加常见的是半日工作制或是每周三日工作制。女性员工大多愿意以部分业绩和薪金为代价留出更多的时间给家庭和子女。非全职工作制使她们不必为此放弃工作的机会。

3.职业咨询

职业咨询是指帮助被解职的员工找到合适的工作，或是重新选择职业，同时向他们提供一部分资助以帮助他们度过职业转换期。

职业咨询的工作常常被忽视，因为组织通常认为解除合同后员工就同企业没有了关系。事实上职业咨询工作是十分必要的。如，由于各种原因，组织内部裁员或员工解职的情况越来越普遍。解职在组织中已经不是一个偶然发生的情况。因此，需要建立针对这种情况的人力资源管理政策，等等。

三、职业生涯管理的具体实施

组织职业生涯管理的具体实施主要包括以下几个方面：

1.建立信息系统

组织的职位信息系统是进行职业生涯管理的基础。进行职业生涯管理主要涉及三个方面的问题：一是职位需求状况；二是人员供给状况；三是在需求和供给之间建立联系。一个好的职业信息系统，就是要比较全面地呈现职位需求信息和组织内人员的供给状况信息，为平衡需求和供给找基础。没有一个好的组织职位信息系统，就不可能有一个完备的职业生涯管理系统。

组织应该提供各种职位空缺的信息，并进行广泛的传播，让感兴趣的员工都有机会参与这些职位的竞争角逐，进而发现那些有潜力的员工。将绩效考核与员工的职业生涯目标联系起来时，有时会出现一些问题，如埋没员工在现有岗位上无法展露的一些特殊能力。如果组织广泛地提供职位空缺的信息，有些员工在意识到自己潜力的情况下，可以主动地参与空缺岗位的竞争．从而避免组织的损失和个人的损失。

2.职业生涯管理活动

系统的组织职业生涯管理是一个循环反复的过程。首先根据组织的发展以及绩效考评结果。由上司或员工自己或两者共同协商设立职业发展目标，然后综合绩效考评、心理测试等结果，判断职业发展目标的合理性，如果不合理，要再确定职业生涯目标；如果合理，则进一步了解员工发展现状与职业生涯目标的差距，并制定相应的职业生涯发展措施。这些措施主要是对员工的培训，通过对员工的培训，来缩小或消除员工发展现状与职业生涯目标之间的差距。实施一段时间后、再检验职业生涯目标的落实状况，并分析判断职业生涯目标的合理性或职业生涯规划的合理性。如果合理，则进一步按原计划努力，否则，则应调整职业生涯目标，重新规划和实施。

当然，职业生涯管理的顺利开展，还需要人力资源管理制度和体系的支持。例如，在制定合理的职业生涯目标时，需要绩效考核结果，根据绩效考核的情况制定职业生涯目标。这时，只有是在公正合理的绩效考评体系下得出的绩效考核结果才是有效的，由此制定出来的目标才合理。职业生涯目标的达成还需要完善的培训体系做支撑。因为职业生涯目标和现实状况总是有差距的，而这样的差距只有通过培训才能弥补。

3.职业生涯管理活动的评估

职业生涯管理活动的评估是一个很难的问题，它不像一些经济活动，可以有一些很明确的经济指标进行衡量，但是，它作为一项管理活动，又必须要知道这项管理的效果，这使我们陷入了两难境地。怎么样才能说职业生涯管理活动是有效的呢？是每个员工都适得其所，都找到自己适合的职业方向，还是用员工的满意度调查来评估职业生涯管理活动的效果。

四、各阶段职业生涯管理

组织对职业生涯管理是按照职业生涯周期来进行管理的，不同的周期，管理在内容和侧重点都不相同。早期的职业生涯管理主要侧重于让员工确定其职业锚，并找到合适的职业；中期的职业生涯管理主要侧重于如何为员工提供更多的职业机会，解决员工在此时出现的职业危机——职业遭遇瓶颈。在职业生涯管理晚期则主要侧重于如何使老员工顺利退休，安抚老员工的心理。

1. 早期职业生涯管理

早期的职业生涯管理主要包括以下内容：第一，促进员工的社会化；第二，通过绩效反馈，帮助员工确立职业生涯目标。

（1）促进员工的社会化

员工的社会化，一方面要靠员工自己的努力，另一方面，也需要组织提供相应的条件如文件、资料，来促进员工的社会化。

培训是促进员工社会化的一种比较好的形式。通常选择与员工的适应和发展相关的内容进行培训。比如介绍组织的基本情况；组织的发展历史与现状；组织的发展宗旨和目标；劳动纪律、劳动待遇等等。对于新来的员工，他们对公司是陌生的，为了让他们尽快熟悉企业的一些情况，公司可以组织一些关于公司发展历史、企业文化、规章制度等方面的培训活动。这样，新员工可以在大的方面很快了解公司。这样的培训活动对公司和员工的好处是直接而有效的。

新来的员工，往往缺乏实践经验，因此，为了让下属尽快地熟悉工作，上司应该关心下属，了解下属的优点和不足；有针对性地进行引导，让下属取得成功体验。帮助下属取得好的工作成绩，既是领导者本身的职责，也融洽了上下级关系，为今后更好地合作共事奠定良好的基础。

为员工安排正式的导师（师傅），这在国外已被证明是成功的经验。导师对组织文化比较了解，可以将组织的价值观、行为准则有效地传递给徒弟。为了更好地让下属尽快熟悉自身的工作，可以采取师徒制度，一个师傅带一个徒弟，这样不仅使新员工感觉有所依靠，并且也不至于整天不知道干什么和怎么干。当然师傅带徒弟也是需要技巧的，所以，为了让师傅们更好地带徒弟，企业需要对这些老员工进行如何带徒弟这一技能的培训。因为有很多老员工，自身的业务能力很强，但是，却不知道如何去帮助这些新员工。

这种一对一的帮助应该是"有偿"的，只有这样，老员工才会尽心尽力帮助新员工，否则就会出现"带会了徒弟，饿死了师傅"的情况，老员工也因此不愿意带新员工。这个"有偿"应该分物质方面和精神方面的。物质方面的，在实习期间，师傅会得到一些带徒弟的补贴。还比如，在新员工三个月实习期过后进行技能竞赛，获得优胜者的新员工的师傅会得到一定的奖励，这个包括一定数额的物质奖励和一些例如荣誉证书等的精神奖励，带徒弟的能力也将作为师傅绩效考核的一部分，并且还将作为管理者晋升的一个指标。

借助于表彰先进是促进员工社会化的另一重要途径。要认真地对待这些重要活动，通过这些活动给员工传递组织的经营理念、价值观，让员工与组织的观念一致起来。

(2) 通过绩效反馈，帮助员工确立职业生涯目标

海尔有一个制度："赛马不相马"，这一制度深受员工的喜爱。在进入组织时，需要相马，一旦进入组织后，则更需要赛马。即使是一匹千里马，如果懒惰，也会落后；而一匹普通的马，如果勤奋，也能有出众的表现。

虽然能力可以测量，但组织更关心的是能力的发挥状况，即员工在岗位上的表现。特别是持久的表现。不论情境如何变化，有些员工始终能有优异的绩效，这种员工一定是能力比较强的，特别是在制度合理、公平的时候更是如此。

因此，企业应该建立一套合理、公平的考核制度。绩效考核往往是对既定岗位的考核。如果指标体系过窄、针对性过强，反而可能不利于进行职业指导和进一步职业生涯发展目标的确立。比如，通常为了简单起见，对流水线上的员工的绩效考核指标主要是装配的技能、质量、数量，很少会评估管理能力方面的属性。这样，如果发现某个员工的绩效水平很高，在绩效反馈时，给这个员工确立的更高目标还是在流水线的装配技术上发展。假如这个员工在管理方面或社会交往方面还有一些才能，上司就可能因为评价指标体系的问题，忽视了员工这些方面的特点，导致在进行职业生涯指导时，忽视这个员工朝管理、营销等职业岗位发展的可能性。

2.中期职业生涯管理

在职业生涯中期，应该帮助雇员自我实现，很少有哪种需求能够比实现自己的理想、充分发挥自己的才能，取得与其能力相称的成就这种需求更为强烈。那些未能满足雇员这方面需要的组织，往往会失去它们最优秀的雇员，或者是导致雇员越来越愤懑、不满，献身精神越来越差。心理学家马斯洛提出，人的最终需要就是"越来越接近自己希望的那种样子，越来越变成自己能够成为的那种人。"组织赢得雇员献身精神的一个关键就是帮助他们完成自我实现——使他们都充分发挥自己的潜能并获得职业生涯成功。

许多优秀的企业都在努力帮助雇员满足他们的这种需要，像德尔塔航空公司、萨顿公司以及联邦快递公司等所实行的管理实践都是以确保所有雇员都有机会完成自我实现，发挥他们的潜能并获得成功为出发点的。当然，"实现"并不一定意味着得到晋升或者是获得职业上的成功。虽然这些方面确实十分重要，但更为重要的是雇员们是不是有机会充分发挥他们的技能以及在工作中解决问题的能力、丰富他们的工作内容、授权他们自己进行工作的计划和监督、帮助他们进行继续教育和不断成长，都是达到帮助雇员自我实现这一目标的重要方法。常见的组织开展的帮助员工自我实现的措施主要有：提拔晋升，畅通职业生涯通道；安排富有挑战性、探索性的职业工作；实施工作轮换。

3.晚期职业生涯管理

职业生涯后期管理是一个值得关心的问题。现在，许多管理者或人力资源部门的人，将工作的重心放在了年轻人上面，注重未来的潜力开发，相对忽视处于职业生涯后期的员工。有些企业甚至将这些员工看成包袱，不闻不问。这种过河拆桥、"兔死狗烹"的不良组织文化，不但会极大地伤害年老员工的感情，而且挫伤其他员工对组织的认同感，因为人终有变老的一天。如果希望将自己的企业办成百年企业，这种短视的做法是不可取的。对处于职业生涯后期的员工，如果管理得好，可使这些人力资源成为财富；如果管理得不好，就会导致许多冲突，增加许多矛盾，影响组织的工作。对职业生涯后期员工的管理，主要应遵循如下原则：理解和尊重；真诚关心；发挥经验优势。

五、职业生涯管理中的常见问题及处理

1.职业停滞现象

大多数渴望在一个组织中升迁的人都会遇到这样一个现象：停滞。职业发展停滞现象在进一步晋升的可能性很小时可能会出现。当一名员工的工作职能和工作内容因为组织里缺少晋升机会而保持不变时，"停滞现象"就发生了。国外有人估计，99%的劳动者在他们的职业生涯中至少经历了一次停滞现象。我国也面临着这样的问题，因为近来许多组织正在减员，等级制度正在变弱，生育高峰的一代人恰好已是壮年，另外妇女和少数民族也开始参与竞争过去不接纳他们的职位，所以停滞现象在我国已开始变得普遍起来。

对于职业发展的停滞现象，一般有这么几种解决方法：一种方法是在组织内横向调动，虽然地位和工资保持不变，但员工却得到了发展新技能的机会。鼓励横向调动的公司一般使用基于技能的工资制度，按员工的技能类型和级别支付工资。另一种方法就是充实工作内容。该方法通过增加工作的挑战性，赋予工作更多的意义，

以更强的成就感来激励员工（但员工没有得到晋升）。当今，大中型企业中，提供这种充实工作内容机会的企业近十分之一。探索性职业发展也是一种处理停滞的方法。它不承诺实际的调动，但提供机会让员工在另一领域尝试其想法。长期以来，降职跟失败联系在一起，但未来有限的晋升机会可能使其成为较合理的职业选择。如果能除去降职的羞耻感，则更多的员工，特别是老工人，可能会接受甚至选择这种调动。从实际的经验中得出的经验是，这样做既可以打通堵塞的晋升之路，也可以使高级员工摆脱掉其不想承受的压力，而不被人看做是失败。

2.降职现象

降职对一个员工来说意味着减少工资、降低地位、失去特有的发展机会等。降职的情况并不经常发生，这是因为它会使员工对组织冷漠，使他们情绪低落、工作效率下降，最终导致所在小组的士气不振。由于这种原因，有许多企业或组织宁愿解雇一个员工而不愿降职留用他。但是，无论是解雇还是降职留人，组织都要慎重考虑，要有计划，同时还要有详细的员工工作绩效考评情况的全部资料。

降职作为组织内职位变换的一种职业流动形式，除了因受到组织纪律处分而导致外，以下几种情况也属于降职：调到同等级别，但责任和职权都有所降低的另一职位上；组织做重大调整时必须做跨职能性的向下流动；工作绩效不佳或难以胜任本职工作，向下流动以寻求职业适应性；作为培养、开发手段临时性向下流动代职，以增加不同层次领域的实际工作经验；员工本人年龄、身体健康状态不佳或工作兴趣改变，也可能采用向下流动到适宜的职位上。

3.技术老化现象

技术老化现象一般出现在处于职业生涯中期的员工和年老的员工中。发生这种现象的原因很多，例如，工作的变化和个人的变化是具有相互作用的，而个人变化的步骤赶不上工作变化的步伐，就会出现技术老化现象。还有就是培训的机会无法跟上不断提高的工作需求，员工使用新技术的能力落后于工作的需要等。年老的员工之所以更容易面临技术老化的威胁，是因为他们都有较长的工作经历，日积月累的工作习惯已经根深蒂固，而所具备的技术和知识有可能过时。

防止技术老化的方法主要有技术维持和技术再培训两种。如果管理者和员工双方都意识到投资于再培训可以获得更高回报的话，就可以采取类似于对付职业生涯停滞问题的方法，在职业生涯的早期阶段就开始对职业生涯周期进行干预。其他策略包括为年老的员工创造新的职业角色，并对提前退休进行经济刺激等。

4. 跨区域调动

跨区域调动是员工职位变换的一种常见方式。这种方式的调动，对员工来说可能造成一些压力，这种压力不仅仅是因为工作角色的转变所带来的工作适应问题，更重要的是来自家庭迁徙的阻力。虽然跨地区调动可能是公司对自己的信任。但是，对于其他的家庭成员来说，生活将会发生相当大的变化。他们不得不面临加入一个新的生活环境，必须学习和面对新的社会人际关系和改变以往的生活习惯。这些无论是对员工还是其家庭成员都是一种压力与考验。

主要面对的问题有以下几个方面：家庭的正常生活被打乱，离开了自己的亲朋好友和已经建立起来的社会人际关系；孩子们中途转学以及失去自己所熟悉的职业工作环境等；初到异地的家庭还会因为得不到周围人们的信任而烦恼；在社会交往方面，一切都要从头开始；配偶工作的安排，也是一个非常突出的问题；增加了搬迁给家庭带来的费用和很多不必要的开销；必须学习一套新的工作规范和工作程序，与新的管理同事建立新的人际关系。

复习思考题

1. 什么是职业锚和职业链？结合自己的实际情况对自己的职业锚和职业链进行分析。
2. 如何帮助员工进行职业生涯发展设计？
3. 职业生涯管理的内容是什么？怎样对员工的职业生涯进行管理？
4. 怎样针对员工职业生涯发展的阶段进行管理？
5. 员工职业生涯发展中常见的问题是什么？怎样处理？请结合具体的案例进行分析。

第九章

薪酬激励

学习目标

1. 掌握薪酬的基础知识（薪酬的定义、薪酬的影响因素）
2. 掌握现阶段我国企业存在的薪酬激励误区
3. 掌握宽带薪酬设计的步骤
4. 掌握薪酬管理的具体方法和技巧

在讲薪酬激励之前,我们先来看一个案例:

某公司是一家有限责任企业,成立于1995年。公司成立至今,在分配制度上进行了多次比较大的改革和调整。该公司在成立时,采用的是技能工资。为此,企业人事部对每一职位进行了测评,在实施过程中,发现这种工资制度并不大适用。因为该公司是贸易型企业,所以在企业领导授权之下,人力资源部制定了一个组合工资方案,即工资由基本工资、职位工资、物价补贴和工龄工资组成,其中基本工资为技能工资,职位工资根据每个员工所在不同职位而定,工龄工资是年工工资,根据员工的服务时间长短而定。然而一段时间后,又有员工有意见。2000年10月,企业又换了新领导。新领导上任以后,认为工资要改革,以职位工资为主,不考虑原来的工资情况。这样,企业人力资源部又实施了一个新方案:工资=职位工资+基本生活费+年工工资。其中,工资差别主要体现在职位工资上。职位工资分为五档,分别是A、B、C、D、E,代表了每一职位中的五个不同档次。在新的职位工资制中,似乎并没有体现出绩效工资。人力资源部经理的想法是如果今年绩效好,则明年职位工资相应提高,以此来鼓励员工。

工资改革刚开始时,有些员工不能接受,尤其是那些工资减少的员工。他们想不通,对改革抵触很大,并表现出消极怠工和跳槽的意向;而且,由于员工的意见比较大,甚至出现了罢工和闹事等一些情况。

薪酬是员工从事劳动或工作所应得到的物质报酬,它与员工的切身利益密切相关,是影响和决定员工劳动态度和工作行为的重要因素之一。同时,薪酬也与企业的经济利益密切相关,是企业十分关心的重大问题,因为薪酬在企业成本中所占的比重很大。因此,薪酬是把"双刃剑",一方面它是激励员工、达成企业目标的主要手段;另一方面,又是企业运作的主要成本之一,一旦运用不当,就会给企业带来比较大的损失。鉴于薪酬激励的重要性,本章我们就来了解薪酬激励的相关知识和操作技巧。

第一节　薪酬激励概述

薪酬在激励员工的措施中占有相当重要的位置。因此,作为企业的管理者,应该树立全方位的薪酬激励意识,用适当的薪酬方式激励员工,开发人力资源,做到人尽其才。本节我们首先来了解一下薪酬的基本知识。

一、薪酬的概念

薪酬是一个界定比较宽泛、内容十分丰富的领域,不同的行业和部门对薪酬的内涵和外延的界定也不尽相同,从而导致人们对薪酬的定义存在较大的差异。但有一点是为所有学者所认同的:薪资是劳动的报酬,是员工通过付出自己的体力或者脑力劳动,从组织中获取的一切物质和非物质的回报。

彭剑锋等(2003)认为薪酬是指企业向员工提供的报酬,用以吸引、保留和激励员工,具体包括:工资、奖金、福利和股票期权等。

那么根据上述定义,薪酬和传统意义上的工资有什么不同呢?下面我们来做具体的概念解析。

● 工资。指企业依据国家的法律规定和劳动合同,以货币形式直接支付给雇员的劳动报酬。工资有广义和狭义之分。狭义的工资就是指我们所熟悉的基本工资或标准工资。通俗地来说就是指我们日常工作中所说的"工资",

是指单位部门按照一定的周期（通常是一个月），定期向员工发放的固定报酬。比如我国军官的月工资主要由基本工资、军龄工资、职务工资、军衔工资四部分构成。广义的工资包括基本工资、奖金、津贴、补贴、劳动分红等。这个广义工资的概念和我们下面所要涉及到的薪酬概念有很多的重合之处。可以说广义上的工资构成了薪酬的货币形式。这一点在此不加赘述。

● **薪酬**。从市场的角度来看，薪酬其实是人力资源价值的一种市场形式，即人力资源价格；而从公司利润的角度来看，薪酬是员工体力或脑力劳动这些要素投入的产出回报，即所谓的劳动报酬。

薪酬的构成多种多样，从不同的角度出发可以有不同的构成方法。从经济学的角度来看，薪酬可以分为经济形式的薪酬和非经济形式的薪酬。其中经济形式的薪酬又分为直接的和间接的薪酬。直接的薪酬包括：基础工资、绩效工资、奖金、股权、红利和各种津贴。绩效工资与奖金的不同之处在于：绩效工资具有波动起伏的长期性，而奖金具有一次性。间接的薪酬又可以分为保险、补助、优惠和各种服务等。非经济的薪酬包括工作本身、工作环境和组织特征三方面。这里主要是指员工在工作的过程中获得的成就感、对工作氛围的满意度等。随着市场经济的发展，这一部分非经济的薪酬占据着越来越重要的地位，在企业中发挥着越来越重要的作用。

从员工薪酬的变动性来看，员工薪酬又可以分为不变薪酬和可变薪酬。具体见图 9-1 所示。

从图 9-1 中我们可以看到薪酬可以分为两个基本部分：可变薪酬和不变薪酬。不变薪酬顾名思义是指员工基本的工资，该部分具有一定的稳定性的。变化薪酬就是依据员工的个人绩效或者企业利润、股票收益等变化因素而制定的员工薪酬。变化薪酬包括：绩效工资、分红和股票期权等。同时在图 9-1 中我们又把基本工资、绩效

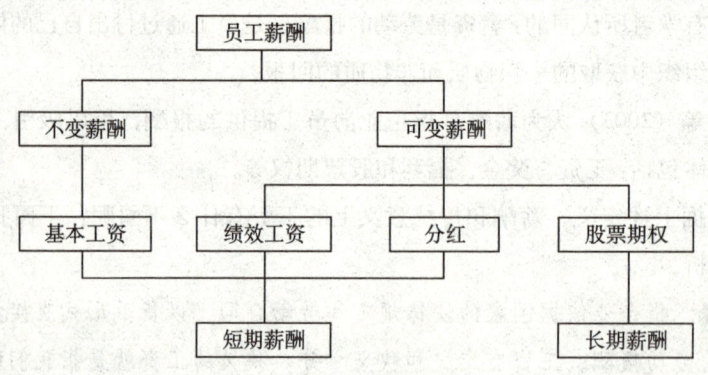

图9-1 员工的不变薪金和可变薪金

工资和分红划分为短期薪酬，它们的作用是相对短期来说的，而股票期权计划就可以说是影响比较长远的一种薪金激励计划了，我们也称之为长期激励薪酬。关于长期激励薪酬的具体应用，我们在相关章节会作详细介绍，此处就不再赘述。

二、薪酬的影响因素

在日常的工作生活中，我们容易发现这样一种现象：不同行业不同时期员工的收入有着很大的波动起伏，同一行业的不同职位甚至是同一行业的相同职位在不同时期其员工的收入也会有差异，有时这种差异将会很大。那么到底有哪些影响薪酬的因素呢？下面图9-2中比较全面地罗列了一些影响因素。

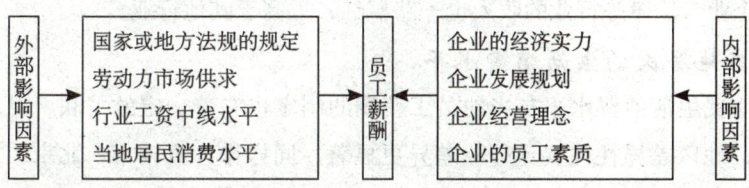

图9-2 影响薪酬的各种因素

根据上图9-2列出的各种因素，我们一一来分析和讨论。

1.影响薪酬的外部因素

（1）国家或地方法规政策的规定

在我国，首先表现为法规对最低工资的规定。随着社会市场消费价格指数变动、社保缴费基数增加、经济发展水平的提高等多种因素的促进，为了切实保障员工的利益，国家劳动部门对工资底线作出了一系列的规定。这里以江苏省最近调整的最低工资情况为例来说明。江苏省从1995年建立最低工资保障制度，至今已经持续12年上调最低工资标准。尤其是最近6年来，调整幅度逐步增大。

其次，劳动法规对薪酬的影响因素体现在对员工福利、保险、津贴的规定和限制要求上。例如某地区对最低工资以外的一些薪酬项目作出重点支付的规定，这些项目有：一是加班加点的工资；二是中班、夜班、高温、低温、井下、有毒有害等特殊工作环境、条件下的津贴；三是法律、法规和国家规定的劳动者福利待遇等；四是个人缴纳的最低住房公积金。

（2）劳动力市场供求

劳动力市场供求也在很大程度上对薪酬产生影响。在现代的市场经济中，劳动力也是一种商品，而在市场经济条件下市场需求对产品价格有着决定性的影响。这里可以通过一个例子来具体说明,例如某地区去年某行业人才需求为1000人,可社会所能提供的劳动力仅为500人,这就造成了供小于求,很显然此时的劳动力价格就大于预期的价格。反之,当供大于求时,劳动力价格就会降低。这也可以作为近年来因为高校扩招造成的大学生就业困难和起薪降低现象的一种理论解释。

(3) 行业的平均水平

行业的平均水平作为企业制定员工薪酬的一个外在参考指标,其对薪酬的影响力是比较大的。例如在我国当前垄断行业员工工资比较突出,其中电力、电信、金融、保险、水电气供应、烟草等行业职工的平均工资往往是其他行业职工平均工资的几倍,如果再加上工资外收入和职工福利待遇上的差异,差距会更大。同样在市场上其他高新技术企业、法律等行业的收入也一路飘红,远高于其他行业。

(4) 当地居民的生活消费水平

当地居民生活消费水平与当地员工薪酬的制定也有着一定的关联。对现阶段的我国来说,地区差异往往要比行业差异更显著。同样作为直辖市,北京、上海、重庆的同行业收入差距是很显著的,甚至在同一个省区内,因为居民消费水平等因素的综合作用,各行业的收入差距也会有很大差异。这里笔者还是以江苏省2007年最低工资规定为例,考虑到各地市甚至是地市中的各区县的实际消费水平差异,江苏把全省分为三类地区,具体如图9-3所示。

2. 影响薪酬的内部因素

上述几点均是影响薪酬的外部因素,然而各企业单位内部情况的不同有时对薪酬的影响比外部因素更大些。下面我们来具体讨论影响薪酬水平的内部因素。

(1) 经济实力

一个企业如果拥有很强的经济实力即在同行业之中是个品牌企业,那么对它的员工而言,他们的薪酬待遇无疑是高于经济实力差的同行业企业员工。这一点很容易理解。例如在一个普通销售培训网络公司上班的编辑,其月收入为2500元左右;然而同是做编辑,他的一个朋友在中国销售培训网工作,月收入就达5000元以上。这就是一个典型的同行业因为单位的经济实力而影响薪酬的例子。

(2) 企业所处的发展阶段以及企业的经营理念

企业发展阶段以及企业的经营理念对员工薪酬有着很大程度的影响。比如当企业处于创业初期的时候,就会强调对员工的激励,此时的待遇往往会比较高。此外一个企业的经营理念尤其是高层对员工薪酬的态度对员工收入的影响也是很大的。

最后,企业的性质和员工素质也影响着薪酬,企业的性质在前面提到垄断行业

江苏省各市、县（市、区）执行最低工资类别

地　　区		类别
南京	南京市区（含江宁区）	一类
	溧水县、高淳县、原六合县、原江浦县	二类
无锡	无锡市区、江阴市	一类
	宜兴市最低工资标准第一阶段2006年10月1日起至2007年3月31日调整到690元的标准，从2007年4月1日调整到一类标准750元。	
徐州	市区	二类
	新沂市、铜山县、丰县、沛县、邳州市、睢宁县	三类
常州	市区	一类
	金坛市、溧阳市	二类
苏州	市区、吴江市、张家港市、常熟市、昆山市、太仓市	一类
南通	南通市区、启东市、通州市、海门市	二类
	海安县、如东县、如皋市	三类
连云港	市区	二类
	灌南县、灌云县、东海县、赣榆县	三类
淮安	市区（不含楚州区、淮阴区）	二类
	楚州区、淮阴区、涟水县、洪泽县、盱眙县、金湖县	三类
盐城	市区、大丰市、东台市	二类
	建湖县、射阳县、阜宁县、滨海县、响水县	三类
扬州	市区	二类
	江都市、仪征市、高邮市、宝应县	三类
镇江	市区、丹阳市、扬中市	二类
	句容市	三类
泰州	市区	二类
	靖江市、姜堰市、兴化市、泰兴市	三类
宿迁	市区、宿豫县、沭阳县、泗阳县、泗洪县	三类

注：以上是2006年度江苏省各地执行的最低工资类别，2007年度需重新审核，但基本上不会变动。

图9-3 江苏省经济三类地区分类

时有所涉及，这里我们就重点介绍一下员工素质对其薪酬的影响。员工素质包括员工的学历层次、技术技能等，这些员工硬件往往是一个企业进行市场定位和制定薪酬的参考标准。一般来说，需求高技能、高学历员工的企业薪酬待遇要高些。

三、薪酬激励存在的误区

前面几部分我们介绍了薪酬的概念、功能以及影响因素，想必读者对薪酬的基本知识已经有了一定的了解，同时对薪酬的激励作用和意义也有了一定程度上的感悟。那么薪酬激励在我们国内企业的实践应用又是怎样的呢？下面我们首先来看一

个案例。

  HL 公司是一家广告公司，20 世纪 90 年代初海南岛开发的时候由几个大学生创立的。经过十几年的发展，该公司已经发展成为华南的一家知名广告企业，同时员工规模也从当时创业之初的几个人发展到现在的近千名。

  创业之初员工很少，在对待薪酬的管理和分配问题上，主要由几个老板商量决定。因为当时谁的技术过硬、谁的贡献大，大家都是有目共睹的，所以大家都觉得老板的判断很公平。每个员工工作都很有激情，大家没有怨言。然而随着公司的规模扩大，员工增多，老板的事情也多了，几个创始人都在独当一面，很难有时间碰头专门解决员工薪酬的问题。有时老板的判断缺乏足够的接触就会有失公平，久而久之，人心开始浮动，怨言四起。正所谓"不患寡而患不均"，员工并非对自己的绝对收入不满意，而是在相互比较之下总觉得不公平。事情闹得很大，几个老板在开例会时决定重点整治这个问题，于是交给人力资源部门去建立一个新的薪酬体系，以适应现在的发展需要。人力资源部经过一些市场调查，建立起了一个初步的薪酬计划。实施下来后发现似乎有起色了，员工不平的议论也减少了。这个薪酬方案就是"基本薪酬＋年度奖金"。对于内部的员工来说还算比较适应，可是不久问题又出现了。

  在人力资源部门的对外招聘会上发现：应聘的大学生对公司的薪酬颇有不满。因为刚来公司，大家在乎的只是那部分基本薪金，对于没有多大把握的年度奖金则关注不够，有的初聘者甚至认为这家公司有"画饼充饥"的嫌疑，其结果是大家都不愿来公司工作。几个创始人在听取人力资源部门的报告后开会分析，认为现在企业处于发展急需引进人才的关键时期，就决定增加基本薪酬。于是取消了年度奖金，但工资总额增加了，简单就工资结构进行了一些调整。于是工资结构变成了"基本工资＋浮动工资"，即在月度的考核中，绩效优秀的员工除了可以拿到全额工资外，还可以领到超额的绩效薪酬；绩效差的员工的绩效薪酬就要被部分或全部扣除。但是为了有效地控制公司总的成本开支，工资成本总额不变，所以有人多拿那么肯定有人会少拿。

  这一浮动工资制度实施不久后，各个部门负责人就纷纷抵制，因为员工感觉到部门经理掌握着自己的命运。同时，这一工资方案也增加了员工之间的人际障碍。具体来说就是一个绩效优秀的员工多拿了钱，但是面对熟悉且经常见面的绩效差的员工就会感到尴尬，因为一起工作了那么久：我拿了他的钱，以后该如何面对？甚至绩效优秀的员工成了其他员工发牢骚的对象。部门经理也面临着各方面的压力：全是得罪人的事情。最终一个现象发生了：部门经理选择了"中庸之道"，即给所有员工都打上了"合格"，其结果是大家的绩效没有差别。

于是整个薪酬方案就失去了效应。激励的效果没有达到，反而闹得企业几乎是"人心涣散"，很多昔日和创始人一起"打江山"的老员工辞职了，紧接着一大批新进的员工也提出了离职申请……

人力资源部门经理头痛了，几位创始人也头痛了。

从上述案例我们可以看出，薪酬问题是该企业人才流失的重要原因之一。新浪网也曾有过一项对薪酬的类似调查。该调查结果显示：员工认为对薪酬"不错和非常满意的"仅占 0.63%；认为"一般，不太满意的"占 59.73%，这不仅反映了我国企业在薪酬待遇上缺乏吸引力、难以留住人才，更反映出中小企业在薪酬设计上存在着严重的问题。

依据本案例，结合现实中的情况，总体来看，我们认为国内企业现行的薪酬激励体系主要存在以下几方面的问题：

1. 薪酬激励功能的错误定位

在我国的很多企业中，对薪酬的作用存在着以下两种比较错误的定位。一种是把薪酬的作用看得过重甚至认为薪酬是有效激励的唯一手段。"重赏之下必有勇夫"就是其鲜活的反映，把员工完全物质化。对薪酬功能的另一种误解是薪酬即是一种成本。持这种观点的管理者往往认为，应该尽量缩减成本，也就是能不给员工的薪酬就尽量不支付。

正确的薪酬功能定位应该作如下思考：薪酬对于普通人群或者说是低层级员工群体（尤其是制造行业的员工）来说，具有很强的现实意义，因为对他们来说薪酬是最直观的外在激励体现，具有很明显的激励效果。另外一方面，我们也要意识到在高新技术企业中，管理者所面对的是知识型员工，薪酬也许并不是最有效的激励手段。因为知识型员工除了对物质上有一定的需求外，对工作本身也有较高的期望。对这一特殊群体的激励方法，本书在第十一章中将作详细的介绍。

2. 薪酬结构划分过细

要想达到一个比较理想的激励效果，薪酬在结构的设计上必须要科学合理。然而在实践中，我们发现很多企业的工资表上会有多达十多项的工资构成。这些企业的管理层认为薪酬设计应当体现出实际工作中所有的岗位、技能上的区别。实际上，企业如果把薪酬的构成划分得越细越可能起到相反的作用效果，细分的项目越多，员工的注意力就会分散，也就越不注意工作本身而关注于其细分的标准，因为不可能所有的标准都只限于工作本身，这样就会造成"失之东隅，收之桑榆"的后果。

3.薪酬体系中激励手段单一

现行的企业薪酬制度中有很多只是注重薪酬本身的多少，完全将薪酬的数量当作激励的唯一手段。实际上薪酬体系应该是一个多项子系统组合的集合体，比如如何制定工资、什么时候发放都是很重要的。薪酬应当与员工的工作热情、创新愿望以及员工的工作成果直接相结合，这样薪酬制度才更有激励性。

4.薪酬激励体系的设计与企业发展战略相脱节

目前，很少有企业将薪酬激励体系的构建与企业发展战略有机结合起来。薪酬激励体系是企业人力资源管理系统的一个子系统。如果薪酬激励体系与组织的战略规划相脱节，就不能使员工把他们的努力和行为集中到帮助企业在市场中竞争和生存的方向上去，就不能使员工和企业确立共同的价值观和行为准则。如果员工无法确定本企业中最有价值的东西，他们就会产生就薪论薪的现象，把薪酬本身当成一种目的。那么当其他企业拿出更高的薪酬时，人才的流失是不可避免。薪酬管理与人力资源战略脱节的结果只能是耗费了大量的人力、物力和财力而留人效果甚差，而且在补充和增强其他人力资源子系统（比如人员选拔、培训和绩效考核等）的作用时，就会缺乏说服力。

5.薪酬激励的管理过程不透明、缺乏沟通

薪酬激励的管理过程是需要透明化的，因为对于大多数员工而言，薪酬的透明化是公平的基本要求。如果这点要求都不能满足，员工瞎猜只会耗费精力，并且会增加员工之间的猜疑，造成员工的不满和抱怨。大多数企业是有自己的一套薪酬制度的，但是有的企业为了对薪酬进行保密而不愿与员工进行交流，多采用保密薪酬制，使得员工很难判断在报酬与绩效之间是否存在着联系。这样的薪酬激励效果就可想而知了。

总的说来，我国企业存在的薪酬问题不是单独存在的，而是在企业整个管理体系下出现的众多问题之一。薪酬不是激励员工的唯一手段，也不一定是适合各个企业最好的办法。但无可否认，是薪酬一个非常重要、也是最易被人运用的方法。所以，如何实现薪酬效能最大化，是一门值得探讨的艺术。

第二节　激励性薪酬的设计

在管理实践中很多管理者发现：在薪酬总额一定的情况下，如果采取不同的薪酬制度甚至是不同的发放方法，也会起到不同的激励效果。所以要想使薪酬具有最佳的激励效果，就需要在薪酬制度的建立上增加激励功能，同时在实际操作中学会使用一些技巧。

一、激励性薪酬体系的特点

企业的管理者可能会因为失去一名优秀的员工而郁闷，那么作为管理类专业的学生，仅从企业薪酬制度方面来说，您有没有思考过以下几个问题呢？

- ✓ 企业内部员工之间，薪酬是否公平？
- ✓ 与其他企业相比，企业的薪酬是否具有竞争性？
- ✓ 企业的薪酬制度为什么留不住身边的人才？

针对上述的几个问题，我们会发现第一个问题实质上是薪酬的公平性，第二个问题实质上是薪酬的竞争性，第三个问题涉及的则是薪酬体系中比较综合的问题。在下面两节里我们会作一些具体的介绍。那么什么样的薪酬才具有激励性，或者说激励性的薪酬体系具有什么样的特征呢？

1. 公平原则

当员工为企业努力工作，作出巨大贡献的时候，企业管理者应该不管其是企业的骨干还是一般的员工，不管他是来自哪一个部门，也不应该过多地在乎学历、资历等外在因素，而应该一视同仁地论功行赏。这就是企业薪酬设计中的公平原则。

员工对公平的感受通常包括五个方面的内容：第一是外部公平性，即与外部其他类似企业（或类似岗位）比较所产生的感受；第二是内部公平性，即员工对本企业薪酬体系分配机制和人才价值取向的感受；第三是将个人薪酬与公司其他类似职位（或类似工作量的人）的薪酬相比较所产生的感受；第四是对企业薪酬制度执行过程中的严格性、公正性和公开性所产生的感受；第五是对最终获得薪酬多少的感受。

2. 竞争原则

人力资源管理的主要职责就是选人、育人、用人、留人，其中关键的就是把优秀的员工留住，避免流失到其他企业甚至是对手企业中去，所以就需要本企业在员工激励上尤其是在薪酬的激励上，与同行业类似企业相比要具有竞争性。

企业想要获得和留住具有真正竞争力的优秀人才，必须要制定出一套对人才具有吸引力并在行业中具有竞争力的薪酬系统。如果企业制定的薪酬水平过低，那么在与其他企业的人才竞争中必然处于劣势地位。所以在进行薪酬设计时，除了应具备较高的薪酬水平和恰当的薪酬价值观外，企业还应针对各类员工的自身特点制定灵活多元化的薪酬结构，以增强对员工的吸引力。

3. 激励原则

对一般企业来说，通过薪酬系统来激励员工的责任心和工作的积极性是最常见和最常用的方法。一个科学合理的薪酬系统对员工的激励是最持久也是最根本的激励，因为科学合理的薪酬系统解决了人力资源所有问题中最根本的分配问题。

简单的高薪并不能有效地激励员工，一个能让员工有效发挥自身能力和责任的机制、一个努力的越多回报就越多的机制、一个按绩效分配而不是按"劳动"分配的机制，才能有效地激励员工。也只有建立在这样机制之上的薪酬系统，才能真正解决企业的激励问题。

4. 经济原则

经济原则在表面上与竞争原则和激励原则是相互对立和矛盾的。因为竞争原则和激励原则提倡较高的薪酬水平，而经济原则则提倡较低的薪酬水平，但实际上三者是统一的。当三个原则同时作用于企业的薪酬系统时，竞争原则和激励原则就受到经济原则的制约，这时企业管理者所考虑的因素就不仅仅是薪酬系统的吸引力和激励性，还应考虑企业承受能力的大小、利润的合理积累等问题。

经济原则的另一方面是要合理配置劳动力资源，当劳动力资源数量过剩或配置过高，都会导致企业薪酬的浪费。只有企业劳动力资源的数量需求与数量配置保持一致，学历、技能的要求与配置大体相当时，资源利用才具有经济性。

5. 合法原则

合法原则是指企业的薪酬制度必须符合国家现行的相关政策、法律法规和企业的管理制度。如果企业的薪酬系统与现行的国家政策和法律法规、企业管理制度不相符合，则企业应该迅速进行改进使其具有合法性，否则在实施的过程中将很难施行。

在激励性薪酬的管理过程中，要综合考虑以上原则，灵活地制定出最有效的薪酬方案，为企业的发展吸引到最优秀的人才，使其在企业之林中独占鳌头。

二、选择合理的薪酬激励模式

在明确薪酬总体定位的基础上，应该开始着手建立薪酬分配的标准体系。与企业选择何种薪酬模式相似，在企业内部也需要使用不同的薪酬模式，因为企业内部需要重点解决一线生产员工和管理辅助人员之间相互比较的问题。这里，笔者建议对企业员工进行人员分类，针对不同人员采取不同薪酬模式的概念，以树立面向结果的分配观念，减少内部的攀比。

具体来说，根据总体薪酬与企业效益挂钩程度的不同，可以将薪酬结构模型分为三类：

- **高弹性薪酬模型**，即薪酬水平与企业效益高度挂钩，浮动部分薪酬所占比例较高。该种薪酬模型具有很强的激励性，员工能获得多少薪酬主要依赖于工作绩效的好坏。如果员工工作热情不高或优秀人才流失严重，则可采用这种高弹性的薪酬激励模式。
- **高稳定薪酬模型**，即薪酬水平与企业效益挂钩不紧密，浮动部分薪酬所占比例较低。此时薪酬水平主要取决于员工的工龄与公司的经营状况。这种薪酬模型具有很强的稳定性和安全感，员工的收入非常稳定，但不足的是缺乏足够的激励功能。
- **调和型薪酬模型**，也叫折中模式。即薪酬水平与企业效益挂钩的程度视岗位职责的变化而变化，这种薪酬模型既有激励性又有稳定性。

一般来讲，我们建议在薪酬模式选择方面，高弹性薪酬模型可适用于高级管理人员和生产人员，调和型薪酬模型适用于中层管理骨干，其他人员则适用于高稳定型薪酬模型。对于高级管理人员和生产人员而言，增加了薪酬空间，强调了与工作绩效的挂钩，也加大了激励力度；对中层管理骨干而言，采取了更为灵活的方式，在激励和保障之间进行平衡；对其他人员而言，强调了薪酬的稳定性，增强其对企业的归属感。

三、激励性薪酬模式——宽带薪酬的设计

在明白薪酬设计的基本原则和选择合适的薪酬激励模式后，下一步需要做的就是设计好一个具有本企业特色的薪酬结构。在这里我们就重点介绍一下现在应用比较广泛的宽带薪酬。

1. 宽带薪酬的特点

针对企业和员工发生的一系列变化，20世纪90年代以后，美国管理学界提出了宽带薪酬的概念。宽带薪酬体系是将原来报酬各不相同的多个薪酬等级压缩成几个级别，同时将每个薪酬级别所对应的薪酬浮动范围拉大。典型的宽带薪酬可能只有不超过4个等级的薪酬级别，每个级别的最高值与最低值之间的区间变动比率可达到200%～300%。在宽带薪酬体系中，等级明显减少，变动幅度变大。假如一个员工业绩非常突出，那么他可以得到相当于一个更高级别的薪酬。员工除了晋升这种途径之外，也可以通过薪资证明自己在企业中的地位和角色。

宽带薪酬与传统薪酬最大的区别在于传递了企业重要的价值导向：针对个人而不是针对职位提供薪酬，企业从原来注重职位转化为重视绩效。在这种薪酬体系设计中，员工不再是沿着公司唯一的薪酬等级层次垂直向上走，相反，他们在自己的职业生涯的大部分时间中可能都处于同一个薪酬带中，但随着他们获得新的技能、能力，或者是在原来的岗位上不断改善自己的业绩，他们就能获得更高的薪酬。

2. 应用宽带薪酬的条件

并非每个企业都适合这一薪酬结构，那么，宽带薪酬方案的实施条件有哪些呢？张燕（2007）认为，一个企业能否实行宽带薪酬体系，主要取决于以下几点：

- 该企业应该具有积极参与型的管理风格。在宽带薪酬体系中，上级对有稳定突出业绩表现的下级员工拥有较大的加薪影响力。这就要求人力资源部及企业的其他部门在人力资源管理方面必须具备足够的成熟度，能够作出各种关键性的决策。如果没有一支成熟的管理队伍，在实行宽带薪酬制度的过程中就会困难重重。
- 该企业要以绩效为重要的薪酬决定因素。宽带薪酬体系要求企业必须注重员工绩效。一个企业若不重视员工的工作表现，必定会导致"大锅饭"现象，所提供的"宽带"也就失去了效果。
- 要注重沟通。这一点能够使全体员工清晰地理解企业的报酬决定因素以及

企业发展的战略。其次,多和员工交流,可以营造一种民主的企业文化氛围。
- 需要有积极的员工发展工具。宽带薪酬为员工的发展及个人职业生涯提供了更大的弹性。企业需配有积极的员工发展工具,使员工能够不断地获取新的技能,让他们对自己在企业的职业生涯有清晰的认识,帮助他们充分利用宽带薪酬制度所提供的空间,同时企业也能不断地获得更具有竞争力的员工队伍。
- 需要有一支高素质的薪酬管理人员队伍。推行宽带薪酬制度需要人力资源部薪酬管理人员与各部门进行更加密切的合作,他们与部门经理一起给新职位定级,了解市场信息及协助制定薪酬计划,而完成这些任务需要一支高素质的薪酬管理队伍。

3. 宽带薪酬的制定步骤

(1) 确定工资结构

企业的薪酬结构一般由三大部分构成:工资、奖金(年终奖金与特殊专项奖金)与福利(法定福利与企业补充福利)。年终奖金主要根据企业年终的超额利润计算提成,而特殊专项奖金主要由企业特殊专项基金提供。福利是企业根据国家规定与企业员工的需要制定的。这里的工资结构主要是指固定工资与绩效工资。企业设计工资结构要通过企业内部问卷调查,根据员工对决定工资的因素(岗位、学历或职称、工龄以及绩效等)的评价设计工资结构。基于岗位与绩效的宽带结构工资体系主要是考虑岗位与绩效对工资的影响,同时也必须要考虑员工的个体差异。具体可以参照图9-4:

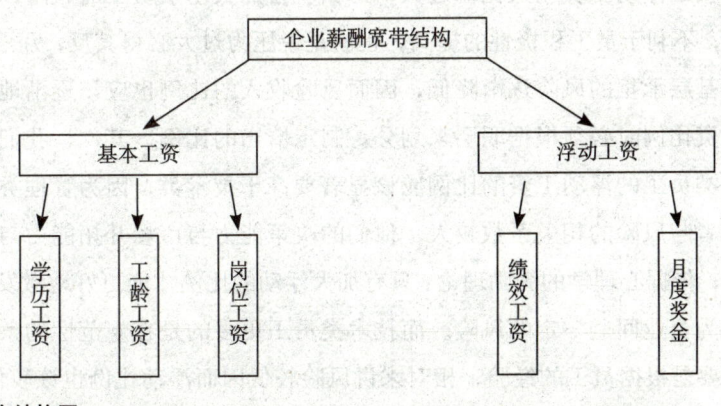

图9-4 工资结构图

(2) 确定薪层、薪级

薪层、薪级的确定主要是依据岗位评价的结果，而这个岗位评价的结果必须要与薪酬的设计流程紧密相关。也就是说通过一套恰当合理的岗位评价体系对岗位现有的工作责任、工作知识技能要求、风险承诺、工作的强度、工作的条件等因素对岗位进行评价，并根据评价的分数进行排列，形成等级。在进行次序排列时，要综合考虑各岗位之间的可比性，即要有一定明显的层级性。在排列时要首先将高层、中层、基层这三层员工区分开来，具体来说就是高层岗位主要是负责决策，中层负责执行，而基层主要是进行具体的事务操作。然后，在薪层内部根据岗位评价结果排序形成若干个薪级，再将每个薪级区分成若干等。薪酬具体设置成多少等应取决于企业的规模。但这里有一个基本前提原则就是：如果薪酬等级数过少，员工会感到难以晋升也就是缺少激励效果，进而达不到预期；相反，如果数目过多也就会造成管理的另一难题：会增加管理的困难与费用。所以这需要各个企业人力资源部门在认真合理地分析的基础上加以决策。

(3) 确定固定工资与浮动工资的构成比例

这一步主要是指确定固定工资与绩效工资的比例。合理的比例必须考虑职层与职类这两个重要因素。从职层方面看，一般而言高层浮动工资的比例要大于中层，中层浮动比例要大于基层。这是因为一方面越身居企业管理高位，其责任也就越大。现在企业理念强调权、责、利三者的统一。根据前面所讲的薪酬与员工需要的基本理论，员工的收入必须保证他们能够维持正常生活水平，而处于高层的员工经过多年工作不但积累了一定的经验，也积累了一定的财富，所以他们的需要层次可能也高得多，因此他们的收入基本上会高于中、基层。这也是完全符合市场经济准则的。倘若在基层员工浮动工资收入比例过大，那么就会加大基层员工的风险，影响员工的工作情绪，不利于员工积极性的提高，也就是说压力过大必得其反；另一方面是因为从高层到基层承担的风险逐渐降低，因而风险收入的比例也应该逐渐地减少。因此在设定工资比例时必须根据职层来划分，制定恰当的比例。其次，我们从职类方面看，管理类员工的浮动工资的比例应该显著要高于技术类，因为管理类员工特别是高层管理者与风险的相关系数较大，他们的决策能力与市场开拓能力与企业的风险直接相关，依据心理学的激励理论：只有加大浮动的比例才能更好地激发他们的主观能动性，为企业回避一定的风险。而技术类员工更多的是在规范性的条件下操作和工作，主要是根据员工的经验，相对来讲风险较低因而浮动比例也该较低。总之，责任、风险应该与利益大致统一。

（4）确定数值

确定数值首先需要确定的是工资总额。工资总额可以通过两种方式确定：一种方法是按照销售收入的具体比例来确定工资总额，这种方法适用于那些人数比较固定、销售额稳定的企业。另一种方法是根据当地的市场工资水平与行业的工资水平，结合企业的实际经营状况与支付能力等因素确定企业的工资水平，对于那些处于快速发展时期或者经营状况不太稳定的企业，这种方法更为合适一些。要推行新的工资体系的企业，为了使新的体系能够更好地执行，一般在新的薪酬体系施行的前一段时间增加工资的总额，以提高大部分员工的工资水平，进而达到减少方案执行阻力的目的。其次是确定各薪级的最大值、最小值与平均值，将处于同一薪级的岗位员工收入的历史数据进行处理，求出各薪级收入的最高值、平均值与最低值。然后再根据薪级的平均值制定企业岗位工资水平线来确定具体的工资水平。这样选择在实践实施过程中会更有效。

（5）确定薪点数

在进行薪酬调查的基础上了解同行业其他企业的薪酬水平后，我们需要综合企业工资水平线与市场工资水平线来确定一个合理的工资水平。为了使薪酬体系更有竞争力，企业关键岗位的工资水平要坚持只升不降的原则，以免因工资水平的下降而影响企业内部员工的人心浮动。其次，确定各薪级的起薪点与顶薪点这两个值时要考虑薪级的工资幅度、薪级之间的重叠度以及各历史工资的最大值与最小值。我们假定薪点系数 =1 元 / 点，则各岗位对应的工资水平即为该岗位在该工资水平下的薪点数。先确定工资幅度，利用工资水平线与工资幅度根据图 9-5 的公式来计算。

接下来我们需要计算对应薪级的薪点区间。假定下限即为起薪点，上限即为顶薪点，各薪级之间可能重叠或者不重叠，这样就形成以下三种模式：表现层级差别模式、模糊层级差别模式和强化层级差别模式。企业采用何种模式要根据企业的实际情况而定，不能搞"拿来主义"。如果企业岗位层级的高低对企业的贡献存在显著的差异，此时企业就可以采用表现层级差别模式或者强化层级差别模式，但是这两种模式也有一定的缺陷，那就是容易促使企业员工积极地向更高的岗位晋升，有可能导致得不到晋升的员工人心涣散，从而造成人才流失。宽带薪酬的定义告诉我们，一个企业要想最大程度有效发挥宽带工资体系的激励作用就应该模糊层级差别，因此企业要根据公司的规模与岗位层级对公司贡献的相对大小来确定各层级之间的重叠度。但是，也不能搞成吃"大锅饭"似的平均主义。

$$最低 = \frac{工资水平}{1+（幅度/2）} \quad 公式1$$

$$最高 = 最低（1+幅度） \quad 公式2$$

图9-5　工资幅度公式

综合来说，企业采用何种模式要根据企业的具体实际情况而定。

(6) 确定调薪的起点和顶点

综合考虑历史数据获得的各薪级的最大值与最小值，以及根据薪级内等差、薪级之间从下而上差距递增的原则，重新来确定合理的调整起薪点与顶薪点，再确定每个薪等的薪点数。这里为什么强调要选择历史数据呢？因为一个企业的改革具有一定的革命性，然而企业内部员工需要的是一种相对稳定性和安全感，在这个时候就不能完全抛开以前的历史数据，而是应该适当参考以前的历史工资数据，以保证改革在稳定中进行。这样也能很好地做到遵循循序渐进的原则，也会有效地减少员工的改革阻力。一般来说以岗位绩效薪点即以相应岗位的薪点数为基础值来确定工资。

到此为止，制定宽带工资结构的工作就算基本完成了。不过，在此需要提醒读者的是在制定宽带工资整个流程后，并不意味着这一设计就结束了。相反在实际操作过程中要依据岗位对企业的贡献变动的情况对岗位薪点作出调整，从而保证工资体系能够科学反映现有岗位对企业的贡献，体现岗位的真正价值，保证企业员工收入的内部公平性。

四、设计员工福利

员工福利是薪酬的重要组成部分，它大多表现为非现金收入，同时通常采取间接支付的发放形式。福利与工资和奖金的不同之处在于有些福利项目可能要在若干年后才能为员工享受；其次，福利作为一种普惠制的报酬形式，它的享受对象通常是企业的所有员工；此外，员工与员工之间的差别不是很大。员工福利通常为非劳动收入，福利的享受并不是在员工劳动之后，其与员工的个人贡献无太多关系，一个刚刚加入企业的员工常常就可以享受到与一个在此工作了几年的员工相同的福利待遇。

1.福利的作用

企业为何要设计福利？首先，设计良好的福利制度可以帮助企业吸引和保留员工。福利管理越人性化，越能增加广大员工的凝聚力，进而就越有利于人力资源管理目标的实现。设计良好的福利可以为企业吸引和保留其所需要的员工。一个有竞争力的福利计划传递着一种潜在的信息，告诉人们这是一个好的组织，愿意为员工的幸福生活投资。好的福利制度会使员工跳槽的成本大大增加，也就为企业留住员工创造了条件。

其次，设计良好的福利制度可以鼓励员工之间的合作。员工福利作为一种普惠制的薪酬有更多的平均化倾向，更加适合于团队型的组织激励。随着组织的变革，企业的工作方式更多倾向于由个人发展转向团队发展，个人绩效变得难以测量，这样一来薪酬发放更多地以团队绩效为标准，因此团队工作方式更适应于发放福利。

另外，设计良好的福利制度可以有效地传递企业文化和价值观。现代企业越来越重视员工对企业的认同，我们说员工是否对企业有归属感与企业是否为员工考虑有直接的关系。以人为本的企业为员工设身处地地考虑问题，员工自然对企业忠诚。福利就是有力展现企业管理特色的途径。福利传达了企业对员工的关怀，创造一个大家庭式的工作氛围和组织环境。企业的成功经验也证明那些能够在市场上获得长久成功的企业，并不是拼命压低员工薪酬和福利的企业，相反是以员工的需求为中心，这样员工对企业高度忠诚，每个员工以企业的发展为己任，这样的企业是不会不持续发展的。

2.弹性福利设计

弹性福利又被称为"自助餐式的福利"，即员工可以从企业所提供的一份列有各种福利项目的"菜单"中自由选择其所需要的福利。弹性福利制强调让员工依照自己的需求从企业所提供的福利项目中来选择属于自己的一套福利"套餐"。每一个员工都有自己"专属的"福利组合。同时，弹性福利制非常强调"员工参与"的过程，希望从别人的角度来了解他人的需要。那么这会不会导致企业的总成本增加呢？事实上，实施弹性福利制的企业，并不会让员工毫无限制地挑选福利措施，通常公司都会根据员工的薪水、年资或家眷等因素来设定每一个员工所拥有的福利限额。而在福利清单所列出的福利项目后都会附一个金额，即员工只能在自己的限额内购买喜欢的福利。

由于企业经营环境的多样化和企业内部的特殊性，弹性福利制在实际的操作过程中逐渐演化为以下几种有代表性的类型，企业可以根据自己的不同需要加以选择和比较：

- 附加型弹性福利计划。这是最普遍的弹性福利制，就是在现有的福利计划之外，再提供其他不同的福利措施或扩大原有福利项目的水准，让员工去选择。
- 核心加选择型弹性福利计划。这种福利计划由"核心福利"和"弹性选择福利"组成。"核心福利"是每个员工都可以享有的基本福利，不能自由选择，可以随意选择的福利项目则全部放在"弹性选择福利"之中，这部分福利项目都附有价格，可以让员工选购。

- **弹性支用账户**。这是一种比较特殊的弹性福利制。员工每一年可从其税前总收入中拨取一定数额的款项作为自己的"支用账户",并以此账户去选择购买雇主所提供的各种福利措施。
- **福利套餐型福利计划**。这种福利是由企业同时推出不同的"福利组合",每一个组合所包含的福利项目或优惠水准都不一样,员工只能选择其中一个,就好像西餐厅所推出来的A餐、B餐一样。
- **选高择低型福利计划**。这种福利计划一般会以组织现有的固定福利计划为基础,提供几种项目不等、程度不一的"福利组合"给员工做选择。

第三节 薪酬管理的操作方法与技巧

薪酬的制定只是一个基础,如何在薪酬设计的基础上进行有效地管理,更有效地激发员工的工作热情和提高员工对企业的忠诚度,这才是更重要的。本节我们就来具体介绍一些薪酬管理的操作方法和技巧。

一、薪酬管理的原则

薪酬管理的重点在于能够以薪酬作为契机,鼓励刺激员工更加努力地工作,最大程度地把付出的薪酬费用转化为激励员工取得良好绩效的诱因。那么在薪酬管理的过程中,我们应该遵循一些什么样的原则呢?

在这里,我们结合薪酬的经济、法律、社会和心理等因素的影响,针对第一节我们提出来的当今企业薪酬激励的误区,罗列出以下几条薪酬管理应当遵循的原则。

1.薪酬功能的正确定位原则

在第一节中我们列举了目前企业中流行的两种错误的薪酬定位观念,那么薪酬功能的正确定位应该是怎么样的呢?我们可以作如下思考:薪酬对于普通人群或者低层级员工群体(尤其是制造行业的员工)来说,具有很强的现实意义,因为对他们来说薪酬是最直观的外在激励的体现,具有很明显的激励效果。另外一方面,我们也要意识到在高新技术企业中,当我们所面对的是知识型员工的时候,薪酬也许并不是最有效的激励手段,此时企业应该关注工作本身以及工作环境等因素。综合而言对薪酬的定位应该是将其作为一种有效而不是唯一的激励手段来看待。

2.补偿灵活原则

一家电器公司的业务员小黄在一次工作中不小心摔伤了腿,他在医院就诊时自己支付了医药费。老板知道了主动去医院看他,并且赠送一红包。当然红包里的钱要比医药费稍微多一些。但这样通过老板亲自送"红包"形式明显比员工"事后报销"的形式要好得多,并且通过老板之手也赢得了员工对企业的绝对忠诚。

3.薪酬发放定期、及时原则

定期、稳定的薪酬发放是企业形象的体现,同时也可以使员工产生一种很强的心理安全感。这两者不是金钱所能买到的,所以企业的管理者一定要注意满足这一条。此外,在奖金的发放上,适当缩短常规奖励的时间间隔、保持激励的及时性,有助于取得最佳激励效果。频繁的小规模的奖励会比大规模的奖励更为有效。此外,减少常规定期的奖励,增加不定期的奖励,让员工有更多意外的惊喜,也能增强激励效果。

4.将现金性薪酬和非现金性薪酬结合使用的原则

将现金性薪酬和非现金性薪酬结合起来运用,有时能取得意想不到的效果。如前文中介绍的,前者现金性薪酬包括工资、津贴、奖金、"红包"等,后者则包括企业为员工提供的所有保险福利项目、实物、公司举行的旅游、文体娱乐等。有些公司还专门为员工的家属提供特别的福利,比如在节日之际邀请家属参加联欢活动、赠送公司特制的礼品、让员工和家属一起旅游、给员工子女提供礼物等,这些做法让员工感到特别有"面子"。

5.团队奖励原则

尽管从激励效果来看,奖励团队比奖励个人的效果要弱,但一个好的企业需要的不仅仅是会单枪匹马去打拼的"独行侠"。为了促使团队成员之间相互合作,同时防止上下级之间由于工资差距过大导致出现低层人员心态不平衡的现象,企业需要在分配薪酬的时候考虑团队的因素。

有些成功企业,用在奖励团队方面的资金往往占员工收入的很大比重。对优秀团队的考核标准和奖励标准,要事先定义清楚并保证团队成员都能理解。团队激励的分配形式一般有如下三类:第一类是以节约成本为基础的奖励,比如将员工节约的成本乘以一定的百分比,奖励给员工所在团队;第二类是以分享利润为基础的奖励，它也可以看成是一种分红的方式；第三类是在工资总额中拿出一部分设定为奖励基金，根据团队目标的完成情况、企业文化的倡导方向设定考核和评选标准进行奖励。

6. 沟通原则

薪酬沟通是企业薪酬管理中不可或缺的组成部分，也是企业激励机制中极为重要的一项内容。它贯穿于企业薪酬管理的整个流程中，在薪酬的实施过程中尤其重要。首先，我们要意识到薪酬沟通不能仅将沟通的内容局限于薪资水平、涨降幅度等，同时还要引导员工站在发展的角度，长期动态地看待薪酬体系，要引导员工看到个人的发展是如何与组织的发展结合起来的。此外需要强调的是：薪酬不是一成不变的。如果个人能力和个人的绩效提升了，薪酬也有机会得到提升。其次，在薪酬沟通的方式上有多种选择：一种是书面沟通，将薪酬设计的理念导向（如薪酬体系的价值导向、薪酬设计原则、薪酬框架、薪酬套改方案等）以书面方式公布，或者以内部通知的方式"昭示天下"。另一种是面谈交流，即各级管理者在书面通知的基础上，可以通过与下属员工个别谈话的方式进行薪酬交流。交流的内容可以包括与员工薪酬密切相关的内容以及与其个人职业发展规划相关的内容。针对薪酬调整的不同对象需要与他们进行个性化的沟通，以了解员工的思想动态，对有情绪的员工要做到耐心解释，做好思想安抚工作，对涨薪的员工，可以从组织认可和发展期望的角度来进行沟通，以达到激励目的。

7. 偏重核心员工原则

国际上有一种公认的企业法则，叫"马特莱法则"，又称"二八法则"。该法则认为：企业主要需要做的是抓好20%的骨干力量进行管理，再以这20%的少数带动80%的多数员工，进而提高企业利润。依据二八法则，在薪酬资源有限的情况下，企业为了发展不得不有重点地对重点员工和业务骨干进行激励。某著名美国公司在遇到业绩下滑后，在年度工资调整上采取这样的策略：对高层员工采用高于市场平均值的增长率，对中层员工和业务骨干采用平均市场增长率，对一般员工则保持工资不变。他们的思路是：80%的业绩是由20%的精英来完成的，少数骨干决定了公司的发展。对于一些新兴的高科技公司，或者实力不是很强的公司，这种方法的激励效果尤为有效。

二、薪酬管理的方法与技巧

在进行薪酬管理时，要注意管理的方法和技巧，下面的管理方法和技巧可供参考。

1. 薪酬管理要体现员工的需要

根据马斯洛的需要层次理论，人类的需要分为五个层次：生理需要、安全需要、归属与爱的需要、自尊的需要和自我实现的需要。该需要层次认为，这五种需要是以一种渐进的层次表达出来的，也就是说个体必须满足低层次的需要，然后才会关注更高一层次的需要。依据这个需要理论，人的生理需要和安全需要是较低层次的"匮乏性的基本的需要"。企业为员工提供的薪酬不仅满足了并维持了员工及其家庭生存基本需要，同时一份稳定的工作和收入也会有助于巩固员工的安全感。

在整个薪酬的管理过程中，因为薪酬发放的形式多种多样，员工的情况也各不相同，所以各种薪酬所起到的作用也就不尽相同了。具体来说基本工资可以满足经济贫困员工的生活需要，而绩效薪酬则对促进绩效卓越的员工的工作有很强的激励功能。

要充分依据员工的个体差异来制定相应的薪酬，不能搞样板化、统一化。只有这样依据心理需要理论，具体问题具体分析才能使不变的总体薪资投入发挥其最大的效用。

2. 薪酬管理要照顾员工的公平感

在这里我们结合一个历史故事加以说明。

唐高祖李渊有一次率军进攻霍邑，当时士兵中有相当一部分是奴隶出身，正是因为这部分奴隶士兵的英勇顽强和不怕牺牲最终成功地攻占霍邑。庆功宴上李渊提出重赏士兵，此时有大臣提出："奴本贱，赏之不合法理。"这时李渊回答："矢石之间不辨贵贱；论勋之际，何有等差？"正是靠着这种赏罚公平之管理，士兵甘愿为其效死杀敌，李渊也终于得以扫平隋末群雄，建立近三百年的大唐江山。

从这个故事中，我们看到了公平的重要性。在企业的薪酬管理中同样需要这种公平，近现代很多经济学家、心理学家、管理学家所提到的公平理论大致意思也是如此。亚当斯的公平理论认为：员工对于薪资的分配所关心的不仅仅是自己的绝对收入，他们更为关注的是自己的相对收入，即将自己投入与报酬情况同他人相比较的结果。这个比较的结果将会直接影响员工在今后工作中的积极性。

当人们感到自己遭遇不公平待遇时，在心里会产生苦恼，呈现紧张不安，导致行为动机下降，工作效率下降，甚至出现逆反行为。个体为了消除不安，一般会出现以下一些行为措施：通过自我解释达到自我安慰，造成一种表面上公平的假象，以消除不安；更换对比对象，以获得主观的公平；采取一定行为，改变自己或他人的得失状况；发泄怨气，制造矛盾甚至是离职。

不公平、不合理会带来心理挫伤和引发内部矛盾。中国古代就有"不患寡而患不均"的说法。由此可见，薪酬的激励效能的发挥在很大程度上取决于受激励者对所获薪酬公平性的感知。因此为了避免职工产生不公平的感觉，企业首先要加强薪酬分配的公平性，这对提升员工的积极性大有好处，其次可以在企业中造成一种团结合作的气氛，以减少员工因相互攀比而产生的不公平感。

3.营造一个以人为本的管理环境

需要强调的是不管采取什么样的薪酬模式，要想充分发挥薪酬对员工的激励作用，都需要做好以下几项工作：

- 营造一个"尊重科技，尊重人才"的企业文化氛围，使员工树立安全感、归宿感、自尊感、满足感、社会荣誉感，让他们学得安心、干得顺心、拼得欢心、活得舒心。
- 将员工的职业管理与薪酬管理有机结合起来，满足员工职业期望需求。企业要通过加强职业管理，将员工的职业目标与组织的战略目标有机统一，并通过制定相应的薪酬策略促进员工个人职业目标的实现，促进员工与企业共同成长。
- 将员工纳入企业长期激励体系。在产权清晰、机构健全的情况下可以通过设计和实施适当的股票期权计划，使员工与企业结成命运共同体，以期达到长期激励的目的。

4.把部分的薪酬设置为奖励

企业在进行薪酬管理的时候，还可以把部分的薪酬提取出来，设置为奖励的形式进行发放。在进行奖励的时候，要注意如下几个关键：

(1) 明确细化奖励的标准

在企业管理中，管理者如果想用一种物质来激励员工按照某种方式进行工作，那么作为奖励的实施者就应该十分清楚员工什么样的行为表现与绩效会获得奖励，这个行为表现和绩效标准必须是清楚且可以量化考核的指标，同时还需要员工能够清楚理解这个标准，并且知道怎么按照要求去做就可以获得奖励。反之，如果奖励的标准仅仅是用"有提高的"、"超出预期的"等类似的模糊字眼来定义的话，那么员工就会感到困惑，甚至会感受到不公平，对企业产生厌恶和反感，更不用说去努力工作以期得到奖励了。

（2）对任何满足标准的员工都应该给予奖励

在明确细化奖励的标准和制定了相对客观的评价对应体系后，为了激励更多的员工发挥他们更大的潜力，还应把奖励建立在个人标准化的基础上，对达到相应标准的任何员工都给予一定的物质奖励，而不建议使用竞争的方式引起员工内部的不和谐。

（3）奖励结果和行为并重

在关注员工的绩效的同时，为了更多奖励员工以激发员工的工作热情，关注员工的行为和工作态度也同样重要。因为典型的行为是可以树立奖励榜样的。奖励了积极的行为，肯定了积极的工作态度与奖励的正面有效的结果是同等重要的。

（4）创造有效奖励的气氛

奖励是对先进的行为和结果进行表彰的一项激励措施，它需要一个能起到激励效果的气氛。如果奖励只是在一种平淡的气氛中进行，那么奖励的效果可能就大打折扣，仅仅是起到"保健因素"的作用。

（5）奖励要客观，不要胡乱或过多

企业实践中有无数的例证表明，奖励机制不合理会出现致命的混乱。其突出的表现是：员工最期盼的行为没有得到奖励，而受到奖励的行为恰恰是企业反对的，比如我们常说的"没有功劳也有苦劳，没有苦劳也有疲劳"就是典型的错误。奖励的目的在于鼓励先进、激励创新，这样的奖励只会让很多员工寒心，进而也随波逐流。

（6）奖励的内容要多样化

奖励的内容与形式要真正符合人们的需求并富有多样性，这样才能使更多的员工受到激励。20个世纪中叶，建国初期我国激励的主要内容是毛巾、茶杯等，而现在这样的东西激励效果已经大为减弱，人们需要的是住宅、旅游等更高层次的更有价值的奖品。可以说，激励的作用并不是只与奖励的物质有关，而应该是最能满足员工需要的奖励才能起到最大的激励力量。比如，俞文钊等（2006）的研究认为当前我国高校教师最重视的奖励是提高工资和提高职称，其次才是荣誉。因此对于高校教师来说奖励首选这两种刺激物是可以起到很好的激励作用的。

五、企业核心人才的薪酬激励

企业核心人才是指对企业稳定、有效经营起保证作用，并在企业重要岗位上工作的人才的总称。其具体可分为企业的经理类人才、关键技术人才和核心操作工人三种。他们是企业核心竞争力和核心能力的根本来源，他们的去留和管理对高技术含量的企业有着举足轻重的影响，是一个企业兴亡成败的重要因素。

我们看过很多企业因为人才尤其是核心人才的流失而利润下跌甚至破产的实例。那么到底应该怎样才能留住这些核心人才，使其为企业发挥最大的效用呢？这里从短期和长期薪酬这两方面分别介绍。

1. 短期激励薪酬

短期激励薪酬主要指可以满足核心人才近期的生存需要的一种薪酬。这里我们介绍两种形式：年薪制和年度奖金。

(1) 年薪制

年薪制是指企业以一年为周期单位，来确定中高层管理者或高级核心人才的基本报酬。年薪制是一种国际上较为通用的支付企业经营者薪金的方式，它是以企业的经营业绩指标为标准，确定经营者年度薪酬的一种制度，包括基薪和风险收入两部分。其中基薪根据相对同行的经济效益水平、生产规模、本地区经济情况和员工平均收入等基本因素来确定；风险收入则根据本企业完成的经济效益水平、生产经营责任轻重、风险程度大小等非确定因素来确定。年薪制实质上就是区别对待经营者和一般员工，并让经营者的收入与经营成果紧密相连。年薪制作为一种激励机制在西方已实施几十年，我国是从1992年开始进行试点工作。从其实施效果来看，确实刺激了经营者，同时也对经营者起到了一定的限制作用。

年薪制主要有两种模式：一种是欧美模式，其特点是长期激励项目在经营者总报酬中所占比重大，经营者与普通员工收入的差距悬殊；与之相对的另一种模式是日本模式，长期激励项目所占比重较小，经营者收入与普通员工相比差距相对较小。具体采用哪一种形式的年薪制度就取决于企业自身的具体情况了，在此也无法一概而论。

年薪制的应用具有很大的优点。首先，年薪制是对经营者有效的激励手段，激发经营者为企业追求利润的热情；其次，年薪制是一种身份和地位的象征，成为中高层管理人员的另一上升动力；再次，年薪制摆脱了传统薪酬制度的限制，弥补了传统薪酬制度的不足，成为制定薪酬的又一新途径。

当然年薪制也有缺点。其一，一直以来年薪的多少受到广泛争议，没有具体客观的评价标准，往往根据经理人市场的通行情况决定，这样的薪资难以让广大员工认可；其二，年薪制的应用有着一定的条件限制，年薪制必须以经理人市场的健全和利益风险机制的推行作为前提基础，如果不具备这两个条件便不适合采用年薪制。

(2) 年度奖金制

年度奖金计划是企业为了激励中高层管理人才以及核心技术人才提高短期绩效

而实施的一种薪酬激励的方法。它与基本薪酬的区别就是年度奖金的数额会有25%左右的波动。

在实施年度奖金计划的时候，需要考虑三个基本问题：即资格条件、基金规模以及个人奖励额。其中资格条件通常由以下两种方法来确定：一是对企业内部职位进行评价，从而确定对企业整体效益有重大影响的关键岗位；第二种方法是通过薪资等级来确定资格条件，只要是在某一薪资等级或在其之上的员工都有资格参加企业的年度奖金计划。

其次，年度奖金要注意的是因为其具有激励的性质，因此需要严格遵循按劳分配的原则：谁贡献大谁得到的就多。这就会给企业核心人才带来了个人价值的肯定和自我认同感，进而建立起对企业的忠诚感和依赖感。

资格条件确定完后，接下来的工作是基本规模的确定。一般采用的方法是非扣除法和扣除法。所谓扣除法就是从企业纯利润中抽取固定的比例作为激励基金。扣除法就是企业只有在纯利润达到一定的水平后才会建立这种激励基金。至于采用哪种方法和确定提取基金的具体比例就要看各个企业自身的经济效益和其他发展的需要。

最后是个人奖金额的确定。通常先制定每个具备其奖励资格职位的奖金标准，然后再依据个人的绩效进行微调。

2. 长期激励薪酬——股票期权

股票期权计划，就是公司给予其经营者在一定的期限内（比如3到5年内）按照某个既定的优惠价格购买公司一定股票的权利。这是公司给予其经营者的既不是现金报酬，也不是股票本身，而是一种权利，经营者可以以某种优惠条件购买公司股票，并在高价时将之售出，以从中盈利。

建立企业经营者和高级技术人才的股票期权计划对于激发他们的聪明才智和敬业精神，从而提高企业效益有着不可忽视的效果。一般来说，使用股票期权激励的优势有：一是有利于提高受激励对象对公司的责任心。当员工受到奖励后，他们的利益就和公司的利益紧密地联系在一起，一荣俱荣，一损俱损。同时，随着一个人的职位越高，其持股的比重越大，其与公司承担的风险就越大，其责任心也就越强。其次股票期权可以作为一种长期的动态的奖惩制度。一般来说，企业经营者获得股票期权主要有两种途径：一是经营者要投入个人资金购买股票期权；二是根据企业经营者的业绩进行股票期权奖励。依据股票期权持有的股票，应在任期届满或延后几年经考核合格后才允许其流动和兑现，这样做更加强了对企业经营者长期业绩的考核，也从其内心深处促进其关心企业的长期发展。

据北京师范大学车宏生等（2001）的调查显示：我国上市公司经营者的持股数从1998年的几乎为零增长到2001年的1万股以上，其中董事长13260股，总经理10240股。这些激励计划越来越多地被企业采用，从而验证了这么一个假设：通过给高中层管理人员和核心人才发放激励薪酬，能够有效地提高绩效，从而提高企业的整体绩效水平。此外笔者认为如果股票期权计划能在国企内得到普遍的施行，那么就可以有效地避免国企内部贪污腐败和经济犯罪等现象。因为股票期权这一薪酬激励形式的采用可以很好地解决目前国企内部的"富庙穷方丈"的现象（注："富庙穷方丈"是指企业富裕而其管理人员收入较低的现象），进而能够从根本上提高国企的经营业绩。

复习思考题

1. 我国企业现阶段存在的薪酬激励误区有哪些？请结合具体的事例加以阐述。
2. 宽带薪酬具有哪些优点？怎样设计宽带薪酬？请举例说明。
3. 薪酬管理的原则有哪些？请举例说明。
4. 企业核心人才的薪酬激励有哪几种方式？

第十章

组织文化激励

学习目标

1. 理解组织文化激励的机制
2. 掌握组织文化塑造的基本内容和基本的流程,并能够有效运用
3. 通过实例的分析,掌握组织文化建设的基本思路和具体方法

所谓"三流组织靠技术、二流组织靠管理、一流组织靠文化"。这里的"文化"就是组织文化，组织文化激励的理论基础不同于以往的激励理论：首先，以往的理论大都以利益或需要为出发点，通过实现或满足这些利益或需要来达到激励员工的意愿，使激励客体在利益驱使下完成激励主体的目标；而组织文化的激励作用机理是通过教育和熏陶使员工自愿且积极地为完成组织目标而努力。一个是要我做，一个是我要做，不难看出，组织文化的激励作用要明显优于以往的激励理论。其次，组织文化激励对实行基础要求不高，它不像以往的激励制度对运行的经济环境有很高的要求条件，它只关心员工的内在文化素质，同时，正是因为运行条件不高，它也克服了新成立的公司制度建设不完善的软肋，适合公司的实际情况。最后，它的激励作用效果更大、范围更广、作用时间更持久。一旦建立，其激励作用的实施成本相当低廉。因此，使用文化激励是组织中员工激励的一个发展方向。下面我们来看一个实例。

IBM前任副总裁巴克·罗杰斯在他的著作《IBM风范》里写道"IBM早在雇用

员工之前,即在第一次面谈时,就开始把公司的哲学灌输给他们。对某些人来说,'灌输'意味着'洗脑',但是,我倒认为其中并没有什么不好的。基本上,IBM告诉任何想进公司的人说:'注意,这就是我们做生意的方式……'我们需要每个员工知道,我们对做生意有什么意义?即如果你替我们工作,我们会教导你怎么对待顾客,如果我们对顾客和服务的看法跟你不同,我们就分手吧,越早越好"。《华尔街日报》一篇文章指出,IBM的文化极为深入,以至有一位任职9年后离开的人说:"离开这家公司就像移民一样"。由此可见,IBM的组织文化对员工具有强大的影响。

从上面的案例中可以看出,组织文化的激励作用是巨大的,当组织员工一旦乐于接受并遵循组织文化时,就会使他们产生强烈的归属感,并愿意奉献忠诚、责任心和创造力。组织文化也是无形的,当组织员工一旦乐于接受并遵循组织文化时,组织文化就具有了强大的魔力。

为什么组织文化具有如此大的激励作用?其作用机制体现在什么地方呢?另外,组织文化只是"爬在墙上"的话,是不可能起到激励作用的。那怎样塑造组织文化?怎样建设组织文化并把组织文化实实在在地落到员工的行为上呢?这些都是本章要探讨的问题。

第一节　组织文化激励的作用机制

在本书的前面,我们已经对组织文化与激励机制之间的互动关系进行了分析,从分析中可以看到,组织文化与激励机制之间是相辅相成、相互促进的。从激励的机制来分析,组织文化激励是一个满足人们精神需求,促使人们产生积极行为,努力实现理想目标的过程。它对经营者和员工的思维、行为模式会产生深远的影响;而且,组织文化激励是一个系统,在这个激励系统中组织价值观的激励尤其是核心价值观的激励起到了主导作用。下面我们来详细分析组织文化激励的几大作用机制。

一、引导机制——核心价值观

有什么样的核心价值观,就有什么样的选择机制,进而就有什么样的决策机制。不同的决策机制产生不同的组织目标和行动方案,不同行动方案的结果决定组织的兴衰与存亡,因此组织的核心价值观决定组织的基本特征和个性,规定组织发展方向。组织核心价值观相对稳定,但组织会根据其行动结果修正一般的价值观,在此基础上形成新的选择机制和决策机制，进而产生新的组织目标、行动方案和结果。其运作流程如图 10-1 所示：

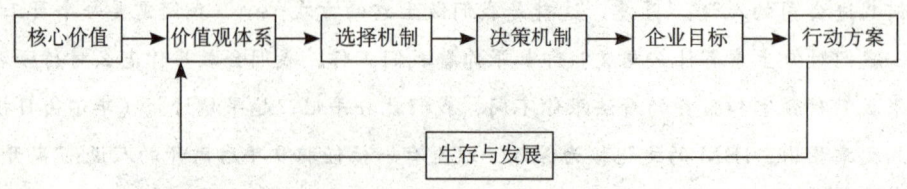

图10-1 价值观体系的运作流程

从上面的流程图可以看出，组织文化中的核心价值观具有重要的引导作用，它可以引导组织的决策、组织的目标和相应的行动。怎样对企业的核心价值观进行传播呢？我们来看下面的一个案例。

某生物医学工程公司是一个生产医疗设备的专业厂家。该公司文化的核心价值观是"做一个为顾客负责任的企业"，因此，它做了这样一个广告，画面首先出现一个人，他在使用了该公司的产品后说："我患有帕金森氏病已经好多年了，病魔折磨得我举步笨拙，靠手杖助行，忍受着抖动摇摆带来的巨大痛苦，自从外科医院的医生给我嵌入某公司的深脑激发装置以后，我的病情大为好转，这个深脑激发装置至少可以使用10年，那真是一个奇迹"。另外再出现一个画面，又出现一个人，这个人在家门前小树林遛狗，与人邂逅。那人问："此前我曾见过这条狗，但那是一个老人拄着拐杖与狗在一起，是令尊大人吗？"。"不，那正是我自己呀！"。经过短暂停留以后，这个人又说："是某某公司的产品使我焕发了第二青春"。接有出现画面：经过短暂的惊讶与沉默之后，每个旁观者用纸巾擦干了眼泪，同时，出现一个广告词："你的青春我负责"。

通过上面的广告宣传可以看出，该企业要宣传的核心价值观就是"做一个对顾客负责任的企业"。由于该核心价值观，公司肯定在决策、企业目标和行动方案中都特别重视产品的质量，重视产品本身给消费者带来的实际效果和价值。也就是说，组织文化的核心价值观对组织具有引导作用。

二、驱动机制——组织精神

组织因各自生产方式、历史传统、产品结构、管理风格、员工状况的不同，受社会潮流、民族精神的影响，必然会形成自己独特的组织精神。组织精神的驱动作用在于：①产生信仰。使员工产生对组织使命、宗旨、目标的执着追求和坚定信心，不达目的誓不罢休，这种虔诚犹如宗教的信仰。②产生使命感。组织使命、宗旨、目标就是组织的责任，就是员工的责任。组织精神就是强化这种使命感。③形成意志力。组织精神就是意志力的凝结，没有意志力就没有组织精神。在完成使命、履行宗旨、达到目标过程中，必然会遇到来自内部和外部的各种艰难险阻，通过不断地培育，使员工产生一种意志力，而信仰、使命感和意志力最后协同整合成组织精神驱动力。该驱动的过程如图10-2所示。可以看出，组织文化具有驱动作用机制，这种驱动作用机制主要是通过组织精神来实现的。

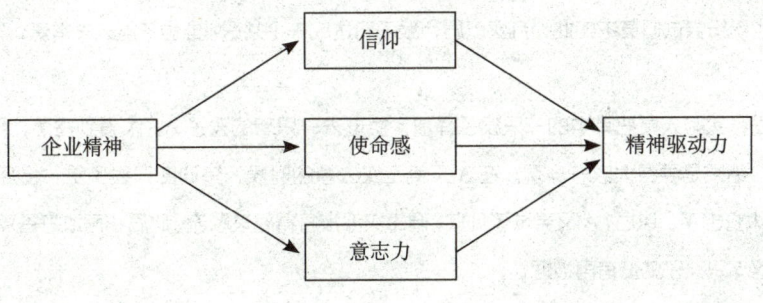

图10-2　企业精神的激励过程

三、约束机制——组织伦理道德

组织伦理道德是调整组织与社会、组织与组织、组织与员工以及组织内部员工与员工之间行为关系的约束机制。组织伦理道德是组织文化之根本，它依靠社会舆论、传统习惯和内心信念来维持组织各种关系的协调运转，是一种负激励、软约束。

除了组织伦理道德的约束以外，组织制度也是一种重要的约束。组织制度是组织或群体为了维护其生产、工作和生活秩序而制定、颁布执行的书面规划、程序、条例及法度的总和。组织制度实际上是规定了组织所有员工必须遵循的行为方式、程序及处理各种关系的规则，具有强制性的特点。因此，组织制度的激励实际也是负激励。与组织伦理道德的约束相比，组织的制度约束属于硬约束。但无论多么"科学"的组织制度都不能无所不在、无所不包；同时，制度的贯彻实施是由人来完成的，倘若有人要钻制度的空子，那是防不胜防；而且通过制度进行管、卡、压，管得越死，员工的心理抵触就越大，制度规定就难完全实施。因此，组织制度与组织的伦理道德激励要紧密结合，硬约束与软约束要紧密结合，从而形成组织良好的秩序与风尚。

在组织中，我们通过什么样的方式来形成组织文化中的伦理道德呢？关于道德形成的实验可给我们一个比较好的启发。

关于道德的实验

实验1：道德的起源

把5只猴子关在一个笼子里，上头挂一串香蕉，实验人员设计了一个自动装置，一旦探测到有猴子去动香蕉，马上就会向笼子中的所有猴子喷水。

首先，一只猴子发现了香蕉想去拿，当然，结果是每只猴子都被突如其来的凉水浇透。其他猴子也纷纷尝试但莫不如此，几次以后，猴子们达成一个共识：谁也不能去拿香蕉，以避免被水喷到。

然后，实验人员把其中的一只猴子释放，换进去一只新的猴子A。A看到香蕉，马上就想要拿到，结果是弄得大家一身湿。在A又第二次去拿的时候，其他四只猴子便一起开始制止，并对A大打出手。以后，A又尝试了几次，但每次都被打得屁滚尿流，此后不再敢打香蕉的主意。当然，这5只猴子就没有再被惩罚。

后来，实验人员又换了一只猴子B，同样，B开始也迫不及待地去拿香蕉，于是一如刚才发生的一样，B试了几次，每次都被打得很惨，只好作罢。这样，一只接一只，所有的旧猴子都换成了新猴子，可谁也不敢去动那根香蕉。但这些新猴子都不晓得不能动香蕉的真正原因，只知道去拿香蕉就会被其他猴子痛扁。

实验2：阶级的产生

实验人员继续他们的实验，不过这次改变了喷水装置，如果侦测到猴子要去拿香蕉，马上就会有水喷到拿香蕉的猴子身上，而不是全体。

然后，人们释放了一只猴子，换了只新猴子C。不同以往的是，C比其他猴子要强壮有力一些。当然，开始C也马上去拿香蕉，其他猴子由于体弱，无法去制止，因此C拿到了香蕉，但同时也被水浇了个透心凉。

于是，C开始可以独自享受香蕉的美味。可每次都是美中不足，要受到凉水的惩罚。其他4只猴子虽然没有吃到香蕉，但毕竟体力不如C且不会被淋到，所以也个自得其乐。不久，C终于发现只有拿到香蕉的猴子才会被水喷到，于是C开始用暴力胁迫其余4只猴中最弱小的一个D，强迫它去拿香蕉，如果不从就玩命撕咬D，然后再从D手中把香蕉抢夺过来。此时，猴子们出现了三个阶级，C可以不受淋水之苦而吃到美味，D为了不挨打而忍受喷水之苦，其余3只比上不足但比下有余而越发快乐。

实验3：道德的沦丧

这个实验是在实验一的基础上偶然发现的，由于天气变热，室温上升，笼子里的猴子开始饱受酷热的煎熬，但由于谁也不敢去接近香蕉，因此无法冲水乘凉。很偶然的，猴子里出现了一位"反潮流"的英雄E。开始只是E在无意中接近了香蕉并进入侦测范围，于是理所当然引来一顿饱打，但同时猴子们享受到了冲凉的乐趣。后来，倒霉的E又一次接近了香蕉。于是，猴子们享受了第二次冲凉，E也遭受了第二次痛殴。

在此之后，猴子们虽然不知道喷水的真正原因，但认为E可以给它们带来这个享受，因此只要猴子们有冲凉的要求，它们就会联合起来对E进行"合理冲撞"，打得E上窜下跳，直到喷水。而大家对E的态度也发生了明显的转变，平时对待E异常温和，以弥补在冲凉时为维护规则而不得不对它进行的暴力举动。

一天，饱受折磨的E出于本能，在大家享受冲凉的时候把香蕉给吃了。而且此后实验人员不再用新的香蕉来填补空缺。猴子们陷入另一个尴尬的境地：没有冲凉的水，只有E。

于是，另一个规则产生了。猴子们在热得烦躁的时候会痛打E出气，当笼子里的旧猴子被新的换掉后，新来的猴子会在最快的时间内学会殴打E。

终于有一天，老天有眼，倒霉的E被换出了笼子，猴子们失去了发泄对象，因此只能任意选取一个目标进行攻击。从此以后，笼子里的猴子整天唯一的举动就是打架。

实验4：道德的重建

实验人员对笼子里猴子的争斗不休感到不安，为重建秩序，决定继续供应香蕉和凉水。一天，正在混战的猴子们发现头顶出现了一根香蕉，其中的一只猴子A受不了诱惑忍着伤痛去摘香蕉，于是久违的甘露出现了，猴子们先是茫然失措，继而争先恐后地加入冲凉的行列，香蕉反而被遗忘了。

当猴子们发现A在享受冲凉的同时还在吃着美味的香蕉，嫉妒心使它们暂时团结起来，共同攻击A，抢夺其吃剩的香蕉。此刻的香蕉成了匹夫怀中的至宝，得到它的猴子固然可以享受美味，但也要付出巨大的代价。

实验人员不断放进新的香蕉，却发现争斗越来越激烈，于是他们用木头做了一个假香蕉放了进去。此时猴子们学聪明了，它们都知道如果触摸香蕉可以享受淋浴，而试图独占香蕉则会被群殴。一个新的现象由此产生了：当猴子们有冲凉的需要时，会有一个志愿者去接近香蕉，而为了防止被攻击，它又会马上放下香蕉逃到一边。这样，猴子们都能冲凉，但又不至于再像以前那样多败俱伤。没有猴子发现那个香蕉是假的。

此类实验给我们的启发就是组织文化中道德伦理的形成是一个不断冲突和协调的过程，良好的道德伦理的形成必须要靠相关的规章制度来保证，当形成良好的道德伦理之后，又反过来会促进组织规章制度的执行。当组织的规章制度和组织道德伦理都形成后，就会对组织成员产生良好的约束作用。因此，良好的组织文化具有约束的作用机制。

四、激发机制——宽松的文化氛围

人在两种情况下会发挥其巨大的潜能:一种是在外界强压下被动地行动,所谓"逼上梁山";另一种是在宽松的环境下自觉、自愿地行动。但两者发挥作用的大小是不同的,后者所发挥的作用大,且持续的时间长,没有什么负面影响,而前者所发挥的作用较小,持续时间短。因此,管理者应该为员工创造宽松的文化氛围,让员工有家的温暖、事业的成就感、局内人的参与意识和受尊重的感觉,从而激发员工的爱心、热心、进取心、自觉性和创造性。

文化氛围是组织的价值观、组织精神、伦理道德规范与组织的制度行为文化相互作用的产物,是组织的文化环境,是一种无形的东西。文化氛围的作用既有积极的一面,又有消极的一面。宽松的文化氛围产生积极的作用,其激发作用主要体现在以下几个方面:

(1) 激发员工的爱心与奉献精神

家对中国人有特别的意义和重要性。家是典型的利益共同体。家会产生亲切感、归属感,家的温馨、宽容、理解与和谐是员工最好的归宿。宽松、融洽的文化氛围能让职工有家的感觉,从而激发员工的爱心,去"爱厂如爱家",并努力去建设这个美好的家园。

(2) 激发员工的热心

鼓励员工积极参与的文化氛围,能让员工有主人的感觉,从而激发员工的高度热情,去关注组织的发展。

(3) 激发员工的进取心

在一种适时激励的文化氛围里,员工的成绩能得到及时的肯定和表扬,因而会让员工产生事业的成就感,进而激发员工的进取心。员工会积极上进、主动进取,这样组织就能繁荣昌盛。

(4) 激发员工的自觉性

以人为本的组织文化,给予人高度的尊重。而人人受尊重,就会人人尊重人,因而就会激发员工的自觉性,自觉遵守组织的各种规章制度,自觉地维护组织的利益和其他职工的利益,那么组织的整体优势就能充分发挥出来。

(5) 激发员工的创造性

研究表明,人的创造性是在一种非常民主、自由的环境下发挥出来的,而在高压、独裁的环境下,人的个性受到严重压制,其创造性几乎泯灭。要创造,就要有挑剔,就要敢于挑剔,敢于批评。因此,在宽松的文化氛围里,员工敢于批评与自我批评,从而激发员工的创造性。

五、激活机制——文化融合

组织对外扩张的主要形式是并购,而组织兼并往往导致消化不良,其主要原因是文化冲突。第一,被并购组织是否能接受兼并组织的组织文化,或者说文化在移植过程中是否会水土不服。第二,大规模的扩张必然吸纳许多新的员工,引进许多新的职业经理,他们带来了新的理念、新的知识和新的管理方式,但同时又带来了新老员工的文化融合和新老创业者的文化融合问题。如果他们不能很好地融入组织文化,那么原有组织文化将面临着被稀释和虚化;如果地域文化和新老员工、新老创业者的文化没有融合,那么,尽管组织在形式上实现了并购和资源整合,但仍然不能调动员工的积极性、创造性,仍然无法提高资源配置效率。因此,在并购重组过程中,不只是资本重组的并购,更深层的是文化的并购。组织只有完成文化的并购,才是真正意义上的成长——文化成长。因此,要激活并购后的企业,组织文化的融合是其中的重要举措。下面我们来看看海尔激活"休克鱼"的案例。

通过该案例可以看出,组织文化具有重要的激活作用机制,通过企业文化的融合,企业就能激活兼并的企业,从而促进企业的新生和发展。

案例:海尔激活"休克鱼"

海尔成功兼并原青岛红星电器厂的故事已被写进哈佛案例。案例中最让人惊异的是,兼并生效之后,海尔派去的第一批人不是出自财务部,而是出自企业文化中心。他们首先宣讲的是企业文化、管理模式,而不是投资额度、赢利指标。账面上一时的得失不在他们的视野之内,企业长远的价值才是他们的立足点。

为什么要这样做?张瑞敏的理念是:"企业兼并的目的是以少量资金投入,迅速扩大企业规模。兼并之后,企业扭亏为盈不是靠大量的资金注入,否则不如建立一家新的企业;主要还是利用自己的无形资产,即所谓品牌运营,并注入文化和管理。我们的做法是,在被兼并企业里将海尔的模式进行复制,可以形象地总结为吃'休克鱼'的方法。"

什么叫吃"休克鱼"呢?张瑞敏说,从国际上看兼并分成三个阶段:当企业资本存量占主导地位、技术含量并不占先的时候,是大鱼吃小鱼,大企业兼并小企业;当技术含量的地位已经超过资本的作用时,是快鱼吃慢鱼,像微软起家并不早,但他始终保持技术领先,所以能很快地超过一些老牌计算机公司；到20世纪90年代则是一种强强联合，所以鲨鱼吃鲨鱼，美国波音兼并麦道就是这种情况。在中国，国外成功的例子只能作为参考，大鱼不可能吃小鱼，也不可能吃慢鱼，更不能吃掉鲨鱼。在现行经济体制下活鱼是不会让你吃的，吃死鱼你会闹肚子，因此只有吃"休克鱼"。所谓"休克鱼"，是指硬件条件很好，但管理跟不上的企业。它由于经营不善，落到了市场的后面，兼并后一旦有一套行之有效的管理制度，把握住市场，很快就能站立起来。海尔擅长的恰恰就是管理和开拓市场，这就找到了结合点。用无形资产盘活有形资产从而积累企业竞争力，是海尔的一大法宝。

资料来源：http：//www.bokee.net/newcirclemodule/article_viewEntry

总之，组织文化有五大激励的作用机制，其中，引导机制具有决定性的作用，是组织文化激励机制的主宰。引导机制、驱动机制、约束机制发挥专项性作用，激发机制和激活机制则发挥综合性的作用。而驱动机制、约束机制、激发机制和激活机制是实现由核心价值观到决策选择、目标确定以及行动方案形成的重要影响机制，并能在引导机制的作用下协同作用，把各自产生的力量与吸引力整合形成组织文化的激励作用机制。组织文化的几大激励作用机制综合形成了组织的文化核心竞争力。

第二节 组织文化塑造

塑造企业文化的难度在于你面对的似乎是看不见摸不着的"空气"，如果没有一系列精心设计的可视化流程你将无法与"隐身"对手作战。因此，组织文化要进行塑造。并且，组织文化的塑造还需要一系列的操作方法和技巧。本节将结合具体的组织文化塑造的案例来阐述组织文化塑造的具体操作方法。

一、组织文化塑造的目的

组织文化是无形的。由于该特点，很多人认为，组织文化似乎是一个只能看到结果却不知道过程、只可以意会不可以实实在在把握的"模糊"管理工具。很多人迟疑和迷惘于企业文化到底能起到多大作用以及如何让它起到作用。我们认为，尽管组织文化不会影响到组织的有形资源，却会对有形资源的利用方式产生重大的影响，这种影响是通过对员工的价值取向和行为方式施加强有力的导向和支配作用而产生的。也就是说，组织文化对组织的发展和管理效率的提升具有非常重要的作用，具体体现在：第一，组织文化可以减少员工单独处理信息的要求，使员工经营活动集中于特定范围安排之中，减少决策成本，同时可以大大降低经营活动中的不确定性，从而导致了组织管理成本的降低；第二，组织文化补充了组织正式的行政控制体系，减少了内部实施监督的成本，从而使组织机能得到完善；第三，组织文化弱化了组织内个人偏好的倾向，而这种倾向有可能使得步调不一致，从而减少了组织的不协调，提高了组织管理的效率。总之，组织文化是能起到实实在在作用的管理要素，不是虚无缥缈的"假、大、空"。

但是，并不是什么样的组织文化都能起到如此的作用。要使组织文化能够起到如此的作用，必须有一个对组织文化进行塑造的过程。关于组织文化的塑造，很多组织目前都给予了很多的关注和重视。不过，多数的组织塑造企业文化的目的不是为了激励，主要是为了组织形象和品牌形象，这些组织一般在进行组织文化工作之前就会让人们知道他要做企业文化，并且，其组织文化工作本身也大都是为了公司宣传所需要。另外，有一部分组织塑造组织文化的目的是灌输领导或是上级的指示，在这些组织中，组织文化工作主要就是宣传领导本人和领导观点，甚至把吹捧领导作为组织文化建设的主要工作。还有一部分组织塑造组织文化就是为了跟风，大家都在做，且还是美国、日本传过来的理论，认为多少应有些好处，至于目的作用什么的，都没有过多考虑。还有极少一部分组织，它们是为了组织的长期发展，这些组织的立意比较高，他们不刻意强调企业家的作用，而是强调创新、持续经营和团队精神，并以此来激励员工，整合团队，从而对组织的发展起到真正的促进作用。

可以说，中国许多组织，特别是企业，在短短20年的时间里，在组织文化塑造方面作了很多有意义的探索，但在组织文化塑造方面的成功案例却不是很多。很多企业在兴旺的时候把组织文化当作口头禅，而一旦遭遇危机，却又发现企业最缺乏的恰恰是组织文化。有的企业也确立了冠冕堂皇的价值理念体系，但一旦认真起来，就不难发现这些企业口是心非，比如，有些企业说自己的企业文化是如何真诚、如何以人为本、如何顾客至上，但却做着有损顾客和员工的事情。有的企业几乎把企业家吹捧为神，将企业命运系于一人之身，所以，一旦企业家出事后，整个企业也就一蹶不振。

对组织文化塑造应该抱有一种什么样的期望？组织文化究竟能够给组织带来什么成果？根据对国内外成功企业的深入研究和思考及多年的企业文化工作体会，"君远咨询中心"的周建（2009）认为："企业文化建设的目的在于保证企业在不断变化的环境中持续发展"。并且，他认为，如果将其细化，可以分为三个部分：第一，组织文化塑造是为了使企业适应不断变化的环境。企业首要的和最主要的使命就是活着，要活着就必须适应周边的环境，并且当环境变化时也必须得适应。组织文化塑造主要通过让企业提高对企业成员的凝聚力和对外部环境的影响力来实现这个目的。

第二，组织文化是为了企业经营绩效的提高。企业适应环境的方式也可以分为两种，即主动的适应和被动的适应，主动的适应环境能促进经营绩效的提高，并且适应能力越强就提高得越多，被动的适应则会造成经营的停滞或危机。企业要想主动适应环境变化，就必须时刻保持企业文化的开放与创新，通过不断的完善和更新事业理念来推动企业战略和管理变革，千万不要等到环境逼迫我们变革的时候才有所动作，因为到那时你已经丧失了主动，竞争对手说不准已经超过了你。第三，组织文化是为了将企业的生命周期延长。任何事物都有生命周期，我们无法改变这个规律，但我们可以将这个周期延长。企业文化主要通过两种方式延长企业的生命周期：一是通过企业文化的不断创新长期保证企业对环境的主动适应，二是通过企业文化的传承使企业避免受到个人及其他短生命周期事物的影响。

二、组织文化塑造的内容

以成都岸宝纸业集团有限公司为例，组织文化塑造的内容一般包括：

- ✓ 组织的宗旨：为客户创造价值、为员工创造幸福、为股东创造效益、为社会承担责任；
- ✓ 组织的使命：创设便捷的生活空间，实现健康的生活梦想；
- ✓ 组织愿景：成为中国食品包装容器行业的领跑者；
- ✓ 组织的核心价值观：真诚、坚持、务实、开拓；
- ✓ 组织精神：专业、创新、学习、协作；
- ✓ 组织的经营理念：以客户为导向、以业绩为结果，具体包括：客户是我们永远的伙伴、持续的增长和领跑等；
- ✓ 组织的管理理念：以人为本，具体包括：人才是企业最大的资本、充分的人文关怀、有为必然有其位等。

除此之外，以太平洋建设集团为例，有些组织还在组织文化体系中包括了如下内容：

- ✓ 组织文化的哲学思想：企业家专论、政治专论、成败专论、做人专论等；
- ✓ 组织文化战略：培育先进企业文化、锤炼持久核心能力、塑造卓越企业形象；
- ✓ 组织文化的基石：牛羊文化、九商文化等；
- ✓ 组织文化旗手：严介和；
- ✓ 组织形象和标识系统：构图凝练简洁，象征道路和桥梁的纵横线条为创造元素，充分体现了公司主业行业特征；

第十章 组织文化激励

- ✓ 组织用人观：用人标准、用人理念、用人风尚和用人魅力；
- ✓ 组织文化的历史溯源，等等。

当然，在塑造组织文化体系时，很多企业并不是把上面所列举的内容都全部包括在内，而是有重点选择一些内容来组成自己的企业文化体系。下面我们以中国移动塑造的企业文化体系为例子来进行详细的阐述和说明。

案例：中国移动的企业文化体系

中国移动的企业文化建设经历了一个"实践、认识、再实践、再认识"的不断进步、提升的过程。2005年，中国移动对企业成立以来的历程进行了全面回顾，深刻总结了企业发展实践中凝聚并凸显出来的文化品质和文化内涵，以继承和创新为方针，经过全集团上下反复酝酿和讨论，最终整合、提炼成中国移动追求卓越的企业文化理念体系。在此基础上，中国移动提出了"培育先进企业文化、锤炼持久核心能力、塑造卓越企业形象"三大措施，并把它作为实现"从优秀到卓越"企业文化的重要战略举措，就是要使企业文化成为推动企业发展、实现新跨越的动力源泉，凝聚企业的精神力量，建立具有中国移动特色的文化理念体系，明确中国移动人的价值观。

点评：上面的阐述包括了企业文化的战略。并通过"培育先进企业文化、锤炼持久核心能力、塑造卓越企业形象"三大措施来保证企业文化的实施战略。

中国移动企业文化理念体系由核心价值观、使命、愿景三部分构成。

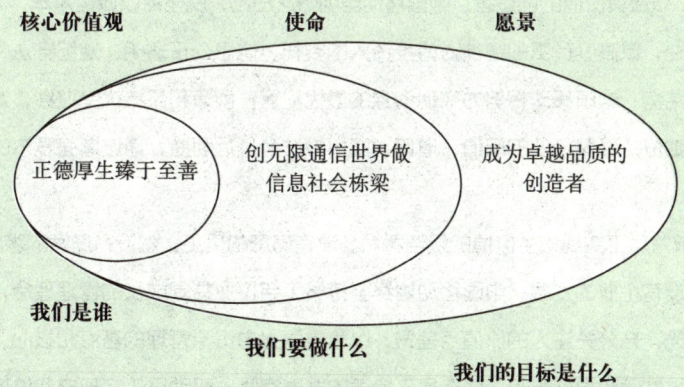

核心价值观阐述了"我们是谁，我们的信仰是什么"，反映了企业及其每一个成员共同的价值追求、价值评价标准和所崇尚的精神；使命表达了"我们的事业"是什么，其内涵表达了企业

存在的根本目的和原因；愿景说明了"我们的目标"是什么，是企业在一定阶段内期望达到战略目标和发展蓝图；核心价值观是企业文化理念体系的核心，是形成使命、愿景的根本动力和精神源泉，是选择使命、愿景的决定因素；而使命、愿景是核心价值观在企业发展领域的价值追求的具体体现，是核心价值观在企业活动中的承载和表现。

中国移动企业文化理念体系的核心内涵是"责任"和"卓越"，体现了中国移动作为企业、中国移动人作为社会中的一员，将以成为"负责任"和"最优秀"的企业和个人作为自己的追求。中国移动企业文化理念体系立足于核心价值观、使命、愿景，凝结了中国移动人缔造辉煌历史的精神精髓，表达了中国移动对未来的美好憧憬和对事业的坚定信念。这一理念体系的提出，必将凝聚和激励全集团上下一心、同心同德，共同实现中国移动新的跨越。

点评：上面阐述包括了企业文化的使命、愿景和核心价值观，而且，还对三者的区别和联系进行了详细的区分，并对核心价值观进行了深入的阐释。其中，企业的价值观是企业持久和最根本的信仰，是企业及其每一个成员共同的价值追求、价值评价标准和所崇尚的精神。无论对于企业整体还是员工个体，价值观作为一把标尺，时刻衡量着企业和员工自身的存在意义和行为方式。因此，是企业文化最核心的部分，应该给予详尽的阐释，同时又要给予精辟的提炼，便于广大员工理解和记忆。

秉承"正德厚生，臻于至善"的信仰，中国移动以承担责任的胸怀、追求卓越的精神，通过实际行动向客户、股东、员工、合作伙伴、竞争对手、社会公众郑重承诺：

对客户：做为客户提供卓越品质的移动信息专家。中国移动以创造卓越品质的产品与服务为永恒目标，以客户导向为经营原则。未来用户需求的重心将由"通信产品"延伸到"信息服务"，这不仅意味着需求的领域得到拓展，更意味着需求的层次得到深化。

对投资者：做最具价值的创造者。中国移动自创始之日起，就坚持以诚信为本，高度尊重所有投资人的权益，以高度负责的精神对待投资人的委托，信息公正透明，遵纪守法，建立并遵循有效的治理结构。中国移动将努力实现资源的最优配置，创造和保持优良业绩，始终处于行业发展的领先地位，确保企业的保值、增值，回报投资者长远利益，通过增强股东的信心，赢得股东的信任。

对员工：成为员工实现人生价值的最佳舞台。没有满意的员工，就没有满意的客户；没有人心的凝聚，就没有企业的发展。中国移动始终坚持员工与企业共同成长的管理理念，以人为本的人文主义眼光，充分关注人的价值与差异，以尊重为人力资源管理的基点和核心，最大限度地理解、关爱、信任和提升员工，营造员工合适的发展空间，帮助员工实现自我价值，促进其发挥所长，为企业发展、为社会进步创造更大价值。

对合作伙伴：成为引领产业和谐发展的核心力量。现代产业竞争已经由企业之间的个体竞争转变为价值链之间的整体竞争,产业价值链的综合实力对企业的竞争优势起着关键的作用。中国移动将建立互惠共赢的商务机制,与价值链各环节的广泛合作,建立紧密互动的沟通机制,巩固和发展产业共同体间健康和谐的伙伴关系,组建业界最为强大、牢固的产业联盟,以卓越的领导力和强烈的责任感推动"无限通信世界"的形成,引领、促进整个行业的健康持续发展。

对同业者:成为促进良性竞争、推动共同发展的主导运营商。中国移动充分尊重业内同行,遵守竞争规则。中国移动将同业者视为相互促进的产业伙伴,始终本着坚持公平、公正的原则,在电信法律法规和市场规则框架之下,与之展开积极、富有建设性的竞争。通过公平合理的竞争手段及公开透明的沟通解决机制,与同业者共同维护健康的市场秩序,促进市场规范,建立一个公正有序的行业生存和发展的空间,提升行业整体价值,实现同行间的相互促进与和谐发展。

对社会:做优秀企业公民。"企业公民"是构建社会主义和谐社会的重要组成部分,也是企业基业长青的必要条件。在寻求自我超越、获得辉煌成就的过程中,中国移动始终从全局着想,以促进社会全面、协调和持续的发展为企业行为的依据和目标。中国移动承诺始终争做品格健全、受人尊敬的优秀企业公民,在承担好基本商业责任、确保通信畅通的同时,积极承担社会责任,参与环保、教育等公益事业,以永不停息的事业追求改善人类生活质量,促进科技进步与文化繁荣,服务和谐社会。

点评:上述阐述包括了企业的宗旨、企业经营的理念、企业的管理理念等。在企业宗旨方面,主要阐述了对几大群体,如社会、同业者、投资者和员工的承诺;在经营理念方面,主要阐述了"以创造卓越品质的产品与服务为永恒目标,以客户导向为经营原则";企业的管理理念方面,主要阐述了"中国移动始终坚持员工与企业共同成长的管理理念,以人为本的人文主义眼光,充分关注人的价值与差异"等。

三、组织文化塑造的操作流程和方法

要塑造组织文化,除内容外,还需要考虑通过什么样的流程和方法进行塑造。一般来说,组织文化塑造的操作流程包括组织文化塑造的准备、组织文化诊断、组织文化战略设计以及组织文化的实施和外部推广。下面进行具体的介绍。

1.组织文化塑造前的准备

真正的企业文化塑造常常意味着企业本质层面的变动,不做好充分的准备无疑是拿企业的明天开玩笑。为了做好组织文化塑造前的准备工作,首先要在组织内部确定企业文化建设的共识,只有在组织内部对文化弊端有透彻的认识并具备改变的坚定决心,企业文化建设才有成功之可能。要达成共识需要对企业文化做出战略性的检查，不要一开始就陷入文化的细节问题，这常常不利于就真正深远的问题达成共识。其次，要在企业内部组建组织文化的项目小组。达成共识之后应立即成立企业文化项目小组以切实负责而后所有的从诊断到实施具体事宜，小组成员是否精干得力是项目质量的关键。然后，要拟定组织文化建设的计划，企业文化项目小组成立后的第一件工作就应当是拿出一个通盘的工作计划。最后，要举办组织文化创建动员大会。光有领导者的行动承诺是不够的，没有员工的积极参与企业文化是无法落实到每一天、每个人的每一件工作上去。

2.组织文化诊断

组织文化建设存在的最大问题就是根本不进行诊断或者不重视诊断，这一弊端使得组织文化一开始就缺乏真正的实证基础。组织文化诊断包括：

(1) 现状调查

周密的内外部调查能够让我们掌握第一手资料，从而对企业文化所面临的问题有透彻清晰的了解。现状调查可以通过问卷来进行，也可以把企业中层以上干部集中起来，把集团的理念，逐句念出来，请大家把听到理念后所想到的能代表这种理念的人物、事件说出来或写出来。如果大部分人都能联想到代表人物或事件，且事件相对集中，就说明企业的文化得到了大家的认同；但是，如果大部分人不能说出或写出代表性的人物或事件，就说明企业文化和企业理念没有得到员工的认同，就更谈不上对员工行为的指导作用。

(2) 行为与制度文化调查

包括是否成立了组织文化机构并指派专人进行负责、组织文化机构在公司中的地位如何、内部沟通管道是否畅通等。

(3) 组织文化环境调查

包括竞争者或者竞争形势是否对组织文化存在影响、企业的运营模式是否对组织文化存在影响等。

(4) 组织文化差距分析

包括组织的主导文化类型、目前支配企业的主导文化的强度、企业不同业务单元文化的一致性和差异性、期望的文化是什么、目前组织文化的不足之处、企业文化改进或者变革的方向、期望文化的优势所在等。

3.组织文化战略性规划

当前企业文化规划的误区在于酷爱捣鼓"口号"和着迷包装"手册"，然而这些战术性的东西根本无助于改变企业的经营绩效或者竞争能力，企业文化背上"空洞无物"的黑锅正归因于此，只有对企业文化进行战略性规划才有可能真正地起到经营层面的影响。

在进行组织文化战略性规划的时候，需要首先明确组织文化建设的目标，一般可以采用平衡记分卡来协助企业明确组织文化建设目标。其次，帮助企业选择企业文化战略，目标明确后应选择得当的战略，长期以来企业文化战略在一大堆"创新"、"人本"等字眼中迷失了自己。事实上，企业文化战略分为"集团企业文化战略"和"业务单位企业文化战略"。然后，还需要做好组织文化结构规划，确定组织文化的定位相当重要，它揭示了组织文化的核心价值观，只有建立在核心价值观上的组织文化结构才能完整展示企业文化的全貌。

4.组织文化的贯彻和实施

组织文化的难度在于实施，实施的难度在于如何将价值观念传输到员工的心中，并不断强化而成行为方式。仅仅导入是不够的，还必须在企业的管理模式上加以调整使之能够对组织文化进行正强化。

要对组织文化进行贯彻和实施，首先需要设置组织文化的管理机构，只有常设的组织文化管理机构，组织文化建设才能有专业的团队负责，组织文化工作才不至于经常被高层领导忽视。其次，要编写组织文化手册。组织文化手册是纲领性文件，是原则的高度概括，对实践的把握需要用到组织文化手册；组织文化手册还是组织文化的实施细则，它明确规定了"是什么、不是什么、做什么、不做什么。然后，要促进组织文化在企业内部的传播。组织文化内部传播是极为重要的文化实施活动，它着眼于全体成员对组织文化的了解、领悟到实践。传播时主要通过文化培训、演讲与报告、自我教育等方式进行。另外，还要建立组织文化网络，包括企业内部的内刊与公告等。最后，还可以举行一些组织文化的仪式与庆典，创造一些组织文化的故事与人物。在这些形式中，企业故事和仪式是非常重要的形式。

很多组织中都流传着小故事，它们的内容一般都与组织的创始人、打破常规、从乞丐到富翁的发迹史、劳动力的削减、员工的重新安置、对过去错误的反省以及组织的应急事件等有关。这些故事可以起到借古喻今的作用，为当前的组织经营实践提供解释和支持。例如，亨利·福特二世担任福特汽车公司董事长期间，没有哪个人没听说过下面这个故事，即：当福特公司的管理人员骄傲自大时，福特先生就会提醒他们"福特公司的大楼写的是我的名字"。其意义很明确，主宰福特公司的是亨利·福特二世。

仪式是一系列活动的重复，这些活动能够表达并强化组织的核心价值观。哪些目标是最重要的，哪些人是重要的，哪些人无足轻重。最出名的公司仪式当属玫琳凯化妆品公司的年度颁奖大会。这个大会在一个大型礼堂里举行，要持续几天，台下是一大群兴高采烈的人，所有与会者都身着漂亮的晚礼服，整个大会看上去简直像是美国小姐大选。那些出色地完成了销售指标的销售小姐，都会得到一些价值不菲的精美奖品。这种年会通过对突出销售业绩的公开表彰，起到了激励员工的作用。另外，这种仪式也突出了玫琳凯个人的坚强意志和乐观精神，正是这两点，使她克服重重困难，创立了自己的公司并获得了巨大的物质财富。玫琳凯通过这种年会的形式告诉她的员工们，完成销售指标是重要的，通过努力工作和激励，他们也能获得成功。

5. 组织文化的外部推广

组织文化的外部推广不仅能够与内部推广形成强大的钳形攻势，而且能够使得组织文化转变为品牌文化，从而打造强势品牌。

在进行组织文化的外部推广活动时，可以采取如下一些方式。首先，可以导入企业形象，企业形象设计不仅仅是美术和广告的设计，还必须在对企业经营策略、核心价值观有深刻认识的前提下进行。其次，可以搞一些组织文化的推广活动，包括体育活动、征文比赛、文化论坛、文艺技能竞技、团队训练、表彰先进会、联谊会、公益活动、环境保护、义务劳动、植树活动、济贫慰问、希望工程等。最后，还可以通过广告进行。可以透过不同的媒体，传达至不同的特定对象，并进行全方位沟通，迅速建立起组织文化的外部认知。

第三节　组织文化的建设实例与分析

前面我们介绍了组织文化的塑造内容和具体的操作流程，本节我们进一步对组织文化的建设和落地进行更详细的阐述，并结合中国移动重庆分公司的企业文化建设实例来分析和探讨。我们认为，要在企业内部建设组织文化，首先必须进行企业文化理念的宣贯，让员工在思想观念上理解、认同并拥护组织的理念。其次，企业要把文化落实到员工的具体行为层面上，这种落实必须通过一系列的活动来进行。下面我们以中国移动重庆公司的组织文化建设和落地的具体操作来进行分析和说明。

一、组织文化建设的案例与分析

中国移动重庆公司作为中国移动通信集团公司的全资子公司，在中国移动统一的企业文化纲领下，坚持"one CM（一个中国移动）"的原则，根据具体的工作情况，采取了切实有效的宣贯措施，使集团公司统一的文化理念能够深入人心，并内化为组织行为和员工行为。具体分析，中国移动重庆公司在企业文化的建设方面采取了如下一些措施。

1. 宣贯

每一个员工都应了解企业的理念。公司制作了企业文化手册，对全体员工展开宣贯，确保人人知晓并理解。在对新进员工的培训中，企业文化培训是重要的一课，每位员工进入公司首先了解的是公司的文化。公司组织一些传播活动，例如开展"责任铸就卓越"等主题演讲赛、征文赛、辩论赛等，加深员工对企业文化的理解和认同。公司内部"网上学院"也将企业文化纳入员工必修课程。手机作为一种新媒体，通过手机报、彩信等方式在企业文化传播中发挥了新的作用。公司"重庆移动陈列馆"将公司发展历程中具有典型意义的事件记录下来，在陈列馆中展出。公司还定期举办"企业文化艺术节"，通过艺术化的方式讲述员工自己的故事，传播企业的理念和文化。在此基础上，公司每年都要组织企业文化认知度的测评，以调查企业文化传播的效果。

2. 讲故事

根据心理学的理论，群体中的榜样越真实、平常，对他人的影响作用也会越大。公司通过征集企业文化故事，让每位员工有机会来讲述自己身边的故事。企业文化故事征集成为公司一项常态化的工作，在公司内部有比较大的影响力。公司将有代表性的故事及时地编辑发布在内部网络和刊物上，并配以员工自己创作的漫画和图片，集结出版《感动你我的故事》系列。公司内部有"至善讲坛"及"我能学堂"，这是员工自己的一个企业文化演讲平台，通过这个平台员工交流自己学习和工作的体会。每个员工都可以成为企业文化故事讲述者。

3. 表彰仪式

仪式被认为是企业文化传播，激励员工践行企业文化的最好载体。企业内部的仪式主要是表彰报告大会。对践行企业核心价值观、彰显企业精神的模范员工，尤其是在那些关键时刻勇担责任、表现卓越的员工，公司举办隆重的仪式予以表彰，例如"抗震救灾勇士"、"援助巴基斯坦公司勇士"的表彰报告大会，非常震撼人心、激励士气。在盛大的仪式中，企业文化理念再次得到了宣扬，以此告诉员工在工作中如何来做，达成什么样的工作效果才是公司认可的优秀员工。

4.营造充满人文关怀的组织氛围

重庆移动倡导员工"健康生活、快乐工作"。公司关爱员工的工作、生活、学习以及身心健康，经常性地组织文体活动和关爱活动，持续改善员工工作条件，营造浓厚的团队亲情氛围，启动员工帮助计划（EAP）。通过人性化的管理，让员工能够随时感受到被重视、被关爱、被激励，愿意并自觉地成为企业文化所倡导的人。

5.通过专项活动来推动

为推动企业文化深入贯彻落实，公司还启动企业文化专项方案，主要是社会责任项目及服务文化项目。

社会责任项目，主要是强化社会责任落实，鼓励并带动员工参与到公益慈善活动中。社会责任项目主要体现在"民生、教育、环保"等方面。公司特别关注农村留守儿童、孤寡老人、残疾人、贫困人口等，有各种由公司和员工共同发起和参与的帮扶活动。对于残疾人，营业厅内开辟残疾人业务办理专区，并在资费上对残疾人给予了极大的优惠。在农村留守儿童聚集的学校设立"中国移动爱心电教室"和免费打电话的"亲情驿站"，在乡村中小学建立"中国移动爱心图书馆"，开展"中国移动西部农村中小学校长培训"等，带头对贫困学生采取了一对一的资助帮扶。

服务文化项目，主要是为了强化"以客户为导向"，激励前后台员工追求服务臻于至善。公司以"满意100"为口号，连续三年开展了分别以"诚信服务、金牌服务、便捷服务"为主题的活动。活动包括"流程穿越"、"明星评选"、"服务竞赛"、"服务金点子"等多项内容，充分调动前后台员工关注服务满意度，改善组织管理流程和制度。

6.企业文化评估

企业文化理念不在于知而在于行。企业文化评估旨在调查研究员工价值观与企业核心价值观以及企业现实管理三者之间的差异，评估企业文化内化落实到组织行为和员工行为的程度。推进企业文化理念落地，最开始的一步就是要找准落地的方式和内容。企业文化评估体系可以不断地追踪公司文化的导向和现状，及时发现文化落地中的问题，指引今后的工作，形成闭环管理。

很多组织都有一些广为流传的故事，这些故事不仅把组织的过去及现在连接起来，还可以让人明了目前事态的来龙去脉。大多数的故事都是自然发生而流传的，而有些在企业文化建设方面有经验的组织，则把故事进行总结、归纳、提炼，然后编制成册，并将其纳入企业文化建设，让员工学习。在员工培训中，让员工通过故事这种生动形象的宣传方式，领会故事的内涵和思想，同时，渗透到员工的意识、认知和行为中去，成为员工接受企业文化熏陶的教具。这也是企业文化建设的重要举措。

中国移动重庆公司在这方面也进行了大量的实践工作，并形成了一些比较好的企业文化的故事。而且，特别值得一提的是：移动重庆公司在对企业文化故事进行深入剖析的过程中，还通过对企业文化故事的提炼，归纳出企业文化核心价值观所需要员工的具体行为特征，并对这些行为特征进行了等级的划分。这对于企业文化最后落地，对于企业文化最后落实到企业员工的行为特征方面，具有非常重要的意义。下面列举其中两个企业文化故事，并对这两个案例故事所反映的核心价值观，即责任和卓越的员工行为特征和等级进行详细分析。

案例一：来自服务一线的故事

（案例作者：中国移动重庆公司万州分公司，闫洪章）

王旎从上月的话费量统计表中看到，某食品集团总经理文先生的话费最高，比平时高出了一倍，觉得应该主动关心一下，便拨通了文浩的电话。"文先生，您好！我是移动……"话未说完，却被对方粗暴地打断："我这月的话费为何这样高？是不是被盗打？你们要给我查实！否则，我要换'如意通'了！"对方不容王旎解释，便挂了机。王旎十分费解，自己好心好意去询问，却被劈头盖脸地训斥一顿，委屈的泪水一下冒了出来。但她转念一想，觉得对方发这么大的火肯定是有原因的。虽然她知道，对方使用的数字手机不存在被盗打的问题，但是否有别的隐情呢？于是，她立即到计费中心打出文浩的话费清单，逐一核对。这一对，便对出了问题：这多出的一半全是越洋电话。他拨通了文浩的电话："文先生，您好！请问一下，贵公司前段时间是否跟美国有业务联系？"

"你问这些干嘛？"文先生没有好气地说："我叫你查，怎么查到美国去了！"

"因为这多出的话费跟美国有关。"王旎用她那温柔可亲的声音说道。

"你们越错越远了！"文先生说"我们集团正申请破产，跟法院的电话倒是不少，我绝对没有心情跟美国佬打交道！"

"那么，请问您家里人有没有跟美国有联系？"王旎仍然耐心地问道。

"家里人……"文浩犹豫了一下，猛地一拍脑门，"等等，让我想一想……一定是他！这小兔崽子……"

不一会，文先生主动打电话过来："对不起，情况弄清楚了，是我儿子与美国留学生通的话，刚才错怪你们了，我向你们道歉……"

案例点评

中国移动企业文化的核心内涵之一是"责任"，体现了中国移动作为企业、中国移动人作为社会中的一员，将以成为"负责任"的企业和个人作为自己的追求。企业的"负责任"和员工的"负责任"密切相关，企业的"负责任"需要员工们每个个体的"负责任"才能实现，只有当员工们都成为"负责任"的个人，企业才能真正成为负责任的企业。在负责任的对象上，员工首先要对自己负责、对团队、对企业负责任，这样才能做到对社会负责任。在本案例中，王旎的行为是对团队、对企业负责任的表现，是一个有责任心的员工。

从责任心的行为等级来看，责任心有这样几个行为等级：第一级是不能够意识到自己的职责，但能完成上级指派的任务；第二级是能意识到自己的职责，在别人的监督下，能完成自己份内的工作；第三级是能意识到自己的职责，自己能够监督自己完成份内的工作；第四级是能意识到自己的职责，能主动完成份内的工作；第五级是不仅能意识到自己的职责，主动完成自己份内的工作，还能主动去完成非自己份内的、但对集体和组织有意义的工作；第六级不仅能主动去完成非自己份内的、但对集体和组织有意义的工作，还能主动去承担后果，并为集体或组织分担困难和艰苦，也就是我们通常说的"担当"。

在本案例中，当"王旎从上月的话费量统计表中看到，某食品集团总经理文先生的话费最高，比平时高出了一倍，觉得应该主动关心一下，便拨通了文先生的电话"，这说明王旎在工作中的行为表现是主动的。就事情本身来说，事情也不是自己份内的事，但她想："只要是为客户着想、能对组织留住长期的客户是有意义的事情，就应该主动去做"。这是责任心的第五级。而当她主动的关心，相反被客户误解并发泄脾气以后，"她转念一想，觉得对方发这么大的火肯定是有原因的"，并"立即到计费中心打出文先生的话费清单，逐一核对"。这样行为应该是能主动承担后果的。也就是说，在发生问题后，她首先想到的可能不是别人的问题，而是什么地方出了差错，并从计费开始核实。这是责任心的第六级，是担当。

所以，从该案例中分析员工王旎的行为，说明其是有责任心的，这样的责任心所产生的行为是负责任的行为。如果每个员工都有这样负责任的行为，企业文化的核心价值观之一："正德厚生"的落地就会真正的实现。

案例二：来自维护一线的故事

（案例作者：中国移动重庆公司业务支撑中心，彭蕾）

虽然在业务支撑技术岗位上一干就是七年，但他数年如一日，以勤勤恳恳、兢兢业业的态度对待工作；虽然他的党龄只有3年，但他始终把发挥共产党员先进模范作用放在心间；虽然刚过而立之年，但他像老黄牛一般在平凡的岗位上苦苦耕耘，青丝中已清晰可见闪亮的白发，他就是业务支撑中心建维部的副经理孙传舰。他曾先后被评为集团公司2004年业务支撑创优先进个人和重庆移动通信公司2004年十佳员工。

提到BOSS系统，留给大家的印象就是庞大、复杂和精细。要维护好这个庞大的系统，并以此来支撑上千万用户的业务，这无疑需要承受极大的工作压力。作为承担整个系统维护工作的负责人，最艰苦的时候，他总会出现在最前面，总是用自己的实际行动作好表率。

记得去年BOSS1.5系统割接，为了做好系统测试，他全然不顾气候的炎热，每天和员工一起加班至深夜，每一个点都要亲自把关。在他的带领下，建维部连续加班四十几天，终于完成了五千多项测试工作，顺利完成系统割接上线。这时，大家总算可以松口气了，但他却一点也没有松懈，仍然坚守在岗位上，他说："新系统刚上线，我还是守在这里好点，你们先走一步。"大家都知道，他是担心前台人员不适应新系统，影响客户满意度。在他的心中客户满意永远都是排在第一位。

在这个压力繁重且极其艰辛的岗位上，孙传舰已数不清有多少周末没有休假，数不清有多久没在家吃过一顿饭。BOSS系统除了日常的维护工作外，每月还有一次例行的计费出账，这项工作必须在深夜和凌晨进行，且要持续二十几个小时。作为部门负责人，他每次都亲自参与，从出账准备到结束，一直坚守在现场，探讨方案，指导实施。今年8月，由于每月出账使系统压力过大，导致前台客户满意度受到影响，公司准备紧急扩容。他主动带领技术人员深入市场调研，采用先进技术手段优化了出账流程，把原来"集中统一出账扣费"改变为"统一出账，分期扣费"，仅在一个月内就使10086人工呼入总量缩减了26.3%，人工接通率提高了20%，不仅效果显著，还节约了扩容的大笔开支。

他的家离公司只有5分钟路程，但为了能和员工一起同甘共苦，加班时他坚持和员工一起用餐，他的身影总是出现在加班行列的最前面。为了能全身心投入工作，他忍痛把自己年仅1岁的小孩送回了山东老家。

为了保持对网络、服务、业务的高品质追求，他不断加强理论知识的学习，努力攻克业务技术的尖端领域。已经无法计算出他曾经付出了多少，也无法预测他还将奉献多少，但我们早已被他不畏艰辛的奋斗精神深深打动。

案例点评

中国移动企业文化核心内涵之一是"臻于至善",也就是"卓越",体现了中国移动作为企业、中国移动人作为社会中的一员,将以持续成为"最优秀"的企业和个人作为自己的追求,而企业的卓越必须由员工的卓越汇聚而成。作为移动的员工,怎样的行为才是卓越的行为?怎样才能成为卓越的员工?

卓越员工是卓越品质的创造者。由于员工岗位的不同,卓越品质可体现在不同的方面,比如,客户服务员工,卓越品质应该体现在服务品质上。作为卓越品质创造者的员工,在行为上应该具备如下一些特点:以客户的需求为先、敢于创新、追求完美、不断学习、持续努力。在本案例中,"他"是一个优秀的员工,但最关键的,他更是一个卓越的员工,他用自己最平凡的行为实践着移动的核心价值观。

首先,该员工具有追求完美的行为特征,例如,为了不出差错而在"连续加班四十几天"、在"大家总算可以松口气了",之后还出现"但他却一点也没有松懈,仍然坚守在岗位上,他说:'新系统刚上线,我还是守在这里好点'。再比如,他的行为中有"每一个点都要亲自把关"、"作为部门负责人,他每次都亲自参与,从出账准备到结束,一直地坚守在现场,探讨方案,指导实施"。这些都是追求完美的人才具有的行为特征。

其次,该员工有明显的以客户需求为先的行为特征,如,在案例中,他"担心前台人员不适应新系统,影响客户满意度。在他的心中客户满意永远都是排在第一位"。

另外,该员工具有明显的敢于创新的行为特征,如,在案例中,"由于每月出账使系统压力过大,导致前台客户满意度受到影响,公司准备紧急扩容。他主动带领技术人员深入市场调研,采用先进技术手段优化了出账流程,把原来'集中统一出账扣费'改变为'统一出账,分期扣费'"。这是典型的敢于创新的行为特征,这样的行为所导致的结果是:"仅在一个月内就使 10086 人工呼入总量缩减了 26.3%,人工接通率提高了 20%,不仅效果显著,还节约了扩容的大笔开支"。因此,员工个人行为的卓越必然带动企业的卓越,这在创新方面体现得比较充分。

还有,该员工的行为具有明显的不断学习的特征,如,"为了保持对网络、服务、业务的高品质追求,他不断加强理论知识的学习,努力攻克业务技术的尖端领域",这样的持续学习,必然会导致自己业务的创新和持续领先,这也是成为卓越的个人的必备素质。

最后,该员工还能做到持续努力,具有比较多的典型的持续努力的行为特征。如,"作为部门负责人,他每次都亲自参与,从出账准备到结束,一直坚守在现场,探讨方案,指导实施";再如,"他的家离公司只有 5 分钟路程,但为了能和员工一起同甘共苦,加班时坚持和员工一起用餐,他的身影总是出现在加班行列的最前面。为了能全身心投入工作,他忍痛把自己年仅 1 岁的小孩送回了山东老家"。这些都说明该员工在持续努力的去做好自己的工作。人生贵在坚持,一个人一时优秀容易，但要长期优秀就很难，当一个人长年累月持续坚持做好一个事情的时候，他就会持续处于领先的地位，这就是卓越的关键。因此，优秀只是暂时的，卓越才是长期的，这也是卓越和优秀的区别所在。这也就是前面我们称该员工不仅仅是优秀，更是卓越的员工的关键所在。

作为移动的员工，如果能用自己的行为实践"以客户的需求为先、敢于创新、追求完美、不断学习、持续努力"，那么，不管结果怎样，我们至少可以说，"我是一个追求卓越的人"。

总之，要让企业文化的故事对员工有启发，对企业文化的建设和落地有作用，除了在思想观念上要启发员工外，还需要通过故事来分析员工具体的行为特征和等级，并通过这些分析把相关对员工的行为特征要求传递给员工。

二、组织文化落地的案例和分析

通过有效的管理活动和管理制度塑造组织文化氛围，中国移动公司下属的各单位也都结合自身实际提出了自己独特的思路。其中，客户服务中心的"6+1模式"就是一个典型。下面我们进行阐述和分析。

客户服务中心企业文化落地模式

（1）**总体思路**：以《企业文化落地6+1模式》固化为核心，以创建3个工具为支撑手段，塑造组织文化，实现文化力向生产力的转化，努力打造卓越团队。

（2）**组织保障**：企业文化宣贯核心小组下设秘书室，并设项目研究虚拟小组，通过专业人才队伍，推动企业文化落地工作。

（3）**工作思路**：以集团公司企业文化落地理论为指导思想，根据集团公司和重庆公司的统筹部署和安排，按照集团公司对示范点的要求执行全年工作计划。

（4）**具体工作一**：对如下六个方面进行固化。

第一，优化公开透明管理方式	质检校准会流程优化项目 复议流程电子化项目 新员工转正考核透明化项目 不合格员工退回用人单位流程透明化项目 公开宣传贯彻各项人力资源相关制度项目 员工薪酬/福利复议电子化项目 业务联系单优化及电子化管理考核制度 中心大型活动政策调整听证会项目

第二，完善开放多维的沟通渠道	工具前移项目 外呼客户满意度核实项目 总经理/总书记接待日项目 员工博客更新项目 重要客户登门/电话回访制度项目 常态化金点子征集项目 多渠道与员工沟通项目 畅想会项目 对外联动、对外传播项目
第三，巩固自我提升学习团队	读书会项目 技能大赛项目 经验交流分享细化项目 走出去，学习行业内先进经验项目
第四，坚持真诚感恩爱心团队	帮扶灾区小学项目 青年志愿者行动项目
第五，推动欢乐多彩的青春舞台	快乐多彩青春舞台项目
第六，精耕和谐温馨亲情家园	员工俱乐部项目 服务部一室"快乐家年华"家园文化建设 服务部"我的V+"班组家园文化建设 服务部综援室"快乐++家"家园文化建设 营销部外呼"FULL HOUSE"家园文化建设 营销部12580/12582"快乐管家"班组建设 运管部"快乐E家"班组家园文化建设项目 品质部班组家园文化建设项目 综合部"家春秋"班组家园文化建设项目 中秋亲情会/一封感谢信项目/生日祝福项目

（5）具体工作二：三个创建

第一，EWS（员工流失预警）——给企业的一张提醒表

员工是企业最大的财富。通过员工工作行为数据的内在信息挖掘出有流失倾向的员工，对该部分员工的早期识别及时开展预防工作，提升员工忠诚度。

第二，CTT（企业文化认识度测评）——给管理者一支企业文化晴雨表

通过对员工目前企业文化的认同程度的度量，实现管理者对当前企业文化开展效果的清楚认知，提升企业文化开展的阶段方向性。

第三，EAP（员工援助计划）——给员工一片心灵的绿洲

通过对员工心理问题的甄别和定位，辅以有针对性的引导和培训，实现对员工想法、观念和行为的正确干预，提升员工的满意度！

EWS、CTT 和 EAP 计划的实施，是组织文化激励实施的三条主线，也是中国移动组织文化创建实现感性思维与理性思维的结合。

组织文化的落地必须要依靠活动为载体来实现，这也是移动重庆公司在进行组织文化建设的过程中总结出来的经验。通过以上的文化落地模式也可以看出，中国移动重庆公司的组织文化非常重视人的因素，认识到一个组织除了最初的物质条件外，人才则是构成组织的根本。因此，对人的管理才是管理的根本，无论是什么组织，都离不开对人的管理；而使组织的每一个员工都各得其所、各尽其才，就显得尤为重要。调动员工的积极性、知道员工的需要，使员工的利益和组织的发展紧密相连，这就是中国移动重庆公司管理人员的责任和组织建立组织文化激励策略的根本宗旨。

复习思考题

1. 组织文化激励的机制是什么？请举例说明。
2. 组织文化塑造的内容体系包括什么？基本流程是什么？请找一个实际的企业案例来进行分析和总结。
3. 请举例说明组织文化建设与落地的具体方法。

第十一章

知识型员工的激励

学习目标

1. 掌握知识型员工的基本知识(知识型员工的定义、特征及研究近况)
2. 了解我国企业现阶段知识型员工激励存在的误区
3. 了解知识型员工的需求,掌握知识型员工激励的具体方法
4. 掌握知识型员工激励的操作技巧
5. 掌握"80后"知识型员工的激励方法

知识型员工的激励是高科技和高知识密度型企业人力资源管理的核心问题。

有这样一个案例：

某高校为激发员工的积极性，结合其他高校的经验，认真研究了薪酬制度。员工工资由基础工资加津贴两部分组成，按照岗位和职位的重要程度与贡献大小设置不同的津贴。非教师主要看岗位，教师则根据职称（能力）和贡献（业绩）决定其职务的工资档次。此项改革措施实施后，收到了比较明显的效果。因为绝大多数员工的工资得到了一定的提升。大体上有两种情况：工资相对上升较多的人感觉到工作的努力得到了认可，心态比较平衡；工资相对上升少的心态不大平衡。但年轻的觉得还有机会，毕竟两年一调整。年纪大的比较灰心丧气，坚定了继续混下去的想法。但是，在执行中出现了一个问题，教师的津贴设计和绩效考核中忽视了对集体项目（任务）完成情况的考察，结果所有的教师只做属于个人的工作，凡是为集体做的工作都只有领导去做。许多需要团队集体完成的项目没人做了。

于是，有人提出要重新设计方案，学校领导也注意到了这个问题。但难度很大，因为很难事先将所有可能发生的集体项目计划清楚，有些任务只是阶段性的；有的是临时性的；有的是在预期中的，这些任务的重要程度也很难分类……

这就给激励机制的设计带来一个问题：如何实现对员工的激励？如何做好对知识型员工的激励？

随着知识经济的到来，知识成为第一生产力，最能利用知识优势的个人和组织将会占据优势，成为知识经济中的优胜者。于是，知识型员工群体应运而生，企业之间的竞争，知识的创造、利用与增值、资源的有效配置，最终都要依靠知识的载体——知识型员工来实现。知识型员工在企业中的作用越来越大，成为企业价值创造最重要的驱动力量。鉴于知识型员工激励的重要性，本章我们就来介绍知识型员工的概念及其激励方法的操作技巧。

第一节 知识型员工激励概述

在知识经济时代，企业为了保持持续的竞争力，必须依靠知识型员工的不断创新来实现产品的增值，从而在激烈的竞争中立足并实现自身的发展，因此，知识型员工在企业中的作用日益重要。

一、知识型员工的概念和特点

1.知识型员工的概念

"知识型员工"（Knowledge Worker），又称为"知识工作者""知识员工"或"知识工人"。它是随着知识经济浪潮和知识管理革命而兴起的一个概念，随着大量的高科技企业的涌现，知识型员工所占比重也就越来越大。近几年来，知识型员工这类特殊的群体越来越引起学术界的重视，虽然至今还没有公认的定义，但国内外已经有很多学者都从不同角度阐述了知识型员工的概念。

美国著名的管理学家彼德·德鲁克（P.Druker）最早提出知识工作者的概念，即指那些掌握和运用符号和概念，利用知识或信息工作的人。伍德鲁夫（Woodruffe，1999）认为，知识型员工是那些拥有知识并运用其掌握的知识进行创造性工作的人，衡量知识员工的标准应该是创新，创新性是知识员工的最大特点。加拿大著名的学者弗朗西斯·赫瑞比（Frances Horibe，2000）认为，知识员工就是那些创造财富时用脑多于用手的人们，他们通过自己的创意、分析、判断、综合、设计给产品带来附加价值。国际著名咨询企业——安盛咨询公司在长达数十年的新经济研究中，提出知识型员工的定义，他们认为知识型工作要求员工用智力输入、创造力和权威来完成工作，而知识型员工主要包括以下人员：①专业人士；②具有深度专业技能的辅助型专业人员；③中高级经理。他们通常在以下领域工作：研究开发，产品开发，工程设计，市场营销；广告；销售；资产管理；会计计划，法律事务和金融，管理咨询等等。

国内学者张望军、彭剑锋（2001）的研究将知识型员工定义为高科技企业中的研发人员。张静慧（2004）认为知识型员工也称知识工作者，是指一个组织之中用智慧所创造的价值高于动手所创造的价值的员工。史振磊认为，知识型员工是"以智慧、知识来增加产品的附加值而不是用肢体来生产或推销产品的劳动者，或者是创造知识，使用知识的企业员工。刘琴、徐拥军、陈幸华（2005）认为，知识型员工是指具有从事生产、创造、扩展和应用知识的能力，为企业带来知识资本增值，并以此为职业的人。陈琛（2007）认为，知识型员工一般应具备以下几个基本条件：第一，具有从事生产、创造，扩展和应用知识的能力；第二，用脑力劳动创造财富；第三，能利用自己拥有的知识为组织、企业带来知识资本增值，为产品或服务带来很高的附加值。

综上所述，本书在对上述定义归纳总结的基础上，将知识型员工定义为：在知识经济时代，企业中掌握知识或信息，通过自己的创意、分析、判断和综合，为企业带来知识资本增值并以此为职业的人。知识型员工的范围从职业上界定，典型的有企业研发人员、律师、财务和会计人员、专业技术人员、工程设计人员、高级营销人员等。

2.知识型员工的特点

知识型员工是企业核心竞争力的主要贡献者，与非知识型员工相比，知识型员工在个性特征、工作方式及行为动力体系等方面有着诸多的特殊性。

（1）知识型员工的个性特征

- **高自主性和高独立性**。知识型员工一般拥有丰富的知识资本和特殊的技能，往往主观上不愿意受制于人，客观上不愿受制于物，因而有很强的独立性和自主性。与流水线上的操作工人按部就班、被动地适应设备不同，他们不喜欢上司把要做的每一件事的计划与措施都安排得十分明确，他们要求授权赋能，需要有一定的活动范围，一定的权限。总之，知识型员工有较强的自主意识，更倾向于拥有一个自主的工作环境，倾向选择那些能够更多地支配自己活动和方向的工作，不愿受制于物，甚至无法忍受上司的遥控指挥；他们更强调在工作中的自我引导、自我控制、自我发展。企业如何给知识型员工创造一个宽松自主的工作环境,给予其更多的自主权和自治权,已被看做对知识型员工的重要激励措施之一。
- 自我实现动机较强。知识型员工大多受过系统的高等教育,掌握一定的专业知识和技能。在工作中,他们希望学有所用,热衷于具有挑战性、创造性的任务,并尽力追求完美的结果,渴望在工作中展现个人的才能,实现自我价值。
- 追求个人成长和职业发展。知识型员工对知识、个体成长有着不懈的追求,随着社会发展速度和科技发展速度的加快,工作中所需要的技能和知识更新的速度也随之加快,知识型员工需要不断地学习新知识、新技能,才不会被激烈的市场竞争所淘汰。因此,企业需要进行必要的人力资本投资,使知识型员工与日益发展的知识和技术保持同步,从而帮助知识型员工不断更新补充知识,保持其能力和价值,实现其职业发展规划。
- 流动意愿较强。一方面,这个时代是资本追逐知识和人才的时代,企业为了争夺人才进行着激烈的竞争,客观上为知识型员工的流动创造了外部条件;另一方面,知识型员工本身具有较强的流动意愿,在他们的职业生涯规划中,看重的是事业而不是简单的工作。工作只是提供了生活的保障,事业才真正是他们的价值追求。在实际的工作中具体表现为由追求就业的职位转向追求终身就业的能力,由忠于自己所在的企业转向于自己所从事的事业。为了寻求最适合自己的地方来最大限度地实现自我价值,他们很可能不断流动,其流动性主要表现出三个特征:流动频繁、流动方式多样、流动失衡。

(2) 知识型员工的工作特征
- 工作过程难以监督和控制。知识型员工是在易变和不确定的环境中从事创造性的知识工作,其工作过程往往没有固定的流程和步骤,而呈现出很大的随意性和主观支配性,甚至工作场所也与传统的固定生产车间、办公室环境迥然不同,灵感和创意可能发生在任意的非工作时间和场合。因此,对知识型员工的工作过程很难实施监控,传统的操作规程对他们也没有太大的意义。
- 个人绩效难以评估。知识型员工的劳动成果往往是以某种思想、创意、技术发明、管理创新的形式出现,这些成果本身难以量化,其产生的收益也由于受到多种因素的影响而难以估计。而且知识创新的复杂性和难度决定知识型员工一般不独立从事某项工作，而是组成工作团队，运用集体智慧完成工作任务。因而，劳动成果多表现为团队智慧和努力的结晶，个人的工作绩效难以衡量。

(3) 知识型员工的行为动力体系和特点

知识型员工的行为受两大动力体系的驱动。

- **自我动力**。自我是在本我基础上，通过后天学习而发展起来的人格要素，由生物性本我直接发展而来。"自我动力"是基于"个人取向"、"自我需要"的动力系统，即为了个人的生存、发展甚至自我价值的实现而产生的动力系统。自我动力来源于个体对自我需要满足的期望。"自我动力"的启动，主要靠个人利益的吸引。后天学习可以提高自我需要的强度和结构，知识型员工由于受教育程度高，其自我动力的强度高于一般员工。满足知识型员工自我需要的途径主要有三种：报酬激励、成就激励和机会激励。
- **超我动力**。超我是个体在与社会接触和相互适应过程中，通过学习而唤醒、通过内化而形成的、超越自我之上的、社会化的理想、道德、价值观等人格要素，由人性本我发展而来。超我动力是基于"超个人取向"或"超越自我"的、完全社会化的动力系统。在这一系统作用下，人是以"社会"为中心的，行为目的是实现社会价值、社会理想，维护的是社会利益，满足的是社会需要。"超我动力"的启动，主要靠组织目标、事业理想、企业精神、核心理念与价值观。满足知识型员工社会需要的主要途径是企业文化激励。

二、知识型员工的激励现状和流失原因分析

许多企业已逐渐意识到知识型员工在企业中的重要作用，有的企业甚至不惜重金聘用高级人才。然而，与国外发达国家企业相比，我国许多企业对知识型员工的激励理念还比较落后，激励机制和措施也还存在不少问题。这导致知识型员工的大量流失，尤其是关键岗位的知识型员工离职给企业带来了很大的负面效应。

1. 知识型员工的激励现状

(1) 在观念上，对知识型员工缺乏了解和认识

很多企业的管理者认为知识型员工与一般员工没有什么区别，大部分的管理者还没有意识到知识型员工具有特殊的心理和行为规律，更没有意识到对他们管理的

重要性。因此在管理上采用传统的方法，导致大批知识型员工得不到真正的激励。有些知识型员工甚至因对企业不满而变成企业的"负资源"。此外，很多企业对知识型员工的工作方式也存在某些误解。比如，知识型员工一般具有较强的自主意识与参与意识，对当权者权威的服从观念较弱，工作上有想法就想说出来，很多管理者对他们的这种工作方式并不认同，认为他们"爱提意见、不好管理"，导致管理态度和管理行为的错位。上述问题的根源在于以人为本的现代管理思想没有真正确立。国外研究认为，聪明的管理者应意识到人与人是不同的，要以正确的方式认可员工的不同需要，并下工夫根据员工的个人兴趣、技能和能力对他或她进行认可与奖励。通过培育人才、激励人才和留住人才，为企业的发展壮大提供强有力的人力支持。"以人为本"思想是现代企业管理的核心，只有当企业真正认识到人才的不可替代的作用时，才能使激励问题得到最好的解决，才能使激励机制得到真正的发挥。

(2) **对激励的系统性认识不足，激励内容单一**

现代企业管理中激励常以金钱激励为主，忽略知识型员工的职业生涯规划、在职培训等其他激励手段。比较流行的观点认为只要有高的物质报酬就能激励知识型员工。基于这种认识，许多企业纷纷推出"高工资、高福利"的"双高"策略。诚然"双高"策略确实可以吸引来一些知识型员工，但并不能真正地起到激励作用，也很难达到留住知识型员工的目的。其次，有些企业对于激励的系统性认识不足，将激励问题简单化，为了激励而激励，未能结合企业发展的战略目标和员工个人的职业发展来设计和实施知识型员工的系统化激励机制。具体来说，比如企业一旦发现某个激励问题或员工的某种需求，就单纯就事论事，采取某种激励措施来进行解决，治标而不治本。其实，激励的目标在于让员工有持续、长久的工作积极性，而不是追求昙花一现的短期效果。因此激励的有效性取决于完整而良好的系统性和过程性，激励员工不能只靠单一的激励措施，真正有效的激励措施是一个完整良性的系统过程，这个过程的实现依赖于基础性管理的制度化、体系化，也需要管理者的智慧和创新。

(3) **忽视组织环境的激励作用**

环境宽松，人际关系融洽、氛围温馨、生活安定、心情愉悦，人的创造潜能就能得到充分发挥。一些人不愿在国内工作，不完全是收入问题，而是觉得管得太多、管得太死。北大光华管理学院厉以宁教授曾说过，针对外国企业的人才竞争，收入是重要的，但收入不是惟一的，为了把人才留住，为了把国外留学人员请回来，除了通过各种方式使他们增加收入以外，还要切实改善我们企业的工作环境。所以，只有当企业给予员工的回报让他感到物有所值时，才能达到留住人才的目的。

2.知识型员工流失的原因分析

知识型员工流失的原因是很复杂的,可能每一个员工的离开都有其独特的原因,在此就无法一一列举,但综合来说,员工的离职因素主要有以下几大类。

(1) 个人因素

从知识型员工的个人因素来看,流失的原因主要包括对工作的满意度、价值观念和个人需求等。一般来说,知识型员工重视自身价值的实现,重视自身知识的获取与提高。他们追求终身就业能力而非终身就业饭碗,是为了更新知识,他们渴望获得教育和培训机会,因此他们希望到更多更优秀的企业学习新的知识,通过流动实现增值。知识型员工需要非常宽松的自主性环境,以使他们能够按照自己的个性特点、专业优势、兴趣爱好从事他们的独创性的工作。这种个性特征使知识型员工本身具有较高的流动意愿,不希望终生在一个单位工作。

(2) 企业因素

从企业实践来看,企业因素是造成知识型员工流失的直接原因。具体来说企业相关因素主要有:薪酬能不能反映知识型员工的业绩、贡献以及薪酬是否公平;其次是员工在企业里工作,能不能看出企业的长远目标和战略意图,教育培训和事业发展的机会是否缺失;工作中能否得到充分的尊重、信任和认可;最后,企业的环境包括工作的物理环境、企业文化氛围和人际管理等因素都是造成员工离职的重要原因。

(3) 社会环境因素

一方面,知识经济使知识更新加快,即知识的陈旧周期缩短。据美国的一份调查报告显示:1976年的大学毕业生所掌握的知识到1980年已经老化了50%,而到1986年的时候已经完全陈旧过时。知识陈旧周期的缩短使知识型员工为了在瞬息万变的知识经济中能够获得新知识而加快了流动。另一方面,市场经济的影响也是知识型员工离职的另外一个重要原因。市场经济的一个显著性特征是通过市场机制来实现资源的优化配置和使用,知识型员工进入市场的流动,正是市场机制有效配置人才资源的体现。在完善的市场经济体制下,人才市场的供需情况、价格机制和员工自身价格取向综合作用于员工的职业流向。当今世界,全球化竞争加剧了企业对人才的需求,于是使得知识型员工的流动成为普遍现象。

员工的离职尤其是企业关键岗位的空缺,企业可能在短期内无法立刻找到可替代的人选,那么这一关键岗位在一定时期内会空缺出来,这势必影响企业的整体运作。其次,由于知识型员工掌握某种专门的技能,他们的离职会导致技术或商业机密的泄露,尤其是当这些知识型员工跳槽到竞争对手企业或另起炉灶时,企业将面临严峻的竞争压力。一旦发生这种情况，带给企业的将是极大的损失，甚至是破产。

第二节　知识型员工的需求特点与激励

前面我们介绍了知识型员工的定义以及员工流失的原因，了解到知识型员工对于企业的发展有着至关重要的作用，鉴于此，本节我们就来系统地分析一下知识型员工的需求特点，并在需求的基础上进一步地介绍一些针对知识型员工激励原则。

一、知识型员工的需求

从第一节对知识型员工的定义中我们了解到知识型员工是一个特殊的群体，有着不同于传统员工的个性特征和工作动机。那么他们又有哪些独特的需求呢？根据对文献的综述研究，笔者归纳出知识型员工有如下几点需求：

1.自我发展和对新知识学习的需要

与其他类型的员工相比，知识型员工更加重视能够促进他们不断发展、有挑战性的工作，他们对知识、对个体和事业的成长有着持续不断的追求。为了保持其能力和价值，他们需要不断地学习，与他人互相交流信息，共享知识；要求组织能够创造一个良好的学习环境，以满足他们知识更新和事业发展的需求。

随着知识经济的发展，知识已经成为企业长期可持续发展的源泉，拥有创新能力的知识型员工已经成为企业价值增值的基础。其次，随着社会的发展知识更新速度的周期加快，任何知识都会老化和落后。因此，知识型员工渴望并且很重视学习新知识的机会，以满足他们知识更新的需要，从而保持知识的领先地位。

2.工作自主需要

与一般员工相比，知识型员工拥有一定的知识资本，因而在组织中具有很强的独立性和自主性。他们不是企业中普通的螺丝钉，而是富有活力的细胞体。在工作中，知识型员工的个人自由的需要主要体现在对工作自主性的需要上。一般来说，知识型员工能够在既定的战略方向和自我考核指标框架下，按照自己的工作方式完成任务，他们要求给予自主权，使之能够以自己认为最有效的方式进行并完成他们的工作。在工作过程中，他们强调工作中的自我引导，要求具有一定的决策能力和权限，而不愿任人驾驭。同时他们表现出对自主的工作环境、工作场所、工作时间的灵活性以及和谐的组织气氛的渴望，倾向于拥有一个灵活的组织和自主的工作环境。

知识型员工的个人自由的需要主要是由其工作特点及其需求特点决定的。首先因为其工作的创造性，知识型员工需要运用自己的知识灵活地处理各种各样的情况。其次工作程序的个性化决定了知识型员工的思维不受时空条件的限制。因此，企业应该给予知识型员工在许可的情况下最大程度的工作自主性和创造宽松的工作环境，这样有利于他们的创造性劳动的开展。

3.工作成就需要

知识型员工具有很强的成就动机，他们的满意度来自于工作本身，包括挑战性的工作和高质量地完成工作。这个需要可以通过实现技术理想、成就事业、得到同行肯定、拥有声誉等表现出来。他们渴望看到工作的成果，认为成果的质量才是工作效率和能力的证明，格外重视他人、组织及社会对自身的评价，强烈希望得到社会的尊重。他们具有强烈的内驱力要将事情做得完美，使工作更有效以获得更大的成功。他们追求的是个人成就感而不是成功之后的奖励。

4.个人的成长与自我的超越

知识型员工非常看重企业能否提供知识增长的机会以满足他们终身就业能力提高的需求。他们素质的提高是需要不断地自我超越和创新的。只有不断地自我超越，才会有长足进步，才会有发展。此外，知识型员工还希望企业为其提供适合发展的职业生涯道路。

5.对公平公正的需要

知识型员工工作过程难以监督，工作业绩难以评估，决定了知识型员工对公平的需求。这一需要主要表现为对外部公正、内部公正公平的需要。如外部公正需要主要表现为所得与所付出之间相符，要求社会评价系统合理承认其知识的效价；而内部公正与公平需要主要表现为对企业内部报酬分配的及时、公正，要求企业对其个人贡献的正确评价。只有当他们觉得自己的付出和所得是公平的，才能调动其工作的积极性和主动性。因此，知识型员工对考核机制的公平性、分配机制的公平性具有特殊的需求。

6.尊重与参与需要

通过对第二章激励理论的学习，我们知道了人的需要是分层次的，其中尊重需要是人们较高的层次需要，任何人都有被尊重的需要。尤其是知识型员工，他们渴望得到更多的尊重与信任，主要表现为更多地需要被组织、领导和同事承认与肯定、尊重与理解。一旦他们觉得自己的人格受到尊重，往往会产生出比金钱更大的激励效果。

知识型员工的尊重信任的需要是有其特殊性的。由于知识型员工掌握着某种特殊才能，在某些方面甚至强于其上司，因此他们不崇尚任何职位上的权威，而是渴望领导给予其更多的信任和尊重。在企业的决策上，如果知识型员工能够参与经营者的决策过程，他们就会认为是被给予了极大的尊重。

二、知识型员工激励的特殊原则

本书前面章节中也介绍过一些激励的原则，所以此处不加过多重复阐述，只提及针对知识型员工这一特殊群体的一些激励原则。

1.个性区别原则

先看一个案例：

刘力和李兵是同事，两个人的能力相当，在过去的一年当中都为公司的新产品研制成功付出了辛勤的劳动并最终取得了成功，为企业成功地占领市场立下了汗马功劳。公司决定每人奖励2万元，希望他们在今后的工作中继续努力。但不久，公司领导就发现刘力的干劲十足，但李兵却显得无精打采，其工作绩效明显大不如前。经过调查才明白，刘力是刚从学校毕业，家庭经济比较困难，还有读书期间的贷款没有还，所以2万块奖金对他来说可以很好地缓解了他的经济困境；而李兵参加工作有好几年，所期望的并不是高额的奖励，更希望的是自己事业上的发展，也就是说，从短期来看更期望得到提升。

（资料来源：韩大勇，2007）

从上述案例我们可以看出，公司对李兵的激励是收效甚微的，究其原因是没有考虑到激励的个性区别原则。

激励的个性区别原则，就是要求在激励过程中，企业管理者应该尊重知识型员工的个性发展，拓展人才发展空间。如果企业对知识型员工的激励过于宽泛、要求过于死板、千篇一律就不能有效地激励员工的个性发展。所以，企业需要对不同类型的员工进行认真分析，区别对待，不能一味地强调"同一性"。很多企业的实践证明：因人而异、视情而择、科学安排专业人才的专业方向，有利于人才资源的合理使用，也有利于拴住人心。

激励是企业给员工奖赏从而让员工觉得满意而更加努力工作。然而在实践中，很多企业的管理者会自己主观单方面认为激励就是自己给员工什么，而员工真正想要什么就不管了。然而在知识型员工这一群体中，因为个性需求差异，从而导致对激励的需求也是不同的，所以他们希望得到的激励必然是具有其鲜明个性的，如果领导无法领悟到激励的区别对待性，也就不可能满足员工的个体性。在企业中每个知识型员工在共性的基础上都有其独特的个性，一个优秀的企业要想有效地激发每一个知识型员工的潜力，就必须针对每个知识型员工的特点进行激励，这也是我们所说的个性化激励。

2.整体效应原则

效应是激励的核心，无效应的激励是毫无意义的，毫无意义的激励当然也是没有任何正向效果的。激励的根本目的在于追求最大的正效应，也就是充分地调动员工的积极因素，广泛地约束人们的不良行为。激励的效应主要包括个体效应和整体效应。个体效应是指对直接建立者所产生的影响。这在个性区别原则里有涉及，本部分主要介绍的激励的整体效应原则。

整体效应是指激励本身所具有的经济力和转化的经济力。在企业管理中激励必须要考虑这种整体效果。"一个和尚挑水吃，两个和尚抬水吃，三个和尚没水吃"，人多了按理说水应该更多，"没水吃"就是因为其整体效应出了问题。那么在奖励中，就要求我们必须注意激励的整体效应。

古语有云："杀一人而三军震者，杀之；赏一人而万人悦者，赏之。"这里"三军之震"和"万人悦"讲的就是整体效应。整体效应主要取决于激励准确性和启发性。所谓准确性就是指奖当所奖，罚当所罚，员工对其激励口服心服，这样产生的效果不仅仅是指被激励者本身受到激励，还能够使一个单位或集体产生"同频共振"的效果，产生光荣感或激愤感，起到积极的激励作用。激励的启发性则是指被激发人员的事迹、表现和经验、教训给人们所提供的启发，使其推动更多的人去模仿或自我控制，约束自己的错误行为，使积极因素从个体扩大到整体，其效应远远超过对个体的激励。如雷锋的事迹，毛泽东主席亲笔题词"向雷锋同志学习"后迅速在全军全国开展学习雷锋活动，其整体效应一直持续到现在。

3.推功揽过原则

翻阅历史书籍，很多实例可以证明：成功的管理者都具备"推功揽过"这一优秀品质。通过这一激励途径，下属的潜能会被最大限度地发挥出来。

在现代企业的管理之中，推功揽过也是一条黄金准则。作为领导，在集体有功劳的时候应该将功劳多看做是集体的共同努力，出问题时自己是领导要多担当。然而这在现实中是很难做到的，因为企业组织中，领导班子、各级部门之间的不团结是很普遍的现象，争荣誉、抢位子、推责任、文过饰非、不服气等也屡见不鲜。所以在实践中，企业管理者如果能够身体力行地实践这条准则来激励知识型员工，那么必将产生积极的精神效应，接着各级管理者纷纷效仿，最终形成一个良性循环，为企业的发展注入一剂良药。

4.变领导为引导的原则

领导和引导是不同的，领导这个词语中含有的命令成分要多一些，而引导则更多的是含有指导、建议、领路的成分。由于知识型员工工作自主性的需求，所以企业最好能够采取引导而不是命令的领导式管理。

将领导变为引导是企业管理者灵活运用激励原则的高超表现，在对知识型员工的激励中会起到意想不到的激励效果，这一转变也是对企业运行实质的充分理解。那么这一原则对管理者有哪些要求呢？

首先，这一转变要求管理者具有洞悉企业运行实质的智慧，要意识到企业的运行不是依靠产品而是依靠员工，激励员工才是管理者应该做的事情。其次，管理者要作出表率，对于自己制定的规范等要严格遵守、身体力行，对自己的诺言要言必行、行必果。最后，还要求管理者放下自己职务权威，要意识到自己的地位尊严的建立不是依靠职务上的形式而是依靠员工对自己的信任，要心平气和地对待知识型员工的计划决策等，而不是指手画脚的斥责和干涉。

三、"80后"知识型员工的特点与激励

"80后"这个词语是在网络上比较流行的一个词语，其字面意思是指在1980年至1989年出生的人群。河南大学吴瑞霞和李永鑫（2008）对"80后"员工的定义为，出生于20世纪70年代末期（1978以后）及80年代的前半期，年龄介于21～29岁之间的拥有中专或高中以上教育程度的企业中的年轻知识型员工。本节笔者对80后的定义是指80—89年出生的，具有专科以上学历层次的企业知识型员工。

到2008年，80年代出生的这代人开始大规模地走出校园、步入社会，他们正以新生的力量注入到企业中，可以说是10年后企业的主力军。要想做好当代的企业管理激励，必须从"80后"成长的社会背景出发，解读"80后"的人格特点，探讨适合"80

后"这一特殊知识型员工群体的激励策略。

1. "80后"知识员工成长的社会背景及人格特点

"80后"员工成长在中国社会的转型期，20世纪的最后20年可以说是中国社会发生断层式变迁的20年。1978年十一届三中全会召开，中国开始实行改革开放，这标志着一个旧时代的结束和另一个新时代的开始，中国社会从计划经济体制开始向市场经济体制转变，由传统农业社会向现代工业化、信息化社会转变，由封闭半封闭社会向全面开放社会转变，由单一社会向多元社会转变。这些转变不仅给社会创造了巨大的物质财富，也带来了人们思想观念和精神世界的深刻变革。随着改革开放的深入特别是社会主义市场经济的快速发展，人们对物质利益的追求也变得空前高涨，这就必然造成人们思想观念上的趋利性，趋向于功利、实用主义。同时，市场经济的运行机制也增强了人们的自立自强意识，培养了人们的独立和竞争意识，人们更加注重时间和效率，追求平等、尊重和个性化。此外，改革开放后人们的思想不断地与国外的各种思想交流碰撞，致使人们的思想意识、价值标准、生活方式也向着多样化、多元化的方向发展。所有的这些变化都在潜移默化中改造着民族性格和社会性格，改变着人们的基本人格，这也使得"80后"员工的基本人格和行为方式打上了鲜明的时代烙印。竞争则成了一种习惯，实用主义、功利主义正在取代着理想主义。

同时，80后知识型员工成长的家庭也具有特殊的时代性。吴瑞霞和李永鑫（2008）认为家庭是一个微型的社会机构，能够为个体心理在整个生命周期的发展提供一个社会情境。因此，家庭对人格的影响是持续终生的，也是非常重要的。1978年中国实行改革开放的同时开始实行正式的计划生育。一般来说，1980年之后在城市出生的基本上都是独生子女，农村出生的孩子兄弟姐妹也较以前少得多，这使得大部分的孩子成为家庭的中心，备受父母甚至是祖父母的关怀与溺爱。此外加上物质的日趋丰富，使得80后在养尊处优的环境中长大。他们不用为衣食住行发愁，而父母等长辈由于自己苦的经历不愿再让孩子受一点点委屈，对孩子更是无条件地积极关注。孩子在鼓励和表扬声中长大，这种放纵型的教养风格使得80年代出生的孩子习惯了被动接受，习惯了以自我为中心，不守规矩，强调自我感受，追求享乐，承受压力的能力不强，很容易产生挫折感，缺乏吃苦耐劳的精神。当然任何情景都是有双面性的，在造就"80后"性格弱点的同时，也造就了他们活泼、外向、富有创造力的人格特点。

一项由中国人力资源开发网公布的《中国企业员工敬业指数2005年度调查报告》

认为，与其他年龄段的人相比，1980年以后出生的年轻人虽然大都参加工作不久，但表现得最不敬业（备注：该项调查共收到有效问卷3400份，受访者中52.8%人具有大专学历，38.3%的人具有本科以上学历，男女比例相当）。该项报告用"员工敬业度"的概念来衡量员工对工作的投入程度，认为80年代以后出生的年轻人的显著特点是：遇到困难时选择"跳槽"或"消极抵抗"，而不是"积极建议"。其次，该调查报告认为"80后"员工好面子，对布置的工作没有时间概念，做错事不能挨批评，进入职场后往往拒绝受教育和被管理。最后，报告还指出"80后"员工找不准自己在企业中的位置，没有职业生涯的概念，不知道自己的优势和劣势，也不知道自己适合做什么样的工作。

2."80后"知识型员工的激励

上面介绍了"80后"员工的成长背景和在工作中存在的一些问题，下面我们就来介绍一些针对这一特殊人群的激励方法。因为本章内容中我们已经介绍了很多知识型员工的激励，很多激励原则和方法是存在共性的，所以在此，我们也不加以重复。这里笔者主要介绍"80后"员工激励的两种特殊方法。

（1）尊重"80后"员工，给予他们情感上的支持

"80后"员工是自尊心比较强的一代，对尊重特别敏感，所以说在激励过程中，尊重对"80后"员工来说十分重要。尊重他们，真诚地关心"80后"员工的愿望和需求，使他们意识到自己是企业中重要的一员，增强他们的自我意识，这样有助于员工在企业的发展。此外，坦率交流是员工用来评价企业和主管人员的一条很重要的标准。通过坦率交流，了解员工的动态，同时向员工提供他们关心的信息：发生了什么事情、对员工有什么影响、员工需要做什么、对公司有什么影响等，这样"80后"员工就不会觉得很多时候被排斥在圈外，而是从内心感觉自己是企业的一员，从而提升员工对企业的忠诚度。同时企业应该对"80后"员工所持的经济型价值观给予尊重和理解，坚持企业和员工双赢的方针，满足"80后"合理的多样化的需求。

（2）培养"80后"员工的参与意识和主人翁意识

"80后"员工个性张扬、有创造力、不守规矩、追求自我实现，企业应培养"80后"对工作的参与意识，量身打造。为其提供施展才能的空间，让员工在工作中不断地自我实现。同时，当员工有热切的参与意识时，他们会自觉地全身心地投入工作，对工作担负起自己的责任；其主人翁意识也会得到强化，其工作能力会不断地提高，并体验到工作成功带来的快乐，从而更加努力地投入工作，形成一个良性循环。每一代人都有自己的成长环境和时代背景，每一代人都有其独特的人格特点和行为方式,管理激励的方式也要以人为中心,因人而异。对于正在走向历史前台、即将成为国家各行各业中坚力量的"80后",企业管理者需要给予他们更多的宽容,更多的理解与信任,更多的关心和尊重,多与他们进行交流,了解他们的所思所想,尽可能地满足他们多样化的合理需要;同时不能一味地控制和要求他们,否则会加重他们的叛逆心理。此外,应该给予他们更多的指导和引导,针对他们的行为给予信息反馈,帮助他们发现自己的优点和缺点,给予他们更多的支持,帮助他们提高知识和技能,为他们创造和提供广阔的发展空间。

总之,对于企业中"80后"知识型员工的激励,应该遵循人性的特点,从"80后"员工的人格特点出发选择恰当的激励方式进行激励,这样一定能达到预期的激励效果。

第三节 知识型员工的激励方法与技巧

在第二节中我们介绍了知识型员工的特殊需求特点和激励原则,那么具体到企业实践中,该如何进行操作呢?下面介绍一些知识型员工激励的操作方法与技巧。

一、设置合理的物质激励结构

物质需要是人的第一需要,是人们从事一切社会活动的基础。尽管物质是一种外部激励因素,但是在我国当前它仍然是一种比较有效的激励方式。因为其所提供的物质生活保障,不仅是知识型员工生存和发展的前提,也是知识型员工产生更高层次需求和追求的基础;而且物质财富的多少,还是一个人工作成就大小和社会地位高低的重要标志。知识型员工是具有独立性、自主性的一个特殊群体,物质激励必不可少。企业应在知识型员工需求合理、情况许可的前提下,从具体的实际出发,针对不同性质的需要,引导员工对所追求的工作绩效和所肩负的责任有着客观的认识,把需要放在现实的基础上,然后通过各种形式的物质激励,达到更好地激励知识型员工的目的。

为满足知识型员工的薪酬需求,目前发达国家企业普遍推行一种"全面薪酬战略"的薪酬支付方式。所谓"全面薪酬战略",即公司将支付给雇员的薪酬分为"外在"的和"内在"的两大类,两者的组合即为"全面薪酬"。"外在的薪酬"主要指为员工提供的可量化的货币性价值。比如,基本工资、奖金等短期激励薪酬;股票期权、认股权、股份奖励等长期激励薪酬;退休金、医疗保险等货币性福利以及公司支付的其他各种货币性开支，如住房津贴、俱乐部会员卡、公司配车等。"内在的薪酬"则是指那些给员工提供的不能以量化的货币形式表现的各种奖励价值，比如，对工作的满意度、为完成工作而提供的各种便利工具、培训的机会、提高个人名望的机会、吸引人的公司文化、良好的人际关系、相互配合的工作环境以及公司对个人的表彰等。外在的薪酬与内在的薪酬各自具有不同的激励功能。它们相互联系，互为补充，构成完整的薪酬体系。

二、参与管理、授权和委以重任相结合

提高知识型员工的参与感。根据知识型员工从事创造性工作，注重独立性、自主性的特点，企业一方面要根据任务要求进行充分的授权，允许员工自主制定他们自己认为是最好的工作方法；另一方面，要为知识型员工独立承担的创造性工作提供所需的资金、物资及人力支持，保证其创新活动的顺利进行。

知识型员工的充分授权要求建立相应的授权式组织结构。这种组织结构一是上级管理者要有一定的超脱性，将经营管理权充分授予下级，让其充分自治；二是将下级转变为领导者，赋予他们领导职责。传统的组织形式只能容纳一个领导，授权式管理则要求各个事业部、分公司、职能部门以及各个工作岗位的管理者与知识型员工，在其专门业务领域内成为超过上级水平的领导者；三是扩大非上级干预的业务流程，增大知识含量，让下级知识型员工按照任务要求，自行制定解决方案，处理实施中出现的问题。

此外，委以重任也是激励知识型员工的重要途径。心理学中有皮革马利翁效应之说，意思是对受教育者进行诸如"你很行，你能够学得更好"的心理暗示，从而使受教育者认识自我，挖掘潜能，增强信心。在管理知识型员工方面，企业也可以利用该效应，对员工委以重任，激发其内在潜力，使之焕发出巨大的创造性。同时，知识型员工出于高度自信和自我实现的需求，通常具有挑战环境、挑战自我的强烈欲望。皮革马利翁效应可以促使受激励者变压力为动力，快速适应岗位需要。下面看一个相关的案例。

我国的联想集团提出"小马拉大车"的用人理论。坚持"尊重人就得委以重任"的用人原则，有十分之才，交给十二分的重担，不管才大才小，都使员工获得略大于自身能力的舞台。其结果，使"小马"感受到集团的信任，迅速成长为"大马"。正是这种委以重任式的用人方法，使联想获得了快速发展。"皮革马利翁"效应实质上传达了管理者对员工的信任度和期望值，正是这种高度的信任感和高于自身要求的期望值，成为推动知识型员工不断奋进，为企业贡献聪明才智的强大动力。

三、通过培训和发展进行激励

一位管理学家曾经说过:"员工培训是企业风险最小收益最大的战略性的投资"。一句话阐明了现代培训对于企业的重要意义。因为在现代企业中,每个知识型员工对自己的一生都有比较好的职业生涯设计。而培训就是企业的管理者能够为他们在职业生涯设计上提供支持和帮助的最好方式,这样更有利于激发知识型员工的上进心。

培训可以使知识型员工随企业的发展不断成长。国外的研究表明,员工的培训与教育是使员工不断成长的动力与源泉。在许多公司,员工都认为教育和培训是公司为他们提供的最好的福利,因为教育和培训往往是在本公司或是其他公司提拔晋升员工的前提。因此,结合员工自身的特点,适当给予其出国进修深造、职务晋升、专业技术研究等方面的机会,以调动他们把握知识和技术能力的积极性和主动性。在知识经济时代,这种培训与教育也是企业吸引人才、留住人才的重要条件。为此,企业应将教育与培训贯穿于员工的整个职业生涯当中,使员工能够在工作中不断更新知识结构,随时学习到最先进的知识与技术,保持与企业同步发展,从而成为企业最稳定可靠的人才资源。

四、采取宽松式管理,实行弹性工作制度

一方面,企业要为知识型员工创造宽松的工作环境。管理大师德鲁克在剖析管理行为的实质时指出,人们从内心深处是反对被"管理"的。这一观点尤其适用于知识型员工,因为知识型员工对于自己所从事工作的了解要比他们的上司深刻得多。知识型员工从事的是富于创造性的思维活动,固定的工作地点、限定的工作时间、刻板的工作形式、僵硬的工作制度只会扼杀他们的天赋、灵感、想象力和创造力。对于知识型员工来说,严格的上下班时间规定、指定的工作地点、整齐划一西装革履的工作服应该扔进垃圾堆,取而代之的应该是根据个人性格、习惯、爱好、兴趣或需要自由安排的弹性工作制,可伸缩的工作时间、灵活多变的工作地点和随意轻松的衣着。事实上,随着现代信息技术、通讯技术的发展和现代办公手段的提高,为弹性工作制提供了便利条件。因此,我们建议,应当"引领"知识型员工,而不是"管理"知识型员工。

另一方面,大部分知识型员工非常重视私有的工作空间,也更喜欢独自工作的自由,以及更具张力的工作安排。而由于知识型员工的工作过程难于监控,传统意义的监督管理对他们来说既不适宜,也没必要。因此,对于知识型员工只需对其工

作结果提出要求和考核，而无需对中间过程进行严格监督。另外，企业还可酌情对知识型员工实施弹性工作制，包括弹性工作时间、通过互联网在家办公等多种方式。

五、通过工作本身进行激励

国外一项研究表明：一个公司中的工作可能只有60%是有价值的，而其他的40%是"毫无价值"的，因为这些工作没有和公司的战略目标有效结合。如果一个员工长期处于任务繁重而且无意义的工作包围之中的话，那么他们会一步步地失去工作的热情，更不用说让员工在这样的工作中表现出色。

与普通员工相比，知识型员工更重视能够促进他们发展的、有挑战性的工作，他们对知识有着持续不断的追求；他们要求给予自主权，能够以自己认为有效的方式进行工作，并完成企业交给他们的任务；获得一份与自己贡献相称的报酬并使得自己能够分享自己创造的财富。一般来说，在安排最初工作的时候，给知识型员工安排的工作要具有挑战性。因为高素质的知识型员工不愿意被别人轻视，所以让他们承担一些具有挑战性的工作，可以激发他们的信心和责任心，也更能激励他们去努力。此外，新进的知识型员工对自己进行的自我测试以及使自己的前景更具体化的做法也是努力尝试各种具有挑战性的工作，通过在不同专业领域的工作轮换，他们也将得到一个评价自己的资质和偏好的机会。因此，以其发展、成就和成长为主，强调个人、团队、组织激励的有机结合，注重长期激励和短期激励的结合是提高知识型员工工作热情的重要激励措施。

同时，在工作中，知识型员工更倾向于拥有宽松的、高度自主的工作环境，注重强调工作中的自我引导和自我管理，而不愿如流水线上的操作工人一样被动地适应机器设备的运转，受制于物化条件的约束。所以给知识型员工充分的工作自主权更能促使其自我激励功能的发挥。

六、重视非金钱因素的激励作用

对于知识型员工来说，企业在激励的过程中应注意不要把钱看得太重甚至是唯一的激励因素，企业的管理中心应该是人，以人为本。很多企业的实践证明：回归人本，回到"以人为本"这个根本性的问题上，即从关注知识型员工的"被尊重、被信任"的最基本需求出发，建立多维交叉的激励机制和体系，可以有效地解决人才的激励问题，进而有效地解决人才流失的问题。那么在实际中，企业该怎么做呢？

1. 树立尊重知识型员工的理念

尊重和满足员工的人权和人性，尊重和满足员工多层次的需要，让知识型员工在一个民主的氛围中工作，关心员工的生活与工作发展，让员工有归属感、稳定感和安全感的同时还具有事业上的成就感；信任员工，合理充分地授权，让员工参与可以参与的管理。

（1）建立科学合理的薪酬与绩效考核互动机制

薪酬的分配一定要有绩效考核的科学客观的结果来说明。

（2）注重培训

第一，通过培训可以使知识型员工的工作态度得到改变，增长知识和技能，增加绩效；第二，让员工感受到企业对他们的重视，增强凝聚力；第三，培训也是员工职业生涯发展的一部分，与其目标越一致，越能有效地激励他们。

（3）建立一套科学的沟通机制

这里有四种途径可以保障。第一，建立科学的上情下达的机制，明确各级管理人员的任务，即将高层精神下达给员工，并搜集员工的反馈意见。在这一传达过程中，做好监督和检查机制，确保其企业信息的沟通顺畅；第二，通过在公司定期举行交流会、与高层领导对话等措施，重奖好的建议；第三，通过网络平台，信箱等形式匿名搜集信息，私下秘密沟通；第四，采用360度考核机制，将下级对上级的满意度纳入管理人员的绩效考核指标中去，并强制执行。

2. 建立好知识型员工周围的两种环境：

（1）硬环境的营造

这里是指营造美丽漂亮的自然环境（工作场所），包括工作车间的灯光、空调、室外的风景等，这会使员工的工作心情愉悦，在潜移默化中受到美好景色的影响，工作效率提高。有研究表明尤其是在高新企业中，良好的自然环境对企业带来的经济价值是不可估量的。

（2）运用中国哲学，营造和谐的人力资源管理环境，培养良性的企业文化，构建激励与和谐的企业环境

无数事实证明：遵循"和而不同"的原则，是实现双赢、多赢的必要前提，反之"同而不和"的强制命令只是一种和谐的表象。儒家"中庸之道"在处理人际关系的时候，不走极端，取事物的"两极"中的"中"，是实现"和而不同"的有效途径。

3.实施情感激励

知识型员工是企业强大的生产力,要使得这些生产力的效能达到最大——形成最大合力,企业经营者的主要任务就是用爱的方式来激励员工,让企业成为员工心中的第二个家。

(1) 增强对知识型员工的鼓励和沟通

鼓励是激发兴趣的灵丹妙药。所以企业应该多采用鼓励的方法去管理员工,提高员工的自信心。在每天的工作中,上司的一句赞美,一句鼓励的话语,甚至一个期待的眼神都可能会激发员工的上进心和工作热情,从而不断发掘自己的潜力,达到企业和个人双赢的目的。

此外,在企业中如果没有良好的沟通,知识型员工就会产生不被信任和不被尊重的感觉,就会有逆反情绪,也就无法有效地激励自己。同样,没有获得充分信息的员工是没有责任感的,相反那些能够充分获得信息的员工却愿意负责地做所知道的事情,这就要求管理者建立有效的信息分享渠道,让员工充分获得自己所需要的信息。因而,有必要在企业中建立一个员工可以相互交流、管理者与员工双向沟通以及企业信息充分分享的机制。只有如此,知识型员工才可能有效地激励自己。

(2) 提高企业文化对知识型员工的激励

当企业发展到一定阶段的时候,必然会抽象出一种本企业独特的文化氛围。这种文化氛围是无形的,但其激励效应确是无穷的。知识型员工要成长、发展和自我实现,都需要一个健康和谐的工作环境和积极向上的企业文化氛围。

国内外有很多成功的例子。比如美国菲利普斯石油公司规定,每天下午加班到7点以后的员工都必须坐出租车回家,否则将被视为违反劳动纪律。这一规定使得员工意识到公司对他们是多么地关心,于是更大激发了他们的工作热情。国内也有类似的例子,比如,中秋佳节之际,很多企业都给员工赠送月饼,但对于员工来说,如果夫妻两人都是上班族,每个单位都发月饼,那么此时月饼的激励效果是很低的。那么如果直接发送现金呢?很多单位的实践表明是行不通的,因为发少了起不到激励的效果,发多了的话又会给企业造成一定的压力。笔者在实践中就遇到有不少公司做得很成功。赠送的还是月饼,只是变换了一下赠送的对象而已。他们采用了这样的方式:将月饼打包邮寄到员工的岳父母或者是公公婆婆家里,作为中秋佳节赠送给老人的节日礼品。这一做法收到的激励效果是空前的,不仅是员工本人受到了激励,而且双方的老人都称赞这样的单位很有人情味,亲情氛围浓厚。

随着知识经济时代的到来,越来越多的人意识到知识就是财富。知识型员工在企业中作用越来越大，企业员工队伍的构成也随之发生了变化，知识型员工的比例不断提高。因此，企业人力资源管理的重心便转移到知识型员工管理上来。管理好、发挥好知识型员工的核心作用成为人力资源管理工作的新课题。

复习思考题

1. 与传统员工相比，知识型员工的特殊需求有哪些？
2. 知识型员工激励的原则有哪些？请结合具体的例子加以说明。
3. 知识型员工激励的技巧有哪些？请结合具体的例子加以说明。
4. "80后"知识型员工的激励方法有哪几种？请结合具体的例子加以说明。

第十二章

销售员工的激励

学习目标

1. 了解目前在销售员工激励方面存在的问题和不足
2. 了解销售员工的特点,掌握激励销售员工的方法,并能够有效运用
3. 理解并掌握销售员工薪酬激励的具体方法

　　销售是价值链上的一个重要环节,是企业与顾客之间一个主要的联系过程,也是实现顾客满意、企业盈利的关键点,尤其对以销售量为企业生存和发展根本的行业来说,销售工作在企业各项工作中的地位就更加突出。所以,研究如何激励销售工作的主体——销售员工,使其获得较高的工作绩效是整个企业经营管理中的一个重点。下面来看一个案例。

　　某总裁这样描述他的销售员工激励计划。在公司举办的"棒球比赛"中,销售人员可以在他们的每一笔业务中赢得参与一场至四场之间的棒球比赛机会。只要他们每获得1万美元的订单,他们就能参与一场棒球赛。这种竞争是在集体层面和个人层面上共同开展的。当竞争结束时,公司将给5位最具有价值的球员颁奖。另外。该总裁另外一个激励计划就是在他自己家为销售人员举行的"回报晚会"。销售人员及其家庭的每位成员都会被邀请参加这个晚会,而销售队伍将在家庭的颁奖台上领取奖品,奖品是各种类型的礼品卡。在一个非常温馨的氛围中,这种激励办法极大地促进了销售员工对公司的忠诚度和工作士气。还有,该总裁还为他的销售队伍想出了一个与众不同的激励计划,在三个月中,将办公室变成了一个虚拟的"国家足球联盟"。他将15个销售人员分成了三个队。在每个队中,每周都举行竞赛。最终的目标是获得"公司最有价值球员"的称号,为了达到这个目标,公司每周都为每个队打分。公司则通过积分来奖励队员们,这样不但节省了经费,还调动了员工的积极性。而奖品通常是诸如DVD播放机、音像设备、体育用品以及音乐店和服装店中的礼品卡,最高奖一般是立体音响或一辆山地车等。其实,最具激励效果的是竞争的方式。该总裁还在公司里专门记录每个销售员工的销售业绩。每当一个销售员工完成了一个订单,他就会亲自向全公司的员工发出一封电子邮件,通告这个员工销售了什么,他在整个销售队伍的竞争中处在一个什么位置,这种激励才是公司中最重要的一个激励项目。由于这些激励措施,该公司的销量增长了400%。

从上面的案例可以看出,良好的激励方法是促进销售员工获得最佳业绩的重要措施。本章将全面总结现有的销售员工激励模式,并通过对销售员工特点的分析,探讨销售员工的激励方法及措施。

第一节 销售员工激励概述

销售员工就是从事企业产品和服务销售的人员。作为一种个人化的销售力量,他们的行为直接关系到公司的形象,关乎企业在市场竞争中的成败。企业要在竞争激烈的市场上更有效地参与竞争,就需要对其销售员工进行有效的激励。

一、销售员工的界定

销售是一种员工与客户间的互动,在企业中,凡是参与这种互动活动以帮助企业获得、保持或扩张收益的员工都可以算作销售员工。这种广义的销售员工概念把企业中众多参与销售活动的人员都纳入到了销售员工的范畴内。销售员工不仅包括了从事产品销售的人员,还包括了从事售后服务的人员,从事市场调研的人员,从事产品推广的人员等。这些人的工作虽然都与产品销售有关,但其工作内容、性质存在着很大的差异。因为有效的激励计划和方案必须首先明确其所要包括或覆盖的人员范围,因此,在进一步讨论销售员工激励问题之前,首先需要对销售员工这一概念进行界定。

销售工作主要包括三类活动：辨识客户、说服客户以及服务客户。而与客户进行接触以及对客户进行说服的程度应该是判断某种工作是否属于销售工作的两大关键因素。也就是说，只有那些与客户保持接触并负责说服客户购买公司产品或服务的人员，才能算是销售员工。据此标准，销售员工只包括两类人员：一类同时承担客户搜寻和客户说服工作，另一类不主动寻找客户，但负责与客户接触并说服客户与企业达成交易。除此之外，其他从事客户服务工作的员工虽然也与客户接触，但其主要工作不是说服客户购买产品或服务，因而不属于本书所讨论的销售员工范畴。

二、国外对销售员工激励的探讨

1. 对激励因素的探讨

菲利普·科特勒（Philip katler）认为，有些销售员工（又称为销售代表）并不需要管理层的指导就会尽其所能努力工作。对他们来说，世界上最迷人的工作就是推销，他们雄心勃勃，又有自发精神，然而大多数销售员工是需要鼓励和特殊的刺激才会努力工作的。现场销售尤其如此：销售代表大多单独工作，工作时间长短不定，他们经常远离家室，面临咄咄逼人的竞争对手，相对于顾客而言，他们处于低人一等的地位，这些人常常缺乏足够的赢得客户所必需的权力，他们有时会失去曾因努力工作而获得的大量订单。

丘吉尔（Churchill）、福特（Ford）、沃克（Walker）研究了激励销售代表的问题，他们的基本模式指出：对销售员工的激励越大，他们做出的努力便越大，更大的成绩会给他们带来更多的奖励，更多的奖励会产生更大的满足感，而更大的满足感将产生更大的激励作用。这种模式的意思是：销售经理应能使销售员工意识到，通过努力推销或经过培训后把工作做得更加精明，便可以推销更多的产品。但是如果销售量主要取决于经济条件或竞争行动的话，这种连锁反应便会遭到某种程度的损害；销售经理能使销售员工认识到，成绩突出将是需要额外努力的。但是在确定奖励标准时，如果只凭主观臆断，定得过低或不合理，这种连锁反应就会遭到某种程度的损害。

这些研究人员进一步衡量了各种奖励的重要性。最有价值的奖励是工资，随后是提升、个人的发展和作为某群体成员的成就感。价值最低的奖励是好感与尊敬、安全感与表扬。换句话说，工资、有出人头地的机会和满足内心需要对销售员工的激励最为强烈，而需要安抚和安全感的激励较弱。研究人员还发现，激励因素价值的大小根据销售员工的人文特征不同而不同：年龄较大、任期较长的销售员工和那些家庭人口较多的人对金钱的奖励最为重视。未婚的或家庭人口少的和通常受到较多正式教育的年轻人员认为较高层次的奖励（表扬、好感、尊重、成就感）更有价值。

激励因素因国家不同而异。在美国有 37% 的人认为应该把金钱激励放在第一位，而在加拿大，只有 20% 的人认为它是第一位的。澳大利亚和新西兰的销售员工对一张支票的激励表现出的热情最少。

2.对销售定额制定的探讨

许多公司给销售代表订立一年的销售定额。定额可以以销售金额、单位销售量、毛利、推销努力或活动、产品的类型来确定。报酬经常与销售定额完成情况联系在一起。

销售定额是在制定年度营销计划的时候产生的。公司首先要规定一个能达到销售预期的销售额，管理层在制定各地区销售额时一般要高于该地区的销售预测，这样可以促使销售经理和销售员工努力工作。如果销售定额没有完成，公司仍可以实现销售预测。每个地区的销售经理将地区的销售定额在销售代表中间进行分配。分配定额有三种流派：高额派定（high-quota school）所定的数额高于大多数销售代表实际能达到的水平。他们认为高定额能刺激销售员工更加努力的工作。诚实定额派定（modest-quota school）所认定的定额大多数销售队伍都能完成。他们认为这样销售队伍能感到公平，进而接受并信任他们。可变定额派定（variable-quota school）认为销售代表之间存在差异，因而可以给某些人较高的定额，而给某些人制定实际定额。

一个普遍的观点是：一个销售员工的定额至少应该等于该人上一年销售加上其销售量与上年销售的差额的若干成，该比值越大，销售员工对压力的反应也就越积极。

显而易见，销售定额的方法存在着一定的问题。比如销售预测不准会导致轻易完成定额或者很难完成销售定额，后面一种情况会挫伤销售员工的积极性，甚至导致销售员工离开公司。现在一些公司正在降低销售定额，销售定额会使销售员工获取尽可能多的业务而忽视对顾客的服务。这样造成公司以牺牲长期的顾客满意为代价，获得短期的利益。

3.其他激励措施探讨

菲利普·科特勒（Philip katler）认为，销售会议是一个重要的沟通和激励工具。定期的销售会议（sales meeting）为销售代表提供了一个社交场所，一次日常例行工作的休息，一次同老板进行交谈的机会，一次表明感情的机会以及与较大的群体交往相识的机会。

公司还组织销售竞赛（sales contests）以激励销售队伍比平常更努力的工作。竞争的奖励面应当适当放宽，使更多的销售员工有得奖的机会。在 IBM 公司，有 70%

案例：西贝尔的激励方法

西贝尔是一家最大的自动销售系统软件供应商，该公司就没有为他们的销售员工设置销售定额。西贝尔是通过许多其他指标来评估销售员工工作的，例如顾客满意度，顾客再购率和利润收入。对销售员工的奖励几乎是有 40% 基于顾客对公司产品和服务的满意度报告。西贝尔的总裁史蒂文·曼考夫（Steven Mankoff）说："如果销售员工在和顾客签完合同后，仍然继续跟踪服务于该顾客，并且确保该顾客能够成功的使用公司的产品，顾客必将会回过头来找公司继续购买更多的新产品。"关键是设立指导原则让销售员工明白他们怎样做才是公司希望看到的。

西贝尔使用自己的软件监督销售代表的行为和衡量顾客满意度。每一个销售代表都被要求记录与顾客打交道的信息，包括销售访问、与顾客交谈和报价过程。销售访问记录与销售目标及顾客满意度比较，销售代表的业绩通过一套评分系统评估。红利和佣金的发放就是根据以上的分数。公司对销售过程的详细考核带来了顾客满意：超过 50% 的西贝尔的销售收入来自于顾客的再次购买。

资料来源：菲利普·科特勒，2003

案例：西门子公司对销售部门员工需求的调查

西门子公司对通信、电子行业中销售部门普通员工进行了一次问卷调查，列举了与工作有关的因素和描述，让员工首先对之进行评价，找出其认为满意的因素和不满意的因素。结果显示，销售部门员工看重的因素有：良好的人际关系，个人素质的培训，提升的机会，薪酬分配制度，权力需要满足程度。

西门子公司采取的激励措施有：

- 富有挑战性的工作。企业为员工提供富有挑战性的工作机会，一方面可以保持本公司的技术领先性，另一方面员工得到了锻炼，公司的凝聚力得到了增强。
- 与业绩挂钩并随市场调整的薪酬。最好的业绩、最突出的员工才应得到最好的报酬。如果企业不能提供有竞争力的薪酬，可以选择其他的激励方式。例如，企业可以向员工提供更多的晋升机会或更多的培训。
- 可信赖的领导。可信赖的领导应是具备技术背景又超脱于技术之外的管理者。他应当拥有敏锐的商业嗅觉，在企业内部倡导冒险和创新的氛围。
- 灵活性和信任感。企业员工希望灵活地安排自己的工作时间和地点，只要他们能完成公司的任务。企业应充分信任员工能很好地平衡个人生活和工作，授予员工自治权，尊重他们和认可他们的工作成绩等。
- 培训和职业发展机会。培训能使企业在行业中获得竞争优势，并能促进企业在销售额和利润上的提高。企业可为员工提供学习新知识、新技能的机会，诸如部门岗位轮换、灵活的工作任务等。
- 沟通。管理者认为他们了解员工的需要，但员工往往不这么想。企业员工希望不断地与经理交流沟通，他们也希望自己的贡献能被认可，更乐于与公司内的其他员工打交道，实现开放沟通。与表现优良的员工做正式的、一对一的沟通，这样的讨论方式会让公司员工有参与感，并受到激励。
- 愉快的工作环境。企业员工希望有愉快的工作环境，如便装、优良的办公设备、舒适的就餐和体育锻炼空间等。企业也可选择向他们提供免费饮料和午餐。
- 灵活的福利计划。自助餐形式的福利计划使员工可以从一系列的福利中选择最佳方式。公司可以为每位员工提供同样的基本福利计划，如医疗保险和休假等，但允许专业技术人员从附加的福利中进行选择。如每年他们可自主选择参加一次专业会议，费用由公司承担。或者更多的休假时间及向他们发放周末旅游的优惠券等。

在这些措施实施之后，西门子公司的销售状况得到了极大的改善，业务量明显上升。从而可以看出这些激励措施起到了显著作用。

的销售员工参加销售竞赛。他们的奖励是一次假日旅游，包括一次公开的宴会和一枚金蓝色饰针。销售竞赛日期不预告通知，以防止一些销售员工会把一些订单推迟到销售竞赛开始时进行，或者有些人可能会在竞赛期间虚报，让顾客在购买的时候表现购买意向，但竞赛过后却不能实现。

三、销售员工激励的误区

1.激励政策的误区

（1）跟不上销售员工需求层次的转移

很多企业实行激励政策时，因为忽略了销售队伍需求层次的转移，结果未能有效调动销售队伍的积极性。

顾原在大学毕业后被一家中日合资公司招聘为销售员，刚工作的两年中，顾原对该职业很满意，公司发放的是固定工资而且数目较大，当时顾原的销售业绩只能算是马马虎虎,他觉得如果采用佣金制自己一定会很丢脸。

由于顾原自己不断充电,并加强与客户的联系,他对业务逐渐熟悉,销售额渐渐上升。到第三年年底,根据与同事们的接触,他估计自己当属销售员中的冠军了。不过公司依然采用以前的薪金制,不鼓励公开业绩,不鼓励相互竞争和比较,因此顾原还不能很肯定自己是否真的达到了第一。

去年,顾原干得特别出色,9月初就完成了全年的销售指标,主管经理对此却没有任何反应。尽管工作很顺心,顾原却总觉得心情不畅。在向日方销售经理汇报工作后,日方经理对他很客气,"要是我们公司再多几个你这样的销售明星就更好了"。顾原只是笑了笑,不过他知道自己已经是 NO.1 了。

顾原听说本市另外两家中外合资化妆品制造企业都开展了销售竞赛和嘉奖活动,他们还在公司的小报上公布各销售员工的业绩情况,表扬季度和年度最佳销售员工。其中一家总经理亲自请年度最佳销售员到大酒店吃饭。虽然顾原不在乎请吃什么,但是那种被重视的感觉真的让他很向往。想到自己所在公司的做法,他就很窝火。一开始,他也不在乎自己的排名情况,可是现在觉得这越来越重要了,而且他觉得对销售员工采用固定工资制是不公平的。

上周,顾原终于熬不住了,主动去找了日方销售经理,谈了他的想法,建议改行佣金制,实施公开的奖励,不料那位经理说这是公司的既定政策,也是本公司的文化特色,无法改变,因此拒绝了顾原的建议。

两天后,日方销售经理收到顾原的辞职信,听说他被另一家竞争对手给挖走了。

从销售业绩上看,顾原是一个优秀的销售员工,而且敢于提出自己的想法,他的离去无疑是公司的一大损失。在前后几年的时间中,为什么顾原对同样的薪酬制度,产生了截然不同的看法呢?为什么顾原选择离开呢?显然,公司在激励方面存在着问题,旧的激励方式已经无法满足顾原的内在需要。

刚进公司时,顾原喜欢固定的工资,因为稳定的高工资可以保障他基本的生活需要,而且不公开业绩不会让他感觉自己比别人差、能力不足。没有后顾之忧,他工作起来自然干劲十足。但是,随着业绩的提高,他的需要发生了改变,他看重的不再是稳定的收入,他不再害怕进行业绩比较,因为他有足够的把握确认自己的业绩已经排到公司的最前列,比较业绩根本就是受表扬。他需要被鼓励、被表扬,但是公司对他没有采取任何特别的激励措施,顾原的高级心理需要无法得到满足,在建议被拒绝后,他自然会选择离开,到能够满足他的需要的公司去。

（2）不结合企业自身发展的实际情况

A、B 公司同属食品类企业，近年来由于种种原因，A 公司呈下降趋势，B 公司业绩蒸蒸日上。A 企业老总心急之余，看到 B 公司的激励政策十分合理，就不假思索，决定用人之长补己之短，采用了 B 公司的激励政策。然而不久 A 公司的业绩反而下降更快了；A 企业老总不禁迷惑。实际上，B 企业采用高责任、高激励的办法来刺激销售员工。由于 B 企业业务处于上升阶段，销售员工对未来期望较高，高责任、高激励能起到作用；而对 A 企业来说，企业整体业绩正在下降，面对这种高责任形成的压力，员工都产生了逆反心理，从而使高激励也成了空中楼阁。

企业激励政策的制订要结合企业自身规模和企业的发展阶段，不切实际，生搬硬套只会导致企业陷入困境，难以自拔。

2.激励实施过程的误区

（1）缺乏对激励实施效果的评估

奖金是不是发到销售员工手中就行了？培训是不是结束就算完了？每一次激励之后是不是取得了良好的效果？所有这些问题都是因为对激励缺乏有效的评估，导致对激励的效果不了解，无法确定激励政策是否适合目前企业状况，激励政策所花费成本与收益是否相匹配等，同时也造成在制定下次激励措施时漫无目的，不知该从那里着手才能达到良好的效果。

（2）忽视激励实施的过程

激励的执行过程对激励效果有极大的影响，同样的奖励运用不同方式发放就会起到截然不同的效果。有些企业老总认为，只要奖品、钱发到销售员工手里，激励就算完成，却没考虑到发放过程的差异会直接导致激励效果的不同。

企业在发放奖励时，不仅要考虑奖励的大小，而且要考虑奖励的内容，并要把每项奖励的原因明白地告诉销售员工，使销售员工做到心中有数，理解企业奖励的缘由，这样不仅可以有效地刺激销售员工的工作积极性，更可以使其在以后有针对性地完成工作。一些企业对销售员工的激励偏重于结果，却忽视了过程，造成激励政策落实后，员工竟不知道为了什么的现象，收不到应有的效果。

3.薪酬激励的误区

（1）重赏之下必有勇夫

毫无疑问，金钱奖励是最直接、最有效的激励方式，它可以在短期内迅速激起销售员工的斗志，快速提升销售业绩。然而部分企业老总比较信奉"重赏之下必有勇夫"，于是金钱就被他们作为魔法棒，哪里需要指向哪里。但是，金钱激励并不一定总是企业最有效、最上策的激励方法。对销售员工发自内心的关怀是激发其工作热情的关键。

(2) 无差异激励＝没有激励

通过对销售员工的奖励，可以有效满足他们的成就感和荣誉感，同时也可给那些未得到奖励的销售员工树立一个良好的榜样，使他们有模仿、对比的实体。因此，对销售员工激励的过程中要注重差异化，没有差异的激励是起不到效果的。

赵老板到北京出差，回来时捎了十几条领带，他到了公司之后，叫来销售主管A，对A说："这是我专门从北京给你捎回来的，试试怎么样。"然后又叫B、C……这些人听了心中都很高兴，老板出差在外还记得给我捎东西回来，这说明老板看得起我，于是第二天都不约而同地扎上了领带。大家一看到十几个人差不多的领带时，心中就明白了，虽然谁也没说破，但每个人心中都对赵老板心存芥蒂。

赵老板为大家捎回领带的出发点是好的，但由于没有选择好发放方式，反而导致众人心存芥蒂，这种结果是赵老板没有想到的。同时这也提醒我们企业的高层管理者，奖励的发放一定要注意方式，否则就会"一石零鸟"，出力讨不到好处。

其实，在实行激励政策时，对不同奖励级别的销售员工实行差异化奖励，而对相同级别的人员奖励要实行无差异奖励，尽量使用同一种奖励政策，避免大家在选择时过于考虑"机会成本"而产生不满。

4.发展激励的误区

基层重金钱、物质；中层重晋升、提拔；高层重荣誉、名望。销售员工在满足了自己的基本需求后，自然会更加关注自己的发展，企业此时若过分强调现实利益，而未能给员工一个充满光明的前景，不能使员工看到自己未来的职业发展，就会使销售员工对前途没有信心或感到在企业的发展前途不大而产生去意，从而无法鼓舞销售员工的士气，难以提高他们工作积极性。而有效的生涯发展激励则可增强员工的主人翁意识和集体责任感，激发员工的积极性和创造性。

5.精神激励的误区

(1) 因小失大

因小失大是指对个别人的激励破坏了整个团队的协作精神，得不偿失。一个销售团队就好比参加比赛的赛艇，需要全部人员的同步工作才能使速度达到最快。假如对参加划艇的运动员安排一项奖励：划得最快的一名运动员奖励现金十万元，这样就会使整个参加比赛的运动员争先恐后划船，而结果会导致整个团队步调不一，自然也拿不到优异的成绩。

因小失大还表现在老板的偏爱导致整个团队失去上进心。人是有感情的，老板也会对销售队伍中个别人有特殊的好感，但仅仅为了好感而对销售员工进行表扬、奖励，就会使整个销售队伍感到失望，失去上进心。激励的目的是为了调动全体销售员工积极性，从而增加企业的销售收入。但激励个别人的时候打消了整个销售团队的积极性，导致团队工作效率不高，造成销售业绩下降，可谓是"捡个芝麻，丢了西瓜"，得不偿失。

(2) 缺乏沟通

某企业为激励其销售员工，决定对其搞一次部门培训，于是选择周六、周日两天请专家到企业内训。但在培训过程中，管理人员发现销售员工都不认真听课，对课程漠不关心，还有部分销售员工发牢骚："只要我能把产品卖出去就行了，还用参加什么培训，星期六、星期日也不让人好好休息。"抱着这样的心态来学习，培训的效果可想而知。出现这种情况的原因就在于企业内部上下沟通不畅，使领导与员工各自对培训的看法不一，领导认为培训是给员工深造的机会，是对员工的激励。而员工则认为是企业"要我学"，不是"我要学"，企业的目的仅仅是让我学好之后多为企业卖力，为企业创造更大利润；培训和自己关系不大，因此对学习的也就自然没有兴趣。

企业上层与下层之间的良好沟通是企业各项制度得到顺利执行的保障，并且企业上层通过沟通可以了解到目前的市场信息，和销售员工的真正需求，从而在制定激励时会更有针对性。

(3) 高层领导者不够重视

有些企业老总认为，任务下达给销售部门，销售部门如何完成任务、如何激励销售员工都是部门自己的事，与领导没有什么关系。然而他们没有意识到激励员工时领导参与和不参与产生的效果是截然不同的。例如公司请销售员工吃一顿饭，假如领导参加，会使销售员工感到自己备受重视，以后工作会更加卖力。而如果只有销售部门参与，员工就感受不到领导拉近与自己的距离所产生的信任感和亲切感。在这方面，松下电器的创始人松下幸之助的做法值得借鉴。松下幸之助无论工作再忙再累，都会抽出时间与公司的4名销售员工一起用餐，从中他可以了解市场信息和员工需求，而员工也感到企业对自己的重视和关心，从而增强了员工的向心力和凝聚力，激发了员工的自豪感。

第二节　销售员工激励的方法

销售员工以其特有的价值、稀缺性和难以模仿性成为各个企业发展的中坚力量，并且成为直接关系到公司经营成败的关键人物。由于营销工作本身的特点，销售员工的工作中存在着销售员工必须与公司管理层分离，单独长期在外销售等特殊现象，同时销售业绩对销售员工的情绪变化起伏及心理造成很大压力，销售员工自身渴望超越自我、渴望接受挑战、渴望提高技能、渴望获得成功。因此，销售员工需要非常强有力的激励。对于企业而言，如何激励销售员工更好地为企业工作，已经成为企业管理人员关注的焦点。

一、销售员工的职业特点与需求特征分析

1.销售员工的职业特点分析

与企业内部的员工相比，销售员工的工作具有如下不同之处：

（1）职业流动性高

与企业中其他人员（行政管理人员、技术研发人员等）相比，销售员工由于其工作性质的特殊性而具有较高的职业流动性，对于销售员工来说，职业流动通常会带来职务上的晋升和收入方面的提高，但这种职业流动会给企业带来很大的负面影响，因为忠诚的销售员工可以带来服务的连续性、更高的生产率、更完美的产品以及更加稳固的客户资源。因此，过高的销售员工离职率，尤其是过多的优秀销售员工离职必然会危害企业的长期发展。

（2）通用知识和技能的比例相对较高

与企业中其他的员工相比，销售员工的业务知识和技能中属于某一企业的专用性知识和技能相对较少，这一点与专业技术人员有很大不同，却与从事管理工作的人员有相似之处。这也正是导致销售员工容易发生职业流动的原因之一，因为专用性知识和技能少，离职成本和代价相对就小。

（3）创新能力和应变能力在销售员工的素质中具有重要地位

销售职业是一种需要发挥灵活性和创新性的职业，创新能力强的销售员工可以通过销售活动中的创新及灵活运用销售模式、技巧来获取更多的订单，为企业创造更多的利润。虽然销售活动也要遵循一定的销售模式进行，但销售员工在开展业务时不能生搬硬套，而要灵活地加以运用。

(4) 工作时间和工作方式灵活性高，难以对其工作过程进行直接监督

由于外部市场环境以及客户、竞争对手的情况时刻都在发生变化，因此销售工作本身的灵活性非常高。销售员工的工作时间和地点以及工作方式往往没有固定模式，管理部门很难对销售员工的行为实施直接的监督和控制。销售员工往往是基于个人的知识、经验、社会联系、销售技巧等开展工作。他们往往是在得不到指导和监督的情况下，自己安排工作日程和销售访问，自己反省自己的工作。因此，要想通过销售员工的工作态度、行为或者工作时间来考核其工作绩效比较困难。

(5) 销售业绩可以用非常明确的指标来衡量

虽然销售员工的工作时间以及工作态度和行为不便控制，但是销售员工的工作结果通常都比较容易衡量。这一点与从事行政以及管理工作的员工有很大不同，销售员工的工作结果通常可以用销售量、销售额（或新产品销售额）、回款率、客户保留率、销售利润率、销售费用等指标来进行衡量。这就使得销售员工的绩效评价自然而然地侧重于结果导向，而不是过程导向。

(6) 销售业绩具有较大的风险性

销售员工的工作环境充满了变化，在他们日常工作中，一个很大的挑战就是要应对风险和不确定性。一般情况下，销售员工只有持续不断地付出努力，才能达到一定的业绩水平。但他们的努力和所获得的结果并不具有一致性和持续性。有些时候，销售员工能够顺利完成甚至超额完成销售指标，进而产生成就感和满足感。但他们也经常遇到这样的情况：在某潜在客户身上投入了大量的时间、精力，最后却毫无收获。销售员工工作环境和工作结果的这种不确定性，导致了他们的工作业绩具有较大的风险性。

2.销售员工的需求特征分析

销售员工作为一个以外向型工作为主的特殊群体，还有着与企业内部员工不同的行为和需求特征：

(1) 销售员工的情感波动比较大

由于销售员工工作环境和销售业绩的不确定性，对于销售员工来说，成功和失败总是接踵而至，前一天还在为争取到新客户而欢喜，而后一天就可能面临被客户拒绝的尴尬。所以对销售员工的激励应以正面激励为主，注重认可、授权、荣誉等精神激励，提高销售员工的抗挫折能力。有效的正面激励可以缓解沮丧情绪，增强信心和热情，提高销售业绩。

(2) 自我发展需要强烈

销售工作的挑战性、风险性以及未来的不确定性使销售员工比企业内部人员更注重个人的职业发展，特别是在技术快速发展、市场竞争日趋激烈、客户要求不断提高的今天，为了更有效地开展业务活动，同时也为了不断提高自己的业务能力，进而提高自身的人力资本价值，提高未来的职业竞争力，他们往往有着比其他员工更为强烈的自我完善与发展欲望，注重自身业务能力和综合素质的不断提高，而这种强烈的成长发展需要决定了培训、进修等学习机会以及挑战性的任务对于销售员工都是重要的激励手段。

(3) 成就需求动机高

麦克利兰在对个人成就动机进行研究时发现，高成就动机的员工最有可能出现在组织的销售部门。其他的研究也表明，销售员工有着比较强烈的被认可需要，愿意接受富有挑战性的目标，并希望得到及时的工作反馈。成功的销售员工大多性格外向，敢做敢为，对金钱有较高的需要，往往把获得高薪看做是事业成功和取得成就的重要标志。

(4) 与内在报酬相比，往往更注重外在报酬

内在报酬是指由工作本身带来的一种满足感，包括挑战性的目标、上下级和同事间的信任与尊重、职业发展机会、感兴趣的工作等。外在报酬是指人们将工作作为满足自己需要的一种工具和手段，工作的过程和结果并不是员工所需要的直接对象，而只是得到企业认可和奖励的中介，企业根据员工的工作贡献所给予的最终奖酬才是员工所期望的目标。对于销售员工来说，外在报酬尤其是物质报酬可以反映出其业务能力的大小和职位的高低，便于在不同的销售员工之间进行比较，从而为其带来认可、荣誉和成就感；而内在报酬往往较难准确定义和衡量，而且销售工作本身又具有较大的波动性和不确定性，所以，销售员工往往更看重外在报酬。

二、销售员工的激励方法

1. 物质激励

(1) 薪酬

薪酬激励要体现公平原则，不但要有正刺激，包括奖金、晋升工资，还要包括负刺激，扣奖金、降工资等，对不同的表现给予不同形式的强化，通过不同的反馈提供给销售员工继续保持或者取消行为的信息。

薪酬激励是重要的，但是，把高薪作为唯一的激励方式又是不明智的。高薪虽然重要，可以对吸引人才产生快速的冲击力，但是却带有很强的金钱雇佣关系，对

于真正长期留住员工的心往往难以奏效，特别是对优秀销售员工，因为他们对成就感、晋升等的内在需要更强烈。另外，高薪具有可复制性，别的企业同样可以提供更高的薪水把人才挖走。用薪水作为吸引优秀销售员工的唯一方式缺乏持久性，而且薪水一般是刚性增长的，过高的薪水会给公司的财务带来负担。

案例：ZL公司的薪酬制度

ZL公司在最初创业阶段，员工的使命感都相当强，北京代表处的销售额在最初的三年时间里，每年都是以超过50%的速度增长。然而，当企业进一步成长扩大之后，由于原有的激励措施不能满足销售员工新的需求，或是原来的激励政策并没有坚决及持久地执行，销售员工士气逐渐降低，员工流失率急剧增加。具体分析下来，激励方式在薪酬方面存在着很大的问题：

第一，基本薪酬激励不足。如前所述，ZL仪器公司所处行业不是传统产业，其产品技术含量高、专业性强、市场相对较窄、销售周期较长，同时工作环境（产品、客户、竞争对手、国家宏观经济政策）变化较大，销售员工的工作受不确定因素影响较大，这就对销售员工的素质提出了较高的要求，需要他们付出不懈的努力，这时候如果采用低固定薪酬模式，激励效果就比较差。

第二，佣金的奖励方式不尽合理。ZL仪器公司（中国）将佣金的计算分为两段，在销售员工年销售净额总计未满50万美元之前，每单佣金为销售净额的平方根，达到50万美元之后，每单佣金为销售净额平方根的两倍。这个公式看似简单、易于计算，也能激励他们朝更多销售净额的方向努力，但其中有不合理之处。例如一个10000美元的订单，佣金是100美元，占销售净额的比例是1%，而一笔价值100000美元的订单，佣金却是316美元，占销售净额的比例只有0.316%。这样会出现销售净额较高的销售员工所得到的佣金比率更低的情况，由此可能无法激励优秀销售员工提高其销售业绩。

为了便于从多方面综合考察员工的业绩，ZL仪器公司（中国）应设计年终奖金制度，把顾客满意度等指标量化，作为授予销售员工奖金的依据。建议做法：每年年末，由管理人员随机抽查优秀销售员工的服务情况，通过电话、来函、电子邮件等方式向客户咨询销售员工的服务态度、服务方式，并请客户对他们的服务做出评价，看该销售员工是属于非常好、较好、中、较差、非常差这五个属性中的哪一类。按照一定比例加权后所得的分值对应相应的奖金。这种做法的优点是：把顾客满意度指标与优秀销售员工的销售额指标结合，再同销售员工的个人收入挂钩，使短期目标和长期目标结合，个人目标与企业的总体战略目标结合，最终使企业获得最大利润。

(2) 福利方面

要想使企业拥有吸引、留住、激励人才的核心竞争力，就必须创造别的企业难以模仿的物质激励体系。其中，福利作为一种丰富而具有柔性的物质性激励方式，越来越受到企业的重视。

高薪只是短期内人力资源市场供求关系的体现，福利包括除薪金以外企业支付给员工的其他报酬和津贴项目，反映了企业对员工的长期承诺。正是这一点使那些在企业里追求长期发展的员工，更认同福利而非仅仅是高薪。

有一位优秀销售员工坦言："福利可以让我感觉到自己切切实实是企业的一员，而不是游牧民族，如果在该企业既有稳定的收入，又可以得到认可，表现优秀的时候能得到应有的奖励，去其他企业也不可能有更好的发展前景。那么我何不踏踏实实留在现在的企业里把业绩做好呢？其实，跳槽也很麻烦的。"

福利与其他薪酬相比，具有这样几个特征：福利保险的项目或待遇标准一旦确定，就不大可能取消，因而比工资和奖金更恒定、更可靠；福利保险中很多项目是免税的或者税收是递延的，这样员工获得的可支配收入会随福利保险项目的增加而增加，无形中提高税后收入；企业通过提供各种福利和保险待遇，可获得诸如社会责任感强、关心员工等好的社会声望，同时也使员工对企业有一种信任感和依恋感，自发忠诚地为企业工作。

激励的基础在于把握员工的需要，针对优秀销售员工可以按不同需要产生"弹

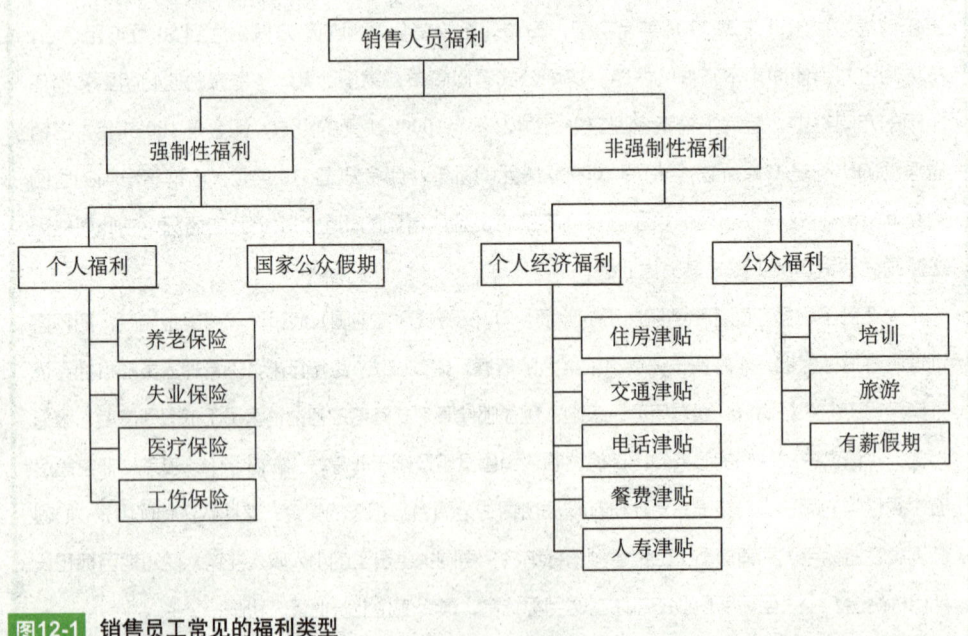

图12-1 销售员工常见的福利类型

性自助福利计划",这是保证福利发挥激励作用的一个重要形式。让优秀销售员工根据自身需要,列出自己偏爱的福利形式,一旦业绩达到既定目标,就可以享受自己选择的福利回报。

上述激励方式都是物质方面的,许多主管认为只要给予高工资、高奖金就能激励人才,实则不然。根据马斯洛的需要层次理论,人在满足了基本的生理需要和安全需要后,会追求更高层次的需要,而且低级的需要逐渐退化为非主导需要,它们的重要程度越来越低,激励效果越来越小,较高层次的需要渐渐成为主导需要,其激励作用也越来越强。调查也表明,优秀销售员工有着更高层次的追求,对他们而言,物质激励更多起到的是保健作用。

2. 非物质激励

曾任 IBM 营销总裁达十年之久的巴克·罗杰斯指出:各种物质激励对销售员工是非常必要的,但金钱并非一切,作为一个雇主,对一个取得极好业绩的雇员,最简单的激励办法就是在私人场合或公共场合感谢他。在 IBM,优秀销售员工被视为公司的英雄,会在刊物上得到表扬;高级销售员工更是被邀请出席高级经理主持的宴会或者被奖励到疗养院或豪华宾馆度周末。微软公司每年8月份举行一次全球营销大会,规模在七八千人,是鼓舞士气的嘉年华大会。

调查显示,目前诸多企业中,对销售员工的激励方式仅限于薪酬方面的占了一半还多,说明这些企业对非物质性激励的重要性和必要性还缺乏深刻的认识。

非物质性激励包括同事的压力、认可和表扬、荣誉、奖励、竞赛、信任、晋升机会、好产品、优秀的主管、必要的培训、合理与公平的对待、被尊重和喜爱、实际的目标、意见的投入、决策责任、训练、多样性、成就、股票期权等。

根据销售员工的内在需要,对他们有效的非物质性激励方式有培训激励、竞争激励和职业生涯规划。

(1) 培训激励

根据有关调查,获得培训机会正被越来越多的销售员工看做是一种重要的奖励形式,因为培训往往意味着未来职业道路上的进一步发展。根据麦克利兰的成就需要理论,权力、成就、归属感是激励人们努力工作的三个重要因素,而培训可以为销售员工带来成就感和归属感。每个人都希望在事业上有所发展和提高,所以如果企业能够为取得优异业绩的销售员工提供有吸引力的学习、深造的机会,即使薪酬水平暂时没有竞争优势,也能对高素质销售员工产生足够的吸引力,提高他们对公司的忠诚度。但从培训的激励角度来看,现有的培训方式更多地体现在知识的传授和技能的提高上，其对销售员工激励作用并不明显，也就是说，现有培训更多地体现在技能和绩效的提升方面，而非员工的激励方面。要使销售员工培训达到更高的激励效果，就需要对现有的培训方式进行调整，突出培训的激励作用，进行激励性培训。激励性培训与技能性培训的区别主要表现在以下方面：

- 培训的范围不应过大，应局限在一个比较小的范围内。按照管理学的80-20准则，公司的销售业绩主要是由少数优秀销售员工或者业务骨干创造的，对这少部分销售员工的激励程度，将直接影响企业的销售业绩水平。所以，从激励角度来讲，培训应有重点，应主要针对这部分销售员工。如果培训的范围过大，接受培训的人员过多，反而使其变成一种以提高业绩为主的业务培训，弱化了培训的激励效果。
- 激励性培训应突出培训资格的荣誉、地位、成就等精神奖励作用。只有业绩最好的或者达到了一定业绩水平的少数销售员工，才有资格获得培训。这是激励性培训与技能性培训的最大不同之处（后者突出的是业绩提升）。也正因为如此，激励性培训的范围不能过大，否则，不论业绩水平如何，人人都有资格接受培训，那培训所带来的荣誉感、成就感等就会大大弱化。

具体的培训方式，在目前的条件下，一般可以采用以下两种培训方式：去国内一流大学参加有关营销课程的短期培训班或研讨班，比如高级营销培训班，时间以不超过1个月为宜；参加由知名的销售专家或者学者举行的讲座等。

在培训管理上，作为奖励的激励性培训应以年度为单位进行，这样可以结合销售员工的年度绩效考核进行选拔。参加过的销售员工不应再重复参加。可以结合销售员工的等级管理，让参加过激励性培训的销售员工进入到最高的销售级别，这样既能够给销售员工带来荣誉感和成就感，同时又能使销售员工得到相应的经济报酬。

需要注意的是，激励性培训并不能代替技能性培训，两者是相互补充的。激励性培训只是提供一种有效的激励手段，它源自销售员工对自我发展的需要，它的主要作用在于激发销售员工的工作热情。但提高销售业绩的基础在于整个销售队伍业务素质和业务技能的提升，这主要是靠技能性培训来完成。

(2) 竞争激励

人的内心都有一股不服输的精神，喜欢较劲，竞争激励就是充分利用了销售员工的这种心理。竞争不仅包括与他人竞争，还包括与过去的自己竞争。优秀销售员工之间相互比较，看自己与他人、与顶级优秀分子之间还存在着多大的差距，发现差距之后他们会想方设法迎头赶上，这是横向比较；他们还会将自己的业绩进行纵向比较，能否继续维持甚至打破自己已取得的辉煌业绩记录，这不仅关系业绩、薪金，还关乎面子问题。

一个有生机的企业，除了直接以经济的激励手段刺激员工的积极性，提高工作效率之外，还应建立和强化竞争机制，为销售员工创造竞争条件。企业要使优秀销售员工自觉发挥潜能力量，就必须制定相应的竞争目标，通过一定的物质奖励和荣誉赋予，开展有目的、有意义的销售竞赛。或以个人为单位，或以团队为单位，开展竞赛，并大力表彰其中涌现出来的销售明星，广泛宣传他们的事迹，介绍他们的销售技能。这样，形成销售员工你追我赶的竞争气氛，不但可以激励优秀销售员工向更高、更难的目标奋进，还能使一般销售员工通过学习别人的好经验来刺激自己前进的主动意识，并以此强化"只有参与竞争才有更多的收益"的观念。

一般情况下，影响比赛者努力程度的是赢家与输家的报酬差距，而平均报酬则决定人们是否愿意参赛，当机动或干扰影响太大，以致严重打击与赛者的投入时，应提高赢家与输家的报酬差距。

(3) 职业生涯规划

职业生涯计划是销售员工进入企业之后，根据个人的条件和知识背景情况，由员工和管理者一起探讨的。通过规划让员工在企业有明确的发展方向，与企业一起成长、一起发展。这既可增强企业的凝聚力，又可让销售员工为自己有良好的发展前景而不愿离开企业。对于销售员工来讲，他们当中的绝大部分人追求的应该不仅仅是做一名业绩优异的销售代表，更多的是想往更高层次发展。因此，如果能够从他们这一终极目标出发进行激励，效果将更佳。企业如果关心销售员工的成长，他们就会以成长的业绩回报企业。

一个销售员工在其成长的道路上，其工作状态的变化一般要经过四个阶段——兴奋期、黑暗期、成长期、徘徊期。

- **兴奋期**。销售员工刚进入一家公司从事销售工作时往往冲劲十足，此时，他一心想要站稳脚跟，要向其他同事证明自己的能力，并求得在公司的生存和发展。
- **黑暗期**。当销售员工进入市场后发现工作难度大大超出他的想象，加上遇到许多他不曾遇到的困难，这时销售员工的工作热情会急速下降，工作积极性会跌到低谷，有的甚至会怀疑自己的选择。
- **成长期**。经过销售经理的辅导和激励，销售员工逐渐适应了新环境，接受并面对现实。此时销售员工在工作中遇到的一些问题解决，也能够辩证看待各种各样的问题，客户工作逐渐出现转机，直到签订了"第一单"。第一单往往是一个新销售或是新到某公司销售员工心理状态的转折点。销售员工重新看到了希望，重新找回了自信和进取心，于是工作热情又持续高涨起来，动力性变化曲线出现第二次爬坡，并迅速达到第二个高峰。
- 徘徊期。签订第一单后开始的成长期，一般最少能维持半年以上，但此后销售员工就会步入一个相对较长的"徘徊期"。这个阶段的表现是，如果销售经理或是管理环境的激励方式得力，就会出现工作动力的持续高峰；但如果激励水平不佳，则会出现低谷，由此产生流失。此阶段的特点是，无论高峰还是低谷，从工作表现看，都较为平缓，振荡不大，但此时销售员工高峰和低谷的心理状态是深刻的，是不太会受点滴小的激励措施影响的。

在各个不同阶段里，影响销售员工工作状态的因素分别是：黑暗期主要有恐惧感、挫折感、不自信；成长期主要有急躁、不耐烦；徘徊期主要有得过且过、不满、抱怨、疲惫、茫然及飘飘然状态表现。

销售员工在职业生涯的不同阶段，有着不同的主导需要。因此帮助优秀销售员工做好职业生涯规划，帮助他们判断分析其所处的职业生涯阶段，不但是对他们的关怀，体现出企业人性化管理的一面，而且对分析其主导需要以便会采取合适的激励方式也有帮助。

第三节 销售员工的激励性薪酬设计

采用科学合理的薪酬方案能有效激励和引导销售员工做出突出业绩，为实现组织目标而努力。根据当前中国社会实际，直接经济性薪酬是最吸引销售员工的薪酬组成部分，是激励销售员工的核心动力。为深入剖析销售员工的薪酬激励问题，在本节中我们以直接经济性薪酬为中心来学习销售员工薪酬体系设计方法。

一、销售员工的薪酬激励模式

所谓激励性薪酬方案，就是在同时兼顾企业与销售员工双方需要与利益的同时，突出对销售员工的激励作用，以提高销售员工的工作满意度，更好地实现前述激励目标。实践中，销售员工的薪酬方案主要有以下四种基本形式：纯佣金方案、基本薪资加佣金方案、基本薪资加奖金方案、基本薪资加佣金加奖金方案。

(1) 纯佣金方案

在纯佣金方案中，销售员工的薪酬全部由销售提成（即佣金）构成，提成的基础通常是销售额、销售量或销售利润。提成的比例取决于产品的价格、利润以及销售的难易程度等因素。纯佣金方案的好处是刺激性强、能力高的销售员工可以获得很高的佣金收入。因此，对于富有挑战精神的销售员工很有吸引力。但纯佣金方案的负面作用也非常明显，主要表现在：

- 销售控制极为困难。纯佣金方案把销售员工的收入与其投入联系起来，销售员工可能会受经济利益驱动，只关注销售额和利润等与佣金直接挂钩的销售指标，而忽视其他对企业非常重要但却与佣金没有直接联系的销售指标或活动。另外，由于企业没有付出或付出很少，因而对销售员工的控制非常困难。

- 销售队伍的整体贡献率不高。在纯佣金方案下，销售员工的实际收益是以促销成功为前提的，如果促销的努力不能成功，即使投入再大，其收益也会很小，在这种情况下，销售员工每次行动前，都会对自己的努力进行评估，以判断成功的概率。这就是说，销售员工不是站在公司等的立场上而是从自我的成本与收益比较角度来考虑问题，所以，就销售队伍的总体而言，其贡献率不高。

- 难以培养销售员工对企业的忠诚。纯佣金方案使销售员工与企业的关系从原来的归属关系变成了纯粹的利益关系，销售员工的后顾之忧难以解决，因而弱化了销售员工对企业的忠诚感、归属感，销售员工尤其是优秀销售员工的流失也就难以避免。

- 容易损害企业形象。在纯佣金方案下，企业与客户之间的关系演变成销售员工与客户的关系，销售员工在销售中更关心的是个人的报酬，而不是企业的声誉。而且，销售员工的能力、素质良莠不齐，在利益驱使下，有些销售员工会过分追求短期利益，从而损害到公司的形象。

总之，从销售员工的管理角度看，纯佣金方案并不是一种理想的薪酬方案。

（2）基本薪资+佣金方案

在这种方案下，销售员工的薪酬由固定的基本薪资和按销售业绩（销售额、销售量或销售利润）提取的佣金两部分构成。基本薪资加佣金方案的好处是：为销售员工提供了固定的基本收入，增加了销售员工的安全感，有利于提高销售员工的忠诚度，同时又保留了佣金的激励作用。

设计一个有效的基本薪资加佣金方案，关键在于确定基本薪资和佣金的比例。理想的方案，其基本薪资部分应为销售员工的基本生活提供足够的安全保障，同时佣金部分又要大到足以刺激他们的销售活动，尤其对优秀的销售员工有足够的吸引力。

(3) 基本薪资＋奖金方案

这种薪酬方案与基本薪资加佣金方案类似，其区别在于佣金和奖金的发放标准不同。佣金是直接由销售业绩（销售额、销售量或利润）决定的，而奖金和业绩之间的关系却是间接的，奖金通常是在销售员工的业绩超过了某一目标后，才能获得。奖金的发放标准可以是销售额、销售量等直接销售指标，也可以是新客户开发、市场调查报告质量、客户满意度等间接销售指标，或者两者的组合。所以，对于企业来说，奖金的使用更为灵活，可以对销售员工的行为进行更有效的引导和控制。而且，奖金都是封顶的，有利于组织有效地控制成本。

基本薪资加奖金方案的优点主要体现在：

- 灵活性和针对性比较强，有助于引导销售员工完成一些特定的工作。例如，与特定客户群建立长久关系、销售特殊的高价值商品、收集竞争对手和客户信息、改善对客户的服务等。
- 有助于销售员工提升销售业绩。销售奖金或一次性奖励考核时间短，发放条件具体明确，销售员工只要做出了相应的贡献，就立刻可以获得奖励。这样就将工作业绩和奖励紧密联系起来，有助于促进销售业绩的提升。
- 具有更强的激励作用。奖金本身既是物质鼓励，又是一种精神鼓励。作为物质鼓励，它可以强化销售员工的努力行为，提高销售业绩；作为精神鼓励，它使销售员工获得成就感。因为奖金的获得意味着销售员工对企业做出了额外的贡献，并且这种贡献得到了组织的认可和肯定。

基本薪资加奖金方案的主要缺点是：奖金不与销售额或销售量直接挂钩，在销售员工达到一定的业绩水平之后，它对销售员工的激励作用可能会迅速下降。

(4) 基本薪资＋佣金＋奖金方案

这种方案就是把基本薪资加佣金方案和基本薪资加奖金方案结合了起来。其最大的特点是，销售员工在每月获得基本薪资以及按销售业绩提取的佣金的基础上，还可以根据自己的贡献获得奖金。

这种薪酬方案包括了前述方案的所有要素，具有更强的灵活性。从管理角度看，这种薪酬方案更有利于对销售员工的引导和控制，有助于激励销售员工去完成某些特定目标，如开拓新市场、销售新产品、开发新客户等。

在上述薪酬方案中，除了纯佣金方案较少用于企业正式销售员工而多用于兼职销售员工外，其他三种方案，企业都有采用。从薪酬构成的角度而言，这三种薪酬方案都是由两个部分组成：基本薪酬和激励性薪酬，后者也称为绩效薪酬，包括佣金和奖金。销售员工薪酬方案设计的关键就是确定这两部分之间的比例，即确定薪酬组合。与薪酬水平相比，薪酬组合主要对销售员工的工作动机和满意度产生影响。

二、销售员工薪酬激励的策略

企业采用什么样的薪酬策略取决于企业自身的具体情况及其所面临的特定竞争环境。具体来说，有四种薪酬策略可供企业选择：领先薪酬策略、跟随薪酬策略、滞后薪酬策略和混合薪酬策略。

1.领先薪酬策略

领先薪酬是将销售员工的薪酬策略定位在高于市场平均水平的位置上。其好处在于，有利于企业招聘一流的高素质销售员工，确保企业能够拥有一支高效率和高素质销售队伍。因为较高的薪酬策略往往意味着企业对员工的能力、素质要求也比较高，或者未来的工作压力会比较大，那些素质不高的求职者往往会自动退出。另外，较高的薪酬策略提高了销售员工的离职成本，有助于改进销售员工的工作积极性（努力提高销售业绩以防止被解雇）、降低销售员工的离职率、提高了销售队伍的稳定性。但领先薪酬策略也有其缺点，就是对企业的成本压力比较大、对管理水平的要求比较高。因为高薪招聘来大量有能力的销售员工，如果企业不能通过有效的管理和激励手段实现较高的销售业绩，即把高投入转换为高回报，那么高薪给企业带来的就不是资本，而是一种负担了。

2.跟随薪酬策略

跟随薪酬策略是指把销售员工的薪酬策略定位在市场的平均水平上。这是一种使用最为普遍的薪酬策略，实行这种薪酬策略的企业既在吸引和保留销售员工方面有一定的竞争能力，又不会面对过高的成本压力、损失销售利润。这种薪酬策略的缺点是企业在吸引那些优秀的销售员工方面没有什么优势，而且需要根据外部劳动力市场的变化及时调整销售员工的薪酬策略，以保持薪酬策略的外部竞争性。但在实践中，这种调整经常是滞后的，企业往往是在一些优秀的销售员工离职之后才发现自己的薪酬策略已经落后于市场。因此，实行这种薪酬策略的企业做好市场薪酬调查工作就变得非常重要。

3.滞后薪酬策略

滞后薪酬策略是指把销售员工的薪酬策略定位在市场的平均水平之下。实行这种薪酬策略的企业，通常其销售队伍的稳定性比较低，销售员工流失率比较高，尤其在吸引高素质销售员工方面非常不利。所以实行这种薪酬策略的企业需要通过一些其他的手段，比如挑战性的工作、理想的工作地点、良好同事关系、提高未来收益预期等来弥补企业薪酬策略上的劣势，提高销售员工对企业的承诺度。滞后薪酬策略往往被一些规模较小，利润率较低、成本承受能力较弱的企业所采用。

4.混合薪酬策略

混合薪酬策略是指企业在确定薪酬策略时，针对不同级别的销售员工分别实行不同的薪酬策略。一般是，对优秀的销售人才以及企业希望长期保留的业务骨干采取领先薪酬策略，而对其他普通销售员工实行跟随或者滞后薪酬策略。混合薪酬策略的最大好处就是灵活性和针对性比较强，既有利于企业在优秀销售员工的吸引与保留上保持较强的竞争力，同时又能有效地控制销售员工的薪酬成本。

实践中，企业进行薪酬策略决策时，既要考虑薪酬策略的外部竞争性问题，以确保对优秀销售员工的吸引与保留，维护销售队伍的稳定性，同时又要考虑企业的实际情况，不能因为薪酬支付水平过高而增加企业成本负担。

三、不同类型企业的薪酬激励

首先让我们来看如下的一个案例。

案例：L公司的困惑

L科技是一家有30余人的小公司，从事办公自动化用品销售。公司原有业务销售员工15人。和其他一些公司一样，L科技也采用了基本工资加业务提成的薪酬模式，老板对员工也挺和善，员工之间也能够和睦相处，但令人费解的是跳槽现象却时有发生。很多本来销售业绩做得很好的销售员工说走就走了，公司人员的频繁流动使得销售业绩下滑。另外发现有些销售员工还在其他公司兼职，身在曹营，心思魏蜀，原本三天办完的事现在要五天，老板为此愁眉不展。L公司的销售员工能力和背景参差不齐，和众多的公司一样，这里也存在20/80现象，20%的销售员工的业绩占到公司销售部门业务总额的80%，而跳槽的却正是这20%的销售主力。一时之间该公司成了人才市场招聘会的座上常客，很多销售计划因人员的流动而搁浅，L的发展势头受到了公司内因的遏制。

这种现象在很多中小企业可能也发生过，销售员工走马观花，招聘成了企业的日常工作。然而新招聘的销售员工仍然是来一批走一批，很少有人超过半年的，令人摸不着头脑。但症结究竟在哪里呢？是分配制度不合理，不能激发员工的工作热情还是另有原因？

L公司的案例说明，不同的企业要采用不同的薪酬策略。合理的销售员工薪酬计划，是在薪酬的固定部分与非固定部分之间求得一种平衡。一般情况下，大型公司、产品品牌知名度高的公司往往用高工资、低提成的策略，原因在于：

- ✓ 大型公司薪酬的一个主要目的在于留住人才，保持一支相对稳定的销售队伍；
- ✓ 大型企业产品一般已经具有很高的品牌知名度，市场比较稳定，而且有一套运行良好的营销管理体制，因此对销售员工的个人销售技能依赖性不高，过多的提成无助于销售业绩的提高。
- ✓ 大型公司更注重团队在销售中的作用，对销售员工的要求不仅仅是懂推销，更重要的是销售员工要遵守公司的市场统一部署，互相协作，销售额只是对销售员工进行考核的其中一个指标。

与此相对，新成立的公司通常采用低工资、高提成的薪酬策略。新成立的小公司之所以采用这种策略，主要基于以下原因：

- ✓ 低工资有利于降低固定费用，降低企业经营风险；
- ✓ 小公司缺乏销售渠道、销售管理手段，销售业绩严重依赖于销售员工个人表现，因此高提成旨在使薪酬与业绩挂钩，激励销售员工积极推销；
- ✓ 新公司、小公司资金实力较弱，资金回笼的压力大，因此对于销售员工的考核主要是销售额。

四、销售员工个人和团队薪酬设计

1.个人薪酬设计

销售团队中个人的薪酬由四部分组成，既基本工资、年资、佣金、奖金（包括来自团队和个人两部分奖金），公式为：

$$W_i = B_p + A_p + C_i \times \beta + B_i \times \gamma$$

W_i代表销售员工的薪酬；B_p代表个人基本工资；A_p代表年金；C_i代表佣金；代表奖金；β代表佣金测评系数；γ代表奖金测评系数，包括来自团队的奖金和来自个人优秀业绩的奖金，具体的分配权重一般为基本工资占30%，年资5%，佣金50%，奖金15%。

销售个体奖金分为两部分，个人团体奖和个人优秀奖。个人团体奖可以按照个人的奖金绩效测评系数进行分配。个人优秀奖金是指在销售团队中有突出业绩的人员可以获得额外的个人奖金激励，与团队奖金激励无关，此奖金激励可限于半数人获得。分配到个人手中时，个人团队奖金与个人优秀奖金1:2比例为佳。

2. 团队薪酬设计

基本工资、年资工资为固定薪酬部分，不参加销售团队总体薪酬分配过程。在此，销售团队的薪酬模型主要以佣金和奖金为主要分配对象。用公式表示为：

$$W_t = C + B$$

W_t 表示销售团队薪酬（不包括个人基本工资和年资），C 代表销售团队佣金，B 代表销售团队奖金。

销售团队的佣金 C 必须与团队的总体绩效挂钩，企业追求的目标不同，衡量佣金的绩效指标也不尽相同，通常情况下衡量销售团队佣金的评价指标有销售毛利、销售费用、回款率、客户关系等。

(1) 销售员工的佣金应与销售利润挂钩

这样在保证产品总销售量的同时，又可以避免因销售员工一味追求高销量而使产品合同售价降低。工作勤奋、销售能力强的销售员工在佣金制下会赚取更多的收入，所以，这种薪酬形式能够吸引和留住有销售能力的优秀销售员工。特别是那些规模小、没有足够管理职位让销售员工晋升的企业采用佣金制在一定程度上可以弥补晋升机会不多的弱点，留住优秀的销售人才。

(2) 采用销售佣金制，销售员工的佣金收入直接和销售费用挂钩

这样，销售员工在进行业务拓展和增加销量的同时，更要把销售费用成本考虑在内，这对公司整体销售成本的控制和核算有重大意义。

(3) 回款率

为了避免销售员工在收取到销售佣金以后，不愿意去追讨债务而设计此项指标。应收账款是困扰许多企业的一个难题，如果对客户的信誉、付款能力了解不足，对付款条件把关不严的话，很难保证客户按合同约定回款，这样销售员工用于催讨欠债的时间往往大于用于销售的时间，不利于企业的长期发展。要避免这种情况的发生，设计回款率这一评价指标很有必要性。

(4) 客户关系指标设计

为了与客户建立长期的友好关系，更为了避免销售员工只注重短期行为而忽视与客户建立长远关系的弊端，需要将相应的客户评价指标考虑到佣金分配当中。这对企业的长期发展及长期目标的实现有重大意义。

奖金 B 要求：从奖金获得的范围看，以团队奖金激励为主，个人奖金激励为辅，但从分配到个人手头上的奖金数额看，团队奖金占少数，个人奖金占多数，1∶2 比例为佳。这样可以使团队成员即能为团队目标共同努力，又可以使搭便车现象降到最低。充分体现销售团队的团队意识和个人公平。销售团队奖金通常在销售团队共同完成了一个预定的产品销售量或销售毛利润后发放的一笔固定金额的奖金。较佣金相比，奖金计算更容易些。但销售团队奖金设计要遵循以下原则：

- ✓ 达到销售团队总体销量或毛利以上，可获得团队奖金。首先在团队整体进行奖金分配，再在团队成员中平均分配奖金。奖金标准可定在中等水平，保证团队成员通过努力都可得到。
- ✓ 销售团队中有突出业绩的人员可获得额外的个人奖金激励，与团队奖金激励无关，此奖金激励可限于半数人获得。
- ✓ 在未达到销售团队总体目标时，无团队奖金激励，但不妨碍个人突出业绩奖金的获得。

复习思考题

1. 销售员工激励存在的问题和不足有哪些？
2. 与其他类型的员工相比，销售员工的特点是什么？
3. 销售员工的激励方法有哪些？举例说明销售员工的激励方法和技巧。
4. 结合实践案例分析，怎样设计销售员工的薪酬激励方案？

第十三章

不同文化背景员工的激励

学习目标

1. 掌握不同文化背景的企业管理特点
2. 理解并掌握中、日、美三国在激励机制、激励变革发展趋势上的异同
3. 理解并掌握欧美、日本跨国公司在华企业的员工激励特点和存在的问题
4. 理解并掌握不同文化背景的员工常用激励方法

对员工的激励会因其文化背景不同而不同。与组织文化相比,民族文化对员工产生的影响更为强烈。所以,在慕尼黑 IBM 分公司中的德国雇员更多地受到德国文化的渗透,而非 IBM 组织文化的影响。组织文化对员工在工作中的行为确实会有很大的影响力,但是,民族文化却能发挥更大的作用。因此 IBM 的高管们不太考虑雇佣"典型的意大利人"来打理他们在意大利的业务,而乐于聘用那些能够符合 IBM 做事方式的意大利人。那些非常渴望自主权的意大利人更有可能去 Olivetti 公司,而不是 IBM。因为 Olivetti 公司组织文化的特点是非正统和结构松散。与 IBM 相比较而言,它给予员工更多的自由。实际上,Olivetti 公司喜欢聘用那些不安分的、喜欢冒险和具有创新精神的人,而候选人的这些品质在 IBM 的意大利分公司则是不予考虑的。不仅是招聘中,在实际的员工管理和激励方面,不同的文化背景,也会导致企业的管理方式和激励方法不同。我们来看《中国人的管理智慧》书中的一个案例(罗家德,2007)。

一次,一位外国买主来台湾参观一家全球第一大的玩具小马达工厂,该厂当时占了世界玩具小马达市场的70%。外国买主以为这是一家达到万人规模、厂房现代化，又具有西方管理制度的公司，没有想到的是，东转西弯，却来到一个和乡下一样的地方，一片破旧的厂房，里面有400多工人。这位外国买主不相信400人能创造如此大的产值。刚好，该公司要办"尾牙宴"（就是春节前企业老板慰劳员工一年来辛苦的晚宴），才让外国买主开了眼界，恍然大悟。原来，"尾牙宴"开上百桌，来了员工及其家属，还有百家供货商代表，小马达厂的董事长要一桌一桌敬酒，打通关系，沟通感情，喝酒喝个爽，博得感情。这让外国买主见识了中国人如何做生意，如何沟通感情及如何激励员工，确实和外国员工的激励方式不一样。

以上的案例说明，不同的文化背景下，员工的激励方式和方法是不一样的。受文化背景的影响，中国员工的激励方式和日本人、美国人、欧洲人以及印度人等都是有区别的。在本章，我们将揭示各国文化的差异是如何影响到员工激励的，并且将讨论怎样对不同文化背景的员工进行有效激励的问题。

第一节 不同文化背景的管理特点

管理不只是理论和具体的方法，还是一种文化，有它自己的价值观、信仰、工具和语言。管理是一种社会职能，隐藏在价值、习俗、信念的传统里，以及政府的各种制度中。可以说，管理是受社会文化制约的，管理就是文化。由于各个国家的文化差异很大，就包括欧洲和美国，中国和日本以及韩国，虽然感觉都比较接近，但实际上差异也比较大。由于篇幅有限，我们主要讨论中、日、美三个主要国家的文化差异和管理问题。

一、美国文化背景下的管理特点

美国历史学家戴维·美斯德在《国家的贫穷与富裕》一书中断言："如果经济发展给了我们什么启示，那就是文化起举足轻重的作用"。美国文化背景下企业的管理模式主要有以下特点：

1.个人主义——尊重个人价值

美国是一个移民国家，他们的早期居民大多数是从欧洲各国迁移过来，这些移民来到一个陌生的环境，一切得从头开始，身边没有亲戚朋友的帮助，只能依靠个人奋斗,在生活的磨练下形成了浓厚的个人主义色彩;另外美国本身只有不到300年的历史,它直接从奴隶社会进入到资本主义社会,没有经历过封建社会,因而他们的个性没有受到封建思想的束缚,又因资本主义制度提倡个人主义,使得美国人的个性在资本主义社会中得到了发展。美国人的个人主义使得美国企业非常尊重员工的个性发展,崇尚个人自由,尊重个人价值。

在尊重个人价值方面,美国大多数的企业都将其列为企业的核心价值观,并在实践中推行。例如,"尊重每一位员工"是沃尔玛的三项基本信仰之一,公司通过各种途径来帮助员工发挥自己的潜力。在IBM,"尊重个人"是公司的核心价值观,公司内部人人平等,公司里不设领导专用场所和设备,就连每个办公室和每张桌子都没有头衔标识。杰克·韦尔奇接任美国通用电气公司总裁后,推行全员决策,公司在决策讨论会上邀请那些没有参与过决策会的员工出席会议,听取员工的意见,因为员工对自己的工作要比老板清楚,这样做出的决策才有针对性,避免决策失误的发生。美国BHP炼油厂公司规定:管理人员不能随意对员工发号施令,管理人员需认真对待员工的意见,尊重每一个员工。

美国公司尊重个人价值还表现在激励机制上,美国公司会花大量的时间、人力和物力对员工进行知识和岗位能力的培训,提高员工的业务能力,并给员工搭建展示自己能力的平台。例如,IBM公司一般会从自己公司里提拔内部员工,让员工有晋升的机会,从职务上给予激励。另外,美国公司奖励往往针对个人而不是针对集体,他们相信员工有能力完成自己的工作,同时他们也要求员工明确自己的职责,对自己的工作负责,如果员工成绩突出,公司就会对员工个人给予奖励。美国企业将自己的股份分配给员工,让员工成为公司的主人,从而发挥员工的主人翁思想,提高员工的责任心和积极性,让员工和企业的命运息息相关。20世纪80年代美国企业经理人员典型的报酬是:企业的最上层管理人员每年拥有2.5万股购买权,中层管理人员每年拥有7500股购买权,下层管理人员每年拥有2000股购买权。到2000年为止,微软公司有80%的员工拥有公司的认股权。成立于1971年的星巴克公司,经过30年的奋斗,成为了全球最大的咖啡零售商,该公司从1991年起允许员工通过折价购买公司的股票,并每年给满足公司条件的员工期权奖励。美国福克斯波罗公司的一位科研人员把研制的新产品给总经理看,总经理看后非常高兴,觉得应当当场给予奖励,可总经理当时身边无可奖之物,于是只好用一只香蕉来奖励员工,以后公司就用"金香蕉"来奖励该公司的杰出科研创新者。

2. 权力距离——实用主义

由移民文化组成的美国民族文化，融合了世界各民族文化，形成了美国实用主义哲学，美国实用主义哲学培育了美国人的务实精神，认为"有用就是真理"，注重实际效果，少有形式主义，上级与下级沟通直接，表达意见明确。惠普公司的员工可以直截了当地表达自己的观点，甚至越级反映问题，惠普公司的高层也会及时处理这些问题。在约翰·扬任惠普总裁后期，有的员工直接向公司的创始人帕卡德反映公司领导的官僚作风，帕卡德及时解决了这个问题，约翰·扬也主动提出退位。美国丹纳公司总裁麦克佛森上任就废止了公司厚达半米的公司政策和法规汇编，只用几百字的经营申明来替代。美国的企业一般以工作业绩来评定员工，不太看重员工的学历和资历，所以在美国公司经常看到年轻的管理者，他们年纪轻轻却拥有骄人的成绩。

美国的务实精神导致他们喜欢用数量来评价事物，关心效益指标，为了获得最高效率，员工拼命工作，相互竞争。竞争在美国社会无处不在，由个人之间的竞争到企业之间的竞争，激烈的竞争使美国公司的员工工作特别卖力，微软公司老板比尔·盖茨就是一个工作狂，他每周工作7天，每天只休息五六个小时，在老板的带动下，微软公司员工也处于长时间的工作状况。

3. 不确定性规避——支持冒险，激励创新

美国文化是移民文化，移民冒着风险从熟悉的环境来到陌生的地方，经常遇到新的事物和解决新的问题，他们需要打破常规，适应新的环境；他们要不断尝试，不断创新，从挫败中学习，从失败中总结，从成功中得到鼓励，从而形成了美国人的冒险精神和不断创新的精神。美国有众多的风险投资家就是一个最好的例证。丹麦哲学家哥尔科加德有句名言："野鸭或许能被人驯服，但是一旦被驯服，野鸭就失去了它的野性，再也无法海阔天空地自由飞翔了"。美国公司就喜欢用这种具有"野鸭精神"的人，他们勇于冒险，不断创新。创新是美国企业精神的核心，在美国商界流行这样一句话："要么创新，要么灭亡"，可见美国企业对创新的重视。在过去的50年中，美国无疑是世界技术创新的领袖。1997年世界上最大的高新产品的出口国是美国，达到2580亿美元，比第二名日本多了1000亿美元。

4. 制度大于人情

为了便于管理自己的企业，使企业的工作秩序有条不紊地进行，美国企业制定了科学的管理制度和严格的工作标准，对员工的工作内容进行规定，分工精细，职

责明确。如美国通用电气公司实现规范化管理和规范化的工作，细到对员工放置生产工具都有明确规定。公司管理人员在实施制度时，依章办事，不太讲究情感和面子。

美国企业的员工采用"合同雇用制"，企业会根据实际生产情况决定雇用工人或解雇工人，人与人的关系是契约关系，而不讲究人与人之间的情面。成立于20世纪60年代的英特尔公司依靠铁的纪律和规范化的制度渡过了许多发展难关，成长为今天半导体行业的龙头。美国通用公司每年对所有的员工打分，选出20%的最好员工，选出10%的最差员工，排在末位的10%员工通常会被立即解雇。

三、日本文化背景下的管理特点

日本民族一个最为显著的特点是民族单一，内聚力强。加之日本国土狭小，资源贫乏，自然灾害频繁，这使得日本民众富于忧患意识和危机感，兼收并蓄地输入外来文化来改造自身。在管理方面，特别是在二战后，日本人把西方的理性规范、原则至上的管理理论与日本民族文化相结合，从而形成了东西融合、独具特色的企业文化。这些特点具体表现在以下方面：

1. 集体主义——终身雇佣制

日本的大中企业，基本上都实行终身雇佣制，没有实行雇佣制的企业，一般也重视维持雇佣稳定。这种使得企业成为全体员工安身立命、荣辱与共的命运共同体的制度，可以解除员工失业的后顾之忧，强化员工对企业存亡的关心和对企业发展的期望，使员工真心地将感情投入到企业中去，有利于培养员工的集体主义精神。

2. 男性主义——强调价值观念的力量

在日本经济迅速发展的蓬勃状态下，美国一些经济学家和管理学家开始对日本企业进行全方位的考察，他们发现，在日本企业获得成功的多项因素中排在第一位的共同理想、价值观念和行为准则长期根植于员工心中，对企业员工有很强的感召力和凝聚力，使企业的人、财、物、管理技术、组织技术等众多因素有效地组织起来并发挥出高效能。日本企业家认为：人生两大需求是物质需求和精神需求，为使人们的生活美满幸福，就要不断满足这两大需求。物质需求通过大量生产物美价廉的产品得以满足，精神需求则要依靠信仰——"仁、义、礼、智、忠、孝、和、爱"等伦理思想和武士道的忘我拼搏精神。正是这种信仰，让日本的员工可以舍身成仁，献身取义，将他们的奉献精神发挥得淋漓尽致，使得日本企业能够取得令人难以想象的成绩。

3.权力距离——"和"的观念

日本的企业管理中始终强调以人为本,重视感情投资与道德风化,充分发挥人、价值观、作风、技能有机结合的"软管理"作用。"和"是被运用到日本企业管理范畴中的哲学概念和行动指南,其内涵是指爱人、仁慈、和谐、互助、团结、合作、忍让,它强调人与人之间必须以"仁爱"的态度来相处,强调对人的关心、爱护和尊重,讲求具有人情味的管理,使得人们注重共同活动中与他人合作,追求与他人的和谐相处,并时刻约束自己。这些对于建立和谐友善的人际关系,增进员工之间、员工与企业之间的感情,协调企业管理部门之间的关系,从而在管理层内部形成统一的指导思想,避免企业的内耗,都有着很强的现实意义。

四、中国文化背景下的管理特点

1.中国传统文化的特点

中国文化博大精深,古籍典藏浩如烟海,华夏文明不仅是人类最古老的文明,更是惟一一个没有间断的文明史,中国人创造了灿烂的文化,同时也形成了各自的人文特点。

(1) 重情感

这主要源于我国的主导思想文化——儒家思想。孔孟之道的核心是"仁"与"义"。强调在与人的交往中,不但在与利,甚至在与生命的比较选择中,都要首选"仁"与"义",如"杀身成仁","舍生取义"。虽然许多人都做不到这些,但这些文化传统仍然在他们的思想中产生了巨大的影响。

(2) 重家庭

这主要受两个因素决定。一个是儒家的忠孝思想,它要求人们"为人臣,止于敬;为人子,止于孝;为人父,止于慈。"它把人在家庭中的孝悌责任和在国家中的忠君爱国责任几乎并驾齐驱;另一个则与宗教有关。西方宗教强调个人的作用和社会团体的作用,而中国社会没有严格的宗教组织。中国缺乏宗教,以家庭伦理生活填补它。所以中国人对家庭的重视和西方对宗教的重视一样。

(3) 重面子

很多外国人对中国人的"面子问题"很想不通,这实质还是由于儒家思想造成的。儒家规定的礼制极为繁多,人们违反其中一条,便被认为不符合伦理道德,违反礼制的行为要被社会公众轻视。因此长久以来,在羞耻感上的知觉,中国人要比其他国家的人敏感得多。

（4）重归属又工于心计

中国传统文化源于黄帝年代，真正形成于春秋战国时代。春秋战国是一个多国竞争的时代。在当时，很少有人希望自己孤立于任何一个国家外，尤其是那些有思想、有志气的人，都渴望能按照自己的统治思想来发展本国经济、军事，或是能杀敌建功。加之几千年来封建统治者都宣扬忠君爱国思想，因而就形成了人们明显的归属愿望。但另一方面，一国内部各派势力也在明争暗斗。这主要是通过谋略获取高层统治者的宠信。久而久之，也使得人们在交往中工于心计。

2.中西比较中的中国企业特点

中西方企业管理文化有着各自发展的历史渊源，其产生根植于各自社会的价值体系，中国的文化重人性、轻器物，价值取向以道德为本位，崇尚群体意识、强调同一性，追求人与自然的和谐，把人与自然看成浑然一体；西方的文化重物质、轻人伦，价值取向以功利为本位，强调人权，主张个人至上，强调人与自然的对立，人对自然的索取。中西文化的差别，在管理上表现为以下几个方面：

（1）显型文化的差异

显型文化是指来自行为者双方的象征符号系统之间的差异，也即通常所说的表达方式所含的意义不同而引起的冲突。这些表达方式通常通过语言、神态、手势、面目表情、举止等表现出来，即使相同的表情符号对于不同文化背景中的人来说，其所象征的意义很有可能是完全不同的。美国学者在研究中西方文化差异时发现，受不同文化长期的潜移默化的影响，细微的动作表情已经衍生为表达不同含义的潜意识语言，而这种潜意识语言的习惯流露对于不同文化背景的成员来说，往往因缺乏相互理解这一共同的前提，而给双方带来误会。

例如，握手在许多国家已经成为一种常用的表示亲热和友好的礼节，显示相互亲近和愿意交往的意思。但各国握手的习惯不大一样。法国人做客走进房间或别离时都要与主人握手；而德国人只在进门的时候握一次手；有些非洲人在握手之后会将手指弄出轻轻的响声，以表示自由；在美国，男人之间的握手是很用力的，这可能源于印第安人的角力竞赛；中国人一边讲"你好"一边握手，对此没有什么忌讳，俄罗斯人则不允许两人隔着门或跨着门槛握手，以为这样做是不吉利的。在人类交际活动中，眼睛的信息传递是微妙的，而握手发出的信号却是直截了当的。在异性之间，如果女方不主动伸出手来，男性是不能去握她的手的。如果伸左手与人相握，则是无礼的表现。

（2）对工作和成就态度的差异

在中国一些国有企业中，由于激励机制还不够健全，能力和业绩挂钩的奖励和晋升还未能完全实现，收入分配的平均主义现象也在一定范围内存在，工作缺乏主动性，因此目前还不能过高地指望通过高水平、高效率的工作来达到物质上的满足。而在西方企业，完善的管理机制使员工能从自身的努力工作过程中得到更多的物质满足和乐趣，因此职工普遍信奉拼命干活、拼命享受的价值观，有能力的员工能够得到迅速的提拔，在他们看来，干活就得像干活的样子，甚至不乏有人把干活当作是一种特殊的享受。因此，这既有助于促使员工更大地发挥自己的能力，也有助于留住优秀的人才。

（3）上下级关系的差异

中国文化强调群体性，往往把家族伦常关系融合在企业管理模式中，在企业内形成较为和谐的人际关系环境，按照群体的尊卑长幼顺序来阐发个人利益，群体中的个人必须按各自所处的身份行事，不逾矩、不过分。与西方的管理模式相比，这种文化特征确实更容易减少人际间的摩擦和冲突。然而，这种文化特征也容易产生一些负面影响，如"窝里斗"、"找熟人、拉关系"的社会风气等，对企业管理的效率起到了冲击和破坏的作用。西方近代文化认为，人的精神和社会生活应当存在于工作场所之外，因此反对在工作场所结成人与人之间亲密的关系，人际间的情感和亲情只能存在于家庭、教堂、俱乐部和邻里之间的狭小范围内；在关系、涉及员工个体与群体的关系方面，西方文化尊重个性，偏重于从个人方面去探讨群体，基于这种看法，西方管理者倾向于在工作中与人保持一定的距离，他们把上司与下属之间的关系看成是纯粹的完成工作任务的关系。

（4）决策方式上的差异

古今中外的管理者都很重视管理中的决策，因为决策在很大的意义上意味着领导的成功与失败。中国的企业管理者受传统思想的影响，不善于对下级进行授权，做事求稳，不愿承担责任，所以一遇到有风险的事，宁愿不做，也不愿冒险。倘若要做，也必须是经过集体讨论，大家决策。虽然这样做有助于提高决策质量、有助于防止个人或单方面专断、有利于保证和维护企业的整体利益，但也容易丧失经营机会。西方管理者则受其本国文化影响，上下级之间的权力距离较小，多数管理者具有冒险精神，敢于做出快速的决策，敢于为此承担责任。因此决策时奉行个人主义，注重个性，决策的主观性较强，这样的决策方式长处是权力集中，责任明确，管理效率高，也易于考核领导业绩，其不足之处是受个人能力、知识、精力限制较大，容易产生个人专断。

（5）工作支持规范的差异

中国文化重视"人和"因素，注意协调人与人之间的关系，强调集体主义、合作基础上的竞争,崇尚家族主义的伦理原则,重视整体的和谐与安定,强调个人的成就依赖于集体的兴旺,个人利益应服从整体利益的具有全局观念的工作支持规范,正所谓"大河有水小河满"。

西方文化在鼓励企业员工完成工作目标相互协同合作方面,强调在竞争基础上的合作,认为"一"只有在"多"之中才能产生,只有在冲突、对立、差异中才可能造就和谐的秩序,和谐不是由于消灭差异,相反,差异本身、差异的存在是和谐的前提;认为只有从个人利益出发,才能珍视群体利益,更加关心的往往是个人而不是群体。

第二节 不同文化背景的员工激励

人员的激励问题是管理中的一个重要问题,不仅体现着企业的管理水平,还决定着企业的发展前景。处理得好的企业,士气高涨,员工工作积极,事业健康、稳步发展;处理得不好的企业,人心不稳,你争我斗,消极怠工,甚至恶意破坏,企业发展寸步难行,甚至会倒退。因此,研究和借鉴各个国家在不同文化背景下的激励方法具有重要的意义。

一、美国文化背景的员工激励

1. 美国的价值观对企业激励机制的影响

(1) 从雇佣制度来看

流动变化和积极进取的价值观念,使美国员工经常跳槽变换单位,辞职和解聘被认为是正常的情理之中的事,从而决定了美国企业的短期雇佣倾向,决定了美国企业的高补缺率。流动变化的价值观也促使美国员工意识到必需掌握一门技能和特长,使自己成为"高度互换性的零件",并凭自己的专业化技术,在不同地方不同企业找到工作位置。这无疑影响了美国企业的专业化历程。

由于积极进取所必然导致的务实精神和功利实用倾向,美国企业对高流动性的职员缺乏培训的热情,也决定了企业的培训内容主要局限于专业技能,使企业一般采取简捷实用的培训方式。而个人主义以及自主精神和独立精神必然导致美国员工与企业的关系松散,员工追求独立与自由,不愿与企业有太多的工作之外的关系,不愿受到太多的束缚和干涉,员工与企业只靠契约法律关系来维持。

(2) 从分配制度来看

由于个人主义和能力主义价值观,由于美国人的重实际讲效率的精神,企业在利益分配时必然以能力与绩效为标准，而不可能用资历等作标准。而企业的工资与奖金，也只能按个人的工作成绩发放，强调的是个人而不是集体，集体奖励的方式少见。由于员工能力绩效的不同，工资往往也因此拉开距离。

由于注重自主独立和个人责任，美国员工往往强调自己个人的劳动生产率，而不管企业整体的效益好坏，使企业员工的工资往往与企业经营状况呈弱相关，使员工只对自己的工作成果负责，而不太关心企业效益问题。由于进取务实精神的作用，美国员工往往并不满意自己的工资水平，而向往工资更高的岗位和企业。

（3）从绩效评价来看

由于个人主义和进取务实的精神，美国企业不得不对员工进行迅速的评价和升级，不得不及时地对员工的成绩给予肯定和奖励，以满足员工的成就心理。而看重物质和实际的观念，使企业在评价员工的时候自然地采取一些"理性"的定量的方法，而且考核的内容往往倾向于绩效和结果，倾向于员工个人的技能，偏重于那些看得见摸得着的东西；评价考核的时候，往往比较直接和客观，好就是好，不好就是不好。另外，平等民主的观念也使企业的绩效评价具有公正的平等的色彩，评价时往往较少考虑年龄资历等因素，而偏重于员工的技能和实际绩效。

（4）从参与管理方面来看

美国人重视能力和责任，所以，在参与决策时，往往强调个人的成绩和责任。

由于美国人的务实精神和物质的追求，员工的参与管理就需要"利益驱动"，而参与的领域往往偏向于和员工个人利益有关的方面，采取的往往是"利润分享计划"和"员工持股计划"这样一些功利性的经济的方式和手段。

由于美国人的个人主义观念和独立精神，员工的参与管理往往停留在形式，很难真正形成主人翁精神和共命运的意识，"内涵"性的参与很少。

（5）从思想教育方面来看

由于能力主义和强者哲学盛行，美国企业在思想教育方面经常采用树立典型英雄的方式，鼓励员工追求成功，追求卓越。

我们从 IBM 公司的个案中可以充分地理解这种观念。

IBM 的激励机制，是典型美国个人主义、能力主义的社会价值观的充分体现。我们通过第一篇的学习，已经了解了麦克利兰的激励需要理论，他认为人在较高层次上有三种需要：对权力的需要、对归属的需要、对成就的需要。美国个人主义、英雄主义的崇拜使得其国民对胜任和成功有着强烈的要求，同时也非常担心失败；他们愿意承担所做工作的个人责任，对他们正在进行的工作情况希望得到明确而又快速的反馈；他们一般喜欢表现自己，并且善于提出问题和要求。从今天的角度看，IBM

案例：IBM以绩效为导向的激励制度

"招募一流的人才，加以训练，加上好的激励政策使他们精益求精，产生绩效"——是IBM公司一贯坚持的人事政策。招募一流的人才是为所有人事、训练及激励的起点，但是即使招募到一流的人才，加以训练，最终却不能留住人才，那也会是前功尽弃。正是基于这种观念，IBM建立了全面的激励制度。

1. IBM精英激励制度

IBM强调精英主义、英雄主义式的激励制度，通过不断地给予公司模范员工表扬，宣扬战功。而且一再强调如果人们因为采取某种理想行为为公司赢得绩效和业务提升，公司的奖励也会层层地提高（以奖金和荣誉来反馈），从而强化出一种可能重复的、以绩效为导向的组织文化。

奖项	奖励	精英程度
1. 每月之星（star of the month）	奖牌	1/30
2. 季度成就奖		
——manager reorganization award	奖金 US$ 100-200	1/50
——achievement award	奖金 US$ 100-200+ 内部刊物刊登	1/100
3. HPC 百分成就奖	国外旅游+表扬	达成业绩者
4. Golden Circle 光环奖	招待全家豪华旅游（US$ 20 000）+ 表扬	1/400
5. Asian Pacific Award 亚太奖	奖金 US$ 2000-20 000 送 US$ 1000-10 000 珠宝+表扬 全家豪华旅游（US$20 000）	1/3000

2. IBM的长期激励制度

IBM对于有高成就需要的人才推出了《个人生涯发展计划》、《高阶主管人选评比制度》两个政策。

①《个人生涯发展计划》（PDP-Personal Development Plan）：IBM的经理人，在一个员工工作3年后，会与有潜力的员工做一次PDP，通过员工优缺点的自我分析及5年内期望在IBM的工作及职位等发展计划的表白，而作一次面对面的讨论。过程中IBM经理会把公司对员工优缺点的认知同公司有可能为他安排的升迁步骤及员工期望，作为一次双方同意的进程计划，并白纸黑字写下来，作为个人以后几年的员工生涯规划书。

②高阶主管人评比制度（Ranking System）：IBM的高级主管绝大部分是由内部升迁培训再

> 晋升而来的，大部分是由于绩效优异、潜力高，被公司刻意培养的 High Ranking Candidate，很少有外来空降的主管。
>
> IBM 有一套将有高潜力的人才刻意培养成全世界 IBM 人才库的选才、育才、留才、用才的制度，叫做 Ranking System。
>
> 资料来源：张志刚，2004

充分应用了麦克利兰的理论，利用精英激励制度和 PDP 政策，激发其员工的内在权力欲、成就欲，并对其未来的职业生涯做出规划，既留住了人才，又可以激励他们为企业创造更多的利润。

此外，基督教是美国信众最多的教派，教会文化的影响也是不可忽略的。基督教认为，上帝是全能的造物主，现实世界中所有的一切都是上帝创造的，所有人都是上帝的子民，是平等的，没有高低贵贱之分，大家应当博爱。在生命的最后会有末日审判，谁上天堂，谁进地狱，一切取决于每个人自身的善恶。所以我们今天看到，无论在经济生活中还是政治生活中，美国人无一例外将公平、自由、责任作为每个社会集团都必须服从和遵守的不可动摇的准则，并且在员工管理及激励中尤其强调人性化。

2. 美国企业激励机制的变革

美国文化中的个人主义，它虽然可以给人以机会，赋予公民自由、自主和进取精神，但它同时又存在消极的一面。正如 1986 年 1 月哈佛大学"思想意识与经济发展"讨论会所言："这种个人精神越来越不适应日益剧烈竞争的国际环境，个人主义强调机会平等，但机会平等却不一定导致公平合理。个人主义强调人与人的关系靠契约和法则来维持，强调个人财产权力的不可侵犯性，强调政府少干涉为好；却轻视个人对国家、团体的义务，不重视整体利益和各方面的协调，结果导致劳资关系紧张，政府、企业、劳工各自为政。如果说美国原有的那一套企业管理因为与文化背景的有机结合而比较有效的话，那么，随着竞争的日益激烈，随着这种结合越来越显出极端性，文化的负面效应开始变得明显，管理的有效性渐渐减弱乃至消失。

具体到企业的激励问题，情况也差不多，原本行之有效的建立在个人主义和理性的文化背景之上的企业激励机制越来越明显地暴露出了它的弊端和负面效应：如短期雇佣和频繁流动给职工带来的不稳定、不安全感，能力主义强调竞争的、以物质激励为主的方式给职工带来的疲惫与厌倦，只重技能的专业化历程使职工对自己的工作越来越没有兴趣，利益驱动为主的、功利性的参与管理使职工对职业生活质量越来越不满，职工无法通过工作满足自己的价值和成就感，精神需求得不到满足和重视等等。所以，自20世纪80年代以来，美国在企业激励机制方面进行一系列针对性的切实调整和改进，出现了许多新的方法和手段。

当然，除了社会文化的负面效应外，还有企业内外部环境中的一些原因。如人们的物质生活的提高，使物质激励的边际效用降低；企业的组织结构"扁平化"，使员工可追求的直线晋升机会相应减少等因素。所有这些变化，势必导致企业经营价值观的变化，并最终导致企业激励机制的变化和发展。

根据罗伯特·格雷的研究，美国企业的经营价值观从20世纪初的追求利润最大化，到30年代起追求满意的利润水平，再发展到70年代兴起的生活质量经营哲学。生活质量经营哲学对职工和雇员的基本看法是企业员工的利益与企业利益是一致的，企业的人比金钱和技术更为重要。霍尔在论及80年代人力资源管理的战略意义时指出：企业管理者至少要满足员工参与管理和决策的要求、对更有意义的工作的要求、对再教育和发展技能的要求与安排机动的工作时间以发展家庭关系和参加业余活动的要求。这些与过去迥然不同的管理思想和经营观念，使企业相应改变原有的激励措施。有的企业致力于实施完善的福利计划，解决职工的后顾之忧，从对儿童的护理到老年人的赡养都显得体贴入微；有的企业通过转换工作岗位，为员工发展各种技能和丰富工作内容提供机会；有的企业则给员工提供灵活的工作时间和工作地点选择。在此期间，影响较大的激励措施是"事业发展与规划管理"激励，它具有长期激励效应。它的激励思想基于组织与员工共同成长和发展的观念，而相应的激励措施有利于下属的事业和生活向个性化方面发展，有利于提高员工的工作和生活质量。

总之，自80年代以来，美国企业激励机制在雇佣制度、分配制度、绩效评价、参与管理以及思想教育等各方面都进行了一系列革新和发展。这种发展虽然比较明显地参照和借鉴了日本等国的实践经验，但决不是简单的照搬，而是在原有的激励机制基础上，在经济与文化的新的互适关系的寻求过程中逐渐形成的。其实，这种革新和发展也正吻合了文化交流和管理融合的国际大趋势。

二、日本文化背景的员工激励

1. 日本文化背景对企业激励机制的影响

日本企业的激励机制是在顺应自己的传统文化的基础上摸索和建立起来的，它充分地考虑并利用了传统的集团精神和家族主义等因素，从而形成了与美国截然不同的企业激励机制。

(1) 从雇用制度来看

集体本位主义和忠诚观念是终身雇用制的精神基础，员工一旦进入企业，就把它视为"家里的公司",尽心尽责地"忠"于企业。而家庭本位观念使企业貌似一个放大的家庭,人们同舟共济、一起经营,企业自然可以对员工实行终身雇用制。员工不会轻易离职,企业也不会随便解聘员工。

由于集体主义精神,日本员工很少"跳槽",而是忠于企业,长期在企业中工作,所以,日本企业舍得在培训方面进行投资,重视员工素质和技能的提高,不用担心"肥水外流"。集体本位主义和"报恩"、"忠信"观念,使日本员工与企业结成一种休戚相关的整体关系,企业和员工很容易形成"命运共同体"。这种整体关系也是家庭本位的必然产物。

(2) 从分配制度来看

日本人的等级观念使企业在利益分配时可以采用年功序列制,重资历重年龄的等级工资,适合纵式等级结构的日本企业。在这样的等级面前,日本员工能恪守本分,心安理得。集体本位主义使企业在奖金分配时考虑的是集体效益而不突出个人功绩,且在福利等方面均具有平均共享的特点。而家庭本位观念使纵式结构的企业往往体现"企业内分配"的特点,因为企业就类似于一个"大家庭"。

(3) 从绩效评价制度来看

集体本位和团队精神,使日本企业注重整体效益而非个人绩效,所以,绩效评价就无需着急,可以比较缓慢。日本员工的"忠"和"报恩"心理,使企业无需用评价和考核来激励和驱动员工,而且在评价时也突出集体绩效。由于等级观念,员工按资历安心地处在各自的位置和等级上,晋级就成了循序渐进的事,企业自然不用迅速的晋级来激励员工。

(4) 从参与管理方面来看

集体本位和家庭观念,使日本员工视厂如家,使他们普遍具有主人翁意识,所以,日本企业的员工自然会主动积极地参与决策,决策的责任也由集体承担。集体主义、"报恩"与"忠"的观念,使日本员工在参与企业管理时较少"利益驱动"和功利考虑,而较易形成一种"主人翁"精神和共担命运的意识,日本员工参与管理自然就突出"内涵",不重形式,他们的自主管理小组差不多均是非正式组织。

(5) 从思想教育方面来看

集体本位主义和家庭精神使日本企业较易形成一种共同的"企业精神",人们的目标容易统一在一起并导向企业的最高目标,所以日本企业都有"企业精神"。"企业精神"通过思想教育灌输熏陶到员工的意识深处。集体本位主义和团队精神,使日本企业在思想教育时一般不采用树英雄典型的方式。由于"报恩"与"忠"的观念,日本企业往往因势利导,更多地教育培养员工的工作责任心和献身精神。

2. 日本企业激励机制的变革

20世纪70年代，日本经济的腾飞显然应该归功于其对传统文化的革新和对西方文明的吸收。在明治维新前，日本文化受中国儒家思想的影响很深，以林罗山为代表的"朱子学派"是日本的正统思想。可从明治维新开始，经过一百多年的努力，日本改变了这种状况，接受了西方的近代文明和科学精神，完成了思想的解放。由于资源缺乏等导致的忧患意识和危机感，日本人有一种强烈的学习和吸收外来文化的欲望动机；此外日本人将宗教的健康发展而不是意识形态等因素放在首位，儒家文化的根须也不像中国那么深长，因此他们更易接受外来文化。日本人对西方文化与科学精神的接受是有意识有目的而且全面深刻的，是一种真正的良性消化吸收。所以近百年以来，尤其是二战以后，日本从封闭到开放，从务虚到务实，从经学到科学，使革新后的文化与市场机制相适应，很快走上了经济飞速发展的富国之路。

日本企业的激励机制正是在顺应改造后的文化之基础上摸索和建立起来的，它一方面积极地借鉴了美国的激励理论和方法，另一方面充分地考虑并利用了传统文化中的集团精神和家族主义等因素，从而有效地激发了员工的积极性，调动了员工的凝聚力，极大地提高了企业的劳动生产率，取得了让世人瞩目的成就，连美国都自叹不如，并反过来向他们学习。然而，日本文化中的"集体理论"与家族本位等同样也存在两面性，除了有其积极合理的一面，也有消极不利的一面。如朋辈关系、家族本位等级制度等，是对人才的一种压抑，而"集体理论"的极端观念势必会制约员工的能力发挥和独创性等等。因此，随着实践的深入，久而久之，建立在这些文化因素之上的企业激励机制也开始显露其弊端和不足。再加上市场竞争、科技进步等外在因素发生重大变化，日本经济开始衰退，它的信息化技术及信息产业远远落后于美国。所以80年代以后，特别是最近几年，日本企业也纷纷对激励机制进行革新。其中包括：

(1) *雇佣制度的革新*

在雇佣制度方面，日本也开始重视并使用一些非自己本公司培养的人才。还有，日本也开始实行定期契约，定时工制等，并且日益普遍。

(2) *分配制度的革新*

与终身雇佣制一样，分配上的年功序列制正日益向一些实绩主义的分配方式转变，强调的不再是"年功"，而是工作业绩。许多企业着手建立以智能为中心的劳动人事管理体系，推行职务能力工资制，导入年薪制，其核心是职能资格制度。总之，业绩主义、职务能力工资制及年薪制等高新的分配制度正被越来越多的日本企业所采用，起到远比年功序列制更好的激励成效。

（3）绩效评价的革新

日本企业在绩效评价方面也相应地推出了新的评价系统。评价和晋升不再像以往那么含蓄缓慢，许多企业采用量化的考评标准，使评价更加客观公正，并有透明度，竭力做到优劣明判，升降有据。

三、中国文化背景的员工激励

1. 儒家思想的激励方法

儒家激励思想用于企业管理工作中就是对企业进行人本主义的伦理管理，其特点是企业管理工作以做好人的工作为核心，通过伦理规范和道德教化，培养人们共同的信念和价值观，增强员工对企业的向心力和凝聚力，激发人的工作积极性，实现企业和谐有序发展的目标。

2. 因人而异的激励方法

兵家提倡以心治心，因人而异，奖罚分明，赏罚及时的激励方法。兵家提出，管理者要注重下属的心向、态度，"夫主将之法，务揽英雄之心"，不同的部下，心态、个性各不相同，管理者要因人而异地进行管理、激励。姜尚提出了一些因人而异的激励原则："危者，安之；惧者，欢之；叛者，还之；冤者，原之；诉者，察之；卑者，贵之；强者，抑之；敌者，残之；贪者，杀之；欲者，使之；畏者，隐之；谋者，近之；逸者，覆之；毁者，复之；反者，废之；横者，挫之；满者，损之；归者，招之；服者，活之；降者，脱之。"《孙子兵法》中指出奖励时要论功行赏，使奖励具有差别性。书中提出有的人贪生，有的人爱财，指出奖励要与受奖人的需要相结合。兵家还主张根据作战情况的不同，破格奖励，以达到"重赏之下必有勇夫"的效果："施无法之赏，悬无法之令，犯三军之众，若使一人"。

兵家的激励理论对企业管理中激励方式的选择具有实用价值。企业中员工有个体差异，企业不同发展阶段或不同类型的企业员工需求也不同，因此必须因人而异，选择不同的激励方式。随着人们整体物质生活水平的提高，只用物质激励已经不能很好地调动企业员工的积极性，物质激励必须与员工渴望的情感、荣誉、目标、行为激励等精神激励相结合，使员工得到感情上的慰籍、安全感和归属感，才能充分调动员工积极性，实现企业目标。

3. 功利主义的激励措施

管子、韩非子都认识到人的行为的根本动力是追名逐利，因此直言不讳地提倡功利主义的赏罚理论。管子认为一般的人都有趋利避害的特性,所有的人,不分贵贱都是"得所欲则乐,逢所恶则忧","民予则喜,夺则怒"。追求功利是人的本性,要以利作为杠杆,激励人民的积极性,"得人之道,莫如利之","欲来民者,先起其利,虽不召而民自至"。为此,作为统治者必须善于给人以利益,满足人的物质需要。一旦人的利益或需要得到了必要的满足,必将激发更大的积极性,产生更大效益。但管子也不主张无限制地满足个人的私利,而要使个人利益的欲望有所节制。否则国家就不好治理,而且对个人私利无所限制,则利益也就失去激励因素的作用,因为利益给予多了,人们就不当回事了,即"万物轻则士偷幸"。意思是物价低,谋事易,则士人就苟且偷生。

法家激励理论同样适用于企业管理中。能否正确运用利益原则的激励作用,处理好管理者和被管理者的关系,在激励中起着重要作用。人的求利思想是行赏有效的思想基础,也是企业家应该重视和运用的客观规律,并且要在实践中用好"利"这根魔棒,发挥人的潜能与创造力,与员工一起追求企业的最大利益,创造辉煌的业绩。如在企业的管理中,将工资奖金与个人业绩挂钩,就可以激励员工的积极性和责任感。在某些行业,对于脏、累、苦、险的第一线岗位,采取工资福利的倾斜政策,给予各种奖励,也能起到激励的效果。只要充分利用了利益的激励作用,就能激发起管理者和被管理者的智慧与创造力。

4.赏罚分明的激励约束机制

韩非子把赏罚作为君主的两柄利器:"君以其言授之事,专以其事责其功。功当其事,事当其言,则赏;功不当其事,事不当其言,则罚。"中国历代的统治者,口头上标榜儒家学说,事实上主要是以法家学说在夺天下、治天下。唐太宗简单明了地说:"国家大事,惟赏与罚。赏当其劳,无功者自退;罚当其罪,为恶者咸惧"。法家主张赏罚分明、赏罚公正、赏罚必信、赏罚及时、赏罚有变、随时而变、因俗而动。韩非子认为,只要激励得当,用好赏罚二柄,管理工作便比较容易开展:"政之大纲有二,二者何也?赏罚之谓也。人君明乎赏罚之道,则治不难矣"。

中国古代的管理者善于利用法家的赏罚学说进行名利等方面的赏罚:有人好名,则赐爵赐号,如赐公、侯、王、伯、子等;喜官,则升官,或者破格提拔;贪利,则赐物、赐秩:珍玩、珠宝、武器、绢帛、田地、房屋、粮食、金钱、薪俸等。根据被管理者的过失或犯罪,进行不同的惩罚,例如流放、杖击、削官革职、监禁、斩首、诛族等。兵家的孙子也主张奖惩分明、及时,"赏不逾日","赏不逾时,欲民速得为善之利也",奖赏要及时才会有效。

赏与罚是激励原则的法律化、规范化。结合企业管理来说，要制定好企业的各项工作考核指标和奖惩细则。工业企业的产品质量、原材料消耗、工时和成本定额都需要拟定科学的指标，作为考核和奖惩的根据。使各项措施客观化、规范化、制度化，使之成为人人可以遵循，人人必须遵循的东西，这样必然会提高企业的管理水平。

5. 多种方法综合应用的激励手段

墨家的管理文化是融法、理、情为一体的，动之以情，晓之以理，严之以法，多种激励方法综合使用，效果显著。激励是运用各种刺激手段满足人的需要，激发人的动机，开发人的潜力，调动人的积极性与创造性，使之趋向于既定的目标。墨子在两千多年前提出的激励方法在现代企业管理中仍然有实用意义，如赏罚激励、榜样激励、情感激励、荣誉激励等。

- 赏罚激励。墨子认为，用惩罚和奖励的强化方法取得的效果比较明显。在《墨子·尚贤下》中，墨子从管理者的角度分析说："凡我国能射御之士，我将赏贵之；不能射御之士，我将罪贱之……凡我国之忠信之士，我将赏贵之；不忠信之士，我将罪贱之。"
- 榜样激励。墨子认为，榜样激励是用管理者自身的良好行为激励下属。他从正反两方面阐述了上行下效的作用。在《墨子·七患》篇中他讲到灾荒年，为了节约开支，共渡难关，管理者应该自减俸禄，灾情越重，俸禄越少。
- 情感激励。墨子重视情感激励，主张通过管理者的关怀和厚爱去感动下属，激励下属。
- 荣誉激励。墨子认为，用荣誉可以有效地调动将士的积极性。

墨子通过各种激励方式，使墨家学派成为一个组织严密、纪律严明的学术团体和武装团体，具有非常强的凝聚力和战斗力，实行的是一种战斗型的团队管理，不仅注重完成任务和实现目标，而且上下同心，同生共死。据《吕氏春秋·上德》记载：墨家巨子孟胜为阳城君守城，明知寡不敌众，仍恪守信义，与楚军力战而死，跟他同归于尽的弟子有183人，尤其是出城送信的弟子在完成任务后，义不容辞地返回城里，一同殉难。

中国的激励文化发展源远流长，现代发达国家采用的激励方法中都有我国古代激励思想的影子，我们在借鉴西方先进经验方法的同时也要注意研究我国古代已有的激励思想，结合我国企业发展现状及文化大融合的背景，因时因地因人采取不同的激励方法。

第三节 跨国公司在中国的跨文化激励

跨国公司已经在世界范围内迅速发展起来,这些公司在输出资本的同时也输出了企业文化,从而不可避免地受到当地文化的影响。随着跨国公司进入中国市场,不同文化背景之间的激励方式必然会有一定的差异,从而导致企业生产管理出现问题。因此,本节将要探讨的内容是怎样在中国文化背景下进行员工激励,以实现跨国公司预期的激励效果。

一、跨国公司在华激励现状及问题

1.欧美跨国公司在华企业的员工激励

(1) 欧美跨国公司在华企业员工激励的特点

由于欧洲企业和美国企业无论在文化还是在员工激励方面有相当多的共同之处,通常可以当作一个整体来讨论。欧美跨国公司在华企业的员工激励取得了相当大的成功,最显著的特点包括:

第一,在激励体系的设计上,充分运用经典理论的研究成果,也非常注重管理理论的应用。很多企业都有自己的首席经济学家、管理咨询顾问等,他们在甄选高级管理人员时,不但注重其实际的工作能力,往往还希望其有一定的管理理论基础。同时,他们经常委派负责激励的中方高级雇员参加国内外的管理培训、人力资源管理理论坛等,提高其激励理论水平。以上种种措施使欧美跨国公司在设计激励体系时,有明显的理论框架。

第二,在物质激励手段上,以绩效为依据拉开差距。欧美跨国公司在华企业普遍实行能力工资制或绩效工资制,即根据员工的职务、能力、技术以及对企业的实际贡献作为确定工作的标准。员工之间由于职务职级的差距、技术能力的高低、工作绩效的不同,实际收入可能相差几倍甚至几十倍,这体现了欧美企业崇尚效率、能力和成功,强调个人价值的自我实现文化,也在物质上激起了员工的干劲。实际上这是一种复杂的混合激励方式,隐含着成就、地位、尊重、荣誉等多方面的内容,不仅提高了员工的工作积极性,同时也吸引了更多的高素质的人才,为企业的发展不断注入生机和活力。

第三,注重员工的职业生涯规划,为员工的职业发展提供条件。要留住人才、激励人才,较高的薪酬是必要条件,但却不是充分条件。要激励员工为企业作更大的贡献，最有效的措施就是设计一个完整的职业发展规划。特别是优秀的技术人才和管理人才对于自己在企业的长期发展是非常重视的，他们如果看不到自己的职位、职责与自己的经验和能力同时发展和提高，那么他在企业留下去的可能性就会降低，即使勉强留下工作积极性也不会高。欧美企业通过管理人才的本土化、提供频繁的外部培训机会、实行阶段性的工作轮换、淘汰不合格的员工等等多种途径来开发员工的潜力，帮助员工自我实现，最终获得员工的献身精神。

第四，结合外部战略环境，标榜能力主义和绩效至上。欧美企业普遍以"利润最大化"作为企业的最终目标。企业无论是在人才甄选、职务晋升、绩效评估、员工奖惩等方面，都主要以实际的工作业绩为标准，如以销售额、产量、质量、成本、效率这些硬指标来衡量员工的价值和贡献。同时，在工作方法上，欧美企业一般通过授权的模式，更加关注最终结果而不是具体过程，具有强烈的功利主义和实用主义色彩。

第五，在精神激励上，欧美企业注重企业文化和核心价值观的培养。企业的精神激励方式主要是企业文化，许多优秀的企业都有自己独特的企业精神。他们通过甄选过程、绩效评估标准、奖惩措施、培训和职业开发等活动以及晋升过程，保证员工特别是管理人员的价值观与企业文化相适应。欧美企业以组织文化建设为核心的精神激励，增强了企业的凝聚力，提高了员工的士气，树立了独特的企业形象，最终提高了企业的核心竞争力。

（2）欧美跨国公司在华企业员工激励的不足

当然，欧美跨国公司对在华企业员工激励方面也存在明显的不足，主要有以下三个方面：

第一，由于大多数欧美企业在组织结构上倾向于采取全球矩阵结构，跨国公司总部通过产品、职能、区域三个不同的渠道对海外的子公司进行管理和控制，再加上地理、时间和文化障碍等诸多因素导致跨国公司在员工激励政策上协调困难，反应迟钝。即使各个子公司由于在不同的地区、不同的产业以及不同的规模而使得员工的需要和动机有较大的差异，但在人力资源和员工激励着政策方面却由中国区统一决策，子公司没有充分的自主权，不能根据实际需要及时进行适当的调整，缺乏弹性和灵活性。

第二，大多数欧美企业考虑到文化、地域、成本等因素，倾向于聘用新加坡、泰国、马来西亚、菲律宾等华语国家的第三国职业经理担任高级管理职位，但是这种方法有明显的弊端，首先是由于第三国人员占据高位，本土经理人员的晋升空间受到限制，大大影响了他们的工作积极性和能力的发挥。其次，第三国经理虽然对中国的语言和文化有一定程度的了解，但由于不同的政治制度、文化传统、心理特征等，他们对中国员工的需要、动机和价值观不可能完全理解，甚至部分第三国经理能力低下、品德不良，却身居高位，收入不菲，使本土员工极其反感。

第三，部分欧美企业在激励方面存在形式主义的问题，由于中国社会的民族文化和历史进程与西方国家不同，员工的实际需要同欧美国家员工的需要存在较大差异，特别是一些精神激励的措施有哗众取宠、华而不实之嫌，很难说能取得实际的效果。

2. 日本跨国公司在华企业的员工激励

（1）日本跨国公司在华企业员工激励的特点

日本企业由于其独特的社会文化特征，在人力资源管理和员工激励方面有着不同于欧美企业的特点：

第一，提倡以人为本，注重平等。日本企业提倡员工之间的平等，高级管理人员和普通员工在同一间办公室工作，在同一个食堂里用餐，甚至工作服也完全一样。同时，在日常工作中，主管对下属员工也比较尊重，即使是下达命令或者批评员工，也以建议、委婉的口气，平静宽容地待人，给员工在组织中立事做人留下面子。这使员工被尊重的需要得到了满足，提高了员工们的士气和工作热情。

第二，在用人上讲究实用主义，尽量做到人尽其才。日本企业在选拔人员时，倾向于聘用实用甚至勉强合格的人才。同时，不同的岗位对人才的要求也大不一样，重要的职位对人才的要求较高，要求配备优秀的人才；一般职位并非一定要优秀人才不可，否则可能大材小用，挫伤他们的工作热情。因此相对于工作能力而言，日资企业更注重员工的工作热情。日本企业倾向于招收适用甚至不太实用的人才，逐步培养，使其在与公司同步发展的过程中对公司产生归属感，达到提高其工作热情，发挥其效用的目的。

第三，注重榜样的力量，对员工的激励同样遵循身教重于言教的原则。日本企业中的高级管理者，特别是由母公司派驻的外方管理人员，一般都言行谨慎，以身作则，绝少有随心所欲、假公济私、营私舞弊的现象。他们兢兢业业，以企业的利益为自己的行动准则，对企业的忠诚和敬业精神使他们赢得了"工作狂"的称号。他们认为，高层管理者处在众人注目的位置上，既是组织的领导者，又是行为的示范者，其一举一动很容易被下属员工所仿效。作为管理者，不但要以理服人，更重要的是要做到以身示人、以情感人、以德服人。只有这样，对员工的激励才能取得良好的效果。

第四，注重激励的长期效果，不以一时一事的成败论英雄。一般来说，业绩出色的员工往往容易受到上司的青睐和偏袒，而对于那些有失败记录的员工来说，他们在经理人员心中多少会留有一些偏见。管理者的这种心态，对于企业员工激励而言是非常有害的，最终可能会导致两极分化，产生员工内部的对立情绪，严重影响员工的工作积极性和效率。而不以员工一事一时的表现定终身，将是对员工莫大的鼓励。日本企业在这方面的做法值得我们去思考，他们在员工有一些失误或者业绩不良时，一般并不是简单的批评责怪、处罚员工或撤换管理者，而是帮助员工分析原因，找出差距，提高绩效。日资企业在选拔管理人员时，也是以内部晋升为主，很少通过招聘或猎头的方式选拔关键的管理人员。通过对员工进行长期、多次的考察和评估，最终使其能力得到发挥。这种方式很少会选错人，同时也提高员工的士气，不断激发出员工的潜力。

(2) 日本跨国公司在华企业员工激励的不足

第一，管理人员本土化的速度缓慢，本地经理上升的空间有限。从实际情况来看，日本跨国公司在华企业中，社长、部长级别以上，几乎全部由日本母公司派驻，即使像松下、索尼、日立等国际化很高的跨国公司也同样如此。对中国本地管理者的职务升迁也比较缓慢，而且固守资历主义、论资排辈，这种体制极大伤害了优秀人才的工作积极性，致使相当一部分人才跳槽，对企业的长期发展造成不利影响。石井昌司在其专著《日本企业的海外战略》中指出：日本跨国公司的海外企业对于蓝领阶层的人事管理是成功的，而对于白领阶层（管理人员、技术人员等优秀人才）的人事管理是有失偏颇的。其中主要包括低起点工资、慢速度加薪、升迁机会缓慢且机会有限、参与决策的程度不足等等。由于白领阶层对于报酬和升迁的展望不明确，使得留住有才能的人变得困难，这可能成为日本海外公司经营管理的最大难题。

第二，物质激励中的大锅饭现象、平均主义色彩严重。由于日本社会特有的价值观念和民族特性，在企业中形成了终身雇佣制、年功序列制等管理特点，相应地在工资福利制度上，职务级别、技能水平、工作绩效等对员工收入的影响相对较小，员工收入的高低主要取决于员工在公司的服务时间和资历，这种管理体制在日本的经济发展中曾发挥过决定性的作用，但随着经济全球化、信息时代的到来，和现实社会需求已严重不相适应，这也是目前日本国内企业界和管理理论界关注的重点。这种大锅饭模式和中国改革开放前国有企业的状况比较相似，只要是正式员工，不管干好干坏，干多干少，对收入影响不大，企业内部员工之间基本没有竞争，更缺乏必要的工作压力。这种状况严重打击了员工的工作积极性，最终可能是优秀的、能力强的员工离开企业,而留下来的很多是平庸甚至是混日子的员工,企业也因此失去了核心竞争能力。

第三,在激励制度方面缺乏创新。首先是日本母公司派驻中国子公司的高级管理人员在设计和实施员工激励制度时,往往过度依赖他们在日本母公司的经验或者凭他们对中国社会文化特征的想象;其次他们在选拔中方管理人员,包括对激励制度负责的管理者时,并不十分重视他们的教育背景、理论水平、工作实践及文化价值观,大多仅凭感性的认识和判断,这些管理者在激励方面也就不一定能全面地了解激励的概念、原理和方法。以上原因导致了大多数日资企业在员工激励上墨守成规,激励系统也缺乏理论框架的支持,缺乏科学性并影响激励的效果。

二、跨国公司的三种跨文化激励模式

跨国公司在充分考虑内外部环境因素基础上,应根据本公司人员配备情况选择恰当的跨文化激励方式。跨国公司人员配备主要包括民族中心法、多元中心法等方式,那么相应跨文化激励模式也应该围绕上述几种方法进行选择:

1. 民族中心模式

采用该模式的跨国公司倾向于由总公司人员担任海外分公司的关键职位,东道国员工不多,而且职位比较低。在这种情况下,跨国公司倾向于将母公司的激励制度照搬到海外分公司,运用统一的标准对待外派人员。这种激励制度优点在于体现了对外派管理人员的重视,有利于提高他们的忠诚度和满意度,缺点在于激励成本较高,且因为激励模式偏重于外派人员,对东道国员工激励力度不够,吸引不了优秀人才。

由于采取民族中心法的跨国公司的文化与东道国文化具有差异,文化冲突和风险冲突的可能性相对较大。对待外派人员应注重文化适应能力、文化协调能力等跨文化素质的提高;对待东道国员工不但要从提高待遇、培养核心价值观等方面进行激励,更重要的是在能力素质、跨文化素质和心理素质三方面全面进行培养,使他们能很好地适应在异文化状态下工作。同时,随着跨国公司的海外公司规模、市场逐渐进入正轨,可以逐步改变民族中心法的人员配备模式,从而改变激励方式。

2. 多元中心模式

多元中心模式人员配备上尽可能启用本土的优秀人才,考虑到文化背景的因素,在激励方式的建立上也以当地企业的激励方式作为参考,再根据战略目标进行适当的调整。这种模式的优点在于激励成本较低,可节约诸如一些文化培训及驻外福利等费用;在激励方式的选择上充分考虑了文化差异,可以避免了一些不必要的文化冲突,从一定程度上保证了激励的效果。但这种模式的缺点在于当地主管很少会被提拔到总部的位置从而影响本地高级员工的积极性甚至导致离职,且总公司和分公司不同的管理和激励模式,增加了总公司控制和协调的难度。

针对这种模式,主要是注重提高员工的心理素质和能力素质,提高员工的忠诚度。打破"玻璃天花板"效应,定期选拔海外分公司优秀人才到总公司培训和任职,使他们充分认可总公司的管理方式和价值观,尽可能避免因缺乏提升机会而导致的人才流失。

3.全球中心模式

全球中心模式是建立在全球中心主义法的人力资源配备基础上的。在这种背景下,跨国公司从世界各地挑选人才,并在全球范围内进行配备。这种模式试图通过建立一套"放之四海皆准"激励制度,将文化风险冲突降到最低,甚至超越文化的界限。该模式的优点在于能够实现文化的融合互补,使文化本身能够成为一种激励因素,这种模式的实施也便于全球范围的管理和控制。但是设计一套适合不同文化的激励方式比较困难,完全消除文化差异是不可能的。

全球中心模式下要求员工自身具有较高的素质,具有开放的心态适应不同的职务,随时做好调任到任何国家的准备。那么,除了注重员工的心理素质和能力素质外,更应该强调和重视跨文化素质的培养。在将员工派往别国工作之前,应对其进行综合测评,针对其薄弱环节重点培训,使员工能够在新的工作岗位上尽快适应和进入角色。

跨国公司的人员配备还包括地域中心法,这种方法一般是民族中心法向全球中心法过渡的阶段。其激励方式也应选择民族中心模式和全球中心模式的过渡模式。

三、建立适合中国文化的跨文化激励方式

1.树立正确的组织共享价值观

价值观是个人或者企业个性的核心部分,它显著影响着个人和企业的行为。任何一种管理观念都不会十全十美,不可能适用于任何的企业。它总是与一定的社会生产方式和管理实践相适应,在一定的时间、一定的组织中总有其存在的必然性。企业应该按照企业目标、企业经营环境和人力资源状况相应选取合适的文化因素,将其组合成为共同的管理观念,结合其实际应用效果,加以取舍、优化,最终形成体现企业个性的共享价值观。

但共同价值观的形成不是一蹴而就的。价值观是文化传统、社会风俗、习惯、长期积淀所形成的价值评判标准，具有相对的稳定性和连续性。共同价值观是在不同价值观的对抗与妥协的矛盾运动中，经过组织选优确定下来的。价值观的冲突是跨国公司文化冲突中最典型、最本质的矛盾和对抗。

从文化发展的历史来看，文化冲突的结果必定不是一种文化完全同化或消灭另一种文化，也不是两者永远隔绝。从总体上讲，文化冲突必然走向文化融合。这就为跨国公司形成共同价值观提供了依据。

2.实现跨国公司内部的文化融合

解决跨国公司的跨文化冲突问题，其根本途径是加强不同文化的认识和理解，建立起文化选择与调适机制，实现不同文化的融合。文化融合是充分认识到不同文化的异同点，不是忽视和压制文化差异，而是通过融合的方式形成自己的文化，是吸收发达国家先进的管理思想和经营理念并使其适应中国国情的最佳选择。而实施并强化企业跨国经营中的跨文化管理，无疑是促进跨国公司文化融合的最有效的手段。文化融合主要包括以下几个方面：

（1）不同文化之间的沟通

沟通是人际或群体之间信息交流和传递的过程，但是由于沟通障碍的存在，例如人们对于时间、空间、友谊、风俗习惯、价值观等的不同认识，造成了沟通的难度，导致沟通误会，甚至演变为文化冲突。通过学习跨文化沟通的方式、手段和技巧（如学会对方的语言），弄清对方非语言的沟通方式（如手势、姿势）等实际掌握不同文化下的人们之间进行沟通与协同的技能是实现跨文化沟通的重要环节。所以，跨文化沟通的培训是跨国公司跨文化管理的必不可少的一步。了解并正视文化差异与冲突的现实，积极地进行跨文化沟通，从而减缓和消除不同文化带来的冲击及其负作用。

（2）不同文化间的协调

文化协调是指管理者根据员工的文化倾向制定战略、策略及组织结构并实施管理的过程。文化协调为解决跨国公司的文化冲突提供了一种新的思维。

它以文化差异存在为前提，融合差异导致的行为和制度差别，把跨国公司面临的多元文化变成企业经营的资源优势加以利用，使不同文化间的冲突能为企业带来效益。文化协调对管理者要求较高，企业的管理者必须充分认识到不同文化在特定场景的不同体现，才能有效利用差异优势，使其为企业服务。

文化协调一般分三个步骤进行实施。第一步是文化描述。文化协调首先要区别矛盾状况的存在。管理者要从各个文化角度去描述同一问题，从不同文化角度描述形势是文化协调的第一阶段；第二步是文化解释。面对如此众多的、来自不同文化的形势描述，公司员工必须能够找出每一种形势描述背后的文化假设。这就要求员工不仅能解释自己观点和行为的文化假设，而且能够解释他人观点和行为的文化假设；第三步是文化协调。文化协调的过程是根据具体情况，运用不同的方法来解决因文化差异带来的冲突。为了寻求解决问题的有效方案，必须在文化解释的基础上提炼不同文化之间的共同点，并创造出各种文化下人们均能接受的各种方案，选择其中最有效率的方案进行实施。在这一阶段，公司员工不是从"我要怎样解决问题"的角度思考问题，而是从"我能为来自另一文化中的人们做出什么贡献"的角度去行动，这样企业的文化融合才能获得成功。

（3）根据企业特点采取合适的方式进行文化整合

不同企业中的跨文化冲突与矛盾各有特点，因此进行文化整合也应因地制宜，选择最适合企业实情和所处文化环境的方式。影响企业文化整合方式的因素很多，最重要的是文化物质的差别大小和文化特质所代表的管理模式高效与否。文化特质差别大，则应减少文化冲突，整合初期采取保留型的文化融合方式。当企业运作一段时间后，再转向其他文化整合方式。文化特质差别小，则必须考虑哪种文化特质所代表的管理模式在市场经济中更高效，采取吸收型或融合型的文化整合方式。

3.选择适合的激励方式

员工存在着物质需要和精神需要，相应的激励方式也应该是物质激励与精神激励相结合。物质需要是人类最基本的需要，但其层次比较低且作用是表面的。因此，随着社会物质水平和员工素质的提高，更要重视去满足员工的精神需要，如社交需要、尊重需要、自我实现需要。如何提高物质激励的效率及改善精神激励的效果，是值得我们研究的重要课题。

（1）提高物质激励的效率

与精神激励相对而言，物质激励是满足员工生存的基本需要，进而达到其本人及其家庭生活的富足和舒适。从形式看主要包括工资、奖金、福利、短期综合激励、长期综合激励等。

- 基本工资和奖励制度。为了吸引并保持人才，企业必须通过基本工资、奖金、福利等来提供具有竞争力的激励制度，通常确定一定的标准来决定基本工资。这个基本工资可以和劳动力市场上相似的职位比较。并将公司里的其他工作职位与这个职位相比较，根据每份工作的价值来确定工资等级。优秀的工资体系通常根据公司外部竞争和内部公正来确定并调整员工的工资收入。具体来说，是通过相关行业和企业的工资水平调查确定员工的外部价值，通过工作分析和岗位评价以及定期对员工的工作绩效评价来确定其内部价值，进而确定员工的工资等级和结构。无锡松下电池有限公司在实践中采取了相应的激励措施：工资与能力挂钩，津贴与特殊岗位相联系，奖金针对贡献大小而定。通过有效的工资、福利、奖金激励体系，公司取得了良好的经营业绩和经济效益。

- **注重发展和进步**。过去基本工资制度是建立在员工的服务时间和职务级别基础上的报酬系统。工作时间越长，员工的工资级别就越高。一旦级别到顶，工资增长就基本停滞，直到工资范围得到调整或员工被调整到另一个级别。近几年来传统的定期加薪和提级制度正受到越来越大的挑战，出现了从应得工资制度向建立在工作绩效基础上的工资制度的转变，如果员工想要得到期望的工资收入就必须不断地展现自己的价值和能力。同时，企业管理者不应该强调对员工个人进步的奖励，而是看重员工是否能使整个集体得到提高或利用集体资源来发展自己，事业进步和个人发展从属于团队和公司的发展和进步。这种转变表明管理者必须从"双赢"的角度来考虑物质激励这个问题。绩效工资制度促使"双赢"局面产生：个人才能得到充分发挥，并通过合作使整个公司获得赢利，同时企业根据员工的贡献来公正地进行利润分配。

(2) **改善精神激励的效果**

精神激励是比物质激励更高层次的激励手段，它通过满足员工的社交、自尊、自我发展和自我实现的需要，在较高层次上调动员工的工作积极性，其激励程度深，维持时间长。主要的方法有：

- **模范激励**。模范激励是指通过先进人物与典型事例来影响和改变员工个体及群体观念、行为的激励方法。榜样示范发挥激励作用需要一定的条件，示范由示范原形、示范场、示范效应三部分构成。示范现象的来源称为示范原形，它包括先进人物和典型事例，示范场是指示范原形发挥示范作用的范围和条件，示范效应是示范原形在特定的示范场中对个人和组织的影响强度和深度。由于管理者或领导者在组织中的示范效应强烈而且深刻，他们的行为将通过暗示和模仿对普通的员工产生影响，进而促使组织风气的形成。因此，管理者应该强调以身作则、率先垂范，成为员工行动的榜样和楷模。

- **情感激励**。人与动物的基本区别是人具有思想感情。感情因素对员工的工作积极性有重大影响。情感激励就是加强与员工的感情交流和沟通，尊重、关心员工，与员工之间建立平等、亲切的感情，使员工体会到管理者的关心和组织的关怀，从而激发其对企业的责任感和献身精神。情感激励包括语言及非语言的两种方式，如同情、支持、信任、关怀、爱护、体贴、友情、鼓励、训斥、批评、冷漠等。管理者在实施领导行为时，通过语言、表情、动作、手势等来表达各种情感，从而影响员工的态度和行为，产生激励的效果。

以上精神激励的方法，在实际工作中，应该针对不同情况，综合运用不同的手段，以求得事半功倍的效果。这种权变的、综合运用不同手段的思想是精神激励的基本技巧。

复习思考题

1. 请根据文化的差异对中、日、美三国的企业特点进行分析。
2. 请比较中、日、美三国在激励机制、激励变革的发展趋势上的异同？
3. 欧美、日本跨国公司在华企业的员工激励有什么特点？存在哪些问题？
4. 结合实际的案例分析：在华的独资、合资公司应采取怎样的激励措施对不同文化背景的员工进行激励？

参考文献

普通图书

[1] 杨东. 人力资源管理 [M]. 重庆：重庆大学出版社，2004.

[2] 王德清. 杨东. 管理心理学 [M]. 重庆：重庆大学出版社，2004.

[3] 张志刚. 激励奥秘 [M]. 北京：中国物资出版社，2004.

[4] 俞文钊. 现代激励理论与应用 [M]. 大连：东北财经大学出版社，2006.

[5] 黄希庭. 心理学导论 [M]. 北京：人民教育出版社，1990.

[6] Jerry M·Burger. 人格心理学 [M]. 陈会昌，等译. 北京：中国轻工业出版社，2004.

[7] 朱永新. 人力资源管理心理学 [M]. 上海：华东师范大学出版社，2003.

[8] 赵曙明. 人力资源管理研究 [M]. 北京：中国人民大学出版社，2001.

[9] 刘昕. 薪酬福利管理 [M]. 北京：对外经贸大学出版社，2003.

[10] 郑晓明. 人力资源管理概论 [M]. 北京：机械工业出版社，2003.

[11] 徐斌. 激励性薪酬福利设计与管理 [M]. 北京：人民邮电出版社，2007.

[12] 王小艳. 如何进行员工激励 [M]. 北京：北京大学出版社，2004.

[13] 约瑟夫·J. 马尔托其奥. 战略薪酬——人力资源管理方法 [M]. 周眉，译. 北京：社会科学文献出版社，2002.

[14] 李新建. 孟繁强. 张立富. 企业薪酬管理概论 [M]. 北京：中国人民大学出版社，2004.

[15] 彭剑锋. 人力资源管理概论 [M]. 上海：复旦大学出版社，2003.

[16] 周妙群. 管理心理学 [M]. 厦门：厦门大学出版社，2001.

[17] 张德. 组织行为学 [M]. 北京：高等教育出版社，1997.

[18] 韩大勇. 知识型激励策略 [M]. 北京：中国经济出版社，2007.

[19] 刘秋华. 人本回归——中国本土企业人力资源管理攻坚历程 [M]. 北京：机械工业出版社，2006.

[20] 菲利普·科特勒. 营销管理 [M]. 上海：上海人民出版社，2003.

[21] 冉斌. 激励 [M]. 广州：广东人民出版社，2005.

[22] 秦毅. 如何管理与控制销售队伍 [M]. 北京：北京大学出版社，2004.

[23] 韩大勇. 知识性员工激励策略 [M]. 北京：中国经济出版社，2007.

[24] 拉尔夫·W. 杰克逊. 罗伯特·D. 希里奇. 销售管理 [M]. 北京：中国人民大学出版社，2001.

[25] 鲍勃·纳尔逊. 1001 种奖励员工的方法 [M]. 朱和中，译. 北京：中信出版社，2005.

[26] 安妮·布鲁斯. 激发员工 24 策略 [M]. 赵毅，译. 北京：中信出版社，2004.

[27] 王先玉. 王建业. 邓少华. 现代企业人力资源管理学 [M]. 北京：经济科学出版社，2003.

[28] 艾理生. 赢在激励 [M]. 北京：地震出版社，2005.

[29] 马建堂. 马斯洛人性管理经典 [M]. 北京：北京工业大学出版社，2002.

[30] 帕特·乔恩特. 马尔科姆·华纳，跨文化管理 [M]. 大连：东北财经大学出版社，2003.

[31] Charles·W·LHill. International Business[M]. 北京：中国人民大学出版社，2005.

[32] 钱兆华. 西方文化精讲 [M]. 北京：华龄出版社，2007.

[33] 陈刚. 吴焕明. 人力资源管理方法 [M]. 广州：广东经济出版社，2003.

[34] 张岩松. 李健. 人力资源管理案例 [M]. 北京：经济管理出版社，2005.

[35] 夏兆敢. 人力资源管理 [M]. 上海：上海财经大学出版社，2006.

[36] 肖知兴. 论语笔记 [M]. 北京：机械工业出版社，2007.

[37] 杨航. 陶树森. 风雨来时路——在清华学管理 [M]. 北京：清华大学出版社，2005.

[38] 周三多．陈传明．鲁明泓．管理学—原理与方法 [M]．上海：复旦大学出版社，2004．

[39] D. 赫尔雷格尔．J·W. 斯洛克姆．R·W. 伍德曼．组织行为学 [M]．俞文钊，丁彪，等译．上海：华东师范大学出版社，2001．

[40] 莱曼 W· 波特等．激励与工作行为 [M]．陈学军，等译．北京：机械工业出版社，2006．

[41] 李长贵．组织行为学 [M]．台北：台湾中华书局，1984．

[42] 张德．吴志明．组织行为学 [M]．辽宁：东北财大出版社，2002．

[43] 刘培森．邓晓益．组织行为学 [M]．重庆：重庆大学出版社，1999．

[44] Abraham H. Maslow．动机与人格 [M]．北京：中国社会科学出版社，1999．

[45] 郭德俊．动机心理学理论与实践 [M]．北京：人民教育出版社，2005．

[46] 孙家和．孙家乐．目标管理 [M]．南京：南京工学院出版社，1987．

[47] 韦里克．卓越管理：通过目标管理达到最佳绩效 [M]．李平，徐渭，译．四川：成都电讯工程学院出版社 1988．

[48] 嵇国光．赵菁．现代领导的锐器：方针目标管理 [M]．北京：中国标准出版社，2002．

[49] 刘昭沛．迈向目标管理 [M]．台湾：台湾新生报社出版部，1981．

[50] 张龙治．企业目标管理 [M]．辽宁：辽宁人民出版社，1985．

[51] 刘冰．张欣平．职业生涯管理 [M]．山东：山东人民出版社，2004．

[52] （美）里尔登（Robert C. Reardon）等．职业生涯发展与规划 [M]．北京：高等教育出版社，2005．

[53] 龙立荣．李晔．职业生涯管理 [M]．北京：中国纺织出版社，2003．

[54] 张再生．职业生涯管理 [M]．北京：经济管理出版社，2002．

[55] 卢盛忠．管理心理学 [M]．杭州：浙江教育出版社，1998．

[56] 张春兴．教育心理学 [M]．杭州：浙江教育出版社，1998．

[57] 高玉祥．个性心理学 [M]．北京：北京师范大学出版社，2003．

[58] 陈琦，刘儒德．当代教育心理学 [M]．北京：北京师范大学出版社，2005．

[59] 马建堂．马斯洛人性管理经典 [M]．北京：北京工业大学出版社，2002．

[60] 姜文义．教育管理心理学 [M]．大连：辽宁师范大学出版社，1999．

[61] 赵曙明．人力资源管理案例点评 [M]．杭州：浙江人民出版社，2003．

[62] 张爱卿．当代组织行为学——理论与实践 [M]．北京：人民邮电出版社，2006．

[63] 肖占鹏．社会心理学 [M]．天津：南开大学出版社，2003．

[64] 徐成德，申望. 激励员工有绝招 [M]. 北京：中国致公出版社，2005.

[65] 晓光，倪宁. 留人策略 [M]. 北京：经济管理出版社，2003.

[66] 廖泉文. 人力资源管理经典案例 [M]. 北京：高等教育出版社，2005.

[67] 罗家德. 中国人的管理智慧 [M]. 北京：中信出版社，2007.

学位论文

[68] 王月新. 中国员工工作疏离感的因素结构及其相关研究 [D]. 广州：暨南大学人力资源管理所，2006.

[69] 刘孝平. 基于基准管理的企业员工激励机制改善研究 [D]. 天津：天津大学管理学院，2006.

[70] 彭贺. 人才激励研究 [D]. 上海：复旦大学管理学院，2004.

[71] 李扬. 普通公务员职业自我效能感问卷的编制及其应用 [D]. 重庆：西南大学心理学院，2008.

[72] 高洋. 企业知识型员工的激励机制研究 [D]. 青岛：中国海洋大学管理学院，2006.

[73] 张艳娟. 企业知识型员工的激励研究 [D]. 成都：四川大学工商管理学院，2007.

[74] 赵春旭. 跨国公司在华企业跨文化激励研究 [D]. 哈尔滨：哈尔滨工程大学管理学院，2007.

[75] 高津华. 欧美在华企业的跨文化管理研究 [D]. 上海：复旦大学管理学院，2007.

[76] 魏凤. 中国企业管理文化研究 [D]. 西安：西北农林科技大学管理学院，2003.

[77] 周毅. 中国企业文化要素与绩效关系研究 [D]. 广州：暨南大学管理学院，2007.

[78] 魏凤. 中国企业管理文化研究 [D]，西安：西北农林科技大学管理学院，2003.

[79] 刁黎辉. 企业员工精神激励的研究 [D]，北京：对外经济贸易大学管理学院，2007.

[80] 赵青. 关于文化激励及其实施的研究 [D]，北京：对外经济贸易大学 EMBA，2007.

[81] 陈龙. 基于企业文化的组织激励研究 [D]，南京：南京航空航天大学管理学院，2006.

[82] 焦凌佳. 企业激励方式的文化选择问题 [D]，南京：南京师范大学管理学院，2003.

[83] 潘安成. 企业文化系统的机理与塑造研究 [D]，四川：成都理工大学管理学院，2003.

[84] 朱燕. 基于心理契约的企业文化激励机制研究 [D]. 浙江：浙江师范大学管理学院，2007.

[85] 李益民. 我国职业经理人企业文化激励研究 [D]. 广州：暨南大学管理学院，2003.

[86] 于璐. 现代公司激励机制研究 [D]. 四川：四川大学管理学院，2003

[87] 陈颖翔. 效能型销售人员动态激励研究 [D]. 浙江：浙江大学管理学院，2005.

[88] 于强. 销售人员激励研究 [D]. 山东：山东大学管理学院，2005.

[89] 李扬洋. 销售人员的薪酬激励 [D]. 成都：西南财经大学管理学院，2006.

[90] 李颖. 销售团队的薪酬激励探讨 [D]. 沈阳：沈阳工业大学管理学院，2007.

期刊论文

[91] 纪晓丽，黄化. 民营上市公司管理层激励与企业绩效实证研究 [J]. 经济体制改革，2006（3）：60—62.

[92] 于立东，王晓辉. 基于不同人性假设的人才激励机制设计 [J]. 商业现代化，2008，3（53）：225—226.

[93] 丁明刚. 管理学的人性假设观及其启示 [J]. 巢湖学院院报. 2007，9（1）：51—53.

[94] 王平焕，王瑛. 国外员工激励研究的借鉴和启示 [J]. 特区经济，2006（11）：68—71.

[95] 苏开. 论管理学人性假设、激励理论的缺憾及对我国国企改革的启示 [J]. 科学管理研究化，1999，8（4）：23—25.

[96] 赵静杰，史娜. 企业核心员工的激励研究 [J]. 工业技术经济，2006，8（8）：26—28.

[97] 刘丽梅，高迎平，杜锁房. 企业员工行为控制与激励研究 [J]. 人力资源管理，2005（11）：134—137.

[98] 汪金龙. 战略性员工激励研究 [J]. 北方经贸，2005（12）：99—101.

[99] 董姝妍. 真正的激励从非金钱开始 [J]. 黑龙江对外贸易，2005（5）：71—73.

[100] 张向前. 知识型人才及其激励研究 [J]. 预测. 2005（6）：9—11

[101] 王斯年. 组织支持、心理契约与员工激励研究 [J]. 现代管理. 2006（10）：204—205

[102] 王洁. 略论先秦儒家的人性观 [J]. 南京师大学报（社会科学版），2006，3（2）：12—18.

[103] 田辉. 归因理论在企业绩效管理中的应用 [J]. 北京市计划劳动管理干部学院学报，2006，12（2）：24—26.

[104] 王震. 论归因理论在人力资源管理领域中的应用 [J]. 商场现代化，2006，8（477）：310—312.

[105] 郭献芳, 王红珠. 目标管理理论及应用 [J]. 河北建筑工程学院院报, 1998 (3): 6—9.

[106] 刘电芝. 论班杜拉的观察学习理论 [J]. 西南师范大学学报, 1996 (4): 39—41.

[107] 姚凯. 自我效能感研究综述—组织行为学的发展新趋势 [J]. 管理学报, 2008, 3 (5): 463—468.

[108] 周垒. 如何进行职位薪酬设计 [J]. 经济师, 2007 (6): 177—178.

[109] 张燕. 企业宽带薪酬体系探析 [J]. 科技咨询导报, 2007 (10): 177—179.

[110] 衣新发. "80后" 年轻人为何不敬业 [J]. 科学与文化, 2006, (2): 41—43.

[111] 张望军, 彭剑锋. 中国企业知识型员工激励机制实证分析 [J]. 科研管理, 2001(6): 90—91.

[112] 刘琴, 徐拥军, 陈幸华. 论知识型员工的激励 [J]. 求索, 2005 (5): 81—84.

[113] 王乐, 陈霞. 提升企业知识型员工忠诚度的研究 [J]. 经济问题探索, 200 (1): 129—132.

[114] 陈卫灵. 知识型员工激励研究 [J]. 合作经济与科技, 2007, 6 (323): 25—26.

[115] 黄彬玉. 论现代企业知识型员工的激励 [J]. 中小企业科技, 2007 (5): 100—102.

[116] 袁征, 王鹏飞. 论知识型员工的激励方式 [J]. 边疆经济与文化, 2007 (3): 114—115.

[117] 谭利芬, 曾向荣. 面向知识型员工的全面薪酬体系设计 [J]. 法制与社会, 2007(2): 541—542.

[118] 朱青梅. 企业知识型员工激励缺失分析 [J]. 山东社会科学, 2007 (3): 122—123.

[119] 石雨. 试论知识型员工的激励 [J]. 企业家天地·理论版, 2007 (1): 161—162.

[120] 万蓬勃. 知识型员工的激励机制探讨 [J]. 管理, 2007 (4): 76—78.

[121] 陈琛. 知识型员工的激励与管理 [J]. 商业现代化, 2007 (2): 96—97.

[122] 樊智勇. 知识型员工的薪酬管理 [J]. 企业经济, 2008 (2): 71—72.

[123] 黄培伦, 李鸿雁. 知识型员工激励因素研究评述 [J]. 科技管理研究, 2007 (1): 138—139.

[124] 吴瑞霞, 李永鑫. 由人格特点谈 "80后" 员工的管理激励 [J]. 内蒙古科技与经济, 2008 (3): 21—22.

[125] 杨丽君, 陈维政. 安利激励机制的剖析 [J]. 价格月刊. 2006 (6): 41—42.

[126] 康永生, 黄勇. 对营销人员薪酬分配的探索 [J]. 湘潮. 2007 (2): 67—68.

[127] 俞中良. 建立激励和约束机制 增强营销队伍活力 [J]. 上海交通大学学报. 2007 (4): 133—136.

[128]孟祥平．建立完善的营销人员激励机制[J]．河南化工．2007（24）：52—53．

[129]杨欣，周德群．企业高效团队的建构方式研究[J]．管理纵横．2008（1）：88—89．

[130]申斌．销售人员的激励模型[J]．企业管理．2008（10）：34—35．

[131]王莉．如何激励和评估销售员工[J]．大众科技．2008（2）：171—173．

[132]李坤．向有道明君学领导[J]．人在职场．2006（6）：41—42．

[133]樊小东，侯义佳．中国古代激励思想对现代管理的启示[J]．商场现代化．2006（11）：139—140．

[134]薛克翘．印度独立后思想文化的发展特点[J]．当代亚太．2004（4）：49—58．

[135]张忠祥．不同文化背景的员工激励[J]．商场现代化．2008（8）：319—320．

[136]房宏军．关于物质激励和精神激励连续统一体理论研究[J]．科技情报开发与经济．2008（3）：185—186．

[137]王通．从中国式管理思维看激励机制[J]．商道．2008（1）：19—21．

[138]王立海，任增杰．浅谈赫茨伯格双因素激励理论对企业员工的激励作用[J]．商业经济．2008（2）：15—16．

[139]刘丽梅，高迎平，杜锁房．企业员工行为控制与激励研究[J]．人力资源管理．2005（11）：134—136．

[140]侯颖，王建军，王庆军．韩国企业文化分析[J]．内蒙古科技与经济．2007（1）：140—141．

[141]陈恒，刘佳．跨国公司知识型员工柔性激励研究[J]．北方经贸．2008（6）：115—116．

[142]韩春艳．中日韩企业文化比较分析[J]．管理探索．2007（6）：12—13．

[143]夏忠．美国企业文化有哪些基本特色[J]．商场现代化．2008（3）：20—202．

[144]张淑敏，王询．组织文化在组织激励中的作用[J]．大连海事大学学报．2006（9）：76—79．

[145]程笛．管理艺术．表扬与批评的天平[J]．中国证券报，2008（3）：52-54．

[146]丁甲珍．领导者要善用表扬的艺术[J]．探索、探讨，2008（2）：45-46．

[147]唐昕．目标管理与绩效管理有机结合之实战研究[J]．现代商业，2009（2）：105-106．

[148]吴向民．刘军．目标管理理论在企业绩效管理中的应用[J]．商业文化(学术版)，2009（1）：74-75．

[149]张会川．关于实施企业目标管理的几点思考[J]．江汉石油职工大学学报，2008（1）：113-15．

[150] 方建东. 心理契约与员工职业生涯管理探讨 [J]. 温州大学学报（社科版），2009（1）：87-89.

[151] 杨红明，廖建桥企业员工内在工作动机研究评述 [J]. 外国经济与管理，2007，3（3）：33.

[152] 蒋建武. 心理资本与战略人力资源管理 [J]. 经济管理，2007，（9）：. 55.

参考网址

[153] http：//www.chinahrd.net/zhi_sk/jt_page.asp?articleid=101442，2007-9-3，10：27：07

[154] http：//www.qxciw.com/cimanage/glqy/glqs/2006-5/16/0651608301257461.html

[155] http：//www.gm828.com/Article/jing/

[156] http：//bbs.pupk.com

[157] http：//news.bankhr.com/1189229962/50256/1/0．html

[158] http：//baike.baidu.com/view/1421974．htm

致老师们的一封信

尊敬的老师：

您好！

感谢您选择"万千心理"的教材！

为了给您的教学工作提供更周到贴心的服务，我们特别为选用"万千心理"系列教材的教师打造了一系列教学配套服务，其中包括：

1. 免费样书： 如果您选用了"万千心理"的原创教材或国外引进版教材进行授课，我们将免费提供教师样书；

2. 免费教辅： 如果您选用了"万千心理"的原创教材进行授课，将可以免费获得教师手册、教学演示及习题库等相关原创教辅资源；

3. 好书推荐： 我们将定期以电子邮件和宣传手册的形式为您推荐优秀教材、教辅，以及您感兴趣领域的最新书目和"万千心理"畅销书单；

4. 会员折扣： 您可享受全年最优购书折扣以及不定期的会员特惠活动；

5. 出版机会： 您将有可能成为我们优先选择的签约作者或译者。

您只需完整填写本页背后的教学配套服务申请表并传真或寄回给我们，即可享受上述服务。我们真诚期待您的加入！

北京万千新文化传媒有限公司（简称"万千公司"）是中国轻工业出版社与美国万国图文公司共同投资兴办的合资企业。"万千心理"是万千公司推出的心理学类图书品牌。二十多年来，万千公司与美国心理学会（APA）、美国咨询协会（ACA）等心理机构进行了多项卓有成效的合作，并与世界排名前十位的出版集团，如培生教育有限公司（Pearson Education）、圣智学习出版集团（Cengage Learning）、麦格劳希尔公司（McGraw Hill）、约翰威利父子有限公司（John Wiley & Sons Inc.）等著名出版机构建立了良好的版权贸易与合作关系。时至今日，万千公司成功地策划并引进了数百种心理类图书，包括"心理学专业教材与教辅系列"、"心理学公共课教材系列"、"跨专业心理学教材系列"、"心理咨询与治疗系列"以及"心理自助系列"等心理学读物，共30余个系列、900余种图书。"万千心理"得到了心理学科领域专业人士的一致认同，受到了广大读者的喜爱。

此致

敬礼！

"万千心理"敬上

"万千心理" 教学配套服务申请表

个人信息

教师姓名		职称	
研究领域			
所在学校		所在院系	

联系方式

通讯地址			
联系电话		电子邮件	

所授课程信息

	课程名称	授课级别 (本科生/研究生)	学生人数	所使用教材名称	教材作者	出版社
课程A						
课程B						
课程C						

您的宝贵意见

您对所使用教材的评价:	

您是否对心理学教材翻译有兴趣? 是☐ 否☐	您是否对心理学教材编写有兴趣? 是☐ 否☐

您认为心理学领域值得推荐的国外教材有哪些? 您的推荐理由:	

教师签名:	日期:

请将此表通过电子信箱发送给我们,"万千心理"诚邀您的加入!

新书新知 实时掌握

万千心理微信公众号

中国轻工业出版社—北京万千新文化传媒有限公司
联系人:刘老师　电子信箱:1012305542@qq.com
地　址:北京市西城区三里河路6号院2号楼213(邮编:100044)
电　话:010-65181109,65125990

官方微博 万千心理官方微博
http://weibo.com/wqpsy